www.ingramcontent.com/pod-product-compliance
Lightning Source LLC
LaVergne TN
LVHW011929070526
838202LV00054B/4551
* 9 7 8 8 1 1 9 0 2 2 1 8 2 *

پروفیسر آل احمد سرور: فکر و فن

ڈاکٹر محمد ناظم علی

© Taemeer Publications

Aal-e-Ahmad Suroor Fikr-o-Fun
by: Dr Mohd Nazim Ali
Edition: January '2023
Publisher & Printer:
Taemeer Publications, Hyderabad.

ISBN 978-81-19-02218-2

مصنف یا ناشر کی پیشگی اجازت کے بغیر اس کتاب کا کوئی بھی حصہ کسی بھی شکل میں بشمول ویب سائٹ پر اَپ لوڈنگ کے لیے استعمال نہ کیا جائے۔ نیز اس کتاب پر کسی بھی قسم کے تنازع کو نمٹانے کا اختیار صرف حیدرآباد (تلنگانہ) کی عدلیہ کو ہو گا۔

© تعمیر پبلی کیشنز

کتاب	:	**پروفیسر آل احمد سرور: فکر وفن**
مصنف	:	**ڈاکٹر محمد ناظم علی**
صنف	:	تحقیق و تنقید
ناشر	:	تعمیر پبلی کیشنز (حیدرآباد، انڈیا)
زیر اہتمام	:	تعمیر ویب ڈیولپمنٹ، حیدرآباد
سالِ اشاعت	:	۲۰۲۳ء
تعداد	:	(پرنٹ آن ڈیمانڈ)
طابع	:	تعمیر پبلی کیشنز، حیدرآباد ۔۲۴
صفحات	:	۳۰۴
کمپوزنگ	:	الاکرم گرافکس
ملنے کے پتے	:	ڈاکٹر محمد ناظم علی، فون:+919603018825

انتساب

دانشوران

اردو کے

نام

فہرست مشمولات

پیش گفتار	سلیمان اطہر جاوید	vii
پیش لفظ		ix
پہلا باب آل احمد سرور حالات زندگی اور شخصیت	آبا و اجداد ۔ خاندان ۔ والدین ۔ بھائی بہن بچپن ۔ ولادت ۔ نام ۔ ابتدائی تعلیم و تربیت ۔ بچپن کی یادیں ۔ اساتذہ ۔ اعلیٰ تعلیم ۔ علی گڑھ میں تعلیم ۔ شادی ۔ اولاد ۔ ملازمت اور دیگر مصروفیات ۔ اسفار ۔ سبکدوشی ۔ تصانیف ۔ اعزازات بیماری اور انتقال ۔ آل احمد سرور شخصیت حلیہ اور وضع قطع ۔ لباس ۔ غذا ۔ عادات و اطوار ۔ ازدواجی زندگی ۔ پرورش اولاد ۔ مذہبی عقائد ۔ شب و روز کی مصروفیات ۔ شخصیت کی دیگر خوبیاں ۔ دوست احباب ۔ مشاغل ۔ خامیوں کا احساس پیغام حیات ۔ آل احمد سرور زندگی کے اہم سنگ میل ۔	1-47
دوسرا باب آل احمد سرور علمی و ادبی خدمات	آل احمد سرور کی تصانیف کا تعارف رسائل اور اخبارات میں سرور کے شائع شدہ مضامین ۔ سرور پر لکھی گئی کتابیں	48-65
تیسرا باب آل احمد سرور بہ حیثیت نقاد	تنقید کی تعریف' اردو میں تنقید کی روایت' آل احمد سرور کے تنقیدی نظریات' سرور کے تنقیدی مضامین کا جائزہ' اردو فکشن سرور کی نظر میں' سرور اور میرٔ سرور اور غالب' سرور کی عملی تنقید' سرور بہ حیثیت مرتب' سرور بہ حیثیت مبصرٔ سرور کی تنقید نگاری کا عمومی جائزہ' سرور کی تنقید نگاری پر مشاہیر کی رائے' سرور کا تنقیدی اسلوب' اردو تنقید میں سرور کا مقام	66-140

چوتھا باب آل احمد سرور اور اقبال	اقبال پر لکھی گئی سرور کی کتابوں اور مضامین کا جائزہ ، اقبال پر سرور کی تنقید۔سرور بہ حیثیت ماہرِ اقبال ،اقبال انسٹیٹیوٹ اور سرور	141-156
پانچواں باب آل احمد سرور بہ حیثیت صحافی	سرور کی ادبی صحافت۔ علی گڑھ میگزین کی ادارت، رسالہ سہیل کی ادارت۔رسالہ اردو ادب کی ادارت،رسالہ ہماری زبان کی ادارت،سرور کی کالم نگاری	157-168
چھٹا باب آل احمد سرور بہ حیثیت سوانح نگار	سوانح نگاری کا فن۔خودنوشت سوانح نگاری۔سرور کی خودنوشت سوانح،''خواب باقی ہیں'' کا تنقیدی جائزہ۔خواب باقی ہیں کا اسلوب	169-194
ساتواں باب آل احمد سرور بہ حیثیت شاعر	شاعر اور شاعری۔اردو شاعری کی روایت۔سرور کی شاعری کا آغاز ،سرور کے شعری مجموعوں کا تنقیدی جائزہ، سلسبیل ۔ذوقِ جنوں ۔خواب اور خلش۔لفظ آل احمد سرور کا شعری اسلوب	195-221
آٹھواں باب آل احمد سرور بہ حیثیت دانشور	دانشوری کی تعریف ، اردو میں دانشوری کی روایت۔ سرور کی دانشوری کا تنقیدی جائزہ	222-232
نواں باب آل احمد سرور کا اسلوب	اسلوب کی تعریف۔اسلوب کے اقسام سرور کے نثری اور شعری اسلوب کا جائزہ	233-252
دسواں باب آل احمد سرور مشاہیر کی نظر میں	سرور کے بارے میں مشاہیرِ ادب کی رائے ۔ پروفیسر گوپی چند نارنگ ۔شمس الرحمٰن فاروقی ۔ پروفیسر گیان چند جین۔ خلیق انجم ۔ پروفیسر نثار احمد فاروقی ۔ پروفیسر جگن ناتھ آزاد ۔ رشید احمد صدیقی ۔ پروفیسر سیدہ جعفر۔ ڈاکٹر عبدالمغنی ۔ ڈاکٹر قمر رئیس ۔	253-283

	پروفیسر سلیمان اطہر جاوید۔ مظہر مجاز۔ سید حامد۔ پروفیسر شمیم حنفی ۔ پروفیسر اسلوب احمد انصاری۔ پروفیسر امیر عارفی ۔ مجتبیٰ حسین ۔ پروفیسر ابوالکلام قاسمی ۔ مظہر امام۔ ایم حبیب خاں ۔ پروفیسر مختار الدین احمد ۔ پروفیسر کبیر احمد جائسی ۔ ڈاکٹر محمد انصار اللہ ۔ پروفیسر حامدی کاشمیری ۔ پروفیسر ظہیر احمد صدیقی ۔ ڈاکٹر کمال احمد صدیقی شہاب الدین دسنوی ۔ قاضی افضال حسین ۔ مولانا رضوان القاسمی ۔ ابوالفیض سحر ۔ پروفیسر نور الحسن نقوی ۔ شہریار ۔ سراج اجملی	
284-287		اختتامیہ
288-295		کتابیات

پیش گفتار

پروفیسر آل احمد سرور، دنیائے اردو شعروادب کی نہایت ممتاز و محترم شخصیت ہیں۔ اُن کے مطالعہ کی وسعت ،فکر کی گہرائی، تخیل کی بلندی، اُن کی تجزیاتی سوچ بوجھ ،نتائج کے امتزاج میں ان کی معروضیت اور شگفتہ طرزِ تحریر، ان کا ایک زمانہ قائل رہا ہے۔ سرور صاحب نے کبھی شدت پسندی سے کام نہیں لیا۔ لچکدار رویہ اُن کی شخصیت کا وصف ہے۔ انہوں نے اس کا حق ادا کیا۔ ترقی پسند تحریک کی ترویج وتوسیع میں بھی ان کا حصہ رہا اور جب جدیدیت اپنا رنگ جمانے لگی تو سرور صاحب اس کے ہراول دستے میں رہے۔ اس طرح کچھ بھی ہوانہوں نے قلم کو ایک امانت سمجھا اور جو بھی لکھا اس میں اُن کے ضمیر کی آواز شامل تھی۔ سرور صاحب کے فکر وفن پر لکھا گیا ہے لیکن اتنا نہیں جتنا اُن کی تحریریں استحقاق رکھتی ہیں۔ ان کی شخصیت اور ادبی کارناموں پر اچھے کام بھی ہوئے ہیں۔ بہت اچھے کام، انہیں بہت اچھے کاموں میں ڈاکٹر ناظم علی کا مقالہ بھی ہے جس پر عثمانیہ یونیورسٹی نے پی اچ۔ڈی کی ڈگری عطا کی ہے۔ نہایت خوشی کی بات ہے کہ ناظم علی نے مقالہ پر نظر ثانی کی اور اب وہ اس کی اشاعت کا اہتمام کررہے ہیں۔ ناظم علی نے سرور صاحب کی شخصیت کے ہر پہلو کو ملحوظ رکھا ہے۔ ان کے حالاتِ زندگی نہایت تفصیل سے ضبطِ تحریر میں لائے۔ یہ نہایت معلوماتی باب ہے۔ سرور صاحب کی شخصیت کے کئی رخ سامنے آتے ہیں اور ایسی کئی باتیں ہیں جو عام طور پر لوگوں کے علم میں نہیں ہیں۔

سرور صاحب کی علمی ادبی خدمات کا دائرہ ازحد وسیع ہے۔ انہوں نے تنقید میں نئے چراغ روشن کیے۔ اُن کی صحافی کی حیثیت سے شخصیت بھی مثالی رہی ہے۔ اردو ادب، ہماری زبان اور کئی جرائد سے وہ وابستہ رہے۔ ایک سوانح نگار کے بطور بھی ان کا درجہ بلند ہے۔ اقبال کا اُن کا مطالعہ انفرادیت رکھتا ہے۔ ماہرین اقبالیات میں وہ اپنا مقام رکھتے ہیں۔ اس کا علم زیادہ لوگوں کو نہیں ہوگا کہ سرور صاحب شاعر بھی تھے اور ایک خوش فکر شاعر۔ اُن کے شعری مجموعے ''سلسبیل''، ''ذوقِ جنوں''، ''خواب''، ''خلش'' اور ''لفظ'' ہیں۔ شاعر کی حیثیت سے بھی اُن کی مرتبت ہے اور جہاں تک دانشوری کا تعلق ہے اس میں کوئی شبہ نہیں کہ اردو کے دانشوروں کی مختصر ترین فہرست میں بھی ان کا نام شامل رہے گا۔ اردو کا افق ان کی دانشوری سے نمایاں ہے۔ سرور صاحب کا اسلوب اُن کا اپنا رہا ہے۔ رشید احمد صدیقی کے اسلوب سے وہ

متاثر ضرور رہے لیکن اپنا اسلوب پیدا کیا۔ اردو کے صاحبِ طرز انشا پردازوں میں اُن کی انفرادیت مسلم ہے۔ ڈاکٹر ناظم علی نے سرور صاحب کی شخصیت اور اُن کی علمی وادبی خدمات کا سیر حاصل جائزہ لیا ہے۔ اُن کی کتابوں کا گہری نظر سے مطالعہ کیا۔ اُن کے بارے میں مشاہیر کی آراء کو پیش نظر رکھا اور کسی دو رعایت کو روانہیں رکھا۔ انہوں نے غالب کی طرفداری نہیں کی سخن فہمی سے کام لیا اور جو بھی کہنا ہوا، صاف صاف کہہ دیا۔ ناظم علی کا طرز تحریر صاف اور شفاف ہے وہ جو کہنا چاہتے ہیں اپنے قرینے سے کہتے ہیں۔ سرور صاحب کی بھاری بھرکم شخصیت اور اُن کے افکار کی بلندی سے وہ متاثر ضرور ہیں لیکن مرعوب نہیں۔ اس وجہ سے اُن کی تحریر کشش رکھتی ہے۔ سرور صاحب پر اور لکھا جائے گا۔ لوگ اپنے اپنے زاویوں سے کام لیں گے لیکن ناظم علی کی یہ کتاب سرور صاحب کی تحریروں کی تفہیم میں اپنی مرتبت رکھے گی۔ سرور صاحب کی شخصیت اور اُن کے افکار کا مطالعہ اور اصل اردو شعر وادب کے ایک دور، ایک تہذیبی منظر نامہ، دانشوری کی ایک روایت، ان کی گہری نظر اور زندگی دوست ادبی نظریے کا ترجمان ہے۔ بیسویں صدی کی تیسری اور چوتھی ربع صدی کے ادبی اور تہذیبی منظر نامہ کا جائزہ قطعی مکمل نہیں ہوسکتا تا آنکہ سرور صاحب کی شخصیت اور ادبی کارناموں کا گہرائی اور گیرائی کے ساتھ جائزہ نہ لیا جائے ان کی شخصیت بھی مکمل اور بھرپور طریقہ سے سامنے نہیں آسکتی اگر اس (۵۰) سال کی مدت سے صرفِ نظر کر لیا جائے۔ اس سلسلے میں ڈاکٹر ناظم علی کی یہ کتاب قدر و قیمت کی حامل ہو جاتی ہے۔ سرور صاحب کے بارے میں جاننے کے خواہشمند ہی نہیں۔ اردو ادب اور تہذیب کا شستہ ذوق رکھنے والے بھی اس کتاب کی پذیرائی کریں گے۔ ڈاکٹر ناظم علی کو اس کتاب کی اشاعت پر مبارکباد!

سلیمان اطہر جاوید

۵/جون ۲۰۱۱ء
ارونا کالونی، ٹولی چوکی
حیدرآباد۔ ۵۰۰۰۰۸

بِسۡمِ اللهِ الرَّحۡمٰنِ الرَّحِیۡم

پیش لفظ

تمام حمد و ثنا اس رب کائنات کی جس کی ذات بڑی قدرت والی اور حکمت والی ہے۔اور جس نے علم کی بنیاد پر انسان کو اشرف بنایا۔ لاکھوں درود و سلام پیغمبر انسانیت حضرت محمد مصطفیٰ صلی اللہ علیہ وصلعم کی ذات اقدس پر، جن کا اُمتی ہونا خدا تعالیٰ کی طرف سے میرے لئے سب سے بڑا انعام ہے۔ خدا نے مجھے حیات بخشی، ایمان کی دولت سے سرفراز کیا۔ اور میرے حق میں علم کی راہیں آسان فرمائیں۔ بچپن میں مجھے یہ حدیث پڑھائی گئی تھی کہ ''گود سے گور تک علم حاصل کرو''۔ جیسے جیسے میں بڑا ہوتا گیا اور میں علم کے مد ارج طے کرتا گیا تو مجھے یہ احساس ہوا کہ خدا کی بنائی ہوئی اس وسیع و عریض کائنات میں علم کی کوئی حد نہیں ۔ زندگی میں آنے والا ہر دن انسان کے لئے کتاب زیست کا ایک نیا سبق ہوتا ہے جسے پڑھ کر وہ اپنی زندگی کو خوب سے خوب تر بناتا ہے۔ خدا کا لاکھ لاکھ شکر ہے کہ اُس نے مجھے علم کے سمندر سے کچھ موتی حاصل کرنے کا موقع دیا اور پی ایچ ڈی کی ڈگری کے لئے یہ مقالہ لکھنے کا اعزاز بخشا۔

پروفیسر آل احمد سرور صاحب پر تحقیقی مطالعہ کا خیال آتے ہی میں نے عثمانیہ یونیورسٹی میں پی ایچ۔ ڈی میں داخلہ لیا اور اپنی نگران پروفیسر اشرف رفیع صاحبہ سے مواد کی فراہمی کے سلسلے میں مشاورت کرتا رہا۔ اور مختلف ذرائع سے آل احمد سرور سے متعلق مواد اکھٹا کرتا رہا۔ ایک محقق کے لئے موضوع کے انتخاب کے بعد سب سے کٹھن مرحلہ مواد کی فراہمی کا ہوتا ہے۔ میں نے مواد کی حصولیابی کے لئے جن کتب خانوں سے استفادہ کیا ان کے نام اس طرح ہیں۔

۱۔	اندرا گاندھی میموریل لائبریری	یونیورسٹی آف حیدرآباد۔ گچی باؤلی حیدرآباد
۲۔	عثمانیہ یونیورسٹی لائبریری	عثمانیہ یونیورسٹی کیمپس حیدرآباد
۳۔	کتب خانہ آصفیہ	افضل گنج حیدرآباد
۴۔	نظام ٹرسٹ لائبریری	ملک پیٹھ، حیدرآباد
۵۔	ادارہ ادبیات اردو لائبریری	پنجہ گٹہ، حیدرآباد
٦۔	ہنری مارٹن انسٹی ٹیوٹ لائبریری	شیورام پلی، حیدرآباد

۷۔	اردو ہال لائبریری	حمایت نگر' حیدرآباد
۸۔	سٹی گرندھالیہ	نارائین گوڑہ' حیدرآباد
۹۔	سٹی گرندھالیہ	بازار گارڈ' نامپلی حیدرآباد
۱۰۔	سٹی گرندھالیہ	نظام آباد
۱۱۔	سٹی گرندھالیہ	نلگنڈہ
۱۲۔	مولانا آزاد لائبریری	علی گڑھ۔ اتر پردیش
۱۳۔	خدابخش لائبریری	پٹنہ۔ بہار
۱۴۔	وینکٹ رام ریڈی ریسرچ سنٹر۔	پرانی حویلی۔ حیدرآباد
۱۵۔	نجی کتب خانہ عبدالصمد۔	حیدرآباد
۱۶۔	نجی کتب خانہ ڈاکٹر مغنی تبسم	پنجہ گٹہ' حیدرآباد
۱۷۔	نجی کتب خانہ پروفیسر اشرف رفیع	حیدرآباد
۱۸۔	ہاشمی کتب خانہ۔	مانصاحب ٹینک، حیدرآباد

ان کتب خانوں کے علاوہ میں نے ہندوستان اور ہندوستان سے باہر آل احمد سرور کے رشتے داروں' دوست احباب' عزیز و اقارب' شاگردوں' اساتذہ اردو' دانشوروں' نقادوں' شعرا اور ادیبوں سے شخصی ملاقات کرتے ہوئے' انٹرویو لیتے ہوئے اور خطوط کے ذریعہ ضروری مواد اکھٹا کیا۔

مواد کے حصول کے بعد ایک محقق کے روبرو اہم کام ضروری اور غیر ضروری مواد میں فرق کرنا اور کارآمد مواد کو مناسب انداز میں ترتیب دینا ہوتا ہے۔ تاکہ مقالہ کے تسوید میں آسانی ہو۔ ایک محقق کو پہلے مفروضہ قائم کرنا پڑتا ہے۔ اور ایک ایک گتھی سلجھاتے ہوئے نتائج حاصل کرنا پڑتا ہے۔ تحقیق کے طالب علم کو ہر بات شک کی نظر سے دیکھنی پڑتی ہے۔ اور کسی بات پر آنکھ بند کر کے بھروسہ کرنے کے بجا ئے مختلف ذرائع اور حوالوں سے کسی ایک بات کی تہہ تک پہونچنا ہوتا ہے۔ چنانچہ آل احمد سرور کی حیات شخصیت اور اُن کے کارناموں سے متعلق دستیاب مواد کو داخلی شہادتوں اور بیرونی عوامل کے ذریعہ پرکھا گیا اور نتائج حاصل کئے گئے۔ مقالے کے تسوید سے قبل ایک اور ضروری مرحلہ موضوع کی مختلف ابواب میں تقسیم ہوتا ہے۔ تاکہ مقالے میں پیش ہونے والے مواد کی درجہ بندی آسانی سے ہو۔ استاد محترم پر وفیسر اشرف رفیع صاحبہ نے موضوع کو مختلف ابواب میں تقسیم کرنے میں میری بھرپور رہنمائی کی۔ اور ایک ایک باب کی تسوید کے بعد اس کی گہرائی سے جانچ کی۔ اور دوران تسوید مفید مشورے دئے۔ اس طرح

میرا تحقیقی مقالہ ''آل احمد سرور فکر وفن''، مکمل ہوا۔

آخر میں، میں پروفیسر سلیمان اطہر جاوید صاحب کا مشکور ہوں کہ انہوں نے اپنا قیمتی وقت دے کر اس مقالہ کے لئے ''پیش گفتار'' لکھا۔ اس کے علاوہ اس کتاب کی اشاعت کے لئے نصاب پبلشرس کا بھی مشکور ہوں جنہوں نے اس مقالہ کو کتاب کی شکل دی۔

زیر نظر مقالہ ''آل احمد سرور فکر وفن'' کو دس ابواب میں تقسیم کیا گیا ہے۔ جن کے نام اس طرح ہیں۔

۱) پہلا باب:۔ آل احمد سرور۔ حالات زندگی اور شخصیت۔

۲) دوسرا باب:۔ آل احمد سرور۔ علمی وادبی خدمات۔

۳) تیسرا باب:۔ آل احمد سرور بہ حیثیت نقاد۔

۴) چوتھا باب:۔ آل احمد سرور اور اقبال۔

۵) پانچواں باب:۔ آل احمد سرور بہ حیثیت صحافی۔

۶) چھٹا باب:۔ آل احمد سرور بہ حیثیت سوانح نگار۔

۷) ساتواں باب:۔ آل احمد سرور بہ حیثیت شاعر۔

۸) آٹھواں باب:۔ آل احمد سرور بہ حیثیت دانشور۔

۹) نواں باب:۔ آل احمد سرور کا اسلوب۔

۱۰) دسواں باب:۔ آل احمد سرور مشاہیر کی نظر میں۔

امید کہ قارئین اس پیشکش کو درجہ قبولیت عطا کریں گے۔

حیدرآباد — ڈاکٹر محمد ناظم علی

بتاریخ:05/مارچ2012ء

پہلا باب

آل احمد سرور۔ حالات زندگی اور شخصیت

پروفیسر آل احمد سرور اردو شعر و ادب کے ایک نامور نقاد، صاحب طرز ادیب، اچھے شاعر، فعال صحافی، سوانح نگار، مفکر، مبصر، مدبر، غیر معمولی دانشور، اردو تحریک کے معتبر راہ نما، مشترکہ ہندوستانی تہذیب کے علمبردار، نکتہ شناس، قابل استاذ، بہترین منتظم اور لائق انسان گذرے ہیں۔ اُن کی شخصیت اور خدمات کا دائرہ مختلف جہات پر محیط رہا۔ وہ اپنی ذات میں ایک انجمن ہی نہیں بلکہ اُن کی شخصیت ایک مینارہ نور اور کئی انجمنوں کا مجموعہ تھی۔ وہ علم و ادب، تہذیب و ثقافت اور انسانیت کے ایک ایسے رودِ رواں تھے جس سے زندگی کے کئی شعبے سیراب ہوئے اور ہو رہے ہیں۔ وہ ایک نابغہ روزگار شخصیت کے مالک تھے۔ سر زمین ہندوستان کو یہ اعزاز حاصل رہا ہے کہ ہر زمانے میں یہاں زندگی کے مختلف شعبوں میں کارہائے نمایاں انجام دینے والی شخصیتوں کا ظہور ہوتا رہا۔ شہنشاہ سخن میر تقی میرؔ نے ایسی شخصیات کے بارے میں کہا تھا کہ:

مت سہل ہمیں جانو پھرتا ہے فلک برسوں
تب خاک کے پردے سے انسان نکلتے ہیں

کچھ اسطرح کا خیال پیش کرتے ہوئے سرورؔ نے خود کہا کہ

ستارے کتنے یہاں ڈوبتے ابھرتے ہیں
کبھی کبھی ہی نکلتا ہے آفتاب کوئی

واقعی سرور صاحب علم و ادب، فکر و دانشمندی کا ایک ایسا آفتاب تھے۔ جو صدیوں میں طلوع ہوتا ہے۔ اُردو شعر و ادب کے روشن ستاروں میں جہاں میرؔ، غالبؔ، انیسؔ، اقبالؔ، سر سیدؔ، حالیؔ، شبلیؔ، فانیؔ، اکبرؔ

آزادؔ، جگرؔ، جوشؔ، فراقؔ، فیضؔ وغیرہ کا شمار ہوتا ہے وہیں آل احمد سرور اپنے عہد کے شعرا اور ادیبوں، نقادوں اور دانشوروں میں صدر محفل کی حیثیت رکھتے تھے۔ سرور صاحب کا دوسرا تعارف علی گڈھ کے حوالے سے بھی ہے سر سید احمد خان نے یہاں مسلمانوں کی اعلیٰ تعلیم کیلئے مسلم یونیورسٹی قائم کی۔ آج علی گڈھ اسی یونیورسٹی کی وجہہ سے جانا جاتا ہے۔ ابتداء میں اکبرؔ جیسے لوگوں نے سر سید کی شدید مخالفت کی تھی لیکن تعلیم کے ثمرات دیکھ کر انہیں بھی کہنا پڑا تھا۔

جی میں آتا ہے علی گڈھ جا کے سید سے کہوں
مجھ سے چندہ لیجئے مجھ کو مسلماں کیجئے

علی گڈھ کے متوالوں میں رشید احمد صدیقی کے بعد آل احمد سرور کا نام آتا ہے۔ سرور صاحب علی گڈھ کے سچے عاشق اور سر سید کی اصلاحی تحریک کے ہمنوا تھے۔ وہ علی گڈھ کو اس قدر چاہتے تھے کہ پہلے اُس نے سرور صاحب کو اردو دنیا سے متعارف کروایا بعد میں علی گڈھ سرور صاحب کے نام سے جانا جانے لگا۔ آل احمد سرور کی حیات اور اُن کے علمی و ادبی کارنامے اُردو تنقید کے لئے خصوصاً اور عمومی طور پر اُردو والوں کیلئے مشعل راہ ہیں۔ ذیل میں آل احمد سرور کی حیات، شخصیت اور اُن کے علمی و ادبی کارنامے پیش کئے جا رہے ہیں۔

آباء و اجداد

آل احمد سرور کے آباء و اجداد کا تعلق مصر کے علاقے فرشور سے تھا۔ اور اُن کا سلسلہ نسب حضرت عبدالرحمٰن بن ابو بکرؓ سے ملتا تھا۔ اُن کے آباء و اجداد صدیقی شیوخ تھے۔ اور فرشور مصر سے نقل مقام کر کے ہندوستان آ گئے اور یہیں پیوند خاک ہوئے۔ اُن کے خاندان کی ایک شاخ آج بھی اپنے نام کے ساتھ فرشوری لکھتی ہے۔ سرور کے پر دادا کے والد شاہ ذاکر اللہ مشہور صوفی بزرگ تھے۔ جبکہ پر دادا بھی اللہ والے فقیر منش آدمی تھے۔ سرور صاحب کے دادا حافظ محمد احمد سیدھے سادے مذہب پرست انسان تھے۔ صوم صلوٰۃ کے پابند تھے۔ مارہرے کے قادری سلسلے میں بیعت تھے حج کے لئے گئے تھے۔ واپسی میں اُن کا انتقال ہو گیا۔ اس وقت اُن کی عمر پچاس سال تھی۔ سرور صاحب کے اسلاف ابتداء میں سر سید کے مخالف تھے۔ لیکن اُن کے دادا حافظ محمد احمد نے یہ روایت توڑی اور اپنے بچوں کو سر سید کے ایم۔ اے۔ او کالج میں داخل کرایا۔ بنیادی طور پر سرور صاحب کا خاندان مذہبی تھا۔ معاشی اعتبار سے اُن کا خاندان متوسط طبقہ میں شمار کیا جاتا تھا۔ اُن کے ہاں چھوٹی سی زمین داری تھی۔ سرور صاحب کے دادا حافظ محمد احمد کی اولاد میں کرم

احمد تھے۔ یہ سرور کے والد تھے کرم احمد اپنے والد کے برخلاف کسی سے بیعت نہیں تھے۔

والدین

سرور صاحب کے والد کا نام کرم احمد تھا۔ یہ بھی اپنے بزرگوں کی طرح مذہبی آدمی تھے اور احکام شریعت کی بڑی پابندی کیا کرتے تھے۔ کرم احمد کا حافظہ بہت اچھا تھا جو بھی تحریر ایک دفعہ پڑھ لیتے ذہن نشین کر لیتے تھے۔ مطالعہ کے بہت شوقین تھے۔ ہر وقت مطالعہ میں غرق رہتے تھے۔ اُن کے والد حافظ محمد احمد نے روایت سے بغاوت کرتے ہوئے انہیں اعلیٰ تعلیم کیلئے سرسید احمد خاں کے قائم کردہ ایم۔اے۔او کالج علی گڈھ میں داخلہ دلوایا۔ تاہم اپنے والد کی بے وقت موت نے انہیں انٹرنس کامیاب کرنے کے بعد ترک تعلیم کیلئے مجبور کیا۔ انہوں نے صرف ایف۔اے کیا۔ اور انہیں ملازمت اختیار کرنی پڑی۔ کرم احمد محکمہ ڈاک میں ملازم ہوگئے۔ ملازمت کے سلسلے میں وہ یوپی کے مختلف شہروں بدایوں، آگرہ، غازی پور، میرٹھ، پیلی بھیت، الہ آباد، بجنور، سیتاپور، گونڈہ اور علی گڈھ وغیرہ میں رہے۔ کرم احمد کی شادی بدایوں کے مشہور رئیس مولوی حامد بخش کی بیٹی تنویر فاطمہ سے ہوئی۔ یہ سرور کی والدہ تھیں۔ بے حد سیدھی سادی، کم سخن اور سنجیدہ خاتون تھیں۔ انہوں نے کچھ زیادہ تعلیم حاصل نہیں کی تھی۔ اس زمانے کے رواج کے مطابق انہیں صرف دینی تعلیم دلوائی۔ وہ نیک اور خوش اخلاق خاتون تھیں۔ سرور کے والد کرم احمد نے محکمہ ڈاک میں طویل مدت تک خدمات انجام دیں۔ پوسٹ ماسٹر فرسٹ گریڈ کے عہدے پر ترقی پائی۔ ۱۹۴۱ء میں وظیفہ پر سبکدوش ہوئے۔ کرم احمد کا انتقال ۱۹۷۱ء میں ہوا۔ انہوں نے ۸۶ سال عمر پائی۔ اُن کی آخری آرام گاہ علی گڈھ میں ہے۔ سرور صاحب کا ننھیال بہت دولت مند اور خوشحال تھا۔ اُن کے نانا مولوی حامد بخش ایک رئیس خاندان سے تعلق رکھتے تھے وہ شہر کے زمیندار اور میونسپل بورڈ کے وائس چیرمین تھے۔ سرور صاحب کا دادھیال بدایوں کے مولوی ٹولے علاقے میں تھا تو اُن کا ننھیال محلّہ سوتھ میں تھا۔

بھائی بہن

کرم احمد اور تنویر فاطمہ کو خدا نے اٹھارہ اولادیں دیں۔ لیکن اُن میں سے بارہ جلد ہی فوت ہوگئیں۔ سرور کے بشمول چھ اولادوں کو طویل عمر ملی۔ کرم احمد کے بڑے بھائی ابن احمد تھے۔ جن کا انتقال ۱۹۷۰ء میں ہوا۔ ایک بڑی بہن بیوہ تھیں۔ جن کا انتقال ۱۹۳۵ء میں ہوگیا۔ سرور کی چھوٹی بہن نے ۱۹۶۶ء میں داعی اجل کو لبیک کہا۔ ایک بھائی علی گڈھ مسلم یونیورسٹی میں معاشیات کے ریڈر رہے۔ چھوٹی

بہن نے کراچی پاکستان میں قیام کیا۔

ولادت

آل احمد سرور ۱۵؍رمضان المبارک ۱۳۲۹ھ م ۹؍ستمبر ۱۹۱۱ء کو شمالی ہند کی ریاست اتر پردیش کے علاقہ پیلی بھیت ضلع بدایوں میں پیدا ہوئے۔ بدایوں مغربی اتر پردیش کا تاریخی شہر ہے۔ خلیل الرحمٰن اعظمی کو دیئے گئے ایک انٹرویو میں آل احمد سرور نے اپنے وطن کے بارے میں اظہار خیال کرتے ہوئے کہا کہ:

> ''شائد یہ بات تو آپ کو معلوم ہی ہے کہ میرا آبائی وطن بدایوں ہے۔ بدایوں ایک تاریخی شہر ہے اور وہاں کے کھنڈر اور ٹوٹی پھوٹی حویلیاں اب بھی اُس کی گزشتہ عظمت کی یاد دلاتی ہیں۔ یہ بستی قدیم زمانے سے علماء و فضلا' شعرا اور صوفیائے کرام کا مرکز رہی ہے۔ میرے بچپن کا زمانہ وہیں گذرا میں نے جب آنکھ کھولی تو گھر گھر شعر و شاعری کا چرچا تھا۔ آئے دن مشاعرے ہوتے جس میں باہر سے مشہور شعرا شریک ہونے کیلئے آتے اور بدایوں کے چھوٹے بڑے سبھی اپنا کلام سناتے۔ وہاں بزرگوں کے مزار بڑی کثرت سے ہیں۔ جن کے عرس بڑی دھوم دھام سے منائے جاتے ہیں۔ بدایوں کی تہذیبی و سماجی زندگی میں ان عرسوں کی بڑی اہمیت ہے۔ اس موقع پر کھیل تماشے اور میلے ٹھیلے کے علاوہ مشاعروں کا بھی رواج تھا۔[1]

بدایوں کی تاریخی اہمیت اور کئی لحاظ سے بھی ہے۔ یہاں فتح دہلی سے پہلے کے مسلمانوں کی نو آباد ی کے آثار ملتے ہیں۔ اور عہد سلطنت میں اس شہر کو **قبلة الاسلام** کہا جاتا تھا۔ بعد میں اسے **مدینة الاولیاء** کہا جانے لگا۔ اس شہر سے کئی ممتاز ہستیوں کے نام وابستہ ہیں۔ تصوف میں حضرت خواجہ نظام الدین اولیاؒ' حدیث کے میدان میں علامہ رضی الدین حسن صغاری' شعر و ادب میں فانی بدایونی ضیاء' احمد بدایونی' ڈاکٹر ابواللیث صدیقی' علامہ حیرت بدایونی' محترمہ جیلانی بانو وغیرہ شامل ہیں۔ آل احمد سرور کا وطن یہی بدایوں شہر تھا۔ آل احمد سرور کے تاریخ پیدائش میں اختلاف اس وقت ہوا جبکہ ۷؍جنوری ۱۹۲۱ء کو اُن کا نام پیلی بھیت کے گورنمنٹ ہائی اسکول کے تیسرے درجے میں داخلے کیلئے درج کیا گیا۔ اُس وقت اُن کے والد نے اُن کا تاریخ پیدائش ۷؍اکتوبر ۱۹۱۲ء درج کرایا۔ جو درست نہیں ہے۔ بعد کے محققین میں اسی بناء آل احمد سرور کے تاریخ پیدائش کے تعین کے سلسلہ میں اختلاف پایا جاتا ہے۔ اردو کی نامور

محقق پروفیسر سیدہ جعفر لکھتی ہیں کہ :

''آل احمد سرور پیلی بھیت میں ۱۱/اگست ۱۹۱۲ء میں پیدا ہوئے۔'' [۲]

پروفیسر سیدہ جعفر نے یہ بات احتشام حسین کی کتاب ''اردو ادب کی تنقیدی تاریخ کے حوالے سے لکھی۔ جب کہ پروفیسر سیدہ جعفر کے زیر نگرانی عابد النساء نے ایم فل کی ڈگری کیلئے ایک تحقیقی مقالہ ''پروفیسر آل احمد سرور حیات اور ادبی خدمات'' کے نام سے لکھا جو ۱۹۷۰ء میں کتابی صورت میں شائع ہوا۔اس کتاب میں عابد النساء نے آل احمد سرور کا تاریخ پیدائش ۱۱/اگست ۱۹۱۱ء لکھا۔ ۱۷/فروری ۲۰۰۲ء کو آل سرور کی یاد میں روز نامہ سیاست کے ادبی سپلمنٹ کا سرور نمبر شائع ہوا۔اس میں آل احمد سرور سے متعلق پروفیسر نثار احمد فاروقی، پروفیسر سلیمان اطہر جاوید، مولانا محمد رضوان القاسمی اور ڈاکٹر ابرار رحمانی کے مضامین شامل ہیں۔ان مضامین میں آل احمد سرور کے تاریخ اور سنہ پیدائش کے بارے میں اختلاف واضح دکھائی دیتا ہے۔اسی اختلاف کو اُجاگر کرتے ہوئے حیدر آباد سے تعلق رکھنے والے ایک محقق اور اپنے معلوماتی مراسلوں کے ذریعہ ادبی مسائل کی طرف توجہ دلانے والے ڈاکٹر م۔ق۔سلیم نے ۲۵/فروری ۲۰۰۲ء کے سیاست ادبی سپلمنٹ میں پروفیسر آل احمد سرور کے صحیح سنہ پیدائش کے تعین کے سلسلہ میں بنیادی سوال اُٹھایا۔اس ضمن میں وہ لکھتے ہیں:

''اتنے بڑے ادیب، مفکر اور نقاد کی تاریخ پیدائش کے بارے میں متضاد رائے ہے۔ ادبی ڈائری میں پروفیسر سلیمان اطہر جاوید سنہ پیدائش ۱۹۱۱ء بتائے ہیں۔مولانا رضوان القاسمی نے اپنے مضمون میں ۹/ستمبر ۱۹۱۱ء بتائے ہیں۔مولانا رضوان القاسمی نے اپنے مضمون میں ۹/ستمبر ۱۹۱۱ء ہی لکھا ہے۔ جبکہ ''آل احمد سرور ایک نظر'' میں ڈاکٹر ابرار رحمانی کے مضمون کے نیچے سنہ پیدائش ۹/ستمبر ۱۹۱۲ء بتائی گئی ہے۔اور پروفیسر نثار احمد فاروقی نے بھی ۹/ستمبر ۱۹۱۲ء بدایوں ہی لکھا ہے۔جبکہ ۱۶/اکتوبر ۲۰۰۰ء کو شائع پروفیسر سیدہ جعفر کا مضمون ''آل احمد سرور'' میں انہوں نے ایک نئی تاریخ ۱۱/اگست ۱۹۱۲ء لکھا ہے۔اور جائے پیدائش پیلی بھیت درج کی مندرجہ بالا چار مضامین ۱۷/فروری کے ہیں۔اور چار مضامین میں چار علحدہ باتیں ہیں۔ بدایوں سے پیلی بھیت کا فاصلہ ۱۰۰ کلومیٹر سے زیادہ ہے اصل تاریخ پیدائش کیا ہے اور مقام پیدائش کیا ہے۔'' [۳]

بیسویں صدی میں پیدا ہونے والے اردو کے ایک نامور ادیب و نقاد کے سنہ پیدائش کے تعین کے سلسلے میں اردو کے ادیبوں، محققین اور نقادوں کی رائے میں اختلاف تعجب خیز امر ہے۔ م۔ق سلیم نے اس ضمن میں اُصولی سوال اُٹھائے۔ راقم نے روزنامے سیاست کے ادبی سپلمنٹ میں ہی اُن کے سوال کا تسلی بخش جواب دینے کی کوشش کی۔

تاریخ پیدائش کے تحفظ اُس کی اہمیت کے سلسلے میں چند اصولی باتیں مدنظر رکھنی چاہیے۔ سب سے پہلے یہ کہ ہندوستان میں ۱۹۷۰ء کے بعد حقیقی تاریخ پیدائش کی پیشکشی پر زور دیا جانے لگا۔ اور اُس کیلئے پیدائش کا صداقت نامہ (Birth Certificate) سرکاری محکمے کی طرف سے جاری کیا جانے لگا۔ اس سے قبل اسکول کے ریکارڈس میں والدین کی جانب سے دی گئی تاریخ کو ہی کسی بچے کی تاریخ پیدائش تسلیم کیا جاتا تھا۔ پہلے زمانے میں مسلمانوں میں بچے کی تسمیہ خوانی پانچویں سال میں ہوتی تھی۔ اس کے بعد گھر پر دینی اور مشرقی علوم کی تعلیم کا نظم رہتا تھا۔ پھر اسکول میں داخلے کا مرحلہ آتا تھا۔ چنانچہ عام طور سے والدین کی یہ نفسیات ہوا کرتی تھی کہ بچے کی عمر کم کرا کر لکھوائی جائے تاکہ بچے کو ملازمت کے دوران نقصان نہ ہو۔ کیونکہ وظیفہ کیلئے حد عمر مقرر ہوا کرتی ہے۔ بہت کم مثالیں ایسی ہیں جن میں کسی کی عمر کم کر کے لکھوائی گئی ہو۔ جہاں تک حقیقی تاریخ پیدائش کا ریکارڈ رکھنے کا معاملہ ہے خاندان کا کوئی ایک فرد کسی ڈائری یا کتاب میں خاندان میں پیدا ہونے والے بچوں کی تاریخ پیدائش، سنہ، دن وقت ولادت اور سال ھجری، عیسوی اور فصلی میں لکھا کرتا ہے۔ کبھی کسی خاص موقع پر یہ ریکارڈ کھول کر دیکھا جاتا۔ لیکن مدارس میں داخلے کے وقت عام طور سے عمر بڑھا کر لکھوائی جاتی تھی۔

آل احمد سرور نے اپنی سوانح میں خود یہ واضح کر دیا کہ اُن کا تاریخ پیدائش ۹ رستمبر ۱۹۱۱ء ہے۔ تاہم اسکول میں ۱۷ را کتوبر ۱۹۱۲ء درج کرایا گیا۔ اگر آل احمد سرور اپنا پہلا تاریخ پیدائش نہیں ظاہر کرتے تو اُن کے اسکول کے ریکارڈ کے مطابق ہی اُن کی تاریخ پیدائش اور سنہ کا تعین ہو جاتا۔ دوسری اہم بات یہ ہے کہ وہ ۱۵ ررمضان المبارک کو پیدا ہوئے تھے۔ عموماً چاند کی تاریخوں میں لوگ دیگر مہینوں کی تواریخ یاد رکھیں یا نہ رکھیں ماہ رمضان کی تاریخیں اچھی طرح یاد رکھتے ہیں۔ اس طرح ماہ رمضان کی مناسبت سے اُن کے تاریخ پیدائش کے تعین کے سلسلے میں غلط فہمی یا غلط بیانی کا احتمال کم ہے۔ تحقیق کے میدان میں خارجی دلائل کو اُسی وقت قبول کیا جاتا ہے جب کہ داخلی شہادت نہ ہو۔ یہاں آل احمد سرور کے تاریخ پیدائش کے ضمن میں داخلی شہادت واضح طور پر موجود ہے۔ اسلئے میری رائے میں اُن کا حتمی تاریخ پیدائش ۹ رستمبر ۱۹۱۱ء ہی ہے۔ اور ۱۷ را کتوبر ۱۹۱۲ء والی تاریخ اسکولی ضرورت کیلئے استعمال کی گئی۔ اسطرح اردو کے

محققین نے آل احمد سرور کے تاریخ پیدائش کے ضمن میں کوتاہی برتی ہے۔ جہاں تک سرور کے جائے پیدائش کا معاملہ ہے وہ پیلی بھیت ہی ہے۔ جو بدایوں کے تحت آتا ہے عام طور سے جب کسی ادیب کو قومی اور بین الاقوامی شہرت مل جاتی ہے تو اُس سے وابستہ بڑے شہروں کے نام لئے جاتے ہیں۔ چنانچہ سرور نے بھی بیشتر مقامات پر اپنا جائے پیدائش بدایوں بتایا ہے جبکہ پیلی بھیت بدایوں ضلع کا ہی حصہ ہے۔ اسلئے پیلی بھیت اور بدایوں کو الگ نہیں سمجھنا چاہیۓ۔

نام

۹ ستمبر ۱۹۱۱ء کو کرم احمد اور تنویر فاطمہ کے گھر جس لڑکے نے آنکھ کھولی اُس کا نام خاندان کے ایک بزرگ کے نام پر آل احمد رکھا گیا۔ آل احمد کے بڑے بھائی کا نام ابن احمد تھا۔ نام کے ساتھ احمد کنیت کا استعمال سرورؔ کے دادا حافظ محمد احمد سے اُن کے خاندان میں چلا آیا۔ آل احمد نے آگے چل کر اپنا قلمی نام اور تخلص سرورؔ رکھا۔ ابتداء میں انہوں نے ارشدؔ تخلص اختیار کیا لیکن آگے چل کر اپنا تخلص سرورؔ کرلیا۔ اور علمی دنیا میں آل احمد سرورؔ کے نام سے جانے جاتے ہیں۔

ابتدائی تعلیم

آل احمد سرور کا بچپن پیلی بھیت، بجنور، سیتاپور، گونڈہ اور غازی پور میں گذرا۔ کیونکہ اُن کے والد کرم احمد کو ملازمت کے سلسلے میں مختلف مقامات کی سکونت اختیار کرنی پڑی تھی۔ کرم احمد جہاں بھی جاتے اپنے خاندان کو ساتھ رکھتے تھے۔ اس وقت کی روایت کے مطابق سرور کی تعلیم کا آغاز تسمیہ خوانی کے بعد ہوا۔ پانچ سال کی عمر میں انہیں مکتب بھیجا جانے لگا۔ مکتب میں ناظرہ قرآن پڑھایا گیا۔ آمد نامہ اور گلستان کے کچھ ابواب پڑھے۔ یہ ابتدائی تعلیم بدایوں میں ہوئی پھر اُن کے والد کا تبادلہ پیلی بھیت میں ہوگیا۔ ۱۹۲۰ء کے آخر میں سرور نے مکتب میں قرآن شریف ختم کرلیا تھا۔ اس کے بعد اُن کی اسکولی تعلیم کا آغاز ہوا۔ چنانچہ ۷ ارجنوری ۱۹۱۲ء کو گورنمنٹ ہائی اسکول پیلی بھیت میں تیسرے درجے میں اُن کا داخلہ کرایا گیا۔ اس دوران اُن کے والد بدایوں، بجنور، سیتاپور اور گونڈہ اور غازی پور منتقل ہوتے رہے۔ اور سرور کی تعلیم بھی ان مقامات پر ہوتی رہی۔ جب گونڈہ سے اُن کے والد کا تبادلہ غازی پور ہوا۔ تب سرور ساتویں درجے میں تھے۔ غازی پور کے کوئین وکٹوریہ ہائی اسکول سے انہوں نے ۱۹۲۸ء میں ہائی اسکول کا امتحان کامیاب کیا۔

بچپن کی یادیں

ہر انسان کو اُس کا بچپن عزیز ہوتا ہے اور وہ زندگی کے ہر موڑ پر کہیں نہ کہیں بچپن کی یادوں کے سہارے اپنا جی بہلاتا ہے۔ سرور نے بھی اپنی خود نوشت سوانح ''خواب باقی ہیں'' میں اپنے بچپن کے واقعات بیان کئے ہیں۔ جس سے اُن کے عادات واطوار اور علمی استعداد اور ذہانت وفطانت اور اُن کے مشاغل کا پتہ چلتا ہے۔

آل احمد سرور بچپن ہی سے تیز تھے انہیں اپنے والد سے ذہانت ورثے میں ملی تھی۔ اُن کا حافظہ بہت تیز تھا۔ پڑھائی میں سب سے آگے رہتے تھے حافظہ کا یہ عالم تھا کہ درجے میں ایک مرتبہ جو سبق پڑھایا جاتا وہ ذہن پر نقش ہو کر رہ جاتا۔ اپنے بچپن کے ایک واقعہ کا ذکر کرتے ہوئے لکھتے ہیں:

> ''ایک دفعہ سنیچر کے دن ماسٹر نے کہا کہ پیر کو آموختہ سنا جائے گا۔ اور پورا سبق دو دفعہ پڑھ لیا جائے۔ پیر کو امتحان ہوا میں نے ہر سوال کا تسلی بخش جواب دیا تھا۔ پوچھنے پر بتایا کہ ایک دفعہ سبق پڑھا تھا۔ ماسٹر نے اس پر مارا کہ جب دو دفعہ پڑھنے کو کہا تھا تو ایک دفعہ کیوں پڑھا۔ لطف یہ ہے کہ ایک دفعہ بھی نہیں پڑھا تھا۔'' ۵

سرور کو عام بچوں کی طرح ابتداء میں کھیل کود سے دلچسپی رہی۔ لیکن آہستہ آہستہ اُن کی دلچسپی کھیل سے زیادہ مطالعہ کی طرف ہوتی گئی۔ بچپن میں اُنھوں نے گلی ڈنڈا بھی کھیلا۔ انہیں بڑے بوڑھوں کی باتیں سننے میں مزہ آتا تھا۔ سرور نے ایسے ماحول میں پرورش پائی جہاں شعر وادب کا چرچا تھا۔ گھر میں بیت بازی کا رواج تھا۔ جس میں گھر کے سبھی افراد حصہ لیتے تھے۔ بیت بازی کے اسی شوق نے اُن میں شاعری کا ذوق پروان چڑھایا۔

کتب بینی اور بیت بازی کے علاوہ سرور کو عرسوں میں شرکت کا شوق تھا۔ بدایوں میں کئی بزرگوں کے مزارات ہیں اور آئے دن وہاں اعراس منعقد ہوا کرتے تھے۔ جن میں محفل سماع اور قوالی کی محفلیں جمتی تھیں۔ سرور ان محفلوں میں شرکت کرتے تھے۔

سرور کے مطالعہ کا ذوق پروان چڑھتا رہا۔ وہ اکثر اپنے والد کی انگریزی یا اُردو کی کتابیں چُھپا کر پڑھنے لگتے تھے۔ جس کی وجہ سے انہیں مار بھی کھانی پڑی۔ مگر اُن کی عادت نہ چھوٹی۔ اسی شوق کی بناء پر کم سنی ہی میں اردو ادب کی کئی کتابیں پڑھ ڈالیں۔ اور ڈپٹی نذیر احمد کی ''مراۃ العروس''، توبتہ النصوح اور الف لیلیٰ جیسی کتابیں پڑھیں۔ ایک دفعہ ''فسانہ آزاد'' کا مطالعہ کرتے ہوئے پکڑے گئے۔ اور مار

کھائے۔اسی طرح ادبی کتابوں کے مطالعہ کے دوران اپنی کیفیت بیان کرتے ہوئے سرور لکھتے ہیں:

''ایک دفعہ ایسا ہوا کہ گرمیوں کی چھٹیوں میں طلسم ہوشربا کی کئی جلدیں اور تاریخ ابن خلدون کے کئی حصے مل گئے۔میرا برا حال تھا کبھی ایک کو صبح سے دوپہر تک پڑھتا۔کبھی دوپہر سے شام تک دوسری کو کچھ سمجھتا تھا کچھ نہیں مگر پڑھ سب جاتا تھا''۔[۶]

سرور صاحب کے والد کرم احمد ۱۹۱۷ء اور ۱۹۱۸ء کے درمیان میرٹھ میں تعینات تھے۔اس وقت سرور کی گھریلو تعلیم جاری تھی۔اس زمانے کا ایک دلچسپ واقعہ بیان کرتے ہوئے سرور لکھتے ہیں:

''پڑوس میں ایک مسلمان گھرانہ سال بھی تھا۔جس میں ایک لڑکی مجھ سے دو تین بڑی تھی۔اس کا نام غالباً عائشہ رہا ہوگا۔مگر ہم لوگ اُسے آشا کہتے۔یہ لڑکی اکثر دلہن بنتی اور مجھے دولہا بناتی۔اپنا دوپٹہ ہم دونوں میں ڈال دیتی یہ سب باتیں بہت عجیب اور پراسرار معلوم ہوتی تھیں۔ان میں ایک بے نام سی لذت بھی تھی''۔[۷]

بچپن کی ان یادوں کے بیان سے اندازہ ہوتا ہے کہ خدا نے سرورؔ کو بچپن ہی سے شاعرانہ ذہن اور مزاج دیا تھا۔آگے چل کر وہ جس پائے کے ادیب' نقاد' شاعر اور دانشور بنے تھے اُس کی بنیاد بچپن ہی میں پڑگئی تھی۔

سرورؔ کو اکثر بچوں کی طرح خیالی پلاؤ پکانے کی عادت تھی۔کبھی وہ اپنے اسکول سے والد کے ڈاک خانے تک پیدل جایا کرتے تھے جو دو میل کے فاصلے پر تھا۔سرور گھر سے نکلتے اور پیدل چلتے ہوئے خواب وخیال میں کبھی بادشاہ بنتے' کبھی سیاست دان' کبھی سپہ سالار اور کبھی منصف۔اسطرح وہ دھوپ کی پرواہ کئے بغیر پیدل چلتے جاتے تھے۔سرور کو پڑھائی سے دلچسپی تھی۔اور فطری طور پر وہ ذہین واقع ہوئے تھے۔انہیں اردو کے ساتھ انگریزی سے بھی لگاؤ ہوگیا۔اس زمانے میں بہت کم لوگ انگریزی پڑھا کرتے تھے۔خاص طور سے بچوں کو اردو کے علاوہ عربی فارسی کی تعلیم دی جاتی تھی۔سرور پڑھائی میں آگے بڑھتے رہے اور اسکول کے مختلف درجوں میں اول آتے رہے۔وہ ریاضی میں شروع سے کمزور رہے اور یہ سلسلہ آگے تک جاری رہا۔خاص تیاری کرنے پر بھی وہ ہر سال ریاضی میں کم نشانات حاصل کر پاتے تھے۔

ساتویں اور آٹھویں جماعت ہی سے سرور سلیس اردو لکھنے لگے تھے۔اور شعر بھی موزوں کرنے

لگے تھے۔شمالی ہند کے آم کافی مشہور ہیں ملیح آباد آموں کے لئے جانا جاتا ہے۔دسہری وہاں کا خاص آم ہے وہاں آموں کی دعوت کا رواج بھی پایا جاتا تھا۔آموں کی دعوت مقرر کی جاتی بڑے سے ہال یا برآمدے میں پانی میں ڈوبے آموں کے پتیلے رکھ دئے جاتے۔اور احباب کو جی بھر کر آم کھانے کیلئے چھوڑ دیا جاتا۔امراءاور نوابین کے گھروں میں آموں کی دعوتیں اور اُن دعوتوں میں آموں سے متعلق کہی گئی باتیں ادبی شان رکھتی ہیں۔ایسی ہی ایک آم کی دعوت کا ذکر کرتے ہوئے سرور لکھتے ہیں کہ:

مدت کے بعد ماموں نے کھلوائے آج آم
کھانے کو زیادہ تھے و لے کم کھا کے رہ گئے
کھانا ضرور تھا ہمیں کچھ ان کے سامنے
دندان شکن تھے آم تو غم کھا کے رہ گئے

''اس زمانے کی تہذیب یہ تھی کہ ان اشعار پر ڈانٹ نہ پڑی بلکہ الٹی تعریف ہوئی۔ ہاں اُس کے بعد پھر آموں کی دعوت نہ ہوئی۔اس زمانے میں ہم لوگ شام کو یا تو چھوٹے چچا کے یہاں جمع ہوتے یا ایک رشتہ دار ماسٹر منور کے یہاں۔ وہاں شعر و شاعری ہوتی کتابوں کی باتیں ہوتیں۔اور ہندوستان کی سیاست پر اظہار خیال۔ میں اب باقاعدہ غزل کہنے لگا تھا۔اس زمانے میں ارشدؔ تخلص کرتا تھا۔بعد میں سرورؔ تخلص اختیار کیا''۔ [8]

سرورؔ کو کتابوں کے مطالعے کے شوق کے علاوہ اخبار بینی کا بھی شوق تھا۔بچپن سے ہی وہ انگریزی اخبار پڑھنے لگے تھے۔اردو اخبار''مدینہ'' کا بھی بچپن میں پابندی سے مطالعہ کرتے تھے۔ہائی اسکول کامیاب کرنے کے بعد سرور کو اُن کے چچا کے پاس آگرہ بھیج دیا گیا۔ جہاں اُن کے ادبی ذوق کو مزید جلا ملی۔

بچپن کے اساتذہ

سرورؔ نے بچپن میں جن اساتذہ سے علم حاصل کیا اور جن لوگوں سے وہ متاثر رہے ان میں مہدی حسن ناصری ہیڈ ماسٹر گورنمنٹ ہائی اسکول' ماسٹر رام ناتھ استاد وکٹوریہ ہائی اسکول' مولوی عطاء اللہ صاحب' مولانا عبدالماجد بدایونی' مولوی شفیع احمد صاحب اور خود اُن کے والد کرم احمد شامل ہیں۔مولوی عطاء اللہ صاحب اُن کے پڑوس میں رہتے تھے اور قصائد لکھنے میں ماہر تھے۔مولانا عبدالماجد بدایونی

بڑے اچھے مقرر تھے اُن کی تقریریں سننے سے سرور صاحب کو بہت لطف آتا تھا۔ مولوی شفیع احمد صاحب آل احمد سرور کے چچا تھے وہ بچوں سے شفقت سے پیش آتے تھے۔ اور بچوں کی تعلیم و تربیت میں غیر معمولی دلچسپی لیا کرتے تھے۔ سرور کے بچپن کے ساتھیوں میں افضال احمد قادری بھی قابل ذکر ہیں۔ جو رشتہ میں سرور کے خالہ زاد بھائی تھے۔ وہ آگے چل کر کراچی یونیورسٹی کے پروفیسر ہوئے۔ اُن کا انتقال کراچی میں ۱۹۷۵ء میں ہوا۔ سرور اپنے والد کے ملنے جلنے والوں کے ساتھ وقت گزارتے اور اُن کے ساتھ مختلف موضوعات پر گفتگو کرتے۔ اسطرح بچپن میں سرور کوئی ذی علم ہستیوں کی صحبت میں رہنے اور اُن سے اکتساب فیض حاصل کرنے کا موقع ملا۔ سرور جس اسکول میں پڑھتے تھے وہاں ہندو اور مسلمان طلباء ساتھ ساتھ رہتے تھے۔ وہاں مذہبی بھید بھاؤ نہیں تھا۔ اس کے علاوہ سرور شروع ہی سے ملنسار واقع ہوئے تھے۔ اور ہر ایک سے مخلصانہ رویہ اختیار کرتے تھے۔ اسطرح دانشور سرور بچپن ہی سے اپنی استعداد اور صلاحیتوں کا اظہار کرنے لگے تھے۔ آل احمد سرور جس وقت آٹھویں کلاس میں تھے۔ اُس وقت ایم۔ اے۔ او کالج علی گڑھ کی گولڈن جوبلی تقاریب منائی جارہی تھیں۔ سرور کو جلسوں میں شرکت کا شوق تھا۔ وہ چاہتے تھے کہ کسی طرح علی گڑھ جائیں۔ یہ ۱۹۲۵ء کی بات ہے۔ انہوں نے اپنے والد سے منت سماجت کی۔ جس پر اُن کے والد نے اپنے دوستوں کے ہمراہ سرور کو علی گڑھ جانے کی اجازت دی۔ اس زمانے میں سرور کے بڑے بھائی ابن احمد اور خالہ زاد بھائی افضال حسن قادری علی گڑھ کالج کے طالب علم تھے۔ ابن احمد منٹو سرکل کے کرشنا آشرم میں رہتے تھے۔ افضال قادری سے سرور کی بڑی بے تکلفی تھی۔ سرور نے انہیں کے ساتھ جوبلی تقاریب میں شرکت کی۔ یہ تقاریب بڑی دھوم دھوم سے منائی گئیں۔ خاص طور سے اختتامی اجلاس کی شان وشوکت اور مشاعرے کے مناظر سرور کے ذہن پر نقش ہو گئے۔ سرور کا علی گڑھ سے یہ پہلا تعارف تھا۔ اور اس کی خوشگوار یادیں لئے وہ مستقبل میں اس کالج سے فیض حاصل کرنے کا ارادہ کر چکے تھے۔

اعلیٰ تعلیم

سرور نے ۱۹۲۸ میں کوئن وکٹوریہ اسکول سے میٹرک کا امتحان کامیاب کیا۔ اپنے چچا کے گھر آگرہ منتقل ہو گئے۔ سینٹ جانسن کالج میں ایف۔ ایس۔ سی (انٹرمیڈیٹ سائنس) میں داخلہ لیا۔ اکثر والدین کی طرح سرور کے والدین بھی اپنے بیٹے کو ڈاکٹری کی تعلیم دلانا چاہتے تھے۔ تاہم سرور کو سائنس کے مضامین سے کوئی خاص دلچسپی نہیں تھی لیکن وہ والدین کی خلاف ورزی بھی نہیں کرنا چاہتے تھے۔ کسی

طرح انہوں نے انٹرمیڈیٹ درجہ دوّم میں کامیاب کیا وہ سائنس کی تعلیم ختم کر کے بی۔اے میں داخلہ لینا چاہتے تھے۔لیکن اپنے والدین کی چاہت کا خیال رکھتے ہوئے سینٹ جانسن کالج آگرہ میں بی۔ایس۔سی میں داخلہ لیا۔دو سال چچا کے گھر میں رہنے کے بعد سرور ہاسٹل منتقل ہوگئے۔اس دوران اُن کی ادبی سرگرمیاں تیز ہوگئیں۔آگرہ میں اُن کی ادبی سرگرمیاں بیان کرتے ہوئے سلطان احمد لکھتے ہیں۔

> ''آگرہ میں انہیں نصابی کتابوں کے علاوہ انگریزی اور اُردو زبان وادب سے بھی گہرا شغف رہا۔اور کالج میگزین میں اُن کی تخلیقات شائع ہوئیں اُن کے ادبی ذوق کے پیش نظر اُنہیں کالج کی ''انجمن اُردوئے معلّٰی'' کا سکریٹری نامزد کیا گیا۔جس کے تحت ادبی اور ثقافتی تقریبات پابندی سے ہوتی تھیں۔ انجمن کے سالانہ مشاعرے میں سرور صاحب کی ملاقات فانی بدایونی' یاس یگانہ چنگیزی' میکش اکبرآبادی سیماب اکبرآبادی' مخمور اکبرآبادی اور مانی جائسی جیسے باکمال شعرا سے ہوئی۔''[9]

اسی دوران سینٹ جانسن کالج کے زیر اہتمام انعامی مباحثہ کا انعقاد عمل میں لایا گیا۔جس میں سرور کو انعام دوم ملا۔اپنی ادبی سرگرمیوں کے دوران سرور نے ۱۹۲۳ء میں بی۔ایس۔سی کا امتحان درجہ دوم میں کامیاب کیا۔وہ محض چند نشانات کی کمی سے اوّل نہیں آسکے۔نتیجہ سے دل برداشتہ ہوکر سرور نے بالآخر سائنس سے آگے تعلیم جاری رکھنے کا ارادہ ترک کر دیا۔اور انگریزی سے ایم۔اے کرنے کا فیصلہ کرلیا۔جولائی ۱۹۳۲ء کی بات ہے سرور کے والد کرم احمد کا تبادلہ علی گڑھ ہوگیا۔سرور کو تعلیم جاری رکھنے میں مزید سہولت ہوگئی۔چنانچہ انہوں نے ۱۹۳۲ء میں علی گڑھ مسلم یونیورسٹی میں ایم۔اے انگریزی میں داخلہ لے لیا۔

علی گڑھ میں تعلیم

سرور جولائی ۱۹۳۲ء کو علی گڑھ آئے۔اُس وقت اُن کے والد علی گڑھ کے صدر ڈاک خانے میں پوسٹ ماسٹر تھے۔شروع میں سرور کا قیام اپنے والد کے ساتھ ڈاک خانے کے ایک حصے میں رہا۔ان دنوں یونیورسٹی جولائی سے ستمبر تک بند رہتی تھی۔یونیورسٹی کھلنے پر سرور نے ایم۔اے سال اول (انگریزی) میں داخلہ لے لیا۔یہ وہ زمانہ تھا جب علی گڑھ مسلم یونیورسٹی اپنی تعلیمی' تہذیبی اور ثقافتی سرگرمیوں میں امتیازی شان رکھتی تھی۔اساتذہ اور طلباء دونوں معیاری ہوا کرتے تھے۔درس وتدریس کے

علاوہ یونین کا سالانہ مشاعرہ، بحث ومباحثہ، ڈبیٹ، سبھی طرح کے پروگرام ہوا کرتے تھے۔ جس سے طلباء کی تقریری وتحریری صلاحتیں اُجاگر ہوتی تھیں اُن کے شعری، ادبی، تہذیبی ثقافتی ذوق کی تربیت ہوتی تھیں۔ اور طلباء میں قائدانہ صلاحتیں اُجاگر ہوتی تھیں۔ سرور سبھی مقابلوں میں بڑھ چڑھ کر حصّہ لیا کرتے تھے۔ سرور نے علی گڑھ میں کس طرح اپنی تقریری صلاحتیں اُجاگر کیں۔ اس ضمن میں عابدالنساء لکھتی ہیں۔

"آل احمد سرور اپنے دور طالب علمی میں ہمیشہ نمایاں اور سرگرم رہے۔ وہ کالج کے زمانے میں کالج کی یونین میں سائنٹفک سوسائٹی اور اُردو سوسائٹی کے جلسوں میں برابر شریک ہوا کرتے تھے۔ ان ہی جلسوں میں سرور صاحب کو تقریر کرنے کا شوق ہوا مگر وہ مجمع کے سامنے جا کر تقریر کرنے سے گھبراتے تھے۔ اور اس گھبراہٹ پر قابو پانے کی ہر وقت کوشش کیا کرتے تھے۔ وہ انگریزی میں اچھی دستگاہ رکھتے تھے۔ اور عام معلومات میں بھی اپنے ہم جماعتوں میں سب سے آگے تھے۔" [10]

سرور نے جس وقت علی گڑھ یونیورسٹی میں داخلہ لیا تھا اُس وقت سر راس مسعود یونیورسٹی کے وائس چانسلر تھے۔ اور یونیورسٹی میں اُن کے زیرنگرانی زائداز نصابی سرگرمیاں بھی عروج پر تھیں۔ خواجہ منظور حسین شعبہ انگریزی میں ریڈر تھے۔ اور سرور کے استاد بھی تھے انہوں نے سرور کے ادبی ذوق کے پیش نظر انہیں علی گڑھ میگزین (اُردو) کا ایڈیٹر مقرر کیا۔ سرور کو یونیورسٹی میں قدم رکھے تھوڑا ہی عرصہ ہوا تھا۔ نومبر ۱۹۳۲ء میں انہوں نے علی گڑھ میگزین کی ادارت سنبھالی ان سے قبل میگزین پابندی سے نہیں نکلتا تھا۔ سرور نے اس بے قاعدگی کو دور کیا۔ مضامین کی فراہمی کے سلسلہ میں رشید احمد صدیقی، خواجہ غلام السیدین جیسے اساتذہ اور دیگر احباب سے ملاقاتیں کیں اور اس میگزین کے چار شمارے کامیابی سے نکالے۔ اسی زمانے میں یونیورسٹی میں سالانہ آل انڈیا ڈبیٹ مقابلہ ہوا۔ موضوع تھا "سرمایہ داری اسلام کی تعلیم کے منافی ہے" انصار ہروانی نے موضوع کی حمایت میں اور سرور نے مخالفت میں تقریر کی جج کے فرائض پروفیسر رشید احمد صدیقی، ڈاکٹر اشرف اور بشیر ہاشمی نے انجام دیے۔ سرور نے اپنی مسبوط اور مدلل تقریر سے حاضرین کو متاثر کیا۔ رشید احمد صدیقی نے سرور کی تقریر کی تعریف کی اور اُن کی حوصلہ افزائی کی۔

سرور کو انگریزی لٹریری کلب کا سکریٹری بنایا گیا۔ ایک جلسے میں انہوں نے سمویل جانسن پر سیر حاصل مقالہ پیش کیا۔ ۱۹۳۳ء میں سالانہ انعامی مباحث میں سرور کو تین انعام اول اور دو انعام دوم حاصل ہوئے۔ یونیورسٹی میں ہونے والے مباحثوں کا حال بیان کرتے ہوئے سرور لکھتے ہیں:

''ہر سال ایک انگریزی میں اور ایک اردو میں آل انڈیا ڈبیٹ ہوا کرتا تھا۔اس میں ایک اچھی روایت یہ تھی کہ علی گڈھ کے نمائندے مباحثے کا آغاز کرتے تھے مگر انعام باہر والوں کیلئے مختص تھے۔ خواہ یہاں کے مقررین کی تقریریں سب سے اچھی ہی کیوں نہ ہوں۔ ۱۹۳۳ء کے آخر میں جب انعامی مقابلے ہوئے تو سب سے زیادہ مجھے اور میرے بعد خواجہ احمد عباس کو انعام ملے''[۱۲]

ایم۔اے سال اول کے امتحانات کے بعد سرور نے افضال حسین قادری اور دوسرے ساتھیوں کے ہمراہ کشمیر کی سیاحت کی۔ وہاں کے قدرتی مناظر' باغات' ندی نالے' آبشار' خوبصورت جھیلوں' فلک بوس پہاڑوں اور مناظر فطرت نے سرور کو بے حد متاثر کیا۔سرور نے ان قدرتی مناظر سے متاثر ہو کر متعدد نظمیں لکھیں۔ جو اُن کے پہلے مجموعہ کلام ''سلسبیل'' میں شامل ہیں۔

موسم گرما کی تعطیلات کے بعد یونیورسٹی میں طلباء یونین کے انتخابات ہوئے۔اس زمانے میں یونیورسٹی انتخابات کی یہ روایت تھی کہ جب کوئی طالب علم الیکشن میں حصہ لیتا تو اُس کا تعلیمی ریکارڈ دیکھا جاتا تھا۔اس کی تقریری اور تحریری صلاحیتوں اور اُس کے ڈسپلن پر نظر رکھی جاتی تھی۔سرور کا تعلیمی ریکارڈ شروع سے ہی اچھا تھا۔اور وہ طلباء اور اساتذہ دونوں کے ہر دلعزیز تھے۔ چنانچہ انتخابات میں حصہ لینے کیلئے نائب صدر کے عہدہ کیلئے لوگوں کی نظر سرور پر پڑی چنانچہ سرور نے یونیورسٹی انتخابات میں حصہ لیا۔ اسطرح وہ ۱۹۳۳ء میں اسٹوڈنٹس یونین علی گڈھ یونیورسٹی کے نائب صدر منتخب ہوئے۔ انتخابات میں انہوں نے معین الحق چودھری کو شکست دی۔ یونیورسٹی میں یونین کے اراکین کا اعزاز کیا جاتا تھا۔اس ضمن میں سر آغا خان کی علی گڈھ آمد کا حال بیان کرتے ہوئے سلطان احمد لکھتے ہیں:

''فروری ۱۹۳۴ء کے آغاز میں سر آغا خان علی گڈھ تشریف لائے۔اُن کے اعزاز میں اسٹریچی ہال میں جلسہ ہوا۔حسب روایت بہ حیثیت نائب صدر سرور صاحب استقبالیہ خطبہ پیش کرنے کیلئے کھڑے ہوئے تو یونین کے تمام سابق عہدہ داران کے ساتھ مولانا شوکت علی اور ڈاکٹر ذاکر حسین بھی کھڑے ہوگئے۔ یہ اُس زمانے کی روایت اور طلباء یونین کے نائب صدر کا وقار تھا۔''[۱۱]

ایم۔اے سال اول کے دوران سرور اپنے والد کے ساتھ رہتے تھے۔ دوسرے سال جب وہ یونین کے نائب صدر منتخب ہوئے تو وہ ایس۔ایس۔ایسٹ ہاسٹل میں منتقل ہوگئے۔ اس زمانے میں

ہاسٹلوں میں طلباء کی تعداد کم ہوا کرتی تھی۔ اکثر کمروں میں دو یا تین طالب علم رہتے تھے۔ ایس۔ ایس ہاسٹل کے نگران یونیورٹی کے فلسفہ کے ریڈر میاں محمد شریف تھے۔ طلباء کو رات نو بجے کے بعد اجازت کے بغیر باہر جانے کی اجازت نہیں تھی۔ اگر جانا ہو تو پاس جاری کیا جاتا تھا۔ ڈائننگ ہال میں طلباء کا حاضر رہنا لازمی تھا۔ ہفتہ میں ایک مرتبہ طلباء کو خاص پکوان جیسے پلاؤ، شاہی ٹکڑے وغیرہ سربراہ کیا جاتا تھا۔ یونین کی مصروفیات اور دوسری سرگرمیوں کے باوجود سرور نے ۱۹۳۴ء میں ایم۔ اے (انگریزی) امتیازی نشانات کے ساتھ کامیاب کیا۔ اُن کے والد کی خواہش تھی کہ وہ آئی۔ سی۔ ایس کریں۔ لیکن ڈاکٹر ذاکر حسین نے انہیں مشورہ دیا کہ وہ پیشہ تدریس سے وابستہ ہو کر علی گڑھ ہی میں رہیں۔ اسی زمانے میں شعبۂ انگریزی کے استاد غلام سرور صاحب دو سال کی چھٹی پر انگلستان جا رہے تھے۔ صدر شعبۂ انگریزی ہیڈ و ہیرس نے سرور کو اُن کی جگہ تقرری کی پیشکش کی جسے ذاکر حسین کے مشورے پر سرور نے مقبول کر لیا۔ اس طرح سرور ۱۹۳۴ء میں شعبۂ انگریزی میں لیکچرر کے عہدے پر فائز ہوئے۔ ذاکر صاحب کے مشورے پر انہوں نے ۱۹۳۶ء میں ایم اے اُردو امتیاز کے ساتھ کامیاب کر لیا۔ اسی دوران ۱۹۳۵ء میں ''سلسبیل'' کے عنوان سے سرور کا پہلا مجموعہ کلام علی گڑھ سے شائع ہوا۔ جس میں زیادہ تر نظمیں ہیں اُردو سے ایم۔ اے کرنے کے بعد سرور کا تقرر علی گڑھ یونیورسٹی کے شعبۂ اُردو میں بہ حیثیت لکچرر ہو گیا۔ رشید احمد صدیقی کی ایماء پر سرور نے رسالہ ''سہیل'' کو از سر نو جاری کیا۔ جنوری ۱۹۳۶ء میں چار سو صفحات پر مشتمل رسالہ ''سہیل'' جاری ہوا جس کی ادبی حلقوں میں پذیرائی ہوئی۔ اس رسالے کے ایڈیٹر رشید احمد صدیقی اور جوائنٹ ایڈیٹر سرور تھے۔ اس خاص نمبر میں سرور نے متعدد کتابوں اور رسالوں پر تبصرہ کیا تھا۔ جس کی مولوی عبدالحق نے تعریف کی تھی۔

شادی

سرور کی شادی ۳ راگست ۱۹۳۶ء کو بدایوں کے کلکٹر رحمٰن بخش قادری کی بیٹی زاہدہ خاتون سے ہوئی زاہدہ خاتون ادب کا اچھا مذاق رکھتی تھیں۔ اور سرور کی کہی ہوئی کئی نظمیں انہیں یاد تھیں۔ سرور نے اپنی بیگم کے لئے ''مہندی'' کے عنوان سے جو نظم کہی تھی بیگم سرور نے اپنے ایک انٹرویو میں اُس نظم کے چند اشعار سنائے جو اس طرح ہیں۔

لگا لو نازنین ہاتھوں میں اپنے زاہدہ مہندی
بتائے گی تمہیں عیش و مسرت کا پتہ مہندی

دلہن کیا ہے سراپا حسن کی تصویر ہے بالکل
دوبالا اور بھی اس کو کرے گی خوش نما مہندی
سجا کر لائی ہے مالن اسے پھولوں کی کشتی میں
دلہن کا حسن بھی دلکش ہے اور ہے خوشنما مہندی۔ [۱۳]

سرور کا گھرانہ اجتماعی گھرانہ تھا۔ اُن کی والدہ تنویر فاطمہ اور خالہ طفیل فاطمہ نے نئی دلہن زاہدہ خاتون کا اچھا خیال رکھا۔ سرور کے والد اور بھائی بھی زاہدہ خاتون سے اچھے انداز میں پیش آتے تھے۔ شادی سے قبل زاہدہ خاتون نے سرور کو چند ایک تقاریب میں دیکھا تھا۔ اس ضمن میں وہ کہتی ہیں:

''ہماری دوسری بہن کی شادی تھی۔ ہمارے اور پھوپھی کے گھر کے بیچ میں ایک بڑی کھڑکی تھی۔ ہم لوگ بڑے جوش میں اس کھڑکی پر کھڑے باتیں کر رہے تھے کہ اچانک سرور صاحب اور اُن کے بڑے بھائی ابن احمد پھوپھی کے گھر میں داخل ہوئے۔ ان لوگوں کی نظر ہم پر پڑی اور ہماری نظر اُن پر پڑی۔ ہم فوراً اندر چلے گئے۔ بس دو ایک دفعہ ایسے ہی دیکھا تھا'' [۱۴]

سرور کے بارے میں بیگم سرور کے اور بیگم سرور کے بارے میں سرور کے خیالات سے اندازہ ہوتا ہے کہ دونوں ایک دوسرے کو بہت چاہتے تھے۔ سرور اپنی سوانح میں شادی کی یادیں رومانی انداز میں بیان کرتے ہوئے لکھتے ہیں:

''میری شادی برسات میں ہوئی تھی۔ ایک ہفتے کے لئے چھٹی لی۔ والدین پہلے ہی بدایوں پہنچ گئے تھے۔ شادی کے موقع پر میرے پرانے دوست رضی الحسن چشتی آ گئے تھے۔ رخصت سہ پہر میں ہوئی تھی۔ چاہیے تو یہ تھا کہ شام ڈھلتے ہی حجلۂ عیش میں پہنچ جاتا۔ مگر چشتی دس بجے رات کی گاڑی سے جانے والے تھے۔ اُن کے جانے کے بعد زنانے میں گیا۔ نئی نویلی دلہن کو رام کرنے کے لئے دیر تک باتیں کرتا رہا۔ صبح اتنی جلدی ہو گئی کہ اگلی رات کا صبح سے انتظار کرتا رہا۔ اس زمانے میں دن دعوتوں میں گذرتے رات جاگنے میں علی گڑھ واپس آیا تو نیند آنے میں دس پندرہ دن لگ گئے۔ اُس زمانے میں سب سے زیادہ لطف بیوی کو خط لکھنے اور اُن کے خط پڑھنے میں آتا تھا۔'' [۱۵]

اولاد

زاہدہ خاتون اور آل احمد سرور کو خدا نے چار اولادیں دی تھیں۔ ۱۹۳۷ء لڑکا پیدا ہوا۔ جس کا نام اُن کے والد نے صدیق احمد صدیقی رکھا۔ ۱۹۳۸ء میں لڑکی پیدا ہوئی جس کا نام عائشہ مہہ جبین رکھا گیا۔ ۱۹۳۹ء میں سرور کو دوسرا لڑکا ہوا۔ جس کا نام جاوید احمد صدیقی رکھا گیا۔ پھر ۱۹۴۲ء میں ایک لڑکی مردہ پیدا ہوئی۔ اس طرح سرور کے دو بیٹے اور ایک بیٹی بقید حیات رہیں۔ سرور نے اپنے بچوں کی پرورش اچھے انداز میں کی۔ سرور کا گھر رشید احمد صدیقی کے گھر سے قریب تھا۔ دونوں گھرانوں میں دوستانہ مراسم تھے۔ اپنے بڑے لڑکے صدیق کا بچپن کا ایک لطیفہ بیان کرتے ہوئے سرور لکھتے ہیں:

> ''میں جب گھر سے نکلتا تو یہ ضرور پوچھتے کہ ابا کہاں جا رہے ہیں؟ ایک دفعہ میں نے جھلا کر کہہ دیا ''جہنم میں'' اس کے بعد کچھ لوگ ملنے آئے تو اُن کے دریافت کرنے پر کہ تمہارے ابّا کہاں گئے ہیں۔ اُنہوں نے سادگی سے کہا۔ ''جہنم میں'' یہ لطیفہ بہت دن تک دوستوں میں گشت کرتا رہا''[۱۶]

رشید احمد صدیقی نے سرور کے چھوٹے بیٹے جاوید کا نام ''بگڑے دل بدایونی'' رکھا تھا۔ کیونکہ یہ بات بات پر خفا ہو جاتے تھے اور اپنے کپڑے اُتار کر فرش پر لوٹنے لگتے تھے۔ سرور اپنی بیٹی کو پیار سے بٹو کہتے تھے۔ سرور کے دونوں بیٹوں نے اعلیٰ تعلیم حاصل کی۔ بڑے بیٹے صدیق نے علی گڑھ سے انگریزی میں ایم۔اے کیا۔ ناگپور کالج سے جرنلزم میں ڈپلوما کیا اور وہ انڈین اکسپریس میں کام کرتے تھے۔ لکھنو کے قیام کے زمانے میں انہوں نے وہاں کے پریس کلب کو آگے بڑھانے میں نمایاں خدمات انجام دیں۔ انڈین ایکسپریس میں اُن کی قدر نہ ہوئی تو اُنہوں نے استعفیٰ دے دیا۔ نوجوان لیڈر چندر شیکھر کے ہفتہ وار اخبار ''ینگ انڈین'' میں کچھ عرصہ کام کیا۔ پھر مشہور صحافی چلپتی راؤ نے صدیق کی خدمات نیشنل ہیرالڈ کے لئے حاصل کر لیں۔ وہاں سے دوبارہ انڈین اکسپریس میں ملازمت اختیار کی اور طویل عرصہ تک اخبار کی خدمت کرتے رہے۔ سرور کے چھوٹے لڑکے جاوید احمد صدیقی نے حصول تعلیم کے بعد جرمنی کا رُخ کیا۔ جاوید نے ۱۹۶۱ء میں مسلم یونیورسٹی علی گڑھ سے نفسیات میں ایم۔اے کیا تھا۔ وہ انگلستان سے پی۔ایچ۔ڈی کرنا چاہتے تھے تاہم حالات سازگار نہ ہونے کی وجہہ سے جرمنی کا رُخ کیا۔ میونخ یونیورسٹی سے تیس مہینے میں جرمن بول چال سیکھی۔ اور پی۔ایچ۔ڈی میں راست داخلہ لے لیا۔ ۱۹۶۶ء میں پی۔ایچ۔ڈی کی ڈگری حاصل کی۔ اور اسی شعبہ میں لکچرر ہو گئے۔ کچھ عرصہ علی گڑھ میں گذار کر پھر جرمنی چلے گئے۔ وہاں ڈی۔لٹ کی مساوی ڈگری کے لئے مقالہ لکھا۔ مقالہ طویل ہونے کی

وجہہ سے اُنہیں ڈگری نہیں مل سکی۔ جاوید نے سائیکوتھراپی اور کونسلنگ کے لئے اپنا ذاتی کلینک وہیں کھول لیا تھا۔ اور منشیات کے عادی نوجوانوں کا کامیابی کے ساتھ علاج کیا۔ جاوید نفسیات کے طالب علم تھے۔ لیکن انہیں اُردو ادب سے بھی دلچسپی تھی۔ آل احمد سرور کو ۷/نومبر ۱۹۹۷ء کو ایک گہرے صدمہ سے دو چار ہونا پڑا جبکہ انہیں اطلاع ملی کہ اُن کے چھوٹے لڑکے جاوید کا بحالت نیند انتقال ہو گیا۔ ۵۸ سال کی عمر میں چھوٹے بیٹے کی ناگہانی موت نے سرور کو شدید رنج والم سے دو چار کر دیا۔ اپنے بیٹے کو یاد کرتے ہوئے سرور لکھتے ہیں:

''آخری زمانے میں اُس کو پھیپھڑوں کی کوئی تکلیف ہو گئی تھی۔ چونکہ وہ سگریٹ بہت پیتا تھا۔ اس لئے غالباً پھیپھڑوں کی خرابی میں اس کا اثر رہا ہوگا۔ اٹھاون سال کی عمر میں اُس کا اچانک داغ مفارقت دے جانا اُس کی ماں کے لئے میرے لئے اس کے بہن بھائی اور دوسرے اعزّہ کے لئے ایک ایسے خلا کا باعث ہے جو کبھی پُر نہ ہو سکے گا۔ مجھے اُس کی موت پر کسی انگریزی شاعر کے یہ اشعار اکثر یاد آیا کرتے ہیں:

''اس نے اپنی شمع کو دونوں سروں سے جلایا
شمع پوری رات نہ جل سکی
لیکن اے میرے دوستو اور اے میرے دشمنو
دیکھنا اُس کی روشنی کیسی تابناک تھی''[۱۷]

سرور کی بیٹی مہ جبین کی شادی ۱۹۵۹ء میں ڈاکٹر عبدالجلیل سے ہوئی۔ اُن کی شادی کی تقریب میں اُن کے والد کرم احمد خسر رحمٰن بخش اور دیگر دوست احباب نے شرکت کی۔ مہ جبین کو دو بیٹے اور دو بیٹیاں ہیں سرور نے اپنے بچوں کے نام سے ''تین فتنے'' نظم لکھی تھی۔ بعد میں نواسے نواسیوں کے لئے ''چار فتنے'' نظم لکھی۔ مہہ جبین کی ایک بیٹی تابندہ نے بھی ڈاکٹری پڑھی۔ سرور کے داماد عبدالجلیل کا انتقال جنوری ۲۰۰۲ء میں ہوا۔

ملازمت اور دیگر مصروفیات: ۔ آل احمد سرور نے علی گڑھ مسلم یونیورسٹی سے ایم۔ اے انگریزی کرنے کے بعد ۱۹۳۴ء میں شعبۂ انگریزی میں بہ حیثیت لکچرر اپنی ملازمت کا آغاز کیا۔ ذاکر حسین کے مشورے پر ایم۔ اے اُردو کیا۔ اور جولائی ۱۹۳۶ء میں یونیورسٹی کے شعبۂ اُردو میں لکچرر کی حیثیت سے اُن کا تقرر ہوا۔ اسی زمانے میں اُنہیں ریڈیو پر تقاریر کے لئے بلایا جانے لگا۔ سرور اپنی تقریر ریکارڈ کرانے

کے لئے علی گڑھ سے دہلی جایا کرتے تھے۔ یہ سلسلہ ۱۹۳۶ء سے ۱۹۴۵ء تک جاری رہا۔ ۱۹۳۸ء کے بعد ہر مہینہ کسی نہ کسی موضوع پر وہ تقریر کرنے لگے تھے۔ ریڈیو پر اپنی تقاریر ریکارڈ کرانے کی یادیں بیان کرتے ہوئے سرور لکھتے ہیں:

> ''۱۹۳۶ء سے ۱۹۴۵ء تک اکثر ریڈیو پر تقریر کے سلسلہ میں دہلی جانا ہوتا تھا
> ...اُس زمانے میں ریڈیو پر تقریر کے تیس روپئے ملتے تھے۔ اور میں اُن
> روپیوں میں دہلی سے بہت سے پھل بیوی کے لئے ساری اور متفرق چیزیں
> لے آیا کرتا تھا'' [۱۸]

سرور کی ریڈیو پر پڑھی گئی تقاریر کافی مقبول ہوئیں۔ بعد میں یہ تقاریر ۱۹۴۳ء میں ''تنقیدی اشارے'' کے عنوان سے زیور طباعت سے آراستہ ہو کر شائع ہوئیں۔ اکتوبر ۱۹۳۶ء میں علی گڑھ میں اُردو کانفرنس کا انعقاد ہوا۔ سرور نے مولوی عبدالحق' پریم چند اور دیگر کئی دانشوروں اور ادیبوں سے ملاقات کی۔ اپریل ۱۹۳۷ء میں سرور کو ترقی ہوئی اور وہ گریڈ ٹو لکچرر بن گئے۔ سجاد ظہیر کی ایماء پر علی گڑھ میں انجمن ترقی پسند مصنفین کی شاخ قائم ہوئی۔ سرور کو اس انجمن کا سکریٹری بنایا گیا۔ اسی دوران سرور کے والد کا تبادلہ بمبئی ہو گیا تھا۔ ۱۹۳۷ء سرور اپنے والد کے پاس بمبئی گئے۔ پھر حیدر آباد سفر کیا۔ جہاں مولوی عبدالحق' عبدالقادر سروری' ڈاکٹر محی الدین قادری زور اور ہاشمی فرید آبادی سے ملاقاتیں کیں۔ ۱۹۳۷ء میں علی گڑھ یونیورسٹی میں توسیعی خطبات کا آغاز ہوا۔ سرور نے ''جدید اُردو شاعری کے میلانات'' پر خطبہ دیا جو رسالہ ''جامعہ'' میں شائع ہوا۔ اس زمانے میں انسٹی ٹیوٹ گزٹ پابندی سے نکلتا تھا۔ سرور کو یونیورسٹی کے وائس چانسلر ڈاکٹر ضیاء الدین نے اس گزٹ کا اسٹنٹ ایڈیٹر مقرر کیا۔ ۱۹۳۸ء میں سرور کو سینئر لکچرر کے عہدے پر ترقی ملی۔ ۱۹۳۹ء میں دہلی میں انجمن ترقی اُردو کی کل ہند کانفرنس منعقد ہوئی۔ اس کانفرنس میں سرور نے ''علی بخش شرر۔ سرسید کے ایک مخالف'' کے عنوان سے مضمون پڑھا۔ یونیورسٹی کے زمانے میں سرور کے معمولات طے تھے۔ وہ ہر ہفتہ ۲۷ گھنٹے پڑھاتے تھے۔ اور رشید احمد صدیقی صدر شعبۂ اُردو کی انتظامی امور میں معاونت کرتے تھے۔ اسٹاف کلب جانا ٹینس کھیلنا اور رات میں کچھ وقت رشید احمد صدیقی کے ساتھ گذارنا اُن کے معمولات میں شامل تھا۔ رات کے کھانے کے بعد کافی وقت مطالعہ میں مشغول رہتے۔ اور سو کر صبح دیر سے جاگتے تھے۔ سرور لائبریری میں بھی کافی وقت گذارتے تھے ۱۹۴۱ء میں یوم سرسید کے موقع پر سرور نے علی گڑھ پر ایک نظم پڑھی کہا جاتا ہے کہ اس کے بعد سے ہی اُن کے اور وائس چانسلر ضیاء الدین کے مابین تعلقات بگڑ گئے۔ اور سرور کو مخالفتوں کا سامنا کرنا پڑا۔ اُن کے ایک مضمون کی

اشاعت کے بعد اُن پر وائس چانسلر کے بغاوت کا الزام عائد کیا گیا۔اس پر سرور نے اپنا جواب ان الفاظ میں دیا:

''میں شعبۂ اُردو میں لکچرر ہوں۔اور میرا کام لکھنا پڑھنا ہے اگر آپ چاہتے ہیں کہ میں لکھنا پڑھنا چھوڑ دوں تو یہ میرے لئے ممکن نہیں۔البتہ ملازمت سے سبکدوش ہوسکتا ہوں۔'' [۱۹]

۱۹۴۴ء میں ڈاکٹر زور کی دعوت پر سرور نے رشید احمد صدیقی کے ہمراہ حیدرآباد کا سفر کیا۔اور اُردو کانفرنس میں شرکت۔اس کانفرنس میں سرور نے ''اسٹائل کیا ہے'' کے عنوان سے اپنا مقالہ پیش کیا۔ حیدرآباد ریڈیو سے اُن کی تقریر بھی نشر ہوئی

حیدرآباد سے واپسی کے بعد ذاکر صاحب نے سرور کو مشورہ دیا کہ وہ رام پور جائیں۔اور رضاء انٹر کالج میں بہ حیثیت پرنسپل جائزہ حاصل کرلیں۔وہاں پرنسپل کی جائداد مخلوعہ تھی۔ چنانچہ ۱۳؍مارچ ۱۹۴۵ء کو سرور نے رضا کالج کے پرنسپل کی حیثیت سے جائزہ حاصل کرلیا۔اس سے قبل سرور نے تقریباً ۱۱سال علی گڑھ میں اپنی خدمات انجام دیں۔علی گڑھ کے جن اساتذہ کو سرور یاد کیا کرتے تھے۔اُن میں پروفیسر محمد حبیب (تاریخ) خواجہ غلام السیدین اور پروفیسر حبیب الرحمٰن (تعلیم) مولانا عبدالعزیز میمن (عربی) ڈاکٹر ہادی حسن' ڈاکٹر ضیاء الدین بدایونی اور کیپٹن حمید الدین خان (فارسی) مولانا سلیمان اشرف (صدر شعبۂ دینیات) ابوبکر شیث فاروقی (ناظم دینیات) پروفیسر ایل۔کے۔حیدر (کمیسٹری) عبدالمجید قریشی اور رحمت اللہ (ریاضی) ڈاکٹر ظفر الاسلام (فلسفہ) رشید احمد صدیقی' ظہیر الدین علوی اور مولانا احسن مارہروی (اُردو) خواجہ منظور حسین' محمود حسین' حامد علی اور بی۔اے خاں (انگریزی) قابل ذکر ہیں۔علی گڑھ میں آل احمد سرور کے جوہر دلعزیز شاگرد تھے ان میں خواجہ شبیر حسن' عشرت عثمانی اور عبدالرحمٰن ٹونکی (انگریزی) حسن عبداللہ' شبیر علی' مسعود حسین خاں' مسعود علی ذوقی' جاں نثار اختر' نورالحسن ہاشمی' رشید مودودی' عبدالرؤف نور محمد' صدیق احمد صدیقی' ساجد علی خان' سلیمہ سلطانی اور سلمیٰ سلام الحق (اُردو) قابل ذکر ہیں۔علی گڑھ میں قیام کے دوران سرور نے اپنے تنقیدی مضامین کا مجموعہ ''نئے اور پرانے چراغ'' مرتب کرلیا تھا۔یہ مجموعہ جون ۱۹۴۶ء میں شائع ہوا۔آل احمد سرور مارچ ۱۹۴۵ء سے اگست ۱۹۴۶ تک رضا انٹر کالج رام پور کے پرنسپل رہے۔اس ایک سال کے عرصہ میں سرور نے کالج میں ''یوم اقبال'' تقاریب کا اہتمام کیا۔جس میں ذاکر صاحب رشید احمد صدیقی اور پروفیسر مسعود حسین خاں نے شرکت کی۔۱۹۴۵ء میں سرور نے جے پور میں منعقدہ P.E.N کانفرنس میں شرکت کی۔اور اُردو ادب

کے نئے میلانات پر مقالہ پڑھا۔ اس کانفرنس میں جواہر لال نہرو اور سی ایم فارسٹر نے شرکت کی تھی۔ سرور نے اپنی سوانح خواب باقی ہیں۔ میں رام پور کے زمانہ قیام کی یادیں' وہاں کے لوگوں کے احوال اور کالج کی سرگرمیوں کو تفصیل سے بیان کیا۔ علی گڑھ یونیورسٹی میں پوسٹ گرایجویشن کی تدریس کے بعد رام پور میں انٹر کالج کی ملازمت میں سرور کا دل نہیں لگا تھا۔ وہ کسی طرح وہاں سے نکل جانا چاہتے تھے۔ چنانچہ مولوی عبدالحق کی کوشش سے اُن کا تقرر لکھنو یونیورسٹی کے شعبۂ اُردو و فارسی میں بہ حیثیت ریڈر ہو گیا۔

۲۱ راگست ۱۹۴۶ء کو سرور نے لکھنو یونیورسٹی میں شعبۂ اردو فارسی کے ریڈر کی حیثیت سے جائزہ حاصل کر لیا۔ مسعود حسن رضوی صدر شعبہ تھے۔ جو سرور کے آنے سے خوش نہیں تھے۔ لکھنو میں قیام کے دوران سرور درس و تدریس کے علاوہ مختلف تحریکوں اور تنظیموں کے پروگراموں سے وابستہ رہے۔ ترقی پسند مصنفین کے جلسے اُن کے گھر پر ہوا کرتے تھے۔ مشاعرے' ادبی محفلیں' مجالس عزاء سبھی محفلوں میں سرور شریک رہا کرتے تھے۔ ان محفلوں کا ذکر سرور نے اپنی سوانح ''خواب باقی ہیں'' میں تفصیل سے کیا ہے۔ مسعود حسین رضوی کی سبکدوشی کے بعد سرور کو شعبہ اردو و فارسی کا انچارج بنایا گیا۔ کیونکہ وہ ہی سینئر تھے۔ لیکن اُس وقت کے وائس چانسلر رادھا کمل مکرجی نے اپنے ایک حکمنامے کے ذریعہ شعبہ فارسی کے ریڈر سید یوسف حسین مولوی کو صدر مقرر کر دیا۔ جبکہ وہ جونیر تھے اور ایک سال قبل ریڈر ہوئے تھے۔ ضابطے کے اعتبار سے سرور صدر شعبہ کے مستحق تھے۔ لکھنو یونیورسٹی میں اپنے ساتھ ہوئی ناانصافی کو دیکھ کر سرور نے اپنا استعفیٰ پیش کر دیا۔ یہ نومبر ۱۹۵۵ء کا واقعہ ہے۔ لکھنو میں قیام کے دوران سرور کے مزید دو مجموعے تنقید کیا ہے' ۱۹۴۵ء اور ''ادب اور نظریے'' ۱۹۵۴ء میں شائع ہوئے۔ جبکہ شعری مجموعہ ''ذوق جنوں'' ۱۹۵۵ء میں شائع ہوا۔ لکھنو یونیورسٹی سے سرور کے استعفیٰ کی ایک اور وجہ علحدہ شعبہ اردو کے قیام کی اُن کی تجویز کا رد ہو جانا بھی تھا۔ سرور نے اس زمانے میں پاکستان جانے کا بھی ارادہ کر لیا تھا۔ وہاں کراچی یونیورسٹی میں اُنہیں پروفیسر بنانے کی پیشکش ہو چکی تھی۔ اس ضمن میں سرور لکھتے ہیں:

> ''میں ہندوستان میں رہنا نہیں چاہتا تھا مگر اردو کی خدمت کے موقع کی وجہ سے اسے آسانی سے نظر انداز بھی نہیں کر سکتا تھا۔ میری بیوی تو اصرار کر رہی تھی کہ میں اس پیش کش کو قبول کر لوں۔ میں نے اپنے والد اور اپنے خسر سے رائے لی۔ دونوں کی رائے یہ تھی کہ مجھے پاکستان نہ جانا چاہیے۔ پھر ذاکر صاحب سے مفصل بات ہوئی انہوں نہ یہ کہا کہ آپ جانا چاہیں تو آپ کو روکوں گا نہیں۔ مگر مجھے یہ محسوس ہوگا کہ میرا دایاں بازو ٹوٹ گیا۔ بہرحال میں

نے اس کے بعد یہ فیصلہ کرلیا کہ نہ جاؤں گا اور جیسے بھی حالات ہوں اُن کا مقابلہ کرونگا''۔[۲۰]

سرور کے ان خیالات سے اندازہ ہوتا ہے کہ وہ اپنی زندگی کے اہم معاملات میں بڑے لوگوں سے مشورہ لیتے تھے اور اُن کے مشوروں کی قدر بھی کرتے تھے۔ لکھنو سے استعفیٰ کے بعد سرور علی گڈھ آ گئے۔ دراصل وہاں ''سید حسین ریسرچ پروفیسر'' کا عہدہ قائم ہوا تھا۔ امریکہ سے ایک صاحب رفیق عطا اللہ درانی نے دیوان غالب کا انگریزی ترجمہ کرنے اور نول کشور پر کتاب لکھنے کیلئے عطیہ دیا تھا۔ ذاکر صاحب نے اس ریسرچ پروفیسری کیلئے سرور کو علی گڈھ چلے آنے کی دعوت دی۔ سرور نے یہ پیشکش قبول کرلی۔ اور علی گڈھ میں اس تحقیقی کام کے نگران مقرر ہوئے۔ ریسرچ فیلو کیلئے ابتداء میں نسیم قریشی کا انتخاب عمل میں آیا۔ اُن کے لکچرر ہوجانے کے بعد نادر علی خان کو ریسرچ فیلو بنایا گیا۔ جنہوں نے تین سال کی تحقیق کے بعد نول کشور کی خدمات پر اچھا خاصا مواد جمع کرلیا۔ جسے بعد میں انگریزی میں ترجمہ کیا گیا۔

سرور نے سید حسین ریسرچ پروفیسر کا عہدہ یکم رڈسمبر ۱۹۵۵ء کو حاصل کیا۔ ۱۹رجنوری ۱۹۵۶ء کو انہیں انجمن ترقی اردو کا سکریٹری بنایا گیا۔ اس زمانے میں سرور کے خاص دوست اور رہنما ڈاکٹر ذاکر حسین علی گڈھ یونیورسٹی کے وائس چانسلر تھے۔ ذاکر حسین کے بعد ۷اکتوبر ۱۹۵۶ء کو کرنل بشیر حسین زیدی نے ذاکر صاحب سے علی گڈھ یونیورسٹی کے وائس چانسلر کا چارج لیا۔ انہوں نے سرور کو سرسید ہال کا پرووسٹ نامزد کیا۔ جس کی وجہ سے سرور کے سید حسین ریسرچ پروفیسر کے کام میں تاخیر ہوئی۔ لیکن ۱۹۶۱ء میں سرور نے دیوان غالب کا مکمل انگریزی ترجمہ اور نول کشور کی خدمات کا انگریزی ترجمہ کرکے اس کام کے معطی درّانی صاحب کو روانہ کردیا۔ تاہم سرور کا یہ کام شائع نہیں ہوسکا۔ سرور نے جولائی ۱۹۵۷ء میں انجمن ترقی اُردو کے زیر اہتمام سہ روزہ آل انڈیا اُردو کانفرنس منعقد کی۔ جس میں انجمن کے کاموں کا جائزہ لیا گیا۔ اور مستقبل کا لائحہ عمل مرتب کیا گیا۔ اپریل ۱۹۵۸ء میں رشید احمد صدیقی سبکدوش ہوگئے۔ اُن کی جگہ سرور کو صدر شعبہ بنایا گیا۔ یکم اگست ۱۹۵۸ء سے وہ پروفیسر بھی ہوگئے۔ اسی زمانے میں یو۔جی۔سی نے شعبۂ اُردو کو علی گڑھ تاریخ ادب اُردو مرتب کرنے کے لئے گراں قدر عطیہ دیا۔ بہ حیثیت صدر شعبہ کے سرور صاحب اس کے ڈائرکٹر قرار پائے۔ پہلی جلد کا کام مکمل ہوا۔ کتاب ٹائپ میں ہوئی جس میں بہت سی غلطیاں رہ گئی تھیں۔ جب اس کی پہلی جلد شائع ہوئی تو رشید حسن خان نے غلطیوں کو اُجاگر کرتے ہوئے ایک مضمون لکھا رشید حسن خان کے مضمون کو سرور نے اپنی انا کا مسئلہ بنالیا اور کتاب کی فروخت روک دی گئی۔ اس سے یونیورسٹی کا وقار مجروح ہوا۔ ۱۹۵۸ میں سرور کو یونیورسٹی کی تہذیبی سر

گرمیوں کا نگران مقرر کیا گیا۔ یونیورسٹی میں کئی تہذیبی پروگرام ہوئے۔نصیر الدین شاہ جیسے فنکار اُبھرے جنہوں نے آگے چل کر تھیٹر اور فلموں میں نام کمایا۔

حکومت ہند کی جانب سے سرور نے ۱۹۶۰ء میں ماسکو وس میں منعقد انٹرنیشنل اور ینٹلسٹ کانگریس میں شرکت کی اور وہاں ''جدید اُردو ادب کے میلانات'' پر انگریزی میں مقالہ پیش کیا ۱۹۶۱ء کے آغاز میں یونیورسٹی کی عاملہ کونسل کے رکن نامزد ہوئے۔ ۱۹۶۷ء میں سرور کو ساہتیہ اکیڈمی کا اُردو کنوینر نامزد کیا گیا۔ اور اسی سال انہیں فیکلٹی آف آرٹس کے ڈین کی ذمہ داری سونپی گئی۔ نواب علی یاور جنگ اپریل ۱۹۶۵ء میں وائس چانسلر بن کر علی گڑھ آئے۔اس سے قبل وہ عثمانیہ یونیورسٹی کے وائس چانسلر تھے۔ اُن پر بدعنوانیوں کا الزام عائد کرتے ہوئے طلباء نے پتھراؤ کر دیا۔ جس میں سرور شدید زخمی ہو گئے۔

جون ۱۹۶۶ء میں سرور نے کابل (افغانستان) میں منعقد بین الاقوامی ترجمہ سمینار میں بہ حیثیت مشاہد observer کے شرکت کی۔ موضوع تھا ''فارسی میں تراجم کی صورتحال'' ستمبر ۱۹۶۷ء میں سرور نے بحیثیت وزیٹنگ پروفیسر شکاگو یونیورسٹی (امریکہ) کا دورہ کیا۔ اور چھ ماہ تک جنوبی ہند کی زبانوں کے مرکز میں کام کیا۔ حکومت ہند نے بین الاقوامی ثقافتی تبادلہ پروگرام کے تحت سرور کو ہنگری اور پولینڈ جانے کے لئے کہا۔ چنانچہ سرور امریکہ سے یورپ آئے۔ مانٹریال' لندن جرمنی اور اٹلی کا دورہ کیا جرمنی میں اپنے بیٹے جاوید احمد سے ملاقات کی۔ آٹھ ماہ کے بیرونی سفر کے بعد سرور ۲۸/اپریل ۱۹۷۰ء کو علی گڑھ واپس آئے۔

حکومت ہند کی تحریک پر سرور نے دوبارہ ۱۹۷۲ء میں رومانیہ ہنگری اور سویت یونین کا دورہ کیا۔ انہیں ملازمت میں ایک سال توسیع دی گئی۔ اس وقت عبدالعلیم صاحب یونیورسٹی کے وائس چانسلر تھے۔ وزیر تعلیم ڈاکٹر نور الحسن نے ۱۹۷۲ء میں یونیورسٹی کا نیا ایکٹ نافذ کیا۔ جس سے سرور کو ملازمت میں مزید توسیع نہیں ملی۔ بالآخر ۱۷/اکتوبر ۱۹۷۳ء کو سرور شعبۂ اُردو سے سبکدوش ہو گئے۔

علی گڑھ مسلم یونیورسٹی میں آل احمد سرور کی خدمات کے دوسرے دور کا احاطہ کرتے ہوئے سلطان احمد لکھتے ہیں

> ''سرور صاحب نے اپنے زمانہ ملازمت میں شعبۂ اُردو کی شش جہت ترقی کی۔ اُن کی خصوصی توجہ اور محنت سے اگست ۱۹۶۸ء میں شعبۂ کو لسانیات کے پروفیسر کی جگہ تفویض ہوئی۔ جس پر ڈاکٹر مسعود حسین خان کی تقرری عمل میں آئی۔ بعد ازاں اُن کی مساعی جمیلہ سے لسانیات کا الگ شعبۂ قائم ہوا۔ سرور

> صاحب نے اپنے زمانہ اقتدار میں متعدد سمیناروں کا انعقاد کیا ان میں ''نثر کا اسلوب' تنقید کے بنیادی مسائل' جدیدت اور ادب' غالب' اُردو فکشن' اقبال' قابل ذکر ہیں ان میں پہلے اور آخری موضوع سے قطع نظر باقی تمام سمیناروں کے مقالات کو کتابی صورت میں شائع کیا۔ جن کی ادبی حلقوں میں پذیرائی ہوئی''۔[۲۱]

شعبۂ اُردو سے سبکدوشی کے بعد آل احمد سرور انجمن ترقی اُردو کی سرگرمیوں میں مشغول رہے۔ پھر انہیں شملہ کے انڈین انسٹی ٹیوٹ آف ایڈوانسڈ اسٹڈیز میں وزیٹنگ فیلو مقرر کیا گیا۔ انجمن ترقی اُردو کی ذمہ داری ڈاکٹر خلیق انجم کو دے کر سرور شملہ روانہ ہوگئے۔ شملہ میں قیام کے دوران کشمیر یونیورسٹی کے وائس چانسلر سید رضی الحسن چشتی نے اطلاع دی کہ کشمیر یونیورسٹی میں اقبال چیئر قائم ہو رہی ہے۔ وزیر اعلیٰ کشمیر شیخ عبداللہ کی خواہش ہے کہ سرور صاحب اس چیئر کے پروفیسر رہیں۔ چنانچہ سرور شملہ سے کشمیر چلے آئے۔ اور مئی ۱۹۷۷ء میں کشمیر یونیورسٹی میں پروفیسر ہوگئے۔ ۱۹۷۹ء میں وہاں اقبال انسٹی ٹیوٹ کا قیام عمل میں آیا۔ سرور اس ادارے کے پہلے ڈائرکٹر تھے۔ اس ادارے کے لئے سرور نے ۱۹۸۷ء تک خدمات انجام دیں۔ اس دوران انہوں نے ۱۹۷۷ء اور ۱۹۸۳ء میں لاہور پاکستان میں منعقدہ بین الاقوامی اقبال کانگریس میں شرکت کی۔ کشمیر میں قیام کے زمانے میں سرور نے اقبالیات پر یکسوئی سے کام کیا۔ اور اقبال اور اُن سے متعلقہ موضوعات پر یکے بعد دیگرے اُن کی متعدد کتابیں منظر عام پر آئیں۔ ان میں عرفان اقبال (۱۹۷۷ء) اقبال اور اُن کا فلسفہ (۱۹۷۷ء) اقبال کے مطالعہ کے تناظرات (۱۹۷۸ء)' اقبال نظریہ اور شاعری (نظام خطبات دہلی یونیورسٹی ۱۹۷۹ء) ہندوستان کدھر (۱۹۸۳ء)' جدید دنیا میں اسلام (۱۹۸۳ء) اردو میں دانشوری کی روایت ۱۹۸۵ء' اقبال فیضؔ اور ہم (اردو مرکز لندن ۱۹۸۵ء) اقبال کی معنویت ۱۹۸۶ء قابل ذکر ہیں۔ ۱۹۸۷ء کے بعد آل احمد سرور کشمیر سے پھر علی گڈھ واپس آ گئے اور اپنے مضامین' مسودے' اشعار اور مشاہیر کے خطوط کو جمع کرنا شروع کر دیا۔ اُن کی خواہش تھی کہ ان میں موجود اہم مواد کتابی شکل میں محفوظ ہو جائے۔ اُن کی یہ کوشش کامیاب رہی۔ اور سرور کی مندجہ ذیل کتابیں شائع ہوئیں۔

پہچان اور پرکھ (۱۹۹۰ء)' خواب باقی ہیں (خودنوشت سوانح) ۱۹۹۱ء' خواب اور خلش (شعری مجموعہ) ۱۹۹۱ء' فکر روشن (۱۹۹۴ء)' خطبے کچھ کچھ مقالے (۱۹۹۴ء)' دانشور اقبال (۱۹۹۴ء(مجموعہ تنقیدات (۱۹۹۴ء) اردو تحریک (۱۹۹۹ء) اور افکار کے دیئے (۲۰۰۰ء)۔

اعزازات

آل احمد سرور کی مجموعی خدمات کے اعتراف میں کشمیر یونیورسٹی نے ۱۹۸۹ء میں اُنہیں ڈی۔لٹ کی اعزازی ڈگری دی۔ ۱۹۹۰ء میں انہیں شعبۂ اُردو علی گڑھ مسلم یونیورسٹی میں پروفیسر ایمریٹس مقرر کیا گیا۔انہیں اتر پردیش اُردو اکیڈمی سے چار مرتبہ اور ساہتیہ اکیڈمی سے ایک مرتبہ انعام ملا۔سرور کو ۱۹۹۲ء میں حکومت ہند نے پدم بھوشن کا خطاب دیا۔اور ۲۰۰۱ء میں حکومت مدھیہ پردیش نے اقبال سمّان ایواڈ دیا۔

بیماری

آل احمد سرور پر ۲۷۔۲۸ مارچ ۱۹۹۶ء کی درمیانی شب فالج کا حملہ ہوا۔بائیں ہاتھ اور بائیں پیر پر ہلکا سا اثر ہوا تھا۔اور دماغ محفوظ رہا تھا۔اور بات کرنے کی رکاوٹ نہیں تھی۔داماد ڈاکٹر جلیل نے اُن کا دہلی میں علاج کرایا۔اپنے علاج کی تفصیلات بیان کرتے ہوئے سرور لکھتے ہیں:

> ''ڈیڑھ مہینے تک میرا قیام دہلی میں رہا۔ڈاکٹر عبدالجلیل کا علاج رہا۔اور تابندہ جلیل (نواسی) نے جو خود بھی ڈاکٹر ہے باقاعدہ مجھے دوائیں پلائیں اور ایک دن کے وقفے سے پندرہ انجکشن دئے۔میں ایک آدمی کی مدد سے کچھ ورزش بھی کرتا تھا۔اور واکر کے سہارے دو چار قدم چل بھی لیتا تھا۔ڈیڑھ مہینے کے بعد ڈاکٹر عبدالجلیل نے کہا کہ اب کوئی خطرہ نہیں۔لیکن دوائیں برابر چلتی رہیں اس کا خیال رہے کہ بلڈ پریشر نہ بڑھنے پائے۔اور خاص طور سے ورزش کا التزام'' [۲۲]

فالج کے حملے کے بعد سرور میں پہلی جیسی تیزی اور توانائی باقی نہیں رہی تھی۔مستقل ورزش کے بعد انھوں نے واکر کا استعمال تو چھوڑ دیا لیکن سہارے کی چھڑی استعمال کرتے تھے۔بڑھاپے میں انسان اپنے آپ کو بے سہارا محسوس کرتا ہے اور اُسے اپنی موت کی یاد آنے لگتی ہے۔اپنی عمر کے ستر اسی سال گزار لینے کے بعد سرور بھی کچھ اسی کیفیت سے دو چار تھے وہ لکھتے ہیں۔

> ''جب آدمی کی عمر خاصی ہو جائے تو اُسے موت کا خیال تو آتا ہی ہے مجھے بھی اکثر آتا ہے میں موت کے خیال سے خائف تو نہیں ہوں مگر اس خیال کا سایہ

اکثر میرے ذہن پر منڈلاتا رہتا ہے۔۔ کچھ لوگ بڑھاپے میں ہر وقت نبض پر ہاتھ رکھے رہتے ہیں جب دیکھو اپنی بیماریوں کا تذکرہ، ہنسنا بولنا بھی تکلف سے تذکرہ بھی صرف ماضی کا اور اُن میں اپنے کارناموں کا شکر ہے کہ عمر کی اس منزل میں ابھی مجھ میں جینے کا ولولہ۔ کچھ کام کر جانے کا ارمان، کوئی اچھی سی کتاب پڑھنے کا شوق، دنیا کی رنگینیوں سے زندگی سے حسن سے دلچسپی باقی ہے۔''[۲۳]

آل احمد سرور کی زندگی کے آخری چند سال نہائت تکلیف دہ اور صبر آزما ثابت ہوئے۔ یکے بعد دیگرے اُن پر صدمے ٹوٹتے رہے۔ پہلے اُن پر فالج کا حملہ ہوا اور وہ فریش ہو گئے۔ پھر ۱۹۹۷ء میں اُن کے چھوٹے بیٹے جاوید احمد کے انتقال کی خبر نے اُنہیں شدید صدمے سے دوچار کر دیا۔ ابھی اُن کے بیٹے کی جدائی کی یادیں تازہ تھیں کہ جنوری ۲۰۰۲ء میں اُن کے داماد ڈاکٹر عبدالجلیل بھی داغ مفارقت دے گئے۔ یہ وہ سلسلہ وار حادثات تھے جنہوں نے سرور کو بجھا سا دیا تھا۔ ان حادثات سے سرور سنبھل نہیں سکے۔

انتقال

آل احمد سرور اپنی بیماری بیٹے اور داماد کی جدائی سے سنبھل نہیں سکے وہ اپنی عمر کی نو دہائیاں مکمل کر چکے تھے۔ بالآخر ۹رفروری ۲۰۰۲ء کی شب رات ڈیڑھ بجے وہ اس دار فانی سے کوچ کر گئے۔ انا اللہ وانا الیہ راجعون۔ انتقال کی رات انہوں نے قرآن شریف کی تلاوت کی تھی۔ سرور کا انتقال دہلی میں ہوا۔ دوسرے دن اُن کی میت علی گڑھ لائی گئی۔ اور علی گڑھ میں ہی اُن کی تدفین عمل میں آئی۔ سرور کے انتقال پر اُردو دنیا میں رنج والم کی لہر دوڑ گئی۔ اور اُن کے بارے میں اظہار تعزیت ہوتا رہا۔ اپنے ایک تعزیتی مضمون میں پروفیسر نثار احمد فاروقی لکھتے ہیں۔

''سرور صاحب کے جانے سے اُردو کی محفل سونی ہو گئی ہے اب اگر کوئی اُن کی جگہ پُر کرنے والا آیا بھی تو اُسے اپنی صلاحیتوں کو نکھارنے اور سنوارنے میں ایک چوتھائی صدی درکار ہو گی...... کسی عالم کی موت سے دراصل ہمارا ایک وسیلہ حصول علم سے محروم ہو جاتا ہے سرور صاحب ایسے عالم تھے جن کی علمی و ادبی خدمات کو تاریخ اُردو میں ہمیشہ یاد رکھا جائے گا۔''[۲۴]

علی گڑھ یونیورسٹی کے سلطان احمد سرور کی شخصیت کوخراج عقیدت پیش کرتے ہوئے لکھتے ہیں:

"آخرش ۹ر فروری ۲۰۰۲ء کی شب پیغام اجل آپہنچا اور آسمانِ علم و دانش کے اس درخشان ستارہ کو ہمیشہ کے لئے گہن لگ گیا۔ سرور صاحب نہ رہے لیکن اُنہوں نے کم وبیش سات دہائیوں پر محیط علمی وادبی صحافتی، تہذیبی اور ثقافتی میدان میں جو کارہائے نمایاں انجام دئے ہیں وہ اُردو زبان وادب کا ایک قابل فخر سرمایہ ہے جس کی روشنی سے ایوان اُردو میں ہمیشہ چراغاں رہے گا۔[۲۵]

علی گڑھ یونیورسٹی شعبۂ اُردو کے پروفیسر اصغر عباس سرور کی وفات پر اظہار تعزیت کرتے ہوئے لکھتے ہیں۔

"انہوں نے اپنی دل آسا شخصیت میں ان تمام قدروں کو سمویا تھا۔ جو ہماری تہذیبی زندگی میں ایک اساس اور بنیاد کی حیثیت رکھتی ہیں۔ بہ حیثیت معلم کے انہوں نے کئی نسلوں کی تربیت کی۔ اُن کا رشتہ علی گڑھ سے سات دہائیوں پر پھیلا ہوا ہے۔ وہ اس ادارے کے سچے بہی خواہ تھے۔ اور واقعہ یہ ہے کہ علی گڑھ اُن کے نام سے جانا جاتا تھا۔ موت ہوا کی طرح آتی ہے اور چلی جاتی ہے اسی لئے موت کا صدمہ بھی عارضی ہوتا ہے لیکن قوم کا ایسا معتبر دانشور جو اپنے عہد کے مقصود کو لفظوں میں ڈھالیتا ہو اور جس کی تحریر روح عصر کی عکاس ہو جو نکتہ داں بھی ہو نکتہ سنج بھی نکتہ شناس بھی ہو اور جس کی شخصیت قومی فکر و تہذیب کا افشردہ اور عصارا بھی ہو اُس کی موت کا صدمہ قومی صدمہ ہوتا ہے اور آج ہم جس فرد فرید کی وفات پر آنسو بہا رہے ہیں وہ ایسی ہی شخصیت تھی۔ شعبۂ اُردو کا یہ تعزیتی جلسہ پروفیسر آل احمد سرور کے سانحہ ارتحال پر اپنے دلی رنج وغم کا اظہار کرتا ہے"[۲۶]

مولانا رضوان القاسمی مرحوم آل احمد سرور کو ان لفظوں میں خراج عقیدت پیش کرتے ہیں:

ہم سے جو ہوسکا وہ کر گذرے
اب ترا امتحان ہے پیارے

"اُردو شعر وادب کی جو محفل جمی جمائی اور سجائی تھی۔ پروفیسر آل احمد سرور کے

چلے جانے سے اس محفل کی رونق پھیکی پڑ گئی۔ بلا شبہ اُن کی حیثیت صدر محفل کی تھی۔ اُن کی موجودگی سے محفل میں جان تھی۔ بہار تھی وقار تھا اعتبار تھا۔''[۲۷]

قاضی افضال حسین اپنی ایک تعزیتی تحریر میں سرور کے بارے میں لکھتے ہیں:

''پروفیسر آل احمد سرور کی رحلت پوری اُردو دنیا کے لئے گہرے رنج و غم کا سبب ہے وہ اپنے معاشرے سے اتنی مختلف سطحوں پر مربوط تھے کہ اب اُن کے نہ ہونے سے ایک شدید خلا کا احساس ہوتا ہے۔ جس کے تا دیر پُر ہونے کی کوئی امید نہیں''[۲۸]

آل احمد سرور کے بارے میں مختلف مشاہیر ادب کے ان تعزیتی بیانات سے اندازہ ہوتا ہے کہ وہ ادبی حلقوں میں کافی مقبول تھے۔ اُن کی رحلت اُردو دنیا کیلئے ایک عظیم نقصان ثابت ہوئی۔ وہ علی گڑھ کے پرستار تھے۔ اُنہوں نے کافی عرصے تک علی گڑھ کی خدمت کی۔ آج وہ نہیں رہے لیکن اُن کی یادیں اور علمی و ادبی کارنامے علی گڑھ یونیورسٹی کے سفر میں معاون رہی تھی۔ اور آنے والی نسلیں اُن کے کارناموں سے فیضاب ہوتی رہیں گی۔

شخصیت

پروفیسر آل احمد سرور کا دور حیات زائد از نو دہائیوں پر مشتمل رہا۔ اس دوران مختلف ادوار میں اُن کی شخصیت کی تعمیر ہوتی رہی۔ بدایوں اور اتر پردیش کے مختلف شہروں میں اُن کا بچپن گذرا۔ اسکول اور کالج کا زمانہ اور علی گڈھ یونیورسٹی کے ماحول نے اُن کی شخصیت سازی میں اہم کردار ادا کیا۔ پھر ملازمت کا زمانہ جس میں انہوں نے اپنا زیادہ تر وقت علی گڈھ میں گذارا تھا۔ اس کے علاوہ رام پور، لکھنو، کشمیر کا قیام بیرونی اسفار اور زندگی کے آخری ایام۔ زندگی کے مختلف پڑاؤ میں وقوع پذیر ہونے والے واقعات اور حوادث نے سرور کی شخصیت سازی میں حصہ لیا۔ سرور کی شخصیت کی تعمیر میں متعدد عناصر کی کارفرمائی نظر آتی ہے۔ اُن کی سیرت اور کردار پر علی گڈھ کی گہری چھاپ موجود رہی۔ اُن کے ذہن کی تعمیر میں اقبالؔ، ذاکر حسین، رشید احمد صدیقی، خواجہ غلام السیدین، سر راس مسعود اور خواجہ منظور حسین کا فیض شامل ہے۔ سرور نے انگریزی اور اردو دونوں زبانوں میں نہ صرف اعلی تعلیم حاصل کی تھی بلکہ ان زبانوں کے ادب پر گہری نظر رکھتے تھے۔ انہوں نے مشرق و مغرب کی اچھی قدروں کو اپنایا۔ اُن کی ذات مشرق و مغرب، قدیم و جدید کا ایک خوبصورت امتزاج تھی۔ یہی وجہہ ہے کہ وہ بے حد مقبول تھے۔ سرور کو بچپن ہی سے مطالعے کا

شوق تھا۔ وہ درسی کتابوں کے علاوہ دیگر کئی کتابیں بچپن ہی میں پڑھ چکے تھے۔ اپنے مطالعے کی اس عادت کے بارے میں سرور لکھتے ہیں:

''میں کبھی کورس کی کتابیں گھر پر پڑھتا نہیں تھا۔ جو کلاس میں پڑھایا جاتا تھا یاد ہو جاتا تھا۔ میرے والد کا معمول تھا کہ وہ روزآنہ رات کے کھانے سے فارغ ہو کر مطالعہ کرتے تھے۔ انگریزی یا اردو کی کوئی کتاب' کوئی ناول یا تاریخ یا کوئی مذہبی کتاب' انگریزی کی کتابیں تو اس وقت میری سمجھ میں نہ آتی تھیں۔لیکن اردو کی کوئی کتاب بغیر پڑھے نہ چھوڑتا تھا۔ بدایوں میں بھی اکثر یہ ہوتا تھا کہ طلسم ہوشربا کی کوئی جلد ہاتھ لگ گئی اب صبح سے شام تک اسی طلسم میں کھوئے ہوئے ہیں ابن خلدون اگر ہاتھ آگئی تو اس کی کئی جلدیں پڑھ ڈالیں مراۃ العروس اور توبۃ النصوح بھی اسی زمانے میں پڑھ لی تھیں۔ بہت سے شعرا کے دیوان اور بہت سی ناولیں پڑھ چکا تھا۔''[۲۸]

مطالعے کے اس شوق نے سرور کو ایک شاعر ادیب اور نقاد بنانے میں کافی مدد کی۔ بچپن میں عرس کی محفلوں' سماع کی محفلوں اور شعری محفلوں میں شرکت کرنے سے سرور کا شعری مذاق بھی کافی سلجھ چکا تھا۔ اور وہ بچپن ہی سے شعر موزوں کرنے لگے تھے۔ سرور بچپن سے پابندی سے اخبارات پڑھا کرتے تھے ہائی اسکول کے زمانے سے سرور میں قائدانہ صلاحیتیں اُبھرنے لگی تھیں۔ ہائی اسکول میں امتحان کے اوقات میں اضافے کیلئے انہوں نے ہیڈ ماسٹر سے کامیاب نمائندگی کی تھی۔ کالج اور یونیورسٹی میں وہ ڈبیٹ اور تقریری مقابلوں میں بڑھ چڑھ کر حصہ لیا کرتے تھے۔ اور انعامات حاصل کرتے رہے۔

کوئی انسان ہر میدان میں کامل نہیں ہوتا کسی کی شخصیت میں کچھ خوبیاں ہوں تو کچھ کمزوریاں بھی ہوتی ہیں۔ سرور کو بچپن ہی سے ریاضی پسند نہیں تھی۔ اسلئے وہ ریاضی میں کمزور رہے۔ اور بالآخر آگے چل کر انہوں نے آرٹس مضمون اختیار کیا۔ مذہبی معاملے میں اپنے گھر کے ماحول کو بیان کرتے ہوئے سرور لکھتے ہیں:

''ہمارے گھر میں خاصا مذہبی ماحول تھا نماز پابندی سے پڑھنے کی تاکید تھی۔ مگر شائد اس وجہ سے کہ صبح اُٹھنے کی کوئی خاص تاکید نہ تھی میں فجر کی نماز قضاء پڑھتا تھا یا گول کر جاتا تھا۔ والد رات کو دیر تک مطالعہ کرتے تھے اسلئے وہ بھی صبح دیر سے اُٹھتے تھے ہاں روزے سارا گھر پابندی سے رکھتا تھا۔''[۲۹]

سرور کے ان خیالات سے اندازہ ہوتا ہے کہ مذہب کے معاملے مس اُن کا گھرانہ شدت پسند نہیں

تھا۔ اور وہ مذہبی اقدار کی پاسداری کرتے تھے۔ انسان کی شخصیت کی تعمیر میں اُس کی وضع قطع‘ لباس‘ غذا‘ پسند ناپسند‘ مشاغل‘ عادات واطوار‘ دوست احباب اور دیگر عوامل حصہ لیتے ہیں۔

حلیہ اور وضع قطع

آل احمد سرور درمیانی قد کے آدمی تھے۔ اُن کا رنگ گورا اور جسم چھریرا تھا۔ اکثر وہ سوٹ پہنتے۔ کبھی کبھی شیروانی زیب تن کرتے۔ اُن کا عمومی لباس پتلون اور شرٹ تھا۔ گھر میں سفید ململ کا کرتا اور لٹھے کا پاجامہ پہنتے تھے۔ سرور صاحب کی شخصیت ایسی تھی کہ اُن پر ہر رنگ کا لباس اور ہر طرح کا لباس جچتا تھا۔ سردیوں کے موسم میں گرم شال اوڑھتے تھے۔ انہوں نے بہت کم گاؤن پہنا ہے۔ سرور اپنے لباس اور وضع قطع سے ایک پروفیسر قسم کے انسان لگتے تھے۔ اور اُن کے چہرے سے دانشوری جھلکتی تھی۔ اُن کے اور اپنے لباس کی پسند ناپسند کے بارے میں بیگم سرور کہتی ہیں:

> جب ہماری شادی ہوئی تو یہ سوٹ نہیں پہنتے تھے۔ چوڑی دار پائجامہ اور اچکن پہنتے تھے۔ سوٹ پہننا بعد میں شروع کیا۔ اُن کو خود سے کوئی خاص رنگ یا کپڑے کا خیال نہیں تھا۔ اُن کے اوپر نیلا رنگ بہت اچھا لگا کرتا تھا۔ سب لوگ اُن کیلئے نیلی شرٹ بہت لاتے تھے۔ زیادہ تر کپڑے چھوٹا بیٹا جرمنی سے بھیجا کرتا تھا۔ اُن کو خود کوئی دلچسپی نہیں تھی۔ جب میں سفید کپڑے پہنتی تھی انہیں بہت بُرا لگتا تھا۔ زیادہ تر شوخ رنگ کے کپڑے لاتے تھے۔ وہ جہاں بھی جاتے تھے میرے لئے ساڑی ضرور لاتے تھے۔‘‘[۳۱]

بیگم سرور کے ان خیالات سے اندازہ ہوتا ہے کہ آل احمد سرور کو لباس میں نیلا رنگ بہت پسند تھا۔ لباس میں رنگوں کا انتخاب اور پسند بھی کسی کی شخصیت کا آئینہ دار ہوتا ہے۔ اور نیلا رنگ شائستگی اومتانت کی علامت سمجھا جاتا ہے۔ سرور بڑے نفاست پسند واقع ہوئے اور روزمرہ زندگی میں بڑی نفاست سے کام لیتے تھے۔ شکل وشباہت کے اعتبار سے سرور خوش وضع لوگوں میں شمار کیئے جاتے تھے۔ سرور کے چہرے پر جو چیزیں نمایاں دکھائی دیتی تھیں۔ اُن میں عینک اور پان کی سرخی بھی شامل تھی۔ وہ ہر وقت عینک لگائے رہتے تھے۔ ہونٹوں پر ہلکی سی پان کی سرخی ہمیشہ موجود رہتی تھی۔ جب بھی کسی سے ملتے اُسے پان پیش کرنا نہیں بھولتے تھے۔ وہ پان کے دلدادہ تھے۔

غذا

لباس کے علاوہ غذا میں پسند ناپسند بھی کسی انسان کی شخصیت کی تشکیل کرتی ہے۔سرور کو غذا میں سبھی طرح کے کھانے پسند تھے۔خاص طور پر کھچڑا، رساول، کریلے اور ارہر کی دال انہیں پسند تھی۔گلا صاف رکھنے کیلئے وہ چنے بہت کھاتے تھے۔کھانے کے بعد کوئی نہ کوئی میٹھی چیز ضرور کھاتے تھے۔جسے وہ ''اوپر کی چیز'' کہتے تھے۔سرور کو پائے بہت پسند تھے۔اُن کی اس پسند کا شہریار مذاق اُڑایا کرتے تھے۔سرور کو فیرنی بھی بہت پسند تھی۔کھانے کے معاملے میں وہ کم خوراک والے انسان تھے۔تاہم انہیں لذیذ اور نفیس کھانے پسند تھے۔انہیں چائے بہت پسند تھی۔اور چائے سے زیادہ کافی پسند کرتے تھے۔سرور کھانے کو کوئی اہمیت نہیں دیتے تھے۔اگر پسند کی ہوئی کتاب مل گئی تو دن رات اُسی میں کھوئے رہتے کھانا پینا سب بھول جاتے تھے۔جو کچھ سامنے آیا کھا لیتے تھے۔نمک کم ہے یا زیادہ' کھانا ٹھنڈا ہے یا گرم' اس کا انہیں احساس ہی نہیں ہوتا۔کبھی یہ بھی ہوتا کہ کھانا کھایا یا نہیں اُنہیں معلوم نہیں ہوتا۔غذا کے معاملے میں اُن کی لا پرواہی علم کے معاملے میں اُن کی گہری دلچسپی کو ظاہر کرتی ہے۔اور اُن کی غذائی عادات کو دیکھ کر کہا جاسکتا ہے کہ اس معاملے میں وہ واقعی پروفیسر تھے۔غذا کے معاملے میں آل احمد سرور کچھ توہم پرست بھی واقع ہوئے تھے۔اپنی سوانح عمری خواب باقی ہیں میں انہوں نے لکھا کہ وہ جس مہینے میں (R) لکھا ہو۔اس میں مچھلی نہیں کھاتے تھے۔اس ضمن میں وہ لکھتے ہیں:

> ''ماسکو یونیورسٹی کے ایک ٹالسٹائے پر ریسرچ کرنے والے استاد ہمارے رہنما تھے۔کوئی تین گھنٹے بعد ہم کالنسک شہر میں پہنچے۔جہاں ایک ریستوران میں ناشتہ کیا۔ناشتہ ختم کر چکے تھے کہ مچھلی کی ایک پلیٹ آئی۔میں نے تو معذرت کر لی میں جس مہینے میں آر (R) ہو اس میں مچھلی نہیں کھاتا۔بچپن میں کہیں پڑھا تھا کہ اس مہینے میں مچھلی نہیں کھانی چاہئے۔''[۳۲]

اردو کے پائے کے نقاد اور غذا کے معاملے میں اس قسم کی توہم پرستی شائد سرور جیسی اعلیٰ پائے کی شخصیت کو زیبا نہیں دیتی۔اسلامی تعلیمات سے وہ اچھی طرح واقف تھے۔تاہم بچپن کے کسی مطالعے کو انہوں نے راسخ العقیدہ بنالیا۔اور اپنے خیالات کے مطابق مئی جون جولائی اگست کے علاوہ باقی آٹھ مہینوں میں جس میں (R) لکھا ہوتا ہے وہ مچھلی نہیں کھاتے۔غذا کے معاملے میں سرور کی شخصیت کا یہ ایک عجیب وغریب پہلو رہا۔سرور کو جہاں لذیذ کھانے پسند تھے وہیں اُن کی بیگم پکانے کے معاملے میں کمزور تھیں۔گھر میں خانساماں پکوان کرتا تھا۔بیگم سرور کو روٹی پکانی بھی نہیں آتی تھی۔جبکہ شمالی ہند والوں کی

بنیادی غذا روٹی تھی۔ البتہ بیگم سرور کو انڈے کا حلوہ بنانا خوب آتا تھا۔ وہ آلو کی سبزی بھی بنا لیتی تھیں۔ بہر حال سرور زیادہ تر ملازم کے ہاتھ کا بنا کھاتے رہے۔

ازدواجی زندگی

سرور کی شادی اگست ۱۹۳۶ء میں خان بہادر رحمان بخش قادری کی بڑی لڑکی زاہدہ سے ہوئی۔ دونوں کی ازدواجی زندگی خوشگوار رہی۔ خدا نے انہیں دو بیٹے صدیق اور جاوید احمد اور ایک بیٹی مہہ جبین دی تھی۔ سرور جب آل انڈیا ریڈیو دہلی پر تقریر ریکارڈ کرنے جاتے تھے تو آتے وقت بیوی بچوں کیلئے پھل اور بیوی کیلئے ساڑی ضرور لاتے تھے۔ دیگر اسفار کے موقع پر بھی وہ ساڑی لانا نہیں بھولتے۔ ہندوستان میں سرور نے جہاں بھی ملازمت کی اپنے خاندان کو ساتھ رکھا۔ بڑھاپے میں انسان چڑ چڑا ہو جاتا ہے۔ بیماری کے دنوں میں جب بیگم سرور وقت پر دوائی لینے کا اصرار کرتیں تو اکثر سرور غصے میں آجاتے اور اپنا غصہ پیالی توڑ کر اُتارا کرتے تھے۔ ناراض بیوی کو منانے کے انداز کے بارے میں بیگم کہتی ہیں:

> ''دوستوں کے آنے کا کوئی وقت نہیں تھا۔ کوئی آٹھ بجے آرہا کوئی نو بجے کوئی ایک بجے' کھانا میز پر لگا ہوا ہے اور یہ بیٹھے باتیں کر رہے ہیں۔ اس سے میرا موڈ آف ہو جاتا تھا۔ اس سے بڑی کھینچا تانی ہوتی تھی۔ کبھی کبھی بول چال بھی بند ہو جاتی تھی۔ وہ بچوں سے (Message) بھجوایا کرتے تھے۔ لیکن بات کرنے کی پہل ہمیشہ وہی کرتے تھے۔ شروع میں سرور ان باتوں پر بھی بہت ناراض ہوتے تھے جیسے وقت پر چائے نہ ملی ہو۔ یا پان صحیح نہ بنے ہوں اس پر انہوں نے ایک چھوٹی سی نظم بھی کہی تھی۔
>
> ''کیا بتاؤں آج کل گھر میں اندھیر ہے
> چائے آنے میں تکلف ناشتے میں دیر ہے
> ریڈیو کھولے ہوئے بیٹھا ہے کوئی اسطرح
> اہل ایماں حوض کوثر کے کنارے جس طرح
> کوئی خراٹوں کی کرتا ہے عجب بستر پہ مشق
> کوئی انداز جنوں کی کر رہا ہے گھر میں مشق
>
> بعد میں ان کا غصہ کم ہو گیا۔''[۳۳]

پرورش اولاد

آل احمد سرور اپنی اہلیہ زاہدہ سرور کیلئے ایک چاہنے والے شوہر' اور اپنے بچوں کیلئے ذمہ دار باپ تھے۔ وہ بچوں کی جہاں پرورش ونگہداشت کی ذمہ داری بخوبی نبھاتے تھے۔ وہیں بچوں سے لاڈ و پیار کرتے تھے۔ اور اکثر اُن کے ساتھ کھیلا کرتے تھے۔ انہیں کہانیاں سنایا کرتے تھے۔ اور اچھی باتیں بتایا کرتے تھے۔ تاش کھیلتے' کیرم کھیلتے اور بیت بازی کی محفلیں جمتی تھیں۔ بچوں کی دو ٹیمیں ہوا کرتی تھیں۔ ایک ٹیم میں سرور اور دوسری ٹیم میں زاہدہ بچوں کے ہمراہ ہوا کرتیں۔ بیگم سرور اکثر وزن سے باہر شعر پڑھا کرتیں۔ جس پر سرور اُن کی غلطیاں نکالتے۔ سرور کے بچوں نے گڑیوں کا کھیل نہیں کھیلا بلکہ وہ اپنے والد سے غالب' اقبال اور میر کے قصے سنا کرتے تھے۔ سرور بچوں کو نظمیں لکھ کر دیا کرتے اور انہیں تاکید کرتے کہ مشکل الفاظ کے معنی فوراً ڈکشنری میں دیکھ لیا کریں۔ سرور بچوں سے گھنٹوں باتیں کرتے تھے۔ اور انہیں چہل قدمی کے وقت ساتھ لیجاتے۔ جب وہ نانا بن گئے تو انہوں نے اپنے نواسی نواسوں پر تین فتنے اور چار فتنے کے عنوان سے نظمیں لکھیں۔ سرور نے اپنے بچوں کو اردو سکھائی تھی۔ لیکن انہوں نے بچوں پر دباؤ نہیں ڈالا کہ وہ کبھی بڑے ہو کر ان کی طرح اردو کو اپنا اوڑھنا بچھونا بنالیں۔ اُن کے چھوٹے بیٹے جاوید احمد صدیقی کا جب نومبر ۱۹۹۷ء میں جوان عمری میں انتقال ہو گیا تو سرور دلبرداشتہ ہو گئے تھے۔ اپنے جذبات کا اظہار کرتے ہوئے لکھتے ہیں:

> ''شام زندگی کی اس ملگجی اور دھندلی فضاء میں ایک ایسے حادثے سے دوچار ہوا ہوں جس نے میرے اعصاب کو جھنجوڑ کر رکھ دیا ہے۔ ۷/نومبر ۱۹۹۷ء کو اطلاع ملی کہ میرے چھوٹے لڑکے جاوید احمد صدیقی کا جرمنی کے شہر مائنس میں سوتے میں انتقال ہو گیا۔ اس اطلاع کو پاکر دل پر جو بیت گئی اُس کو الفاظ کا جامہ پہنانا میرے بس میں نہیں۔...... اٹھاون سال کی عمر میں اس کا اچانک داغ مفارقت دے جانا اس کی ماں کیلئے میرے لئے اس کی بہن بھائی اور دوسرے اعزا کیلئے ایک ایسے خلا کا باعث ہے جو کبھی پُر نہ ہو سکے گا۔ مجھے اُس کی موت پر کسی انگریزی شاعر کے یہ اشعار اکثر یاد آیا کرتے ہیں۔
>
> ''اُس نے اپنی شمع کو دونوں سروں سے جلایا شمع پوری رات نہ جل سکی''۔
>
> لیکن میرے دوستو! اور اے میرے دشمنو! دیکھنا اُس کی روشنی کیسی تابناک

تھی''۔[۳۴]

سرور کے داماد ڈاکٹر عبدالجلیل نے سرور کی علالت کے زمانے میں اُن کا علاج کیا تھا۔ان کی بیٹی اور سرور کی نواسی تابندہ جلیل بھی ڈاکٹر تھیں۔سرور کی وفات سے کچھ مہینے قبل ڈاکٹر جلیل کا بھی انتقال ہو گیا تو سرور کافی غمزدہ ہو گئے۔

مذہبی عقائد

سرور تعلیم یافتہ انسان تھے۔اور وہ مذہب کے بارے میں اعتدال پسند روشن خیالات رکھتے تھے۔ بچپن میں اُن کی تعلیم کا آغاز مذہبی تعلیم سے ہوا تھا۔پانچ سال کی عمر میں اُن کی بسم اللہ ہوئی تھی۔ بدایوں میں مولانا عبدالقدیر نے اُن کی بسم اللہ پڑھائی تھی۔سرور مجموعی طور پر مذہبی قسم کے آدمی تھے۔اُن کا خاندان مولویوں کا خاندان تھا۔انہوں نے کبھی داڑھی نہیں رکھی۔لیکن کبھی مذہب سے بیزاری کا اظہار نہیں کیا وہ کٹر قسم کے مذہبی انسان نہیں تھے۔وہ قرآن شریف کی تلاوت کیا کرتے تھے۔مرنے سے قبل آخری رات انہوں نے تلاوت کی تھی۔سرور کو اقبال کی فکر و فلسفہ جنون کی حد تک پسند تھا۔اسطرح اقبال کو پسند کرتے ہوئے انہوں نے اقبال کے بیان کردہ مذہبی افکار سے اپنی پسندیدگی اور لگاؤ کا ثبوت دیا ہے۔ اپنی تحریروں میں انہوں نے مذہب اسلام کی تعلیمات پر عمل کرنے کے ساتھ معاملات کے شعبہ میں مسلمانوں کو خاص طور سے توجہ دلانے کی کوشش کی ہے۔محمد مجیب یادگاری خطبہ میں سرور اپنے مذہبی خیالات پیش کرتے ہوئے کہتے ہیں:

> ''ہم نے اسلام جیسے جامع اور ہر شعبہ حیات کیلئے مشعل راہ مذہب کو صرف عقائد اور عبادات میں محصور کر دیا ہے۔معاملات کی ہمیں کوئی پرواہ نہیں حالانکہ معاملات کے ذریعہ سے ہی ہم سماجی زندگی میں صالح قدروں کو عام کر سکتے ہیں۔''[۳۵]

سرور کے ان خیالات سے اندازہ ہوتا ہے کہ وہ مذہب کے معاملے میں عقائد عبادات کے ساتھ معاملات کی درستگی کو بھی اہمیت دیتے تھے۔مسلمانوں کیلئے ضروری ہے کہ وہ افراط و تفریط کا شکار ہوئے بغیر مذہب کے عقائد کے ساتھ اُس کے عملی پہلوؤں پر بھی توجہ دیں۔اور پہلے سے منتشر قوم کو مزید منتشر ہونے اور دنیا کے سامنے جگ ہنسائی سے بچائے رکھیں۔آل احمد سرور نے اپنی سوانح میں اپنی زندگی کے احوال مفصل بیان کئے۔اور زندگی کے عملی دور کی تفصیلات' واقعات' اشخاص کا تذکرہ کیا ہے۔لیکن

مذہب کے حوالے سے اپنی زندگی میں پیش آنے والے واقعات یا حالات کا تذکرہ نہیں کیا۔اور نہ ہی اس طرف کوئی اشارہ ملتا ہے۔اس سے اندازہ ہوتا ہے کہ مذہبی معاملات کو سرور نے داخلی اہمیت دی تھی۔اور انہیں عوام میں لانا مناسب نہیں سمجھا۔تاہم مذہب اسلام کے بارے میں ایک مقام پر اپنے خیالات کو فلسفیانہ انداز میں پیش کیا ہے۔ایسا لگتا ہے کہ سرور مذہب کے موضوع پر تقریر کر رہے ہیں سرور لکھتے ہیں:

''میں مسلمان ہوں اور مولانا آزاد کے الفاظ میں ''اسلام کے تیرہ سو سال کے سرمائے کا امین میرا اسلامی تشخص میری روح کی تترجمانی کرتا ہے۔...
اسلام مجھے ہندوستانی قومیت سے نہیں روکتا۔ بلکہ بقول مولانا آزاد''اس میں میری رہنمائی کرتا ہے یہ واقعہ ہے کہ مذہب مجھے اپنے خاندان اور ماحول سے ملا۔مگر میرے ذاتی مطالعے اور تجربات نے اس بنیاد کو مستحکم کیا۔بدایوں کے ماحول میں مذہب قدامت پسندی، روایت پرستی، معجزوں اور کرامات اور پیروں اور فقیروں پر اندھے اعتقاد کا نام تھا۔توحید پر عقیدہ مساوات انسانی کی طرف لے جاتا ہے۔خدا صرف رب المسلمین نہیں رب العالمین ہے۔
رسول مقبول ﷺ کی سیرت کی جامعیت مجھے شروع سے متاثر کرتی رہی ہے۔اسلام ترک دنیا نہیں سکھاتا یہ دنیا کا حق ادا کرنا سکھاتا ہے۔مگر دنیا کو آخرت کی کھیتی سمجھنا اسلام میں کٹر پن نہیں ہے۔اسلام میں حق اللہ سے زیادہ حق العباد کی اہمیت ہے۔''[٣٦]

مذہب اسلام کے بارے میں سرور کے یہ خیالات ایک مرتبہ پھر مذہب کے بارے میں اُن کے تھکے ذہن کا احساس دلاتے ہیں۔آگے سرور نے لکھا کہ مسلمان جدید دور کے تقاضوں سے ہم آہنگ ہوں۔اور اجتہاد کرتے ہوئے زندگی کے عصری مسائل کا اسلام کی روشنی میں حل تلاش کریں۔اس کیلئے وہ دانشور طبقے کو قوم کی رہنمائی کا ذمہ دار قرار دیتے ہیں۔اس ضمن میں وہ لکھتے ہیں:

''مسلمانوں کی رہنمائی اب صرف وہ علما نہیں کر سکتے جو قدیم سرمایہ عملی پر ہی نظر رکھتے ہیں بلکہ وہ روشن خیال اور دانشور طبقہ کر سکتا ہے جو جدید علوم اور جدید زندگی پر گہری نظر رکھنے کے ساتھ اسلامی تعلیمات سے پوری طرح آشنا ہو۔اور تعلیمات اُس کیلئے مشعل راہ ہوں.... مسلمانوں کا یہ فرض ہے کہ وہ خود مسلم پرسنل لا پر نظر ثانی کریں۔اس کام میں حکومت کا کوئی دخل نہیں ہونا

چاہئے۔'' [۳۷]

سرور نے اس اقتباس میں مسلم پرسنل لا میں تبدیلی کی جو بات کی ہے وہ آزاد خیال مسلمان ہی کرسکتا ہے۔تاہم آگے انہوں نے لکھا کہ مولانا علی میاں جیسی قابل شخصیت اور جسٹس ہدایت اللہ جیسے قانون داں سے مذہبی وقانونی نکات مسلمان حل کرسکتے ہیں۔اسطرح سرور نے مذہب کے بارے میں اپنی وسیع تر معلومات اوراُس پراپنی نظر کا ثبوت دیا ہے۔

شب وروز کی مصروفیات

سرورزمانہ ملازمت اور بعد کے ایام میں بھی مصروف رہا کرتے تھے۔استاداُردو' شعبہ اُردو کے صدر انجمن ترقی اُردو کے جنرل سکریٹری' اُردوادب اور ہماری زبان کے مدیر' مختلف کمیٹیوں کی رکنیت' تصنیف وتالیف کے مشاغل' مطالعے کا حد سے زیادہ شوق' ہر کام خود کرنے کی عادت سرور یہ تمام کام اپنی چوبیس گھنٹے کی زندگی میں ڈسپلن کے ساتھ انجام دیا کرتے تھے صبح ناشتے کے بعد عموماً تقریباً ساڑھے نو بجے شعبۂ اُردو میں داخل ہوتے اپنے احباب پرنظر ڈالتے اوراپنے کمرے میں پہونچنے کے بعد کاموں میں مصروف ہوجاتے بے تکلف ملاقاتی سے باتوں کے دوران اپنا کام جاری رکھتے کلاس کے وقت بلا تکلف لوگوں سے معذرت کرلیتے تھے۔وقت مقررہ پر ریسرچ اسکالرز کے کام کی جانچ کرتے شعبہ کے دیگر اساتذہ سے کسی مسئلہ پر فوری بات کرتے عام طور پر ڈیڑھ بجے شعبہ سے نکل جاتے۔دوپہر کے کھانے کے بعد ذرا دیر آرام کرتے۔ لیٹے لیٹے کوئی رسالہ دیکھتے۔تین سے پانچ بجے انجمن کے کام کرتے۔شام کو بلا ناغہ ٹہلنے جاتے۔رات اور صبح کا وقت سنجیدہ عملی کام کرتے۔اوراس میں مداخلت پسند نہیں کرتے تھے۔وہ اکثر گھریلو ماحول کے درمیان رہ کر ہی لکھتے تھے۔انہوں نے لکھنے پڑھنے کے لئے گھر میں الگ سے کوئی گوشہ نہیں بنایا تھا۔ایک مخصوص کرسی تھی۔جس کے دونوں ہاتھ نکلے ہوتے تھے۔اس پر ڈھیر ساری کتابیں ہوتی تھیں سرور لکھتے وقت توجہ مرکوز رکھتے۔شوروہنگامہ ہوتو تنہائی میں بیٹھتے۔زیادہ تر رات کو لکھتے تھے اپنے لکھنے کے تجربے کو بیان کرتے ہوئے لکھتے ہیں۔

> ''کسی موضوع پر لکھنا ہوتو اس کے لئے مطالعہ خاص توجہ سے کرتا ہوں۔ مختلف پرچوں پر نوٹ بھی لیتا رہتا ہوں۔ لکھنے بیٹھتا تو ہوں تو پہلے دوایک صفحے پھاڑنے پڑتے ہیں کیوں کہ آغاز سے مطمئن نہیں ہوتا۔اگر دوتین صفحے ہوگئے تو پھر مضمون مکمل کرنے کی دُھن سوار ہوجاتی ہے اور دوتین دن میں مضمون مکمل ہوجاتا ہے'' [۳۸]

آل احمد سرور اکثر پہلے مضمون لکھ لیتے تھے بعد میں اُس پر نظر ثانی کرتے تھے۔انہیں احساس تھا کہ وہ خوش خط نہیں لکھتے تھے۔اور وہ خوش خط لکھنے والے کو بہتر انسان سمجھتے تھے۔سرور کی حد سے زیادہ مصروفیات کی وجہہ سے لوگ اُن سے خفا بھی رہتے تھے۔خاص طور سے تاریخ ادب اُردو کی کتاب میں غلطیوں کے آجانے سے اوراسی حالت میں کتاب کی اشاعت سے وہ نادم رہتے تھے۔آل احمد سرور اخبار پابندی سے پڑھتے تھے۔انگریزی اخبار ہندو اور ہندوستان ٹائمز' ہندی اور اُردو اخبارات پڑھتے تھے۔آخری ایام میں ایک لڑکا اُنہیں اخبار پڑھ کر سناتا تھا۔ریڈیو پر خبریں بہت سنتے تھے۔خصوصاً BBC کی خبریں۔رات کو بغیر نیوز سُنے نہیں سوتے تھے۔البتہ انہیں ٹیلی ویثرن یا فلم دیکھنے کا شوق نہیں تھا۔سرور مشاعروں میں شرکت کرتے تھے۔مگر اپنا کلام نہیں پڑھتے تھے۔ایک دو مشاعروں میں شائد کلام سنایا ہوگا۔اگر انہیں کسی مشاعرے کی صدارت کرنی پڑے تب کلام بھی سُناتے تھے۔علی گڑھ میں یوم آزادی اور یوم جمہوریہ کے مشاعرے شروع کرائے اور اُس میں کلام بھی سنایا۔دہلی میں ہونے والے دلّی کی آخری شمع'' مشاعرے میں بھی سرور نے کلام سُنایا تھا۔سرور کے پاس بے شمار خطوط آتے تھے۔اور وہ ہر خط کا جواب پابندی سے دیتے تھے۔

شخصیت کی دیگر خوبیاں

آل احمد سرور بہت اصول پسند تھے۔رعایت اُن کے مزاج میں نہیں تھی۔چاہے معاملہ داخلے کا ہو یا وظیفہ کا کسی کے تقرر کا معاملہ ہو یا امتحان میں نمبروں میں کمی وبیشی کا سرور نے ہمیشہ اپنے لئے سخت اصول قائم کئے۔اور لوگوں کی ناراضگی مول لی لیکن اُصولوں کو قربان نہیں کیا۔وہ نہایت صاف گو اور حقیقت پسند تھے۔وہ اپنے اُصولوں کو مصلحتوں یا شخصیتوں سے متاثر ہوکر قربان کرنا نہیں چاہتے تھے۔تنگ نظری وتعصب پسندی کے خلاف تھے۔بحیثیت فن کار اور بہ حیثیت انسان اُن میں کچھ زیادہ تضاد نہیں تھا۔اُن کی تحریر کی شگفتگی اُن کے مزاج سے بھی جھلکتی تھی بے جا طرف داری اور نفرت سے دور رہے۔دوستی اور تعلقات میں اپنے اُصولوں سے تجاوز نہیں کیا۔آل احمد سرور کبھی جذباتی نہیں ہوتے تھے۔کسی موضوع پر بات کر رہے ہوں یا کسی سے گفتگو کر رہے ہوں وہ اپنے جذبات کو قابو میں رکھتے تھے۔دوران گفتگو دوستوں کے نقطۂ نظر کا بھی احترام کرتے۔اپنی کہی ہوئی بات اعتماد سے کرتے لیکن بات میں لچک کی گنجائش بھی رکھتے۔کسی کی مخالفت کرنا بھی ہو تو شگفتہ انداز میں بات کرتے اور مخالفین بھی اُن کی بات کا اعتراف کر لیتے۔

دوست احباب

زندگی کے مختلف ادواروں میں آل احمد سرور کی مختلف احباب سے دوستی اور شناسائی رہی۔ آپ کے حلقہ احباب میں ہر طرح کے لوگ شامل رہے۔ وہ دوستوں کی خوبیوں کا بڑی فراغ دلی سے اعتراف کرتے اور ان کی کمزوریوں پر بے باکی سے نکتہ چینی کرتے۔ صحیح نکتہ چینی کو وہ سچی دوستی کی کسوٹی سمجھتے۔ دوستی کے پردے میں انہوں نے کبھی دشمنی نہیں کی۔ کالج کے زمانے میں اُن کے دوستوں میں رضی چشتی، مسرت حسین زبیری، آنند نرائن مُلا اور رشید احمد صدیقی قابل ذکر ہیں دیگر احباب میں قیصر حسین رضوی، افضل بیگ، خواجہ غلام محمد صادق اختر رائے پوری اور حیات اللہ انصاری شامل ہیں۔ بی ایس سی کرنے کے دوران اُن کی دوستی مجاز اور جذبی سے بھی ہوئی۔ سرور کے روابط اُردو والوں کے علاوہ دیگر شعبہ حیات سے متعلقہ شخصیتوں سے بھی رہے۔ دراصل انہیں تعلقات عامہ میں کمال حاصل تھا۔ میڈیکل کالج کے ڈاکٹر نعیم انصاری، فزکس ڈپارٹمنٹ کے ڈاکٹر سعید الظفر چغتائی اور شعبہ معاشیات کے ڈاکٹر اولاد احمد صدیقی بھی سرور کے ملاقاتیوں اور حلقہ احباب میں شامل رہے۔ اُن کی شناسائی کی نیرنگی کا تذکرہ کرتے ہوئے علی گڑھ یونیورسٹی کے شعبہ انگریزی کے سابق پروفیسر محمد یسٰین لکھتے ہیں:

"وہ اپنے مرقع میں ہر قسم کی تصویروں کو شامل کرنے کے قائل تھے۔ اور اپنے ادبی اور سیاسی نظریات کی وضاحت "جلوۂ صد رنگ" کی روشنی میں کرتے تھے

ہے رنگ لالہ و گل و نسریں جدا جدا
ہر رنگ میں بہار کا اثبات چاہیے

سرور صاحب زندگی اور ادب میں انسانی اقدار اور جدید افکار کے حامی تھے۔ اور اثباتیت ور جائیت کی بنیاد پر انسانیت کے لئے بہتر مستقبل کی بشارت دیتے۔"۳۹

لوگوں سے برتاؤ کے بارے میں سرور کے رویے کا تذکرہ کرتے ہوئے پروفیسر کبیر احمد جائسی لکھتے ہیں:

"سرور صاحب کے جو اوصاف نمایاں ہو کر سامنے آئے ان میں سے ایک یہ ہی کہ وہ خوشی خوشی جینے اور بھر پور زندگی گذارنے کے گُر سے نہ صرف آگاہ ہیں بلکہ اُس کے عارف بھی ہیں۔ وہ نہ تو کبھی مخالفت سے گھبراتے ہیں نہ

طیش میں آ کر کف ور و ہان ہوتے ہیں۔ وہ اپنے مخالفوں کے منہ نہیں لگتے اور نہ کبھی اُن کے بارے میں نا ملائم کلمات کہتے ہیں اُن کا قول ہے کہ میں حاسد نہیں محسود ہونا پسند کرتا ہوں۔ وہ شدائد و مصائب سے گھبراتے نہیں اُن کا خاموشی اور یک سوئی سے مقابلہ کرتے ہیں اور جب اُن کا خاتمہ ہوجاتا ہے تو گزرے ہوئے اوصاف شکن حالات سے لطف اندوز ہونے کا فن بھی جانتے ہیں''۔[۴۰]

پروفیسر گیان چند جین نے لکھا تھا کہ سرور کو دشمن بنانا خوب آتا ہے۔ یہ سرور کی مجبوری تھی کہ وہ حق بات کہہ دیتے تھے۔ اور اپنے مزاج میں غیر جانبدار رہے۔ یہ اُن کی ذات کی ایسی خوبیاں تھیں کہ اُن وجہ سے موقع پرست لوگ کبھی کبھی اُن کی مخالفت اور دشمنی پر اُتر آتے تھے۔

سرور کی شخصیت اور کردار سازی میں اُن کے اساتذہ اور دیگر دانشوران کا ہاتھ رہا ہے۔ بچپن میں بدایوں کے مولوی صاحب' ماسٹر رام ناتھ اور کالج میں پروفیسر انتھونی' پروفیسر پانڈیا' حامد حسین قادری' پروفیسر فورڈ اور پروفیسر مہاجن وغیرہ سے اکتساب حاصل کیا۔ سرور نے انگریزی کے لکچرر خواجہ منظور حسین سے ''جانسن'' اس انداز میں پڑھا کہ خود اُن کی انگریزی دانی اچھی ہوگئی۔ خواجہ منظور حسین کی بدولت وہ ترقی پسند تحریک سے روشناس ہوئے۔ اور اُس کا اثر قبول کیا۔ دیگر احباب میں رشید احمد صدیقی ذاکر حسین' عابد حسین' مولانا عبدالماجد دریا بادی' اصغر گونڈوی اور سید سلمان ندوی سے سرور نے کافی اثر لیا۔ یہ تمام لوگ سرور کی شخصیت سازی میں کسی نہ کسی طرح شامل رہے۔ سرور نے اعتراف کیا کہ منظور صاحب نے انہیں عالمی معیارات سے روشناس کرایا' انگریزی ادب سے عشق سکھایا۔ رشید احمد صدیقی نے اُردو ادب کی خدمت کی طرف مائل کیا۔ اور ذاکر حسین نے انہیں ادب کو زندگی کی اعلیٰ قدروں سے ہم آہنگ کرنا سکھایا۔ آل احمد سرور سر سید احمد خان اور اُن کی عملی و اصلاحی تحریک کی بڑی قدر کرتے تھے۔ ۱۹۳۵ء تا ۱۹۴۵ء کے درمیان آل احمد سرور مولوی عبدالحق اور ڈاکٹر ضیاء الدین سے کافی متاثر رہے۔ مولوی عبدالحق سرور کو بہت چاہتے تھے۔ اور وہ انجمن ترقی اُردو کے جانشین کے لئے سرور کو ہی منتخب کرنا چاہتے تھے۔ یونیورسٹی میں انتخاب کے موقع پر مولوی عبدالحق نے سرور کو احتشام حسین پر ترجیح دی۔ اس سے مولوی عبدالحق کے نزدیک آل احمد سرور کی چاہت کا اندازہ ہوتا ہے۔

مشاغل

آل احمد سرور کو مطالعہ' سیر و سفر اور اہل علم سے ملاقاتوں کا شوق رہا۔ ادبیات کے علاوہ دیگر علوم سے بھی اُن کی دلچسپی رہی۔ زمانہ طالب علمی سے ہی انہیں مطالعہ کا کافی شوق تھا۔ وہ کسی کتاب کا مطالعہ تیزی سے کرتے تھے۔ ایک کتاب کا صبح سے شام تک ختم کر لینا اُن کے لئے آسان کام تھا۔ آخری دنوں میں آنکھ کی تکلیف کے باوجود مطالعہ کے شوق کو جاری رکھا۔

سرور کو سیر و تفریح کا شوق تھا۔ کشمیر کی سیر اور وہاں کے خوبصورت مناظر کو انہوں نے لطیف انداز میں پیش کیا۔ بیرون ملک سفر کے احوال بھی انہوں نے اپنی سوانح میں پیش کئے۔ سرور نے ۱۹۷۷ء میں پاکستان کا دورہ کیا تھا۔ اور وہاں اُردو کے شعرا ادیبوں سے ملاقاتیں کیں۔ ادبی اجلاسوں میں شرکت کی۔ دورہ پاکستان کے تاثرات بیان کرتے ہوئے سرور لکھتے ہیں:

> ''اس سفر سے مجھے خاصا ذہنی فائدہ پہنچا۔ اُردو زبان و ادب کی طاقت اور توانائی اس کی رنگا رنگی اور ہمہ گیری کا احساس ہوا۔ مغرب کی ذہنی غلامی سے آزاد ہونے اور اپنی دھرتی اور ماحول کے ساتھ عالمی مناظر پیدا کرنے کی جو کوشش ہندوستان اور پاکستان میں اب نظر آ رہی ہے۔ اس کی اہمیت اور معنویت اب روشن ہوئی۔ جس طرح یہاں سیاہ اور سفید نئے خانے اس سختی سے نہیں بنائے جاتے اسی طرح وہاں بھی زندگی کی گدلی گمبھیر حقیقتوں کا احساس بڑھا ہے۔ ضرورت ہے کہ دونوں ملکوں کے دانشور اور ادیب ایک دوسرے کے نقطہ نظر کو سمجھیں اور امن پسندی اور رواداری اور انسان دوستی کے میلانات کو مستحکم کریں۔ اس برِ اعظم کی صلاح و فلاح اس سیدھے سادے نکتے میں ہے۔ بقول جگر۔ میرا پیغام محبت ہے جہاں تک پہونچے۔[۴۱]

سرور ایک دانشور تھے۔ اور دانشوری کی روایت کو برقرار رکھتے ہوئے انہوں نے اپنے دورۂ پاکستان کو بھی اپنے مطالعہ کی چیز بنایا۔ اور اس مطالعہ کے بعد ہندوستان و پاکستان کی فلاح کی باتیں کہیں۔ اس طرح کا رویہ انہوں نے اپنے دیگر اسفار کے موقع پر بھی برتا۔ سرور کو مناظر فطرت بہت پسند تھے۔ اور اُن کا بیان بھی انہوں نے شاعرانہ انداز میں کیا۔ سرور نے جب بھی اور جن علاقوں کا سفر کیا وہاں کی زندگی' لوگوں کے طرز معاشرت اور اُن کی فکر کا بھی گہرائی سے مطالعہ کیا۔ اور اپنی سوانح میں اُس پر اپنی تجزیاتی رائے بھی پیش کی۔ سرور نے ملازمت سے سبکدوشی کے بعد سرسید نگر میں ایک بڑا سا مکان تعمیر کیا تھا۔ مگر اُس کی آرائش پر وہ زیادہ توجہ نہیں کر سکے۔ انہیں تاش کھیلنے کا بھی شوق تھا۔ پان اور تاش سرور کی

زندگی کے لازمی شوق اور مشاغل تھے۔

خامیوں کا احساس:۔ ہر انسان میں کچھ خوبیاں ہوں تو کچھ خامیاں بھی ہوتی ہیں۔ اکثر انسان کو اپنی خوبیاں ہی دکھائی دیتی ہیں۔ اور دوسرے لوگ اُس کی خامیاں تلاش کرتے ہیں۔ سرور ایک اچھے نقاد تھے۔ اور اپنی تنقیدی صلاحیت کو انہوں نے اپنی ذات کی خامیاں تلاش کرنے میں بھی استعمال کیا۔ اپنی سوانح میں انہوں نے اپنی خامیوں کا ذکر کیا ہے۔ سرور اپنی سوانح میں اپنی شخصیت کے منفی پہلوؤں کو اُجاگر کرتے ہوئے لکھتے ہیں کہ:

''مجھے اپنی کمزوری کا احساس ہے۔ میری زندگی منظّم اور مرتب نہیں ہے۔ مجھ میں کوئی ایسی امنگ (Ambition) نہیں جو ہر دم مجھے دنیا میں آگے بڑھنے اور نئی سیڑھیاں چڑھنے پر اُکسائے۔ یکسوئی سے اور باقاعدگی سے کام کرنا بھی میرے لئے آسان نہیں۔ پڑھتا زیادہ ہوں لکھتا کم ہوں۔ دربار داری کسی طرح کی پسند نہیں نہ اپنی نہ دوسروں کی۔ وقت پر کام نہیں کر پاتا ....لوگوں کو پہچاننے میں مجھ سے بارہا غلطی ہوئی ہے۔'' [۴۲]

اسی طرح سرور نے کہیں لکھا کہ میری زندگی میں کوئی نظم و ضبط نہیں ہے۔ اور یہ کہ میں بعض معاملات میں بہت سست واقع ہوا ہوں۔ سرور نے اس بات پر بھی افسوس کا اظہار کیا کہ انہیں مشرقی اور مغربی موسیقی سے واقفیت برائے نام تھی۔ اس طرح سرور نے اپنی خود احتسابی کرتے ہوئے جرات مندی کا اظہار کیا ہے۔

پیغام حیات

آل احمد سرور نے زائد نو دہائیوں تک اس کارزار حیات میں اپنی شخصیت کے ان مٹ نقوش چھوڑے۔ اور اپنی ذات اور فکر و فن سے زندگی کی مثبت قدروں کی ترویج کی۔ اپنی سوانح کے آخر میں سرور اپنا پیغام حیات پیش کرتے ہوئے لکھتے ہیں۔

''عقیدہ زندگی کو ایک محور دیتا ہے عقیدہ کردار کو ایک صلابت عطا کرتا ہے۔ یہی اوصاف زندگی میں سیرت فولاد عطا کرتا ہے۔ اور شبستان محبت میں حریر و پرنیاں بھی۔ اردو والے اردو کی زبوں حالی دیکھ رہے ہیں مگر مشاعروں کی تفریح اکیڈمیوں کے کھلونوں، حکومت کے وعدوں سے بہل جاتے ہیں۔

خود کچھ نہیں کرتے نہ ابتدائی تعلیم کیلئے اسکول قائم کرتے ہیں' نہ بالغوں کی تعلیم کیلئے' نہ استادوں کی تربیت کی فکر کرتے ہیں' نہ کتابوں کی فراہمی کی' وہ وژن وہ لگن' وہ دُھن وہ گُن سماج میں عام کرنے کی انہیں فکر نہیں۔ جو زندگی کو اخلاقی بلندی سماجی خیر اور سماجی سبھاؤ کی طرف لے جائے...ادب ذہن میں ہلچل پیدا کر کے تسلسل کی پاسداری کے ساتھ تغیر کی طرف لے جاتا ہے۔ .....زمانہ اتنی تیزی سے بدل رہا ہے کہ میں اپنے آپ کو بہت پرانا محسوس کرنے لگا ہوں۔ حالانکہ زندگی بھر نئے میلانات اور رجحانات سے خود آشنا ہونے اور دوسروں کو روشناس کرانے کی کوشش کرتا رہا ہوں۔ میں نے عمر بھر چند قدروں کو عزیز رکھا۔ ادب سے عشق کیا' مناظر فطرت کے حُسن سے جب موقع ملا دل و دماغ کو تازگی اور روشنی دیتا رہا' میرا کسی سیاسی پارٹی سے تعلق نہیں رہا' لیکن اپنے وطن اور اُس کی مشترک تہذیب سے محبت کے ساتھ عالمی تناظر میں لوگوں اور چیزوں کو دیکھنے کی کوشش کرتا رہا۔ اس زمانے میں سب کچھ لینے اور کم سے کم دینے کا رجحان عام ہے۔ اس کے برخلاف میرا مسلک یہ رہا ہے کہ لینے کے ساتھ کچھ دے بھی سکوں۔ میرا یقین ہے کہ زبان کی اچھی بنیاد کے بغیر ادب کی خاطر خواہ ترقی نہیں ہوسکتی۔...ہمارے ہاں ہر شخص ناصح مشفق ہے۔ جو دوسروں کو اُن کا فرض تو یاد دلاتا رہتا ہے مگر خود اپنے فرض کو فراموش کئے رہتا ہے۔ خدا کرے یہ ذہن بدلے اور فروعات کی طرف سے توجہ ہٹا کر بنیادی حقائق سے نگاہیں چار کرنے کا میلان عام ہو۔''[۴۳]

آل احمد سرور نے اپنی سوانح کے آخر میں جن خیالات کا اظہار کیا ہے اس سے اُن کی شخصیت کی تعمیر کے عناصر کا پتہ چلتا ہے۔ اور وہ چاہتے ہیں کہ لوگ بھی زندگی کی مثبت قدروں کو اپنائیں۔ اور اختلافات کو ایک طرف رکھ کر بنیادی مسائل کی طرف توجہ دیں۔

آل احمد سرور کی شخصیت کئی صفات کا مجموعہ تھی۔ اُن کی شخصیت اور اُن کی صفات کی خوبیوں کا تذکرہ کرتے ہوئے پروفیسر گوپی چند نارنگ نے انہیں بھرپور خراج پیش کیا ہے۔ پروفیسر نارنگ لکھتے ہیں:

''اگر مرد خلیق کو وسیع معنی میں لیں یعنی علمی روایت سے آگہی' مشرقی

روایت کا عرفان، بین الاقوامی سرمائے پر نظر، علم و دانش کی جدید رجحانات سے باخبر اعلیٰ درجے کا ادبی ذوق، غیر مشروط کشادہ ذہن، فن کی اہمیت و عظمت کا احساس، ادبی اقدار کی پاسداری، جانب داری سے گریز..... شگفتہ، شستہ اور شعریت کا حامل طرز اسلوب، شائستگی اظہار، بردباری، متانت، میانہ روی ان سب باتوں کو نظر میں رکھیں اور اُسے وقت سے ضرب دیں کیونکہ یہ نصف صدی کا حصہ ہے دو چار برس کی بات نہیں تو شائد اس شخصیت کی کچھ جھلک سامنے آئے جس کا نام آل احمد سرور ہے۔''[۴۳]

سرور نے اردو ادب اور اردو کے ادیبوں پر اپنی شخصیت کے گہرے نقوش چھوڑے تھے۔ اُن کے چلے جانے سے ایک دانشور کی کمی ہوگئی۔ سرور کی شخصیت کی یادوں کے سہارے کہا جاسکتا ہے کہ

جانے والے کبھی نہیں آتے
جانے والوں کی یاد آتی ہے

پروفیسر اصغر عباس آل احمد سرور کی تعزیتی قرارداد میں لکھتے ہیں:

''موت ہوا کی طرح آتی ہے اور چلی جاتی ہے۔ اسی لئے موت کا صدمہ بھی عارضی ہوتا ہے۔ لیکن قوم کا ایسا معتبر دانشور جو اپنے عہد کے مقصود کو لفظوں میں ڈھالتا ہو۔ اور جس کی تحریر روح عصر کی عکاس ہو۔ جو نکتہ داں بھی ہو نکتہ سنج بھی ہو نکتہ شناس بھی ہو اور جس کی شخصیت قومی فکر و تہذیب کا افشردہ اور عصارا بھی ہو۔ اس کی موت کا صدمہ قومی صدمہ ہوتا ہے۔''[۴۳]

آل احمد سرور جسمانی طور پر تو اس جہان فانی میں نہیں رہے لیکن اُن کی یادیں اُن کی شخصیت کے نقوش، اُن کی دانشوری اُن کی فکر اور اُن کا فن لوگوں کو اُن کی یاد دلاتا رہے گا۔ اور اُن کی تنقیدیں ادب کو سمجھنے میں اور اپنا تنقیدی رویہ اختیار کرنے میں اردو کی نئی نسلوں کی معاونت کرتی رہیں گی۔

آل احمد سرور۔ زندگی کے سفر کے اہم سنگ میل

۹ر ستمبر ۱۹۱۱ء : ولادت۔ بدایوں میں ہوئی۔

۱۷ر جنوری ۱۹۲۱ء : گورنمنٹ ہائی اسکول پیلی بھیت کے تیسرے درجے میں نام لکھا گیا۔

۱۹۲۸ء : کوئن وکٹوریہ ہائی اسکول غازی پور سے ہائی اسکول کا امتحان کامیاب کیا۔

۱۹۳۲ء : سینٹ جانسن کالج آگرہ سے بی ایس سی کیا۔

اکتوبر ۱۹۳۲ء : علی گڈھ یونیورسٹی میں ایم۔اے انگریزی میں داخلہ لیا۔

نومبر ۱۹۳۲ء : علی گڈھ میگزین اردو کے ایڈیٹر مقرر ہوئے۔ اور اپنی ادارت میں چار شمارے نکالے۔

۱۹۳۳ء : نائب صدر اسٹوڈنٹس یونین علی گڈھ مسلم یونیورسٹی مقرر ہوئے۔

۱۹۳۴ء : علی گڈھ یونیورسٹی سے ایم۔اے انگریزی امتیاز کے ساتھ کامیاب کیا۔

اکتوبر ۱۹۳۴ء : شعبۂ انگریزی مسلم یونیورسٹی میں لکچرر مقرر ہوئے۔

۱۹۳۵ء : شعری مجموعہ ''سلسبیل'' کی اشاعت عمل میں آئی۔

۱۹۳۶ء : ایم۔اے اردو امتیاز کے ساتھ کامیاب کیا۔

۱۹۳۶ء : رشید احمد صدیقی کے ساتھ رسالہ ''سہیل'' کا خاص نمبر نکالا۔

۱۹۴۲ء : پہلی کتاب ''تنقیدی اشارے'' کی اشاعت عمل میں آئی۔

مارچ ۱۹۴۵ء : رضا کالج رامپور کے پرنسپل مقرر ہوئے۔

اگست ۱۹۴۶ء : شعبۂ اردو لکھنو یونیورسٹی میں ریڈر مقرر ہوئے۔

۱۹۴۷ء : ''تنقید کیا ہے'' کی اشاعت عمل میں آئی۔

۱۹۵۰ء : اردو ادب علی گڑھ کے ایڈیٹر مقرر ہوئے۔

۱۹۵۴ء : ''ادب اور نظریے'' کی اشاعت عمل میں آئی۔

۱۹۵۵ء : ''ذوق جنوں'' شعری مجموعہ شائع ہوا۔

یکم دسمبر ۱۹۵۵ء : شعبۂ اردو مسلم یونیورسٹی علی گڑھ میں سید حسین ریسرچ پروفیسر مقرر ہوئے۔

نومبر ۱۹۵۶ء : سر سید ہال کے پرووسٹ مقرر ہوئے۔

۲۰ جنوری ۱۹۵۶ء : انجمن ترقی اردو ہند کے جنرل سکریٹری مقرر ہوئے۔

یکم فروری ۱۹۵۶ء : ہماری زبان علی گڑھ کے ایڈیٹر مقرر ہوئے۔

۱۹۵۷ء : شعبۂ اردو علی گڑھ مسلم یونیورسٹی کے پروفیسر مقرر ہوئے۔

۱۹۶۰ء : حکومت ہند کی طرف سے بین الاقوامی مستشرقین کانفرنس ماسکو میں شرکت کی۔

۱۹۶۴ء : ڈین فیکلٹی آف آرٹس علی گڑھ مسلم یونیورسٹی مقرر ہوئے۔

۱۹۶۴ء : ساہتیہ اکیڈیمی کے اردو کنوینر مقرر ہوئے۔

۱۹۶۶ء : افغانسان میں ترجمہ سمینار میں شرکت کی۔

اکتوبر ۱۹۶۹ء : شکاگو یونیورسٹی امریکہ میں وزٹینگ پروفیسر مقرر ہوئے۔ اور مارچ ۱۹۷۰ء تک کام کیا۔

۱۹۷۲ء : حکومت ہند کے ثقافتی توسیعی پروگرام کے تحت رومانیہ، ہنگری اور سوویت یونین گئے۔

۱۹۷۳ء : نظر اور نظریے کے اشاعت عمل میں آئی۔

مارچ ۱۹۷۴ء : حکومت ہند کے انسٹی ٹیوٹ آف ایڈوانس اسٹڈیز شملہ میں وزٹنگ پروفیسر مقرر ہوئے۔

۱۹۷۴ء : ساہتیہ اکیڈیمی ایوارڈ ملا۔

مئی ۱۹۷۷ء : کشمیر یونیورسٹی میں اقبال پروفیسر کی حیثیت سے تقرر ہوا۔

دسمبر ۱۹۷۷ء : بین الاقوامی اقبال کانگریس لاہور میں شرکت کی۔

۱۹۷۸ء : اتر پردیش اردو اکیڈیمی ایوارڈ ملا۔

۱۹۷۹ء : اقبالیات پر کام کے سلسلے میں صدر پاکستان کا طلائی تمغہ ملا۔

۱۹۷۹ء : کشمیر یونیورسٹی میں اقبال انسٹی ٹیوٹ قائم ہوا۔ اور اس کے ڈائرکٹر مقرر

ہوئے۔

۱۹۸۲ء : غالب مودی ایوارڈ ملا۔

۱۹۸۳ء : بین الاقوامی اقبال کانگریس لاہور میں شرکت کی۔

۱۹۸۳ء : ''جدید دنیا میں اسلام'' مضامین کا مجموعہ شائع ہوا۔

۱۹۸۵ء : ''اردو میں دانشوری کی روایت'' شائع ہوئی۔

۱۹۸۵ء : اردو اور ہندوستانی تہذیب۔فخرالدین علی احمد میموریل لیکچر دیا۔

۱۹۸۵ء : اقبال فیض اور ہم شائع ہوئی۔

۱۹۹۱ء : ''خواب باقی ہیں۔خودنوشت سوانح'' کی اشاعت عمل میں آئی۔

۱۹۹۱ء : ''خواب اور خلش'' تیسرا شعری مجموعہ شائع ہوا۔

۱۹۹۱ء : ''پہچان اور پرکھ'' کی اشاعت عمل میں آئی۔

۱۹۹۲ء : دانشور اقبال۔کی اشاعت عمل میں آئی۔

۱۹۹۲ء : حکومت ہند کی طرف سے پدم بھوشن کا خطاب ملا۔

۱۹۹۳ء : Islamic Renaissance انگریزی مضامین کا مجموعہ شائع ہوا۔

۱۹۹۴ء : ''فکر روشن'' کی اشاعت عمل میں آئی۔

۱۹۹۴ء : ''مجموعہ تنقیدات'' کی اشاعت عمل میں آئی۔

۱۹۹۴ء : ''کچھ خطبے کچھ مقالے'' کی اشاعت عمل میں آئی۔

۹ر فبروری ۲۰۰۲ء : انتقال ہوا۔

۲۰۰۶ء : ''لفظ'' شعری مجموعے کی اشاعت عمل میں آئی۔

حوالے

۱؎ آل احمد سرور۔انٹرویو خلیل الرحمٰن اعظمی کے ساتھ۔مشمولہ۔آل احمد سرور شخصیت اورفن مرتبہ امتیاز احمد ۱۹۹۷؁ء

۲؎ سیدہ جعفر پروفیسر۔مضمون آل احمد سرور۔سیاست ادبی سپلیمنٹ ۱۶ اکتوبر ۲۰۰۰؁ء

۳؎ عابدانساء۔پروفیسر آل احمد سرور حیات اورادبی خدمات۔حیدرآباد ۱۹۸۰؁ء ۱۲؎

۴؎ م۔ق۔سلیم۔روزنامہ سیاست ۲۵ رفروری ۲۰۰۲؁ء ادبی سپلیمنٹ

۵؎ آل احمد سرور۔خواب باقی ہیں ۱۸؎

۶؎ آل احمد سرور۔خواب باقی ہیں ۲۲؎

۷؎ آل احمد سرور۔خواب باقی ہیں ۱۷؎

۸؎ آل احمد سرور۔خواب باقی ہیں ۳۸؎

۹؎ سلطان احمد۔مضمون۔پروفیسر آل احمد سرور اور علی گڑھ۔مشمولہ۔فکر ونظر سرور نمبر علی گڑھ۔نومبر ۲۰۰۳۔۵۵؎

۱۰؎ عابدالنساء۔پروفیسر آل احمد سرور حیات اورادبی خدمات ۱۷؎

۱۱؎ سلطان احمد۔مشمولہ فکر ونظر ۷۵؎ سرور نمبر

۱۲؎ آل احمد سرور خواب باقی ہیں۔

۱۳؎ آل احمد سرور۔مشمولہ انٹرویو۔بیگم سرور سے خصوصی ملاقات۔فکر ونظر سرور نمبر ۲۹۴؎

۱۴؎ بیگم سرور۔انٹرویو مشمولہ۔فکر ونظر سرور نمبر ۲۹۰؎

۱۵؎ آل احمد سرور۔خواب باقی ہیں۔۷۰؎

۱۶؎ آل احمد سرور۔خواب باقی ہیں ۱۱۲؎

۱۷؎ آل احمد سرور۔خواب باقی ہیں ۳۷۲؎

۱۸؎ آل احمد سرور۔خواب باقی ہیں ۱۱۵؎

۱۹ آل احمد سرور۔ بحوالہ فکر ونظر۔ سرور نمبر ۶۰

۲۰ آل احمد سرور۔ خواب باقی ہیں ۶ ۱۵۶

۲۱ سلطان احمد مشمولہ فکر ونظر سرور نمبر ۶۷

۲۲ آل احمد سرور۔ خواب باقی ہیں۔

دوسرا باب

آل احمد سرور کی علمی وادبی خدمات

آل احمد سرور نے علم وادب کی خدمت میں اپنی زندگی بسر کی۔ اُن کی علمی وادبی خدمات کافی وسیع ہیں۔ انہوں نے تنقید۔ شاعری، سوانح نگاری، صحافت میں خدمات انجام دیں۔ بنیادی طور پر وہ نقاد تھے۔ اور اُن کے سرمائے میں

تنقیدی مضامین ہی زیادہ ہیں۔ سرور نے اردو ادب کے جدا جدا موضوعات پر اپنے تنقیدی خیالات کا اظہار کیا۔ اقبال اُن کے پسندیدہ شاعر تھے۔ اور اقبال کو سمجھنے اور سمجھانے میں سرور کی تحریر کردہ کتابیں، مضامین اور خطبات اہمیت رکھتے ہیں۔ سرور کے تنقیدی مضامین پر مبنی بیشتر کتابیں مختلف جامعات میں شامل نصاب رہیں۔ سرور نے ایک موضوع پر کوئی مبسوط کتاب نہیں لکھی۔ تاہم اُن کے تنقیدی مضامین خود کسی کتاب سے کم نہیں۔ اور اردو تنقید کی دنیا میں سرور کو اُن کی معتدل تنقید کے سبب ہی شہرت ملی۔ ذیل میں آل احمد سرور کی چند کتابوں کا تعارف پیش کیا جا رہا ہے۔

سرور کی تصانیف کا تعارف

تنقیدی اشارے

آل احمد سرور کے تنقیدی مضامین کا یہ پہلا مجموعہ ہے۔ اس کتاب کے کئی ایڈیشن شائع ہو چکے

ہیں۔اس کتاب میں شامل مضامین کے عنوانات اس طرح ہیں۔ ۱) اردوناول کا ارتقاء ۔ ۲) اردونثر میں مزاح نگاری ۔۳) اردو میں افسانہ نگاری ۔۴) اردوشاعری میں خمریات ۔ ۵) ناولسٹ اور جرم۔ ۶) انگریزی شاعری۔ ۷) ہندوستانی ادب میں حالؔی کا درجہ۔ ۸) اکبر شخصیت اور آرٹ ۔۹) چکبست لکھنوی۔ ۱۰) اقبال اور اُن کا فلسفہ۔۱۱) شوکت علی خان فانی بدایونی ۔۱۲) رتن ناتھ سرشار ۔۱۳) ہندوستانی ادب میں آغا حشر کا درجہ ۔۱۴) سمندر پار سے سرسید کے خطوط ۔۱۵) مکاتیب مہدی ۔۱۶) خنداں۔ ۱۷) خطوط میں شخصیت ۔۱۸) جدید اردو تنقید ۔۱۹) حیات شبلی ایک تبصرہ ۔۲۰) مجھے کون کونسی کہانیاں پسند ہیں ۔۲۱) کچھ زہر عشق کے بارے میں۔

تنقیدی اشارے میں شامل یہ مضامین دراصل آل احمد سرور کی ریڈیائی تقاریر کا مجموعہ ہیں۔اس لئے ان مضامین کی زبان سادہ اور عام فہم ہے۔اور اردو کے اہم شعراء اور ادیبوں کو سمجھنے میں سرور کے یہ تنقیدی مضامین معاون ثابت ہوتے ہیں۔

نئے اور پرانے چراغ

سرور کے تنقیدی مضامین کے اس مجموعہ کا تیسرا ایڈیشن ادارہ فروغ اردو لکھنوء سے ۱۹۵۵ء میں شائع ہوا۔اس کتاب میں شامل مضامین کے عنوانات یہ ہیں ۔۱) نئے اور پرانے چراغ ۔۲) اقبال اور ابلیس ۔۳) اقبال اور اُس کے نکتہ چیں ۔۴) سرسید کے ایک مخالف علی بخش خاں شرر بدایونی ۔۵) سجاد انصاری ۔۶) غالب ۔۷) جدید غزل گو شعراء ۔۸) اکبر اور سرسید۔ ۹) روح اقبال ۔۱۰) اردوشاعری میں فانی کی قدر و قیمت ۔۱۱) ریاض اور ہم ۔۱۲) فروزاں (مجموعہ کلام معین احسن جذبی) جنگ عظیم کے بعد اردو شاعری۔

آل احمد سرور کی اس کتاب میں اردو کے نئے اور پرانے دونوں طرح کے ادیبوں اور شاعروں کے فن پر سرور کے خیالات ملتے ہیں اس کتاب میں سرور نے اس خیال پر زور دیا کہ کوئی فن اپنی بنیادوں سے بے گانہ ہوکر فروغ نہیں پاسکتا۔اس کے لئے اُنہوں نے اپنے مضامین میں ادیبوں کی روایتی عناصر کی کھوج کی۔

تنقید کیا ہے

آل احمد سرور کے تنقیدی مضامین کا تیسرا مجموعہ ہے۔اس کتاب کا چوتھا ایڈیشن مکتبہ جامعہ نئی

دہلی سے ۱۹۵۹ء میں شائع ہوا۔اس کتاب میں شامل مضامین کے نام اس طرح ہیں ۔۱) یادگار حالؔی۔ ۲) اکبر کی ظرافت اور اُس کی اہمیت ۳) شبلی میری نظر میں ۔۴) اقبال کے خطوط ۔ ۵) موجودہ ادبی مسائل ۔۶) ولیم سمرسٹ مائم ۔۷) ترقی پسند تحریک پر ایک نظر ۔۸) تنقید کیا ہے؟

اس مجموعہ میں سرورؔ نے حالیؔ، شبلی اور اقبالؔ کے فن پر نظر ڈالی اور تنقید کیا ہے؟ مضمون میں شاعری اور تنقید کی ماہیت بیان کی ہے۔اس مجموعہ کے مضامین عملی تنقید کے اچھے نمونے ہیں۔

ادب اور نظریہ

آل احمد سرور کے تنقیدی مضامین کا یہ چوتھا مجموعہ ہے۔ادارۂ فروغ اردو لکھنوء سے ۱۹۵۴ء میں یہ کتاب شائع ہوئی۔اس مجموعے میں حسب ذیل مضامین شامل ہیں ۔۱) اردو غزل میرؔ سے اقبال تک۔ ۲) تہذیب اور ادب میں سرسید کا کارنامہ۔۳) نظیرؔ اور عوام ۔۴) اختر شیرانی ۔۵) غالبؔ کا ذہنی ارتقاء۔ ۶) اقبال کی عظمت ۔۷) رشید احمد صدیقی ۔۸) مولانا سہیل کی شاعری ۔۹) جوش کا سرور و خروش۔۱۰) ضیائے حیات ایک تبصرہ۔۱۱) نئے ہندوستان کی تعمیر میں اردو کا حصہ۔۱۳) ادب اور نظریہ۔سرور کے اس مجموعے میں شامل مضامین رشید احمد صدیقی کی تحریروں کی طرح دلچسپ اور معنی خیز جملوں سے پر ہیں ۔اس مجموعہ کے مضامین میں سرور کا ترقی پسندانہ نکتہ نظر جھلکتا ہے۔

مسرت سے بصیرت تک

آل احمد سرور کے تنقیدی مضامین کا یہ مجموعہ ۱۹۷۴ء میں مکتبہ جامعہ دہلی سے شائع ہوا۔اس مجموعہ میں حسب ذیل مضامین شامل ہیں۔۱) میرؔ کے مطالعہ کی اہمیت ۔۲) لکھنوء اور اردو ادب ۔۳) آتش ۔۴) غالبؔ اور جدید ذہن ۔۵) غالبؔ کی شاعری کی معنویت ۔۶) غالبؔ کی عظمت ۔ ۷) پورے غالب ۔۸) حسرت کی عظمت ۔۹) اقبال اور مغرب ۔۱۰) جگر مرادآبادی ۔۱۱) مجاز رومانیت کا شہید۔ ۱۲) فیض ۔۱۳) نئی اردو شاعری۔

آل احمد سرور نے اس مجموعہ کا نام مشہور امریکی شاعر رابرٹ فراسٹ کی شاعری کے متعلق اس قول سے لیا۔''شاعری مسرت سے شروع ہوتی ہے۔اور بصیرت پر ختم ہوتی ہے''۔اس مجموعے میں سرور نے اپنے تنقیدی نقطۂ نظر کو بیان کیا۔غالبؔ پر کئی مضامین اس مجموعے کی زینت بنے ہیں۔سرور کے پہلے مجموعے تنقیدی اشارے سے اس کتاب تک اُن کے تنقیدی سفر میں مسرت سے بصیرت تک سفر کا احساس

ہوتا ہے۔

نظر اور نظریے

آل احمد سرور کی یہ تصنیف اگست ۱۹۷۳ء میں دہلی سے شائع ہوئی۔اس مجموعے میں حسب ذیل مضامین شامل ہیں۔۱) شاعری میں شخصیت۔۲) نظم کی زبان۔۳) ادب میں اظہار وابلاغ کا مسئلہ۔۶) اردو ادب میں تنقید کی صورت حال۔۷) تنقید کے مسائل۔۸) جدت پرستی اور جدیدیت کے مضمرات۔۹) ادب میں جدیدیت کا مفہوم۔۱۰) برنارڈ شا۔۱۱) گورکی کا اثر اردو ادب پر۔۱۲) لینن کا اثر اردو ادب پر۔۱۳) تراجم اور اصطلاح سازی کے مسائل۔

سرور نے اس مجموعے میں شامل مضامین کے ذریعہ اہم اصناف اور اُن کی نئی بصیرت کے متعلق غور فکر کیا ہے۔اردو ادب پر دیگر زبانوں کے ادیبوں کے اثرات سے متعلق مضامین بھی سرور کے وسیع تر مطالعے کا پتہ دیتے ہیں۔

پہچان اور پرکھ

سرور کے مضامین کا یہ مجموعہ ۱۹۹۰ء میں مکتبہ جامعہ دہلی سے شائع ہوا۔اس کتاب میں حسب ذیل مضامین شامل ہیں۔۱) ادب میں قدروں کا مسئلہ۔۲) شاعری اور نثر کا فرق۔۳) تنقید میں انتخابی نظریے کی ضرورت۔۴) غزل کا فن۔۵) ہماری مشترک تہذیب اور اردو غزل۔۶) اردو شاعری میں انسان کا تصور۔۷) میرؔ میری نظر میں۔۸) غالبؔ کا نظریہ شاعری۔۹) غالبؔ کی شاعری کی خصوصیات۔۱۰) انیسؔ کی شاعرانہ عظمت۔۱۱) حسرت کی عشقیہ شاعری میری نظر میں۔۱۲) فانی کی شخصیت اور شاعری۔ ۱۳) جوش کی شخصیت اور شاعری۔۱۴) کچھ فراق کے بارے میں۔

اس کتاب کے مضامین بنیادی طور پر شاعری اور شعراء سے بحث کرتے ہیں۔اور اردو شعروادب کے تہذیبی و معاشرتی پہلوؤں کو اُجاگر کرتے ہیں۔

تنقید کے بنیادی مسائل

یہ کتاب دراصل ۸۔اور ۹ فروری ۱۹۶۴ء کو شعبہء اردو مسلم یونیورسٹی علی گڈھ کے زیر اہتمام تنقید کے موضوع پر منعقدہ سیمنار میں پیش کردہ مقالات کا مجموعہ ہے۔کتاب کا پیش لفظ سرور نے لکھا۔اور اس

کتاب میں اُن کا مضمون ''اردو تنقید کے بنیادی افکار'' شامل ہے۔ یہ کتاب ۱۹۶۷ء میں شائع ہوئی۔

فکر روشن

سرور کے مضامین پر مشتمل یہ کتاب علی گڈھ سے ۱۹۹۵ء میں شائع ہوئی۔ اس کتاب میں حسب ذیل تنقیدی مضامین شامل ہیں۔ ۱) جستجو گل کی لئے پھرتی ہے اجزاء میں مجھے۔ ۲) اردو میں دانشوری کی روایت۔ ۳) جدید دنیا میں اسلام مسائل اور امکانات۔ ۴) سرسید کا تہذیبی تصور اور موجودہ دور میں اُس کی معنویت۔ ۵) علی گڈھ کی معنویت آج کیا ہے۔ ۶) اسلامی شخص اور قومی شخص مولانا آزاد کی نظر میں۔ ۱۰) مولانا آزاد کا ایک قابل قدر مطالعہ۔ ۱۱) مولانا آزاد کا اسلوب نثر۔ ۱۲) ذاکر صاحب کی دانشوری۔ ۱۳) ذاکر صاحب کی ادبی خدمات۔ ۱۴) مجیب صاحب شخصیت اور اسلوب۔ ۱۵) مجاہد ملت مولانا حفظ الرحمٰن۔ ۱۶) پریم چند اور ہم۔ ۱۷) بیدی کی افسانہ نگاری۔ ۱۸) رشید صاحب ایک ذاتی تاثر۔ ۱۹) رشید صاحب فن اور شخصیت۔ ۲۰) آشفتہ بیانی میری۔ ۲۰) آب گم۔ ایک تاثر۔

اس کتاب کے نام اور اس میں شامل مضامین کے عنوانات سے اندازہ ہوتا ہے کہ سرور نے دانشوران قوم کا تعارف کرانے کی کوشش کی ہے۔ اور اُن کے افکار اور اُن کے کارناموں کو اپنی تحریروں کے ذریعہ لوگوں تک پہونچانے کی کوشش کی ہے۔ سرسید احمد خاں۔ ذاکر صاحب' مجیب صاحب وغیرہ نے سرور کو متاثر کیا تھا۔ اسی تاثر کے جذبے کے تحت سرور نے یہ مضامین لکھے۔

کچھ خطبے کچھ مقالے

سرور کے پانچ خطبات اور گیارہ مقالوں پر مشتمل یہ تنقیدی کتاب ۱۹۹۶ء میں علی گڈھ سے شائع ہوئی۔ پانچ خطبات کے عنوانات اس طرح ہیں۔

۱) اردو تنقید ایک جائزہ۔ ۲) جدیدیت کیا ہے۔ ۳) نظیر اکبر آبادی۔ ۴) اکبر الہ آبادی کی معنویت۔ ۵) اردو رسم خط مقالات کے عنوانات اس طرح ہیں۔ ۱) قدیم اور جدید اردو ادب کی مشترک قدریں۔ ۲) ہندوستان کی جنگ آزادی میں اردو کا حصہ۔ ۳) اردو ادب ۱۸۵۷ء سے ۱۹۱۴ء تک۔ ۴) ہندوستانی نشاۃ ثانیہ اور غالبؔ۔ ۵) حالیؔ اور نقد غالب۔ ۶) غالبؔ کی اردو شاعری کے انگریزی تراجم۔ ۷) اردوئے معلیٰ۔ ۸) فانیؔ کی معنویت۔ ۹) مولانا آزاد کی چھٹی برسی پر کچھ خیالات۔ ۱۰) شخصیات اور واقعات جنھوں نے مجھے متاثر کیا۔ ۱۱) کچھ آتش کے بارے میں۔

اقبالیات

اقبالؔ سرور کے پسندیدہ شاعر تھے۔اقبال کی شاعری اور اُن کی فکر وفلسفہ کو واضح کرنے کے لئے سرور نے بے شمار مضامین لکھے۔اُن کے یہ مضامین مختلف کتابوں میں شامل ہوئے۔اقبالیات پر تحریر کردہ سرور کی کتابوں کے عنوانات اس طرح ہیں۔

۱)اقبال اور اردو نظم ۱۹۸۶ء ۔۲)اقبال اور تصوف ۱۹۸۰ء۔۳)اقبال اور مغرب ۱۹۸۱ء۔ ۴)شخص کی تلاش کا مسئلہ اور اقبال ۱۹۸۴ء۔۵)جدیدیت اور اقبال ۱۹۸۰ء۔۶)دانشور اقبال ۱۹۹۴ء۔۷)عرفان اقبال ۱۹۷۷ء۔۸)مقالات یوم اقبال۔۱۹۴۵ء ۔

ان میں سے چند ایک مرتبہ کتابیں ہیں۔جن میں مختلف سمیناروں کے مقالوں کو یکجا کیا گیا ہے۔

اداریے

آل احمد سرور نے ''ہماری زبان'' کی ادارت کے دوران کم وبیش سو اداریے مختلف عنوانات پر لکھے تھے۔ان میں سے بیشتر اداریے اردو تحریک کے موضوع پر تھے بعد میں یہ اداریے کتابی شکل میں شائع ہوئے۔جن کے نام ۱)اداریے (اداریوں کا مجموعہ) ۱۹۹۹ء 'علی گڈھ اور ۲) افکار کے دیے۔۲۰۰۰ء علی گڈھ ہیں۔

خطبات

آل احمد سرور نے مختلف جامعات میں اور مختلف مواقع پر یادگاری لیکچر اور خطبات دیے تھے۔ اُن کے یہ خطبات اُن کی فکر وفلسفہ اور ادب اور تنقید کے بارے میں اُن کے نظریات اور خیالات کی عکاسی کرتے ہیں۔اُن کے دیئے گئے خطبات کے نام اس طرح ہیں۔

۱) اردو میں دانشوری کی روایت

عابد حسین میموریل لکچر ۱۹۸۱ء

۲) اردو اور ہندوستانی تہذیب

فخر الدین علی احمد میموریل لکچر ۱۹۸۶ء

۳) اقبال فیض اور ہم

اردو مرکز لندن۔فیض میموریل لکچر ۱۹۸۸ء

۴) اقبال کا نظریہ شعری

شعبۂ اردو دہلی یونیورسٹی ۱۹۹۹ء

۵) اقبال کے مطالعے کے تناظرات

کشمیر یونیورسٹی۔اقبال چیئر کے

افتتاح کے موقع پر ۱۹۷۸ء۔

۶) فانی شخصیت اور شاعری

توسیعی لکچر جامعہ ملیہ دہلی ۔ ۱۹۸۱ء

۷) ہماری تعلیمی صورتحال

شیخ محمد عبداللہ میموریل لکچر۔ ۱۹۸۴ء

۸) ہندوستان کدھر

خواجہ غلام السیدین یادگاری خطبہ ۱۹۸۰ء

۹) ہندوستانی مسلمان اور مجیب صاحب

ایک تنقیدی جائزہ

پروفیسر محمد مجیب میموریل لکچر۔ ۱۹۸۹ء

مرتبہ کتابیں

آل احمد سرور نے کئی کتابیں ترتیب بھی دی تھیں ۔ان میں عرفان غالب' اردو شعریات' اردو فکشن' انتخاب مضامین سرسید' جدید دنیا میں اسلام مسائل اور امکانات' جدیدیت اور ادب' شعرائے عصر کا انتخاب جدید اور ہندوستان میں تصوف جیسی کتابیں شامل ہیں۔

آل احمد سرور کے تحریر کردہ تنقیدی مضامین اردو کے بے شمار اخبارات اور رسائل کی زینت بنتے رہے۔ان مضامین اور رسالوں کے نام فہرست میں دئے جارہے ہیں۔مضامین کی کثرت اور رسائل و اخبارات کے تنوع سے اندازہ ہوتا ہے کہ سرور بسیار نویس تھے۔سرور کی حیات اور اُن کی شخصیت اور فن پر لکھے گئے مضامین اور کتابوں کا حوالہ بھی مندرجہ ذیل فہرست میں پیش کیا جارہا ہے۔

آل احمد سرور کی تصانیف

اداریے [اداریوں کا مجموعہ]
ایجوکیشنل بک ہاؤس، علی گڑھ، ۱۹۹۹ء، ۲۵۶ص
انجمن ترقی اردو (ہند) کے ترجمان 'ہماری زبان' کے اردو تحریک سے متعلق سرورؔ صاحب کے اداریوں کا انتخاب جن کی مجموعی تعداد ۷۶ ہے۔

مندرجات

۱) اردو تحریک ایک ذاتی جائزہ
۲) ادیب اور آزادی
۳) ادبی مسائل۔قومی وحدت
۴) زبان کے معاملے میں ہوش مندی کی ضرورت
۵) سہ لسانی فارمولا اور اردو
۶) مرکزی زبان کے سلسلہ میں کشمکش
۷) علاقائی زبان میں اعلیٰ تعلیم اور اردو
۸) بھارتی بھاشا سمیتی اور دوسرا جلسہ

(9	اردو دوستوں سے خطاب
(10	بنیادی مسائل پر پہلے توجہ کیجئے
(11	کیا اردو کا مسئلہ محض سیاسی ہے؟
(12	اتر پردیش میں اردو کے لئے کیا ہوا؟
(13	اتر پردیش میں اردو
(14	اتر پردیش کے اردو دوستوں سے
(15	اردو خط و کتابت کورس
(16	ہندی دوستوں سے ایک سوال
(17	سرکاری زبان بل پر یہ ہنگامے کیوں؟
(18	ایک تلخ حقیقت
(19	خطاطی کی ترتیب
(20	شری جے پرکاش نرائن اور اردو
(21	کیا ہم اپنا رسم خط بدل دیں؟
(22	سرکاری زبان کا مطالعہ کیوں ہو رہا ہے؟
(23	اردو میں ابتدائی اور ثانوی تعلیم کے مسائل
(24	رہرو تشنہ لب نہ گھبرانا
(25	اردو کالجوں کا قیام
(26	سرکاری زبان یا علاقائی زبان
(27	اردو میں ابتدائی تعلیم اور ثانوی تعلیم پر توجہ سب سے ضروری ہے
(28	ہندوستانی زبانوں میں اعلیٰ تعلیم
(29	جن سنگھ اور اردو
(30	کیا اتر پردیش میں اردو کو واقعی سہولتیں ملتی ہیں؟
(31	بے محنت پیہم کوئی جوہر نہیں کھلتا
(32	تخلیق، تنقید، تعمیر

(۳۳	تخلیق، تحقیق، تنقید
(۳۴	نثر اور نظم کی زبان
(۳۵	ترجمے کا فن
(۳۶	کتابیں جو زندہ ہیں
(۳۷	سماج اور زبان
(۳۸	تہذیب، تفریح اور تلقین
(۳۹	اردو شاعری اور وطنیت
(۴۰	کیا اردو مشکل ہوتی جارہی ہے
(۴۱	کچھ بنیادی باتیں
(۴۲	ترقی اردو بورڈ
(۴۳	رسم خط میں تبدیلی کا سوال کیوں؟
(۴۴	یونیورسٹی کے معیار کے مطابق اردو میں علمی کتابوں کی تیاری کا مسئلہ
(۴۵	اردو اور مسلمان
(۴۶	ونوبا بھاوے اور اردو رسم خط
(۴۷	ہندوستان کے اردو شاعروں سے
(۴۸	اردو کی بقاء اور ترقی کے لئے ضروری کام
(۴۹	اتر پردیش میں اردو کے ذریعہ ثانوی تعلیم
(۵۰	انگریزی اور ہندوستانی زبانیں
(۵۱	کچھ اردو رسم خط کے بارے میں
(۵۲	مشاعرے اور فلم
(۵۳	انگریزی، ہندی، اردو
(۵۴	علاقائی زبانوں سے رشتہ مضبوط کیجئے
(۵۵	یشپال اور اردو
(۵۶	ایسی بلندی ۔ ایسی پستی

۵۷)	سائنسی انقلاب کا ادب پر اثر	
۵۸)	ہمارے اخبار اور رسالے	
۵۹)	اردو اور مسلمان	
۶۰)	ہمارے مشاعرے	
۶۱)	رسم خط کا مسئلہ	
۶۲)	کیا ہندوستانی زبانوں کے لئے رسم خط ضروری ہے	
۶۳)	قومی وحدت اور اردو	
۶۴)	سمپورنا نند جی اور اردو	جذباتی آہنگی کیسے ہو؟
۶۵)	اردو کا علاقہ کہاں ہے؟	ذہن کا دریچہ کھلا رہے
۶۶)	شری لیش پال اور اردو	چوٹی کی بات
۶۷)	ہندوستان میں اردو کا مستقبل	لال قلعہ میں
۶۸)	نئی زندگی اور پرانی شاعری	صحت مند نظریہ کیا ہے؟
۶۹)	اردو میں انگریزی الفاظ	ہمیں ہر چیز سے مطلب ہے
۷۰)	عام فہم زبان لکھیے	عروج آدم خاکی سے انجم سہمے جاتے ہیں
۷۱)	کیا ہم اپنا رسم خط بدل دیں	ساہتیہ اکاڈمی کا سمینار
۷۲)	ہماری شاعری	ہر چیز کی قیمت ادا کیجئے
۷۳)	اردو ایک مستقل زبان ہے	جنگ آزادی یا غدر
۷۴)	اردو کے شاعروں اور ادیبوں سے	تقریروں کا مرض
۷۵)	ہمارے مشاعرے	کچھ اپنے متعلق
۷۶)	اردو دوستوں کے تین بنیادی کام	ہندوستان میں رائے عامہ

افکار کے دیے	اٹھے کبھی گھبرا کے تو میخانے کو ہو آئے
ایجوکیشنل بک ہاوس، علی گڑھ ۲۰۰۰، ۲۱۵ ص	نقصان نہیں جنوں سے جو سودا کرے کوئی
(ہماری زبان کے اداریوں اور چند دیگر مضامین کا انتخاب)	جوہر طبیعتوں کے دکھانے کا

وقت ہے

مندرجات

پیش لفظ

افکار کے دیے جلاتے رہو

ہم کدھر جارہے ہیں؟

ہمارا ادب کدھر جارہا ہے؟

قومی وحدت کا مسئلہ

قومی ضرورت کیا ہے؟

ہر رنگ میں بہار کا اثبات چاہیے

یوم جمہوریت

الکشن اور اردو

دل پھر طواف کوے ملامت کو جائے ہے

اپنے کو دوسروں کی مدد سے پہچانو

ٹیگور کی یاد میں

پیر مغاں کی یاد میں

اقبال کی یاد میں

گورکی کی یاد میں

پھر مجھے دیدۂ تر یاد آیا (سرسید کی یاد میں)

میر ولایت حسین کی آپ بیتی

اقبال اور ہم

سادگی سے کیوں چڑتے ہو

عقیدہ اور عمل

عصری میلانات اور وقتی کارنامے

فوری حل اور دوررس پروگرام

دونوں پر نظر ضروری ہے

کچھ بنیادی حقائق

تعمیری نقطہ نظر اور احتجاجی نقطہ نظر

یہ کیسی جمہوریت ہے

غالب، اردو اور ہندوستان

ڈاکٹر ذاکر حسین کی ادبی خدمات

اردو کے صاحب طرز نثر نگار

(رشید احمد صدیقی)

ابھی اس راہ سے کوئی گیا

امریکہ۔ چند تاثرات

میں نے امریکہ کو کیسا پایا

امریکہ کا نظام

امریکہ میں اردو

شکاگو یونی ورسٹی

اقبالیات

(i) اقبال اور اردو نظم ۔ اقبال انسٹی ٹیوٹ‘

کشمیر یونیورسٹی، سری نگر، ۱۹۸۶ء ۱۲۰ ص
اقبال انسٹی ٹیوٹ کے زیر اہتمام 'اقبال اور اردو نظم'
کے موضوع پر اپریل ۱۹۸۴ء میں منعقد سمینار میں پیش
کئے گئے مقالات کا مجموعہ:

مندرجات

ا۔ پیش لفظ آل احمد سرور

(ii) اقبال اور تصوف۔ اقبال انسٹی ٹیوٹ،
کشمیر یونیورسٹی، سری نگر، ۱۹۸۰ء ۲۵۵ ص
اقبال انسٹی ٹیوٹ کے زیر اہتمام 'اقبال اور تصوف'
کے موضوع پر اکتوبر ۱۹۷۷ء میں منعقد سمینار میں
پیش کیے گئے مقالات کا مجموعہ:

مندرجات

ا۔ پیش لفظ آل احمد سرورؔ

۲۔ اردو شاعری میں تصوف کی روایت آل احمد سرور

(iii) اقبال اور مغرب۔ اقبال انسٹی ٹیوٹ،
کشمیر یونیورسٹی، سری نگر، ۱۹۸۱ء ۲۱۲ ص

مندرجات

ا۔ پیش لفظ آل احمد سرورؔ

۲۔ اقبال اور نئی مشرقیت آل احمد سرور

(iv) تشخص کی تلاش کا مسئلہ اور اقبال
اقبال انسٹی ٹیوٹ، کشمیر یونیورسٹی، سری نگر، ۱۹۸۴ء ۱۶۴ ص

مندرجات

ا۔ پیش لفظ — آل احمد سرور

۲۔ تشخص کا مسئلہ۔ اقبال اور مولانا آزاد
کی نظر میں — آلِ احمد سرورؔ

(v) جدیدیت اور اقبال۔ اقبال انسٹی ٹیوٹ،
کشمیر یونیورسٹی، سری نگر، ۱۹۸۰ء ۲۵۵ ص

اقبال انسٹی ٹیوٹ کے زیر اہتمام اقبال اور
جدیدیت کے موضوع پر منعقدہ سمینار میں پیش کیے
گئے مقالات کا مجموعہ۔

مندرجات

ا۔ پیش لفظ — آلِ احمد سرورؔ

۲۔ جدیدیت کیا ہے؟ — آل احمد سرور

(vii) دانشور اقبالؔ۔ ایجوکیشنل بک ہاؤس،
علی گڑھ، ۱۹۹۴ء ۲۸۵ ص

مندرجات

ا۔ ابتدائیہ — آلِ احمد سرورؔ

۲۔ دانشور اقبال — ''

۳۔ عصر حاضر میں قدروں کا بحران اور اقبال — ''

۴۔ اقبال اور نئی مشرقیت — ''

۵۔ تشخص کا مسئلہ: اقبال اور مولانا آزاد کی نظر میں — ''

۶۔ جدید اور مشرقی اقبال — ''

۷۔ اقبال اور تصوف — ''

۸۔ اقبال اور ابلیس ''
۹۔ اقبال کی سیاسی فکر ''
۱۰۔ اقبال اور ابلیس ''
۱۱۔ اقبال کی معنویت ''
۱۲۔ خطابت، شاعری اور اقبال ''
۱۳۔ کلیدی خطبہ: انٹرنیشنل اقبال سمینار علی گڑھ ''
۱۴۔ اقبال اور فانی ''
۱۵۔ اقبال، فیض اور ہم ''
۱۶۔ اقبال کا کارنامہ اردو نظم میں ''
۱۷۔ غزل کی زبان اور اقبال کی غزل کی زبان ''
۱۸۔ خضر راہ ''
۱۹۔ اقبال: ہمالہ سے شعاع امید تک ''
۲۰۔ اقبال کا فن ۔ ایک عمومی جائزہ ''
۲۱۔ صرف ایک کتاب ''

(vii) عرفان اقبال — مرتبہ زھرہ معین

تخلیق کار، لاھور، ۱۹۷۷ء ۲۴۰ ص

طبع دوم ۔ اردو اکیڈمی سندھ، کراچی، ۱۹۸۳ء ۲۷۲ ص

علامہ اقبال سے متعلق پروفیسر آل احمد سرور کے مضامین کا مجموعہ۔

مندرجات

۱۔ جبریل مشرق — آل احمد سرور
۲۔ اقبال اور ابلیس ''
۳۔ اقبال اور ابلیس ''

۴۔اقبال اوران کا فلسفہ ''

۵۔روح اقبال ''

۶۔خطوط میں اقبال کی شخصیت ''

۷۔اقبال کے خط ''

۸۔اقبال کی عظمت ''

۹۔اردو غزل۔میر سے اقبال تک ''

۱۰۔اقبال اور مغرب ''

۱۱۔اقبال کے استعارے ''

۱۲۔اقبال اور جمہوریت ''

۱۳۔اقبالیات پر [سرور صاحب] کے تنقیدی اشارے'
مرتبہ زہرا معین (سرور صاحب کی مختلف تحریروں سے اقتباسات)

۱۴۔آل احمد سرور کے نام اقبال کا ایک یادگار خط

۱۵۔بیاد اقبال: آل احمد سرور کا منظوم خراج عقیدت

(viii) مقالات یوم اقبال — مرتبہ آل احمد سرور

رضا انٹر کالج، رامپور — ۱۹۴۵ء

تنقید

(i) ادب اور نظریہ

ادارۂ فروغ اردو، لکھنؤ — ۱۹۵۴ء — ۲۹۶ ص

مندرجات

۱) اردو غزل میر سے اقبال تک

۲) تہذیب اور ادب میں سرسید کا کارنامہ

۳) نظیر اور عوام

۴) اختر شیرانی

۵) غالب کا ذہنی ارتقاء

۶) اقبال کی عظمت

۷) رشید احمد صدیقی

۸) مولانا سہیل کی شاعری

۹) جوش کا سرود و خروش

۱۰) ضیائے حیات۔ایک تبصرہ

۱۱) روایت اور تجربے۔اردو شاعری میں

۱۲) نئے ہندوستان کی تعمیر میں اردو کا حصہ

۱۳) ادب اور نظریہ

(ii) پہچان اور پرکھ

مکتبہ جامعہ ،نئی دہلی، ۱۹۹۰ء ، ۱۹۲ ص

مندرجات

۱) کچھ اس کتاب کے بارے میں

۲) ادب میں قدروں کا مسئلہ

۳) شاعری اور نثر کا فرق

۴) تنقید میں انتخابی نظریے کی ضرورت

۵) غزل کا فن

۶) ہماری مشترک تہذیب اور اردو غزل

۷) اردو شاعری میں انسان کا تصور

۸) میر میری نظر میں

۹) غالب کا نظریہ شاعری

۱۰) غالب کی شاعری کی خصوصیات

۱۱) انیس کی شاعرانہ عظمت

۱۲) حسرت کی عشقیہ شاعری۔ میری نظر میں

۱۳) فانی کی شخصیت اور شاعری

۱۴) جوش کی شخصیت اور شاعری

۱۵) کچھ فراق کے بارے میں

(iii) تنقید کیا ہے؟ اور دوسرے مضامین

کتابی دنیا، دہلی،	۱۹۴۷ء	۱۹۷	ص
طبع دوم۔ مکتبہ جامعہ، نئی دہلی،	۱۹۵۲ء	۲۱۴	ص
طبع سوم، مکتبہ جامعہ، نئی دہلی،	۱۹۵۵ء	۲۱۴	ص
طبع چہارم، مکتبہ جامعہ، نئی دہلی،	۱۹۵۹ء	۲۱۵	ص

مندرجات

۱۔ یادگار حالی

۲۔ اکبر کی ظرافت اور اس کی اہمیت

۳۔ شبلی میری نظر میں

۴۔ اقبال کے خطوط

۵۔ موجودہ ادبی مسائل

۶۔ ولیم سمرسٹ مائم

۷۔ ترقی پسند تحریک پر ایک نظر

۸۔ تنقید کیا ہے؟

تیسرا باب

آل احمد سرور بہ حیثیت نقاد

آل احمد سرور اردو کے سر کردہ اور نامور نقاد تھے۔ آزادی کے بعد ہماری تنقید کو جن ناقدین نے اپنے علم اور اپنی بصیرت سے توانا کیا اور جس کے وزن اور وقار میں غیر معمولی اضافہ کیا اُن میں آل احمد سرور کا نام خاص اہمیت کا حامل ہے۔ آل احمد سرور کا جدید اردو تنقید سے وہی رشتہ ہے جو اقبال کا جدید اردو شاعری سے رہا۔ دونوں نے مغربی افکار تصورات اور خیالات کو حاصل کیا اور مغربی تہذیب اور افکار کی میراث سے بھی براہ راست استفادہ کیا۔ تاہم مغرب کی چکا چوند سے اپنے آپ کو دور رکھا۔ آل احمد سرور نے اپنی بصیرت افروز تنقیدی تحریروں سے اردو تنقید کا دامن وسیع کیا۔ وہ اپنے عہد کے ایک دانشور اور نقاد تھے جن کی تحریر و تقریر، دانش مندی، ذہانت، علمی بصیرت اور تنقیدی شعور کی کرنیں میدان ادب میں ضیاء پاشی کرتی رہیں۔ آل احمد سرور نے اردو تنقید کو گہرائی، تہہ داری، معنویت اور وقار عطا کیا۔ انہوں نے ہر دور میں ادب کی صالح اور صحت مند روایات ور حجانات کی پاسداری کی۔ دنشوری کی زندہ روایت، تنقید کے ایک سربراہ آوردہ رہنما کی حیثیت سے اردو ادب میں اپنا مستقل مقام بنالیا۔ آل احمد سرور نے بے شمار تنقیدی مضامین لکھے۔ کتابوں پر تبصرے کئے۔ اور اُردو ادب کے بدلتے رجحانات پر رائے دی۔ اُردو کے نامور شعراء میرؔ، غالبؔ، فانیؔ، چکبستؔ، حالیؔ، اقبالؔ، اور اکبر کے فکر و فن کو سرور نے اپنی تحریروں سے متعارف کروایا۔ سرور کے تنقیدی مضامین کے مجموعے تنقیدی اشارے، تنقید کیا ہے، ادب اور نظریہ پہچان اور پرکھ، تنقید کے بنیادی مسائل، فکر روشن، کچھ خطبے کچھ مقالے، مجموعہ تنقیدات، مسرت سے بصیرت تک، نظر اور نظریے، نئے اور پرانے چراغ وغیرہ ہیں۔ آل احمد سرور ماہر اقبالیات تھے۔ اقبال پر اُن کی تحریریں کافی مقبول ہوئیں۔ اقبالیات پر لکھے گئے اُن کے مضامین کے مجموعے اقبال اور اُردو نظم، اقبال اور تصوف، اقبال اور مغرب، تشخص کی تلاش کا مسئلہ اور اقبال، جدیدیت اور اقبال، دانشور اقبال، عرفانِ اقبال وغیرہ ہیں۔ آل احمد سرور ایک عرصہ تک انجمن ترقی اُردو کے ترجمان ''ہماری زبان'' کے مدیر رہے تھے۔ اس دوران انہوں نے اُردو تحریک اور دیگر موضوعات پر کئی اداریے لکھے۔ اُن کے لکھے ہوئے اداریوں کے مجموعے اداریے اور افکار کے دیے کے عنوان سے شائع ہوئے۔ سرور نے کچھ کتابیں مرتب بھی کی تھیں۔ ان میں عرفان غالب، اُردو شعریات، اُردو فکشن انتخاب مضامین سرسید، جدید دنیا میں اسلام مسائل اور امکانات، جدیدیت اردو ادب، شعرائے عصر کا انتخاب جدید ہندوستان میں تصوف وغیرہ ہیں سرور کے تحریر کردہ تنقیدی مضامین اُردو کے سرکردہ ادبی رسائل، آج کل، آواز اُردو ادب، ادب، ادیب، ادب لطیف، اُردو، اُردو دنیا، اقبالیات، الفاظ، امکان، بازیافت تحریر، تہذیب الاخلاق، جامعہ، خوشبو کا سفر، ساقی سوغات، سہیل، شاعر، شاہراہ، شب خون، صبا، صبح نو، علی گڑھ میگزین، فروغ اُردو، فکر و نظر، ماہ نو، نقد و نظر، نقوش، نگار لکھنو، نیا سفر

ہماری زبان' وغیرہ شامل ہیں۔ سرور نے اُردو کے نامور ادیبوں اور شعراء کی کتابوں پر تبصرے بھی کیئے تھے۔ اس طرح تنقیدی مضامین' اداریئے' تبصرے اور دیگر تحریریں سرور کا تنقیدی سرمایہ ہیں۔ ان مضامین میں سرور کے پیش کردہ تنقیدی نظریات اور اُن کی تنقید کی خوبیوں اور خامیوں کے جائزے سے قبل آیئے دیکھیں کہ تنقید کیا ہے۔ ادب میں تنقید کی اہمیت کیا ہے۔ تنقید کے مختلف نظریات اور دبستان کیا ہیں اور سرور کس دبستان تنقید سے وابستہ ہیں۔

تنقید کی تعریف:۔ لفظ ''تنقید'' نقد سے مشتق ہے جس کے معنی جانچنا' کھوج' پرکھ' کھرے کھوٹے کی پہچان' محاسن و معائب میں فرق کرنے کے ہیں۔ اصطلاح ادب میں کسی فن پارے یا تخلیق کی خوبیوں اور خامیوں کو بیان کرتے ہوئے ادب میں اُس کا مقام تعین کرنا تنقید کہلاتا ہے۔ ہر زمانے میں تنقید کی مختلف تعریفیں پیش کی گئی ہیں۔ کسی نے ادب کا مقصد مسرت و حظ پہنچانا بتایا۔ اور تنقید کا کام تخلیق میں مسرت کے پہلوؤں کو تلاش کرنا بتایا۔ کسی نے ادب کو تغیر حیات کا نام دیا۔ اور زندگی کے تغیر و تبدل کے زیر اثر ادب میں رونما ہونے والے مسائل اور تبدیلیوں کو دیکھنا تنقید کے لئے لازمی قرار دیا۔ دراصل کسی ادب پارے کی تخلیق کے ساتھ ہی تنقیدی عمل بھی شروع ہو جاتا ہے۔ جب فنکار کے ذہن میں کسی فن پارے کی داغ بیل پڑتی ہے تو وہاں سے اُس کے ذہن میں تنقیدی عمل بھی شروع ہو جاتا ہے۔ کوئی شاعر نظم یا غزل لکھنے کا ارادہ کرے تو اس کا تنقیدی شعور اُس کی رہنمائی کرتا ہے۔ اور وہ اشعار کو کانٹ چھانٹ کے اور اُس کے نوک پلک درست کر کے تسلی بخش انداز میں تخلیق کرتا ہے۔ غرض یہ کہ جب کوئی فن پارہ فنکار کے ذہن میں جنم لینے لگتا ہے تو یہیں سے تنقید اپنا کام شروع کر دیتی ہے۔ اور ایک لحاظ سے تخلیق سے پہلے تنقیدی عمل شروع ہو جاتا ہے۔ بیشتر تخلیقات خوب سے خوب تر کی تلاش و جستجو کے بعد ہی وجود میں آتی ہیں۔ اسی خیال کو پیش کرتے ہوئے ڈاکٹر شارب ردولوی لکھتے ہیں:

> ''آج زندگی ہر وقت رواں دواں ہے۔ اس میں ہر لمحہ ایک نئے نظریے اور نئی فکر کا اضافہ ہوتا رہتا ہے۔ اس لئے ناقص اور بہتر کی تمیز کے لئے تنقید ضروری ہے۔ تنقیدی شعور کے بغیر نہ تو اعلیٰ ادب کے تخلیق ہو سکتی ہے۔ اور نہ فنی تخلیق کی قدروں کا تعین ممکن ہے۔ اس لئے اعلیٰ ادب کی پرکھ کے لئے تنقید لازمی ہے''[1]

تخلیق کا مقصد ترسیل ہوتا ہے۔ فنکار چاہتا ہے کہ اُس کی تخلیق کو لوگ دیکھیں پڑھیں' سمجھیں' تخلیق کو دیکھنے والے ناظرین اور پڑھنے والے قارئین کی ذہنی سطح کے مطابق اپنی اپنی تنقیدی نظر ہوتی ہے ۔لوگوں کے پاس کسی فن پارے کی پسند یا ناپسند کے اپنے اپنے پیمانے ہوتے ہیں۔ لیکن ان میں سے زیادہ

تر لوگ اپنی پسند یا ناپسند کا سبب نہیں بتا سکتے۔ چنانچہ تنقید فن پارے اور اُس کے پڑھنے والے کے درمیان مستحکم رشتہ قائم کرتی ہے۔ یہ فن پارے کو جانچتی اور پرکھتی ہے۔ اس کی خوبیوں اور خرابیوں کا پتہ لگاتی ہے۔ اعلیٰ درجہ کی تنقید اچھے بُرے کا دوٹوک فیصلہ نہیں کرتی۔ بلکہ فیصلہ کرنے میں قاری کی مدد کرتی ہے ایسا کرنے میں وہ اپنا راستہ لمبا کرلیتی ہے۔ کبھی وہ فن پارے کی صراحت کرتی ہے کبھی تشریح و ترجمانی اور کبھی تحلیل و تجزیے سے کام لیتی ہے۔ اس لئے تنقید کے بارے میں کہا گیا ہے کہ یہ ادب کے لئے اس طرح ضروری ہے جس طرح زندہ رہنے کے لئے سانس۔ تنقید کسی تخلیق کے محاسن اور معائب کو اُجاگر کرتے ہوئے غیر جانبداری سے اُس کی قدر و قیمت کا تعین کرتی ہے۔ تنقید کے لئے غیر جانبدرای اہم ہے۔ تاہم نقاد کسی نظریے کا حامل ہوسکتا ہے۔ بغض و عناد سے پاک تنقید کے لئے ضروری ہے کہ اس میں خارجیت اور معروضیت ہو۔ ایک اچھے نقاد کے لئے ضروری ہے کہ وہ ادب کا وسیع مطالعہ کرے۔ فلسفہ‘ جمالیات‘ سائنس‘ عمرانیات‘ معاشیات‘ اقتصادیات‘ اور نفسیات جیسے علوم سے واقفیت رکھتا ہو۔ عالمی ادب کے قدیم و جدید رجحانات سے پوری طرح واقف ہو۔ نہ روایت کا پرستار ہو نہ اُس سے بیزار۔ اس طرح کے نقاد کی تنقید اُس کی وسیع النظری کے سبب تخلیق کا درجہ حاصل کرلیتی ہے ایک نقاد کسی فن پارے کو دو پہلوؤں سے پرکھتا ہے۔ ایک یہ کہ اس میں کیا پیش کیا گیا ہے اور دوسرے یہ کہ کس طرح پیش کیا گیا ہے۔ اس کیا اور کیسے کے لئے تنقید کی اصطلاح میں دو نام مواد اور ہئیت کے استعمال ہوتے ہیں۔

اُردو میں تنقید کی روایت

ابتدائے آفرینش سے انسان میں تنقیدی شعور پایا جاتا تھا۔ ابتداء میں اس کے نقوش دھندلے تھے۔ جب انسانیات نے ترقی کی اور طرح طرح کے علوم سامنے آئے تو تنقید کی مختلف جہات سامنے آئیں۔ زمانہ گذرنے کے ساتھ ادب کی پرکھ کے انداز بھی بدلے۔ اُردو میں تنقید کے ابتدائی نقوش تذکروں میں ملتے ہیں۔ جس میں شاعر کے مختصر حالات زندگی اور نقاد کی پسند سے کلام کا انتخاب شامل کیا جاتا تھا۔ اُردو تنقید کی کسوٹی پر یہ تذکرے کھرے نہیں اُترتے لیکن چونکہ یہ ہماری تنقید کے اولین نقش ہیں۔ اس لئے ادب میں ان کی اہمیت ہے۔ اُردو میں تذکرہ نگاری کے ابتدائی نقوش کے بارے میں پروفیسر اشرف رفیع لکھتی ہیں:

> ”ادب پارے کے ساتھ ہی تنقید بھی جنم لیتی ہے۔ مگر اس کے قواعد وضوابط اور سانچے وجود میں آنے میں خاصا وقت لگ جاتا ہے۔ ہمیں اپنے ادب

میں تنقید کے ابتدائی نقوش دکنی کے ادبی دور ہی سے ملتے ہیں۔اس دور میں تنقید کا کوئی تصور ہی نہیں تھا۔صرف حسن و قبح کی نشاندہی چند بندھے ٹکے لفظوں اور جملوں سے کی جاتی ہے۔ یہاں سے آگے بڑھے تو کچھ تنقیدی اشارے اُردو تذکروں میں ملتے ہیں ان تذکروں میں بھی حسن کلام اور طرز بیان پر زور دیا جاتا ہے'' [۲]

اُردو کے ابتدائی تذکروں کو مشاعروں کی واہ واہ سے تشبیہہ دیتے ہوئے حسین الحق لکھتے ہیں:

''اُردو کے ابتدائی تذکروں کی مثال مشاعروں کی ''واہ' واہ'' کی ہے۔ان تذکروں میں تذکرہ نگار پر ذاتی پسند و ناپسند غالب ہے۔اور اس ذاتی پسند و ناپسند کے لئے بھی تذکرہ نگار ہمیشہ دلیل مہیا کرنے کا جھنجھٹ مول نہیں لیتا۔ زیادہ تر اُس کی گفتگو شاعر و فن کار مذکور کے اخلاق' بزرگی اور علم کے بارے میں ہوتی ہے۔اور جتنے اشعار تذکرہ نگار کو یاد رہتے ہیں یا اُس کو دستیاب ہوتے ہیں اُنہیں وہ بلا جھجک درج دفتر کر دیتا ہے۔ نتیجۃً بعض شعراء کے پچاسوں اور سینکڑوں اشعار ملیں گے اور کچھ کے پانچ دس اور کچھ غریبوں کا معاملہ تو یہ ہے کہ صرف نام یا تخلص بیان کر کے تذکرہ نگار آگے بڑھ جاتا ہے'' [۳]

دراصل شعرائے اُردو کے تذکرے جس عہد میں لکھے گئے تھے۔اُس وقت وسائل محدود تھے۔ کتابوں کی اشاعت' اُن کی ترتیب' کتابوں کا حصول' اُن کی موجودگی کا علم وغیرہ اُمور آج کے مقابلے نسبتاً کم ہی تھے۔اس لئے اُس عہد میں تذکروں میں جو کچھ بھی تنقیدی شعور ملتا ہے۔وہ اُس دور کے اعتبار سے قیمتی ہے۔آج کے عصری وسائل والے دور میں ترقی پسندی کی عینک لگا کر قدیم تذکروں کا مطالعہ کرنا ایک طرح کی زیادتی ہے۔اور اس قسم کی زیادتی کلیم الدین احمد جیسے نقادوں نے کی ہے۔اُردو تذکروں پر شدید تنقید کرتے ہوئے کلیم الدین احمد لکھتے ہیں:

''یہ تنقید محض سطحی ہے۔اس کا تعلق زبان' محاورہ اور عروض سے ہے۔لیکن یہ شائد کہنے کی ضرورت نہیں کہ تنقید کی ماہیت اور اُس کے مقصد اور اُس کے صحیح اسلوب سے بھی تذکرہ نویس واقفیت نہ رکھتے تھے۔ان تذکروں کی اہمیت تاریخی ہے۔اور

دنیائے تنقید میں اُن کی اہمیت نہیں ....اب ادبی دنیا اس قدر آگے بڑھ گئی ہے کہ ہمیں تذکروں سے کچھ سیکھنا نہیں ہے۔ جہاں تک تنقید کا معاملہ ہے۔

ان تذکروں کا ہونا نہ ہونا برابر ہے۔،،[۴]

کلیم الدین احمد اُردو کے نقادوں میں اپنی شدت پسندی کے لئے مشہور ہیں۔ انہوں نے اُردو کے ہر چھوٹے بڑے نقاد پر کڑی تنقید کی ہے۔ اُردو تذکروں پر ان کی یہ بے جا تنقید اُن کے مزاج سے کچھ بعید نہیں ہے۔ تذکروں کے بارے میں مثبت انداز سے گفتگو کرتے ہوئے مولوی عبدالحق لکھتے ہیں:

''ہمارے شعراء کے تذکرے گو یا جدید اُصول کے مطابق نہ لکھے گئے ہوں۔ تاہم اُن میں بہت سی کام کی باتیں مل جاتی ہیں۔ جو ایک محقق اور ادیب کی نظر میں جواہر ریزوں سے کم نہیں،،[۵]

تذکروں کے بارے میں مولوی عبدالحق نے حقائق پر مبنی بات کہی ہے۔ تذکروں کی پرکھ کے معیار کے ضمن میں نورالحسن نقوی لکھتے ہیں:

''یہ حقیقت ہے کہ تذکروں سے جو تنقیدی معیار مرتب ہوتے ہیں اُن پر آج کے ادب کو پرکھنا ممکن نہیں۔ لیکن اس حقیقت سے بھی چشم پوشی نہیں کی جا سکتی کہ جدید پیمانے قدیم ادب کو جانچنے کے کام نہیں آسکتے۔ جو ادب جس زمانے میں تخلیق ہوا۔ اُسے اُسی زمانے کے اُصول اور اُسی عہد کی پسند ناپسند کی کسوٹی پر کسا جانا چاہیے،، [۶]

اُردو تذکروں کی اہمیت اس وجہ سے بھی ہے کہ ان سے اُردو نقادوں کو جلا ملی۔ دراصل یہ تذکرے اُردو تنقید کے نقش اولین ہیں۔ جو بے عیب نہیں ہو سکتے۔ اُردو تذکروں کو اہم سرمایہ قرار دیتے ہوئے حنیف نقوی لکھتے ہیں:

''تذکرہ ہمارے سرمایہ ادب کا ایک گراں قدر حصّہ ہے۔ جسے نظر انداز کر کے نہ تو ہم اُردو شاعری کے مطالعے ہی میں کامیاب ہو سکتے ہیں۔ اور نہ اپنے ادبی تنقید شعور کے آغاز ارتقاء کی تاریخ مرتب کر سکتے ہیں ہم نے اپنے قدیم شاعروں کو انہیں تذکروں کے ذریعہ جانا اور پہچانا ہے۔ یہی نہیں ہماری ناقدانہ بصیرت بھی انہی تذکروں کی فضاء میں پروان چڑھی ہے،،[۷]

اُردو کے اہم تذکرہ نگاروں میں میرؔ' مصحفیؔ' شیفتہؔ' محمد حسین آزادؔ مرزا علی لطف وغیرہ قابل ذکر ہیں:
۱۸۵۷ء کی جنگ آزادی نے ہندوستان کی سماجی وسیاسی زندگی میں بڑی تبدیلی لائی۔ اس کے اثرات اُردو پر پڑے۔ اور اُردو کی قدیم نثری اصناف داستان اور ناول کے مقابلے میں افسانہ نگاری کو

فروغ ہوا۔شاعری میں مثنوی اور قدیم طرز کی غزل گوئی کے مقابلے میں نظم نگاری کو فروغ ہوا۔انگریزی ادب اور انگریزی تنقید کے مطالعے سے اُردو کے ادیب بھی متاثر ہوئے۔اور مغربی تنقید کے اُصولوں پر اُردو میں جدید تنقید نگاری کا آغاز ہوا۔الطاف حسین حالؔی' سرسید کی اصلاحی تحریک کے اہم رفیق تھے۔جس میں شعر کی ماہیت' شاعری کے اُصول اور اُردو کی شعری اصناف کی اصلاح کی بات کہی۔حالؔی کے یہ تنقیدی نظریات بہت مقبول ہوئے۔اُن کے دیوان کا مقدمہ علحدہ کتاب کی شکل میں ''مقدمہ شعروشاعری'' کے عنوان سے ۱۸۹۳ء میں شائع ہوا۔ڈاکٹر عابد حسین حالؔی کے مقدمے پر تبصرہ کرتے ہوئے لکھتے ہیں:

> ''یہ مقدمہ اُن کے حسن ذوق' وسعت نظر اور جدت خیال کا آئینہ ہے۔جب کوئی غیر شاعر شعر کی تنقید پر قلم اُٹھاتا ہے تو عموماً منطقی بحثوں میں پڑ کر اصل حقیقت کو نظر انداز کر دیتا ہے۔مگر حالؔی خود شاعر ہیں اس لئے انہوں نے اصولی مسائل کے ساتھ ساتھ فن کی باریکیوں کو بھی خوب سمجھا اور سمجھایا ہے۔اُردو میں حالؔی سے پہلے شعر کی تنقید کے معنیٰ صرف یہ سمجھے جاتے تھے کہ لفظوں اور ترکیبوں کو اساتذہ کے کلام کی کسوٹی پر کس کر دیکھ لیں۔حالؔی ہی نے پہلے پہل یہ بحث چھیڑی کہ شاعری کی روح کیا ہے۔اور وہ شعر میں کیسے پیدا ہوتی ہے........'' [۸]

الطاف حسین حالؔی مقدمہ شعروشاعری میں پیش کردہ اپنے تنقیدی خیالات کے سبب جدید اُردو تنقید نگاری کے بانی قرار پائے۔حالؔی نے تنقید کی جو راہ نکالی اس پر آگے چل کر اُردو تنقید نے طویل فاصلہ طئے کیا۔حالؔی کے بعد اُردو کے نقادوں کا ایک سلسلہ چل پڑا۔جن میں اہم نام شبلؔی' عبدالحق' نیاز فتح پوری' مجنوں گورکھپوری' آل احمد سرور' احتشام حسین' کلیم الدین احمد' محمد حسن عسکری' خورشید الاسلام' محمد حسن' احسن فاروقی' وزیر آغا' قمر رئیس' سلیم احمد' مغنی تبسم' سلیمان' اطہر جاوید وغیرہ شامل ہیں' قاری اور نقاد کی پسند کے اعتبار سے جب تخلیق کو قبول یا رد کیا جانے لگا تو ادب میں تنقید کے دبستان وجود میں آئے۔اور اُردو تنقید میں رومانی تنقید' جمالیاتی تنقید' سائنٹفک تنقید' مارکسی تنقید' تاثراتی تنقید' نفسیاتی تنقید' اور تقابلی تنقید جیسی شاخیں وجود میں آئیں۔تنقید کے ابتدائی نظریے' تعریف تشریح' توضیح اور تجزیے کی شکل میں ہیں۔سائنٹفک تنقید ادیب اور فنکار کے تمام پہلوؤں سے بحث کرتی ہے۔اور اُس کے ذریعہ تخلیق میں زمانے کے سماجی حالات اور خیالات کا عکس تلاش کیا جاتا ہے۔جمالیاتی تنقید میں کسی بھی ادبی تخلیق کے مطالعے یا جائزے سے ذہن پر پڑنے والے تاثر کو اہمیت دی جاتی ہے۔اور تخلیق میں حظ' مسرت اور حُسن کے پہلو

تلاش کیئے جاتے ہیں۔تاثراتی تنقید میں کسی بھی ادبی تخلیق کے مطالعے یا جائزے سے ذہن پر پڑنے والے تاثر کا جائزہ لیا جاتا ہے۔مارکسی تنقید میں ادب کا تعلق زندگی سے دیکھا جاتا ہے کہ اعلیٰ ادب وہی ہے جو اپنے عہد کی سچی تصویر پیش کرے اور انسانی مقاصد کی ترجمانی کرے۔نفسیاتی تنقید میں فرد پر زور دیا جاتا ہے۔اور تخلیق کار کی نفسیاتی الجھنوں اور تشنگیوں کو تلاش کیا جاتا ہے۔اس تنقید کا نظریہ ہے کہ انسان کی دبی ہوئی خواہشات ادب اور آرٹ کی شکل میں رونما ہوتی ہیں۔تقابلی تنقید میں دوفن پاروں کا باہمی تقابل کیا جاتا ہے اور اُن میں یکساں خصوصیات تلاش کی جاتی ہیں۔تنقید کا تعلق تحقیق اور تخلیق سے بھی ہے۔ تینوں میں فضیلت کا معاملہ زیر بحث رہتا ہے۔کہا جاتا ہے کہ تحقیق کے بغیر تنقید ممکن نہیں۔اور تنقید کے لئے تخلیق ضروری ہے۔اچھی تخلیق کے لئے سلجھے ہوئے تنقیدی شعور کی ضرورت ہے۔

آل احمد سرور کے تنقیدی نظریات

آل احمد سرور اُردو کے نامور اور قد آور نقاد ہیں۔انہوں نے اپنی تنقیدوں سے اُردو تنقید کے دامن کو وسیع کیا۔سرور نے اپنے تنقیدی مضامین اور کتابوں میں اکثر اپنے تنقیدی خیالات کا اظہار کیا ہے۔سرور کی تنقید کا بنیادی وصف یہ ہے کہ انہوں نے کسی تحریک' کسی مکتب خیال ازم یا تنقیدی دبستان سے اپنے آپ کو وابستہ نہیں رکھا اور نہ اُسے حرف آخر سمجھا۔انہوں نے مغرب اور مشرق کی افکار اور اقدار کا مطالعہ کیا۔مغرب سے اچھی باتوں کو اخذ کیا۔اور اپنی تنقید میں نئے رجحانات کو اختیار کیا۔تنقید کی تعریف کرتے ہوئے سرور لکھتے ہیں:

> ''تنقید کے لئے کوئی ایک جامع اصطلاح وضع کی جاسکتی ہے یا نہیں۔میرے خیال میں اس کے لئے ''پرکھ'' کا لفظ سب سے موزوں ہے اس میں تعارف 'ترجمانی' اور فیصلہ سب آجاتے ہیں پرکھ کے لفظ کے ساتھ ہمارے ذہن میں یک کسوٹی آتی ہے۔نقاد کے ذہن میں ایک ایسا معیار ضروری ہے۔پرکھنے اور تولنے کیلئے ترجمانی اور تجزیہ ضروری ہے۔مبصر یا پارکھ اپنا فیصلہ منوانے کے درپے نہیں ہوتا'' [9]

آل احمد سرور نے تنقید کے لئے پرکھ کا لفظ استعمال کیا ہے۔وہ خود اپنے تنقیدی رویے کے بارے میں لکھتے ہیں کہ وہ کسی تخلیق کو اُس کی ادبی شان کے تناظر میں دیکھتے ہیں۔ بعد میں اُس پر تنقید کرتے ہیں۔اپنی کتاب نئے اور پرانے چراغ کے دیباچے میں سرور لکھتے ہیں:

''میں پہلے ادب میں ادبیت دیکھتا ہوں۔ بعد میں کچھ اور گو یہ جانتا ہوں کہ ادب میں جان زندگی سے ایک گہرے اور استوار تعلق سے آتی ہے میں ادب کا مقصد نہ ذہنی عیاشی سمجھتا ہوں نہ اشتراکیت کا پرچار۔ میں محض نیا یا پُرانہ کہلانا پسند نہیں کرتا۔ میں نیا بھی ہوں اور پرانا بھی۔ لیکن قدرتی طور پر اپنے دور کے میلانات وخیالات سے متاثر ہوں۔ میں مغربی اصولوں' نظریوں اور تجربوں سے مدد لینا اُردو ادب کیلئے مفید سمجھتا ہوں۔ مگر اس کے یہ معنیٰ نہیں لیتا کہ اپنے تہذیبی سرمایے کے قابل قدر حصوں کو نظر انداز کر دوں'' [10]

آل احمد سرور ایک غیر جانبدار منصف مزاج اور کھلا ذہن رکھنے والے نقاد ہیں۔ وہ تنقید کے منصب اور نقاد کے دائرہ عمل کا ایک وسیع اور جامع تصور رکھتے ہیں اور نقادوں کے ایک مخصوص دائرہ عمل میں مقید ہونے کو نقاد اور ادب دونوں کا نقصان سمجھتے ہیں۔ اُن کا خیال ہے کہ آج کل کچھ لوگ ترقی پسند تنقید' جمالیاتی تنقید' نفسیاتی تنقید' صنعتی تنقید یا فنی تنقید کے علمبردار نظر آتے ہیں نقاد کا اس طرح اپنے آپ کو خانوں میں بانٹنا اچھا نہیں۔ ادیب اور نقاد کو پارٹی بند نہ ہونا چاہیے۔ آل احمد سرور نقاد کو کسی ایک دبستان سے وابستہ رہنے کا مشورہ اس لئے نہیں دیتے کہ اس سے نقاد کا دائرہ فکر محدود ہو جاتا ہے۔ اور وہ ایک مخصوص نظریے کی بھول بھلیوں میں اس طرح کھو جاتا ہے کہ ادب کے دوسرے انداز فکر کی وسعتیں اور توانائیاں اس کے لئے بے معنیٰ ہو کر رہ جاتی ہیں۔ مخصوص انداز نظر سے خیالات کی تکرار کا امکان رہتا ہے۔

آل احمد سرور نے ادب میں نظریے کی اہمیت پر زور دیا ہے۔ اُن کے خیال میں ادب میں نظریے کی وہی اہمیت ہے جو زندگی میں نظر کی ہے۔ سرور نے ایک سے زیادہ مرتبہ اس قول کو دہرایا کہ ادب کی عظمت کو محض ادبی اُصولوں سے نہیں جانچا جا سکتا۔ لیکن یہ ضروری ہے کہ ادب پہلے ادب ہو بعد میں کچھ اور ہو انفرادیت' خارجیت اور عصریت تینوں کو ادب کے لئے ضروری قرار دیتے ہیں۔ وہ ادب اور سماج کے رشتہ کی اہمیت کو تسلیم کرتے ہیں۔ لیکن سماجی جبر کو پسند نہیں کرتے۔

آل احمد سرور نے مغربی ادب کا مطالعہ کیا تھا۔ اور مغربی ادب کے اُصول ونظریات سے استفادہ بھی کیا تھا۔ تاہم بعض نقادوں کی طرح انہوں نے مغربی ادب کے معیاروں کو اُردو ادب پر مسلط کرنے کی کوشش نہیں کی۔ کیونکہ ہر زبان کا اپنا مزاج اور تہذیبی پس منظر ہوتا ہے۔ سرور نے ترقی پسند تحریک کے مثبت عناصر سے استفادہ حاصل کیا۔ قدیم وجدید تصورات کے تصادم کے اس دور میں سرور نے ادبی توازن کو برقرار رکھا۔ انہوں نے ترقی پسند تنقید کے نتیجہ خیز اور فکر آفرین خیالات کی پذیرائی کی۔ اُن سے

توانائی اخذ کی۔لیکن افراط وتفریط کا شکار نہیں ہوئے۔

آل احمد سرور نے اپنی تحریروں میں اکثر مغربی ناقدین آئی۔اے رچرڈز اور ٹی۔ایس۔ایلیٹ کے خیالات پیش کیئے۔کلیم الدین احمد نے ان پر اعتراض کیا کہ وہ اردو ادیبوں کا انگریزی ادیبوں سے مقابلہ کر کے غلط فہمی پھیلا رہے ہیں کہ اردو کے شعراء اور تخلیق کار کسی سے کم نہیں اور اُن کا انگریزی کے شعرا سے موازنہ کیا جاسکتا ہے۔سرور نے مغربی مفکرین کے حوالوں سے استفادہ اپنی بات کو موثر طور پر پیش کرنے کیلئے کیا ہے۔اردو تنقید کو انگریزی کی نقالی قرار دینے سے گریز کرتے ہوئے سرور لکھتے ہیں:

''میں نے اردو تنقید کو کبھی انگریزی کی نقالی نہیں سمجھا۔کوئی خودمختار اور مستقل زبان دوسرے ادب کی نقالی کر کے زندہ بھی نہیں رہ سکتی۔میں اپنی نسل کیلئے لکھتا ہوں۔اور اتفاق سے یہ نسل اردو ادب کے علاوہ انگریزی ادب سے بھی کچھ نہ کچھ واقف ہے۔لیکن میں نے کبھی اپنے قدیم سرمائے کی اہمیت یا عربی، فارسی، سنسکرت کے مزاج کی اہمیت سے انکار نہیں کیا۔اپنی روایات سے انکار اپنے آپ سے انکار ہے۔مگر روایات کی خاطر موجودہ دور کے رجحانات، مسائل، تجربات اور امکانات سے بے گانہ رہنا ہٹ دھرمی ہوگا۔....ایک خیال اور نظریئے سے ہمدردی رکھتے ہوئے بھی نقاد اور ادیب کو آفاقی ہونا چاہئے۔صحیح ترقی پسندی یہی ہے۔''[۱۱]

آل احمد سرور اس بات پر زور دیتے ہیں کہ ادب کے مطالعے کے دوران مسرت کے حصول کے ساتھ بصیرت کا ہونا ضروری ہے۔تنقید کو ادب کی شاخ قرار دیتے ہوئے سرور نقاد کیلئے چند لازمی عناصر کا حامل ہونا ضروری قرار دیتے ہیں۔سرور''ادب اور نظریہ'' کے دیباچے میں لکھتے ہیں:

''تنقید ادب کی ایک شاخ ہے ادب میں مسرت اور بصیرت دونوں کا احساس ضروری ہے۔اسلئے اچھی تنقید نہ صرف واضح معلومات عطا کرتی ہے بلکہ ایک خوشگوار احساس بھی بخشتی ہے۔اگر چہ اس کیلئے ایک فطری مناسبت ضروری ہے۔مگر بہر حال یہ ایک فن ہے۔اور اس کیلئے خلوص اور ریاض لازمی ہے نقاد کو اپنے موضوع سے گہری واقفیت ہونی چاہئے۔اور اس کے ساتھ اس سے کچھ وابستگی بھی۔مگر اس وابستگی کے ساتھ نظر میں ایک آزادی بھی درکار ہے۔تا کہ وہ ہر موضوع کو ادب کے بڑے موضوعات اور زندگی کے گہرے

حقائق کی روشنی میں دیکھ سکے۔ یہ تو اب عام طور سے محسوس کیا جاتا ہے کہ اچھی تنقید کیلئے سماجی رشتوں' انسانی تاریخ' نفسیات اور تہذیبی کارناموں کا علم ضروری ہے جمالیاتی قدروں اور زباں و بیاں کے اسالیب کا گہرا علم بھی درکار ہے۔ اچھی تنقید کی قدریں مذہب انسانیت کی قدریں ہی ہوتی ہیں۔'' [۱۲]

آل احمد سرور نے اُن نقادوں پر کڑی چوٹ کی ہے جو اپنی تاریخ ماحول' مزاج' نفسیات' روایات سے بے نیاز ہوگئے۔ اور تنقید میں نعرے بازی کرتے ہوئے ایک لاٹھی سے سب کو ہانکنے لگے تھے۔ انہوں نے اس بات پر بھی اپنی تشویش کا اظہار کیا کہ کچھ نقاد مغربی معیاروں کی پرستش میں لگ گئے۔ اور فن کو صرف فن کی نظر سے دیکھتے ہوئے اپنے فن کے پروپگنڈے میں لگ گئے۔ سرور نے اس بات کا بارہا اقرار کیا کہ انہوں نے اپنی تنقیدوں میں مشرقی ماحول کے احساس کے ساتھ عالمی معیارات کو بھی ملحوظ رکھنے کی کوشش کی ہے۔

شاعری میں عظمت اور قدر کے تعین کے سلسلے میں سرور نے بارہاٹی۔ ایس۔ ایلیٹ کے اس قول کو دہرایا کہ ''ادب کی عظمت صرف ادبی معیاروں سے نہیں جانچی جاسکتی''۔ وہ فکروفن میں آزادی کو اہمیت دیتے ہیں۔ سرور نقاد کو ایک ایسا قاری قرار دیتے ہیں جس کا ذہن زیادہ مہذب' مرتب اور بیدار ہے۔ اپنی تنقید کے ذریعہ وہ ذہنوں کو بیدار کرتا ہے جذبات کی تہذیب و تنظیم کرتا ہے۔ اور پڑھنے والوں کو تجربے اور تجربے میں فرق کرنے کی صلاحیت دیتا ہے تاکہ وہ ادبی قدروں کا عرفان حاصل کرسکیں۔ اور ادب کے ذریعہ سے زندگی کی معنویت کو سمجھ سکیں۔ آل احمد سرور کی تحریروں میں تجربہ' پرکھ' معنویت اور قدر کے تصورات میں واضح ارتقاء دکھائی دیتا ہے۔ اُسی طرح تنقید کی بعض منفی صفات جیسے یک رخاپن' سطحیت اور قطعیت کے وہ سخت مخالف رہے۔ اور ترقی پسند تحریک اور جدیدیت کے زمانے میں بھی وہ اپنی تنقیدی ڈگر پر قائم رہے۔ ترقی پسند تحریک کا زمانہ سرور کی شخصیت کی تعمیر کا زمانہ تھا۔ سرور دیگر ادیبوں کی طرح ترقی پسند تحریک سے متاثر نہیں ہوئے۔ بلکہ ہمدردی اور دیانت داری کے ساتھ اس کا مطالعہ کیا اور اس تحریک کے ان پہلوؤں کی تعریف کی جو ادب کیلئے مفید ہے۔ اور واضح الفاظ میں اُن نقائص کی طرف نشاندہی بھی کی جو ان کے خیال میں ادب کے حق میں کسی طرح مفید نہ تھے۔ یہ معاملہ جدیدیت کے ساتھ بھی انہوں نے روا رکھا۔ اور دیگر لوگوں کی طرح انہوں نے ترقی پسندی اور جدیدیت کی تعریفیں قبول نہیں کیں۔ ترقی پسندی کے بارے میں سرور لکھتے ہیں:

''یوں تو اردو ادب میں ترقی پسند عناصر غدر کے بعد سے نمایاں ہیں۔ اور غدر

سے پہلے کے ادب میں جا بجا اُن کی جھلک ملتی ہے۔ترقی پسندی محض آج کل کے ادیبوں کی جا گیر نہیں ہے۔مگر حالیؔ کے زمانے سے یہ رجحان ادب میں اتنا اہم ہو گیا کہ اس نے ساری فضاء کو متاثر کیا۔حالیؔ کے بعد پریم چند' اقبال اور جوش نے اس روایت کو آگے بڑھایا۔اور اس میں بعض مستقل اضافے کئے۔مگر یہ تحریک باقاعدہ طور پر ۱۹۳۵ء سے شروع ہوئی۔''[۱۳]

سرور نے ترقی پسندی کو حالیؔ کے زمانے سے دیکھنا شروع کر دیا تھا۔ترقی پسندی کے بارے میں سرور کا یہ خیال اُن کے ادب کے بارے میں گہرے مطالعے کا پتہ دیتا ہے۔ترقی پسند تحریک کے زوال کے بعد ۱۹۶۰ء کی دہائی سے ادب میں جدیدیت کے رجحان نے زور پکڑنا شروع کر دیا تھا۔جدیدیت کے تصور کی وضاحت کرتے ہوئے سرور لکھتے ہیں:

''جدیدیت ایک بت ہزار شیوہ ہے۔اور اُس کی کوئی سیدھی سادی تعریف ممکن نہیں۔کیونکہ اس میں کئی میلانات کام کر رہے ہیں۔کچھ لوگ جدیدیت کو صرف عقلیت' سائنس کا عطا کیا ہوا علم اور ٹکنالوجی کی بہشت' سیکولر فکر کی دلآویزی' انسان اور اس کے شعور میں مکمل اعتماد کے مترادف سمجھتے ہیں۔ دوسرے فطرت' انسان' فرد اور سماج کے بہتر علم' ماضی کے حال میں موجود رہنے اور حال کو متاثر کرنے اور بڑھتے ہوئے علم کے ساتھ بڑھتے ہوئے خطرات کے احساس' بلندیوں میں پستی دیکھنے اور دکھانے کو بھی جدیدیت سمجھتے ہیں۔...جدیدیت کی روایت بڑی تہہ دار اور جاندار ہے اور اس کے عرفان کیلئے مغربیت سے اُسے الگ کر کے دیکھنے کی ضرورت ہے۔''[۱۴]

ترقی پسندی اور جدیدیت کے بارے میں سرور کے خیالات سے اندازہ ہوتا ہے کہ وہ زندگی کے عملی پہلو کو فوقیت دیتے ہیں۔انہوں نے کبھی کسی تحریک کو اپنی تنقید کی بنیاد نہیں بنایا۔وہ ہر جگہ ادبی واخلاقی اقدار کی حمایت کرتے نظر آتے ہیں۔یہ قدیں انسان اور انسان دوستی سکھاتی ہیں۔

ادب میں روایت پسندی ایک مبہم نظریہ رہا ہے۔اور نئی تحریکیں روایت سے بغاوت کے بعد وجود میں آئیں۔روایت کے بارے میں اپنے خیالات پیش کرتے ہوئے سرور لکھتے ہیں:

''ایک مروجہ رسم کی طرح روایت محض ایک محاکاتی حقیقت نہیں ہے۔نہ یہ ایک ایسی کہانی ہے۔جس کی اہمیت اس کے بیان کے بعد ختم ہوجاتی

ہے۔....روایت ایک وحدت نہیں ہے اس میں کثرتیں رفتہ رفتہ ایک وحدت کو جنم دیتی ہیں۔ اور انہیں کے وجود سے بغاوت وجود میں آتی ہے۔ جو کسی بھولی ہوئی روایت کی ترمیم اور توسیع بھی ہوتی ہے۔'' [۱۵]

سرور نے اپنے عصر سے آگہی رکھی اور اپنی روایت کا عرفان ان دونوں کے اشتراک سے سرور نے اپنے تنقیدی تصور کو وسعت دی۔ قدیم و جدید روایت و جودیت' ادب اور معاشرہ' نظر اور نظریہ' انفرادیت اور آفاقیت کے درمیان ارتباط سے سرور اپنے تصور نقد میں وسعت پید کی۔

سرور کا ایک اہم تنقیدی تصور'' آفاقیت'' کا ہے وہ تخلیق کار اور نقاد کو آفاقی ذہن کا مالک ہونا ضروری سمجھتے ہیں۔ یہ آفاقیت وسعت مطالعہ اور فرد کی انفرادی کوشش سے پیدا ہوتی ہے۔ حالؔی کو آفاقی ذہن کا شاعر قرار دیتے ہوئے سرور نے اس بات کا شکوہ بھی کیا کہ اردو میں کوئی ارسطو پیدا نہیں ہوسکا۔ اس ضمن میں وہ لکھتے ہیں:

'' حالی کے بعد اردو میں کوئی ایسا نقاد نہیں ہے۔ جو ٹی۔ایس ایلیٹ کے الفاظ میں آفاقی ذہن Universal Intelligence رکھتا ہو۔ آفاقی ذہن سے مراد بین الاقوامی نہیں ہے۔ کتنے ہی نقاد اپنے حقیقی منصب کو بھلا کر دنگل میں داد شجاعت دینے لگے۔ کتنے ہی فلسفہ بگھارنے کے شوق میں رسوا ہوئے۔ کتنے ہی آمریت پر اُتر آئے کتنے اسکول ایک دور' ایک روایت کے ترجمان ہو کر رہ گئے۔ نظریے اچھے اچھے پیش کئے گئے۔ مگر ایسے کم جو تین سو سال پہلے کی شاعری۔ آج کی شاعری' اور تین سو سال بعد کی شاعری تینوں کے مطالعے میں ہمیں مدد دے سکیں۔ چاہے حرف آخر نہ ثابت ہوں۔ افسوس ہے کہ اردو میں کوئی ارسطو پیدا نہیں ہوا۔'' [۱۶]

سرور نے لکھا کہ حالؔی کو آفاقی ذہن کا حصہ اقبالؔ سے زیادہ ملا تھا۔ لیکن حالؔی کے ہاں دانشوری اور معلومات کا فقدان ہے۔ سرور نے یہ شکایت کی کہ اردو میں ارسطو پیدا نہیں ہوسکا۔ جبکہ حقیقت ہے کہ ارسطو دنیا کی اور کسی بھی زبان میں پیدا نہیں ہوسکا۔ آفاقیت کیلئے انہوں نے کھلا ذہن' وسیع تر معلومات اور فکر کی دانشوری کو ضروری قرار دیا ہے۔ سرور نے حالؔی اور اقبالؔ کو آفاقی شعرا کہا۔ جبکہ غالبؔ بھی اسی فہرست میں آتے ہیں۔ آفاقیت صرف تخلیق کاروں میں ممکن ہے نقادوں میں نہیں۔

مجموعی طور پر آل احمد سرور نے سلجھا ہوا تنقیدی ذہن پایا تھا۔ اُنہوں نے مغربی تنقیدی کے مطالعہ

اور مشرقی اقدار کی روایت اور عصر حاضر کے تقاضوں کو پیش نظر رکھتے ہوئے جو تنقیدی نظریات پیش کیۓ وہ اردو تنقید میں ایک صحت مند روایت کے آغاز کا باعث بنے۔ اور اردو تنقید کو نئی جہت عطا کی۔

آل احمد سرور کے تنقیدی نظریات پر مبنی اقتباسات

آل احمد سرور نے اپنے کتابوں کے پیش لفظ اور دیباچوں میں اکثر اردو تنقید سے متعلق اپنے خیالات اور خود اردو تنقید کے بارے میں اُن کے رویئے پر اظہار خیال کیا ہے۔ ذیل میں اُن کے تنقیدی خیالات پر مبنی مزید چند اقتباسات دیئے جا رہے ہیں۔

''تنقید کا کام فیصلہ ہے۔ تنقید دودھ کا دودھ اور پانی کا پانی الگ کر دیتی ہے۔ تنقید وضاحت ہے صراحت ہے ترجمانی ہے' تفسیر ہے' تشریح ہے' تحلیل ہے تجزیہ ہے' تنقید قدر ہی متعین کرتی ہے' ادنیٰ اور اعلیٰ' جھوٹ اور سچ' پست اور بلند کے معیار قائم کرتی ہے۔ (تنقید کیا ہے)

''بڑی تنقید تخلیقی ادب سے کسی طرح کم تر نہیں ہوتی۔ بلکہ وہ خود تخلیق ہو جاتی ہے۔ (تنقید کیا ہے)

''اچھی تنقید تخلیق ادب کی طرف مائل کرتی ہے۔ وہ خود تخلیق ہوتی ہے' وہ پڑھنے والے کے ذہن کی تربیت کرتی ہے۔ تخلیقی ادب پر کوئی تنقید تخلیق ادب سے بے نیازی نہیں کر سکتی۔ دونوں کے درمیان کوئی خلیج نہیں ہے۔ تخلیقی ادب میں تنقیدی شعور کی کارفرمائی ہوتی ہے۔ تنقید اس کو واضح کر دیتی ہے۔'' (تنقید کیا ہے)

''شاعری کیلئے ایک شیریں دیوانگی اور تنقید کیلئے ایک مقدس سنجیدگی کی ضرورت ہے۔ (تنقید کیا ہے)

''جدید تنقید نے خارجیت' واقفیت' سماجی شعور' تمدنی تنقید جیسی اصطلاحوں کو عام کیا ہے۔ اس نے جزئیات کی مصوری سے کل کے احساس تک رہنمائی کی ہے۔ اس نے جذبات کی پرچھائیوں کو فکر کی روشنی دی ہے۔ ادب کو روشنی کی ضرورت تھی۔ (تنقید کیا ہے)

''نقاد محض فلسفی یا مبلغ یا ماہر نفسیات نہیں ہوتا۔ وہ صاحب نظر ہوتا ہے وہ بہ قول

رچرڈس کے ذہن کے ساتھ وہی عمل کرتا ہے جو ڈاکٹر جسم کے ساتھ۔ وہ قدروں کا خالق، برتنے والا اور پھیلانے والا ہے۔ نقاد معلم اخلاق بھی ہوتا ہے مگر محض معلم اخلاق بھی نہیں ہوتا۔ وہ جج ہوتا ہے مگر محض جج نہیں وہ مبصر یا پارکھ ہوتا ہے۔ (تنقید کیا ہے)

"رچرڈس نے ایک جگہ لکھا ہے کہ ایک اچھے نقاد میں تین خوبیاں ہونی چاہئیں۔اس کیفیت ذہنی تک پہنچنا جو مصنف یا تصنیف کی ہیں۔ تجربات اور تجزیات میں امتیاز کرنا۔ تا کہ اُن کی قدر و قیمت کا اندازہ ہو سکے۔ قدروں کا نباض ہونا اسی اصول پر چلنے کی میں نے کوشش کی ہے۔" (دیباچہ نئے اور پرانے چراغ)

"آج کل لوگ ترقی پسند تنقید، جمالیاتی تنقید، نفسیاتی تنقید، صنعتی تنقید کے بھی علم بردار نظر آتے ہیں۔ نقاد کا اس طرح اپنے آپ کو خانوں میں بانٹنا اچھا نہیں۔ ادیب اور نقاد کو پارٹی بند نہ ہونا چاہئے۔ لیکن ادبی مزاج سے بھی بچنا چاہئے۔..... چنانچہ ادب میں انفرادیت، خارجیت اور عصریت تینوں کا قائل ہوں۔ اور تینوں کو ایک دوسرے کی ضد نہیں سمجھتا۔..... میں اس رزم و بزم تخریب و تعمیر کے کھیل میں انسانیت کے ارتقاء کو برابر دیکھتا ہوں۔ میں تنقید کو شعر کے ہجے کرنا نہیں سمجھتا۔ ادبی شعور میں گہرائی اور تازگی پیدا کرنے کے مترادف سمجھتا ہوں۔ میں تنقید کو کسی طرح تخلیقی ادب سے کم نہیں سمجھتا۔ بلکہ موجودہ ادبی معیار کی پستی کو دیکھتے ہوئے ایک اچھے تنقیدی معیار اور ایک صحیح ادبی ذوق کی ترویج کو بڑی اہمیت دیتا ہوں۔" (دیباچہ نئے اور پرانے چراغ)

"سائنس نے مجھے ہر چیز کو ایک خاص عینک سے دیکھنے کے بجائے اس کے اپنے رنگ میں دیکھنا سکھایا۔ سائنس نے مجھے خارجیت سکھائی۔ سائنس نے اس سوال کو پس پشت ڈال دیا کہ میں کیا چاہتا ہوں۔ کیا پسند کرتا ہوں۔ بلکہ یہ سکھایا کہ یہ کیا اور کیسا ہے؟ سائنس نے مجھے خوبیوں اور خامیوں کو پرکھنا سکھایا۔ سائنس نے بنیادی اور جزوی باتوں میں فرق کرنا سکھایا۔ اور تنقید میں مجھے اس سے بڑی مدد ملی۔" (دیباچہ تنقید کیا ہے) "ہمارے ادبی شعور کو اور

زیادہ جدید اور زیادہ سنجیدہ اور زیادہ مغربی اور زیادہ بیدار ہونا چاہیے۔ لیکن مغربیت اور جدیدیت پر زور دینے سے یہ مراد نہیں کہ ہم اپنے ماضی کے عظیم الشان کارناموں کو نظر انداز کر دیں۔ اپنے ادب کے ہندوستانی اور مشرقی مزاج کو بھول جائیں۔ نیا ادب نئی اور صاف سلیٹ پر نہیں لکھا جاتا۔ یہ تہذیبی سرمائے اور تمدنی میراث سے بے نیاز نہیں ہوسکتا۔ یہ نیا مزاج جو آج سے پندرہ بیس سال پہلے کے کارناموں کو نظر انداز کر دیتا ہے۔ خود نظر انداز کر دینے کے قابل ہے۔ (مضمون نیا ادبی شعور۔ مشمولہ نئے اور پرانے چراغ)

''اچھی تنقید محض کلاسیکی یا رومانی کے پھیر میں نہیں پڑسکتی وہ اس طرح خانوں میں نہیں بٹ سکتی' کتنے ہی نقاد اب بھی شاعروں اور ادیبوں کا تجزیہ اس طرح کرتے ہیں کہ وہ ان باتوں میں اپنے پیش روؤں سے علاحدہ ہیں یہ ٹھیک ہے مگر ناکافی ہے۔ یہ بھی دیکھنا چاہیے کہ وہ کس حد تک اس سرمایہ کے امین' اس روایت کے آئینہ دار اور اس مزاج کے مظہر ہیں جو تہذیب و تمدن نے دیا ہے۔ وہ کس حد تک نئے اور کس حد تک پرانے ہیں اور یہی نہیں' ان کا نئے پن میں کس حد تک پرانا پن ہے۔ یعنی ان کی قدر و قیمت کا اندازہ محض ان کی جدت و ندرت سے نہیں' ان کی ادبیت سے بھی کرنا چاہیے اور ادبیت سے یہاں مراد اس ادبی معیار سے ہے جو اس عرصہ میں بن سکا ہے'' (تنقید کیا ہے: ص ۲۰۵)

''میں تنقید کو ایک اہم سنجیدہ اور مشکل کام سمجھتا ہوں اور اس کا مقصد سخن ہی نہیں بلکہ قدروں کی اشاعت مانتا ہوں۔'' (دیباچہ تنقید کیا ہے: ص ۱۲)

''تنقید کا کام گلستان میں کانٹوں کی تلاش نہیں۔ اس کا مقصد روایت کا احساس' تجربات کی پرکھ اور قدروں کا تعین ہے۔'' (ادب اور نظریہ: اُردو غزل میرؔ)

''یہ (تنقید تجربات کی پرکھ اور قدروں کے تعین کا نام ہے' تجربات کی پرکھ کے لئے ہمارے پاس معیار ہونے چاہیے اور یہ معیار صرف قواعد یا روایت کے نہیں ہوسکتے' تجربات کی وقعت اور واقفیت کا سوال زیر غور ہے پھر قدروں

کے سلسلے میں ایسی جامع، کارآمد، زندہ اور معنی خیز قدروں کا سوال اٹھتا ہے جو دیر تک اور دور تک ہمارا ساتھ دے سکیں جو ایک دور یا شخصیت یا ایک رنگ کے مطالعہ ہی میں مفید نہ ہوں بلکہ جن میں ہمہ گیری ہو۔'' (ادب اور نظریہ: ص:۲۸۲)

''تنقید میرے نزدیک وکالت نہیں پرکھ ہے۔ کبھی کبھی جب کوئی روایت فرسودہ ہوجاتی ہے تو اس کے لئے وکالت کی ضرورت ہے اور اس بغاوت کے پیچھے سخن فہمی کا ایک نیا شعور ہی ہوتا ہے۔ مگر سخن فہمی کا معیار قابل اطمینان ہو تو دودھ اور پانی کا فرق رہتا ہے'' (نظر اور نظریے: اُردو میں ادبی تنقید کی صورت حال: ص ۸۸)

''میرے نزدیک فن کی بڑائی اوّل تو تجربے کی تہہ داری میں ہے۔ یعنی اس تجربے کی کئی تہیں ہوں اور ان میں سے کسی تہہ سے لوگ متاثر ہو سکتے ہیں یا ایک تہہ کے آج دریافت ہونے اور دوسری کے کل یا پرسوں یا برسوں بعد۔ دوسرے یہ بڑائی تجربے کی پیچیدگی میں ہے'' (مسرت سے بصیرت تک: غالب کی شاعری کی معنویت ص ۱۰۴)

''فن ان معنوں میں افادی نہیں ہے، جن معنوں میں ہنر افادی ہے۔ فن حسن کاری کر کے مسرت اور مسرت کے ساتھ بصیرت پیدا کرتا ہے۔'' (ادب اور نظریہ: ص ۲۷۹)

''مسرت سے بصیرت تک: پورے غالبؔ'' (ص ۱۴۶۔۱۴۷)

'' جدید فلسفہ زندگی سادہ اور قطعی نظریوں سے، پیچیدگی اور ژولیدگی (Muddle Headedness) کی طرف جارہا ہے۔ سادہ اور یک طرفہ ذہن کے لوگ صاف اور واضح خیالات پسند کرتے ہیں، لیکن واقعات کی گہرائی اور پیچیدگی تک نہیں پہنچ پاتے.........'' (نظر اور نظریے: جدت پرستی اور جدیدیت کے مضمرات: ۱۵۳)

''شعریت سادگی میں بھی ہوسکتی ہے اور پیچیدگی میں بھی بلکہ چونکہ زندگی کا قانون یہ ہے کہ سادگی سے پیچیدگی کی طرف ارتقاء ہوتا ہے اس لئے شعریت

کو بھی سادگی کے علاوہ زندگی کی پیچیدگی کو جذب کرنا ہوگا۔ اس لئے اصلیت یعنی حقیقت نگاری کو آئیڈیل ماننے کے بجائے اسے ایک اسلوب سمجھنا ہوگا......'' (مسرت سے بصیرت تک: غالب کی شاعری کی معنویت: ص۱۰۲)

''پہچان اور پرکھ: ادب میں قدروں کا مسلہ: ص۱۳ پہچان اور پرکھ: تنقید میں انتخابی نظریہ کی ضرورت''، ص۳۳

''یک طرفہ ذہن سادہ ذہن ہوتا ہے' آج یہ یا وہ کی نہیں یہ بھی اور وہ بھی کی ضرورت ہے۔'' (نظر اور نظریے: دیباچہ: ص۶)

''یک رخے ذہن اور لکیر کے فقیروں کیلئے اس پیچیدگی کو سمجھنا مشکل ہے جو نئی شاعری کی خصوصیت ہے۔'' (مسرت سے بصیرت تک: نئی اُردو شاعری: ص۲۷۲)

''ترقی پسند تنقید نے اس سے ایک سیاسی نظریے کی ترویج میں کام لیا' اس میں زندگی سے مراد ایک خاص زندگی اور حقیقت سے ایک خاص طبقاتی کش مکش کی مصوری تھی اور سماج سے مراد ایک خاصی سماجی نظریہ۔ یہ نظریے یکسر غلط نہیں ہیں ہاں یہ یک طرفہ ہیں'' (نظر اور نظریے تنقید کے مسائل: ص۱۲۳)

''ہماری پرانی تنقید میں خواص پسندی تھی تو نوآبادیاتی تنقید اس ہمدردی سے محروم تھی جو ترجمانی یا فن شناسی یا تحسین کے لئے ضروری ہے۔ دونوں یک طرفہ تھیں۔''

(پہچان اور پرکھ: کچھ اس کتاب کے بارے میں: ص۵۵)

''یک طرفہ ذہن سادہ ذہن ہوتا ہے۔ آج یہ یا وہ کی نہیں یہ بھی اور وہ بھی کی ضرورت ہے'' (نظر اور نظریے۔ دیباچہ۶)

''یک رخے ذہن اور لکیر کے فقیروں کے لئے اس پیچیدگی کو سمجھنا مشکل ہے ۔ جو نئی شاعری کی خصوصیت ہے'' (مسرت سے بصیرت تک۔ نئی اُردو شاعری۲۷۳)

''ہماری پرانی تنقید میں خواص پسندی تھی تو نوآبادیاتی تنقید اس ہمدردی سے محروم تھی جو ترجمانی یا فن شناسی یا تحسین کے لئے ضروری ہے (پہچان اور پرکھ۔ کچھ اس کتاب کے بارے میں۔۵۵)

''جدید دور میں ادب کی اہمیت اور ادب کے راستے سے انسانیت کی نجات پر

زور دینے کی ایک وجہ ہے اور وہ ہے سائنس اور ٹیکنالوجی کے دور میں زبان کے امکانات سے ناواقفیت اور لفظ کے امکانات اور لفظ کے جادو اور لفظ اور ذہن کے تعلق اور لفظ کی وضاحت اور ذہن کی بڑائی اور ادب میں لفظ کی رمزی اور علامتی اور تخیلی اور تخلیقی استعمال کی وجہ سے اُس کی شخصیت پر اثر اور پورے آدمی تک اُس کی رسائی کی اہمیت'' (نظر اور نظریے۔ نثر کا اسٹائل ۵۳۔ ۵۲)

آل احمد سرور کے یہ تنقیدی خیالات اس بات کی دلالت کرتے ہیں کہ تنقید کی مختلف ابعاد کے بارے میں وہ گہرا اور دانشورانہ شعور رکھتے ہیں۔ ہوسکتا ہے اُردو کے بعض دیگر مکاتیب فکر سے تعلق رکھنے والے نقاد اُن کے خیالات سے اتفاق نہ کریں لیکن بہ حیثیت مجموعی ایک دانشور کی طرح آل احمد سرور اعتدال پسند تنقیدی نظریات کے حامل نقاد تھے۔ انہوں نے اپنی تنقیدوں سے صحت مند روایات قائم کیں۔

آل احمد سرور کے تنقیدی مضامین کا جائزہ

تنقیدی اشارے

آل احمد سرور کے تنقیدی مضامین پر مشتمل پہلا مجموعہ ''تنقیدی اشارے'' کے عنوان سے پہلی مرتبہ ۱۹۴۲ء میں شائع ہوا۔ بعد میں اس کتاب کے دیگر ایڈیشن بعد ترمیم و اضافہ شائع ہوتے رہے۔ ''تنقیدی اشارے'' میں شامل مضامین دراصل آل احمد سرور کی ریڈیائی تقاریر ہیں۔ ریڈیو پر وقت مقررہ میں کام کی بات مکمل طور پر پیش کرنی ہوتی ہے۔ چنانچہ سرور کے یہ مضامین کوزے میں سمندر بند کرنے کے مماثل ہیں۔ ''تنقیدی اشارے'' کے جدید ایڈیشن میں کل ۲۲ مضامین شامل ہیں۔ جن کے عنوانات اس طرح ہیں۔ ۱) اُردو ناول کا ارتقاء ۲) اُردو نثر میں مزاحیہ نگاری ۳) اُردو میں افسانہ نگاری ۴) اُردو شاعری میں خمریات ۵) ناولسٹ اور جرم ۶) انگریزی شاعری ۷) ہندوستانی ادب میں حالؔی کا درجہ ۸) اکبر شخصیت اور آرٹ ۹) چکبست لکھنوی ۱۰) اقبال اور اُن کا فلسفہ ۱۱) شوکت علی خان فانی بدایونی ۱۲) رتن ناتھ سرشار ۱۳) ہندوستانی ادب میں آغا حشر کا درجہ ۱۴) سمندر پار سے سرسید کے خطوط ۱۵) مکاتیب مہدی ۱۶) خنداں (رشید احمد صدیقی کی کتاب خنداں پر تبصرہ) ۱۷) خطوط میں شخصیت ۱۸) جدید اُردو تنقید ۱۹) حیات شبلی ۲۰) مجھے کون کونسی کہانیاں پسند ہیں ۲۱) کچھ زہر عشق کے بارے میں ۲۲) مجھے کون کونسی کہانیاں پسند ہیں۔ ''تنقیدی اشارے'' کتاب میں شامل ایک مضمون ''ہندوستانی

ادب میں حالؔی کا درجہ'' ہے۔ حالؔی اور اقبالؔ سرور کے پسندیدہ شاعر تھے۔ ویسے حالؔی اپنی تنقید اور سوانح نگاری کے سبب بھی شہرت رکھتے ہیں۔ حالؔی کی شاعری اور نثر نگاری کے حوالے سے اُن کا تعارف کراتے ہوئے اُنہیں اُردو تنقید کا بانی قرار دیتے ہیں اس ضمن میں وہ لکھتے ہیں۔

''انہوں نے مقدمہ شعر وشاعری کے ذریعہ سے اُردو میں تنقید کی بنیاد ڈالی۔ شعر وشاعری کے متعلق ایک مکمل اور حیات آفریں نظریہ مرتب کیا پھر اس نظریہ کی روشنی میں اُردو شاعری پر تبصرہ کیا۔ غزل قصیدہ مرثیہ مثنوی پر علحدہ علحدہ ناقدانہ نظر ڈالی ہماری تنقید کے جو سانچے ہیں وہ حالؔی کے بنائے ہوئے ہیں۔ ہم جن چیزوں پر آج زور دیتے ہیں اُن کی طرف سب سے پہلے حالؔی نے اپنے مقدمے میں توجہ دلائی تھی۔''[۱۷]

سرور نے سیدھے سادھے انداز میں حالؔی کا بہ حیثیت نقاد تعارف پیش کیا ہے۔ چونکہ یہ مضامین ریڈیائی تقاریر تھے۔ اس لئے اُن کا اسلوب سادہ اور شگفتہ ہے۔ اور قاری یا سامع کو اپنی جانب کھینچتا ہے۔ سرور نے اس مضمون میں حالؔی کے دیگر احوال بیان کئے۔ جس میں غالبؔ کی شاگردی اور سرسید کی محبت کا ذکر ہے۔ مسدس حالؔی کے اثرات بیان کئے۔ حالؔی کی سوانح عمریوں کا تذکرہ کرتے ہوئے سرسید کی سوانح ''حیات جاوید'' کے بارے میں سرور لکھتے ہیں:

''حالؔی نے تمام مواد کو سمیٹنے اور قریب کرنے میں بڑی قابلیت دکھائی ہے اُن کا خیال ہے کہ سرسید کے تمام کارناموں کا محرک مذہبی اصلاح کا جذبہ تھا بالکل صحیح ہے۔ انہوں نے سرسید کی مذہبی خدمات میں بجا طور پر زور دیا ہے۔ سوانح عمری میں سب سے ضروری چیز ہمدردی ہے۔ جس کے بغیر کوئی ہیرو کی نفسیات کو اچھی طرح سمجھ نہیں سکتا۔ حالؔی کے یہاں یہ چیز موجود ہے۔ اور اسی وجہہ سے اُن کی کتاب کو مدلل مداحی' کتاب المناقب اور ایک رخی تصویر کہا گیا ہے۔ .... حیات جاوید اتنی مقبول نہیں ہوئی جتنی یادرگار غالبؔ۔ اس کی وجہہ یہ ہے کہ غالبؔ کی شخصیت سرسید کی شخصیت سے زیادہ دلچسپ ہے'' [۱۸]

سرور نے اس اقتباس میں اپنے تنقیدی شعور کا احساس دلایا۔ سرور کی تنقیدیں وضاحت ہے تفسیر ہے تشریح ہے۔ وہ اپنے مزاج کے اعتبار سے کسی بات کی تعریف کرتے ہیں تو کسی پر تنقید۔ حیات جاوید اتنی مقبول نہیں ہوئی۔ کہتے ہوئے سرور نے ایک قسم کا فیصلہ صادر کردیا۔ اور نقاد کا کام فیصلہ کرنا بھی ہے۔

کتاب کی عدم مقبولیت کی وجہ کو انہوں نے غالبؔ کے مقابلے میں سرسید کی عدم مقبولیت ظاہر کیا ہے۔ جبکہ صاحب کتاب کا انداز تحریر بھی کتاب کی مقبولیت میں کمی کا باعث ہوسکتا ہے۔ مضمون کے آخر میں سرور نے سرسید اور حالیؔ کی شروع کردہ ادب میں مقصدیت اور سادگی کی تحریک کا ذکر کیا۔ مضمون کے آخر میں اسلوب کی چاشنی کا اظہار کرتے ہوئے سرور لکھتے ہیں:

> ''اُن کے زمانے میں ہمارے ادب میں بہت سے باغ لگائے گئے۔ اور بہت سی راہیں کھلیں۔ مگر سب سے زیادہ پھل پھول اُن کے باغ میں اور سب سے زیادہ وسعت اُن کے راستے میں آئی۔ جب انہوں نے دکان لگائی تو اگرچہ اُن کا مال نایاب تھا۔ مگر اکثر گاہک بے خبر تھے۔ مگر رفتہ رفتہ سب کو خبر ہوتی رہی۔ اور آج جس مال پر حالیؔ کی مہر نہیں وہ ٹکسال سے باہر سمجھا جاتا ہے حالیؔ سے پہلے ہمارے شاعر اور ادیب اپنی جنت الگ بنائے۔ اسی میں محور ہتے تھے۔ حالیؔ نے جنت عدن میں رہ کر نجد کی لپٹ محسوس کرنا سکھایا وہ نجد کی گرم ہواؤں میں جنت کی لطافت نہ پیدا کرسکے۔ یہ اقبال کا کام تھا۔ جو اُن کے صحیح معنوں میں جانشین ہیں۔[19]

سرور کی تنقید پر اکثر یہ اعتراض کیا گیا ہے کہ وہ شگفتہ اسلوب میں قاری کو محو کر دیتے ہیں۔ اور کھرے کھوٹے کو الگ کرنے والے نقاد کے فریضے کو انجام نہیں دیتے۔ حالیؔ کے بارے میں مندرجہ بالا اقتباس تنقید میں شگفتہ اسلوب کی مثال ہے۔ لیکن اس میں سرور کی مجبوری بھی ہے کہ وہ ایک طرف اپنے آپ کو نقاد کہتے ہیں اور دوسری طرف اپنی تحریروں کے ذریعہ ادب شناسی کا فریضہ انجام دیتے ہیں۔ واضح پن کی کمی سرور کی تحریروں میں کھٹکتی ہے۔ تنقیدی اشارے میں شامل ایک مضمون کا عنوان ''اکبر شخصیت اور آرٹ'' ہے۔ اس مضمون میں سرور نے اردو کے ممتاز طنز مزاح کے شاعر اکبرالہ آبادی کی شاعری پر تبصرہ کیا ہے۔ مضمون کے آغاز میں اکبرؔ کی شخصیت کے مطالعہ کیلئے اُن کے زمانے کے حالات کو معلوم رکھنا ضروری قرار دیتے ہوئے سرور نے اکبر کے عہد کے مغرب پرست حالات پیش کئے۔ اکبرؔ کی شاعری کے تین دور قرار دیتے ہوئے سرور نے اُن کی شاعری کے ان ادوار میں اُن کے شعری سفر کو بیان کیا۔ اکبرؔ کی شاعری میں طنز وظرافت کے پہلو بیان کرتے ہوئے سرور لکھتے ہیں:

> ''اکبرؔ کے یہاں طنز وظرافت کا ایک حیرت انگیز امتزاج ملتا ہے۔ وہ بڑے ہنسوڑ ہیں انہیں ہر واقعہ کا مضحک پہلو بہت جلد نظر آجاتا ہے۔ عام خیال کو

اُلٹنے پلٹنے' پرانے اشعار کو نیا رنگ دینے خیال کی ترتیب بدل کر اسے کچھ کا کچھ کر دینے میں انہیں لطف آتا ہے۔ .....اُن کا آرٹ مقصدی ہے مگر اس کی چاشنی دلکشی اور کیفیت اس مقصد سے علحدہ بھی ہے۔ .....اکبؔر کا آرٹ بہت کچھ الفاظ کے الٹ پھیر کا ہے مگر کبھی کبھی اُن کا خیال مضحکہ خیز ہوتا ہے۔''[۲۰]

سرور نے اشعار کا انتخاب پیش کرتے ہوئے اکبر کی شاعری کی دیگر خصوصیات لفظوں کا استعمال' انگریزی الفاظ کا استعمال دلچسپ قافیوں کا استعمال' مخصوص طنزیہ اصطلاحوں کا استعمال' مغربی تہذیب کا مذاق اُڑانا وغیرہ پہلوؤں کو بیان کیا۔ اس مضمون میں ایک مرتبہ پھر سرور کی تنقید کا وضاحتی پہلو دکھائی دیتا ہے۔ یہ مضمون تاثراتی تنقید کی مثال قرار دیا جاسکتا ہے۔

سرور کا ایک مضمون ''چکبست لکھنوئی'' ہے اس مضمون میں سرور چکبت کی شاعری کا تجزیہ پیش کیا ہے۔ مضمون کے آغاز میں سرور نے لکھا کہ اردو ادب کی آبیاری میں کئی ہندو شعراء اور ادیبوں نے حصہ لیا ہے۔ اردو کو ہندو اور مسلمان کی زبان میں تقسیم کرتے ہوئے سرور نے جانب داری سے کام لیا۔ جبکہ یہ حقیقت ہے کہ اردو ماضی میں اور آج بھی ہندوستانیوں کی زبان ہے مسلمانوں کی نہیں۔ اردو کو مذہب سے جوڑنا زبان کے ساتھ زیادتی ہوگی۔ چکبسؔت کے مختصر حالات زندگی بیان کرنے کے بعد سرور نے ان کے شعری مجموعہ ''صبح وطن'' کی نظموں کا جائزہ پیش کیا۔ چکبست ایک محبّ وطن کو اُن کے کلام سے مناسب قرار دیتے ہوئے سرور اُن کے کلام پر اس انداز میں تبصرہ کرتے ہیں:

''چکبست کی شاعری کئی پہلوؤں سے جدید شاعری ہے اس میں اچھے تجربے بھی ہیں اور یہ تجربے موضوع اور اسلوب دونوں کے ہیں مگر زیادہ تر چکبست کا اسلوب قدیم رنگ کی ایک نکھری ہوئی شکل ہے چکبسؔت کے معیار میں وطن قدر اعلیٰ تھا۔ اور خاک وطن کا ہر ذرہ دیوتا۔ وطن کی یہ محبت محض اس کے خوبصورت مناظر تک محدود نہ تھی بلکہ مخصوص ہندوستانی تہذیب اور معاشرت کی وجہ سے ہے۔''[۲۱]

سرور نے چکبسؔت کی شاعری کی خصوصیات اُن کے مضامین کے مجموعے ''مضامین چکبسؔت'' کا تعارف پیش کراتے ہوئے انہیں ایک قدامت پسند شاعر وادیب قرار دیا۔ اور لکھا کہ وہ لکھنو سے باہر نہیں دیکھ سکے۔

''تنقیدی اشارے'' کتاب میں شامل ایک مضمون کا عنوان ''شوکت علی خان فانؔی'' ہے۔ جس میں سرور نے اردو کے ممتاز شاعر مصور غم والم فانی بدایونی کی شاعری کی خصوصیات ان کے اشعار کے

حوالے سے پیش کی ہیں۔ابتداء میں فآنی کے حالات بیان کیئے فآنی کی شاعری اوراس میں پائے جانے والے غم کے عناصر پر تبصرہ کرتے ہوئے سرور لکھتے ہیں:

''دراصل اردو شاعری میں میؔر کے بعد اگر کوئی بے پایاں درد لامحدود یاس اور بے کراں غم کا مالک ہے تو وہ فآنی ہے۔ پھر بھی اُن کی شاعری بعض لکھنوی شعرا کی طرح روتی بسورتی نہیں ہے اُن کے یہاں غم کا ایک عرفان ملتا ہے۔ جو زندگی اور موت دونوں کو گواہ بنا دیتا ہے۔ فانی موت سے گریزاں نہیں وہ موت کا خیر مقدم کرتے ہیں۔....فانی کے یہاں شروع میں لکھنو کے اثر سے لہو میں بھری ہوئی لاش کی بے زبانی بہت زیادہ تھی۔ بعد میں غالؔب کے اثر سے انہیں فلسفہ غم سے زیادہ دلچسپی ہوگئی۔''[۲۲]

فآنی کی شاعری کو سمجھانے کیلیئے سرور نے فآنی کے جن اشعار کا انتخاب کیا اُن میں سے چند اسطرح ہیں:

ذکر جب چھڑ گیا قیامت کا
بات پہنچی تری جوانی تک

اس کو بھولے تو ہوئے ہو فانی
کیا کروگے وہ اگر یاد آیا

اک معمہ ہے سمجھنے کا نہ سمجھانے کا
زندگی کا ہے کو ہے خواب ہے دیوانے کا

مر کے ٹوٹا ہے کہیں سلسلہ قید حیات
مگر اتنا ہے کہ زنجیر بدل جاتی ہے

فآنی

سرور نے اس مضمون میں فآنی کا تعارف اُن کی شاعری کے حوالے سے پیش کیا ہے۔اور فآنی کی شاعری کی بنیادی خصوصیات اجاگر کرنے کی کوشش کی ہے۔اس مضمون میں بھی توضیح وتشریح پر مبنی تنقید ملتی ہے۔

سرور کا تحریر کردہ اگلا مضمون ''رتن ناتھ سرشار'' ہے۔اس مضمون میں لکھنو سے تعلق رکھنے والے مشہور ناول فسانہء آزاد کے خالق پنڈت رتن ناتھ سرشار کا حال بیان کیا ہے۔سرور نے اب تک شاعروں

کے فن کا تجزیہ پیش کیا تھا اس مضمون میں انہوں نے ناول نگار سرشار کو پیش کیا۔ ابتداء میں سرشار کے مختصر حالات زندگی پیش کرنے کے بعد سرور نے اس حقیقت کا اعتراف کیا کہ اُن کے مکمل حالات زندگی نہیں ملتے سرور سرشار کے فسانوی قصوں پر تبصرہ کرتے ہوئے لکھتے ہیں:

''سرشار شاعر کا دماغ اور مصور کی آنکھ اپنے ساتھ لائے تھے وہ جب فضاء میں پرواز کرتے ہیں تو بھی اُن کے قدم زمین پر ٹکے رہتے ہیں۔ اُن کی تصویروں میں وسعت بھی ہوتی ہے اور گہرائی بھی۔ وہ جب کوئی واقعہ یا منظر بیان کرتے ہیں تو اُس کی جزئیات کو نظر انداز نہیں کرتے وہ عام طور پر اچھائیاں اور برائیاں بیان کرنے پر قائم نہیں۔ جہاں کہیں انہوں نے ایسا کیا ہے وہاں سرشار نہیں۔ اخلاقی مسائل بھی سرشار کے بس کے نہیں۔ چنانچہ جب کبھی انہوں نے بھیا صوفی کے متعلق وعظ و پند سے کام لیا ہے وہاں وہ اپنے اصلی میدان سے دور جا پڑے۔''[۲۳]

سرور ایک اعتدال پسند نقاد کی طرح اس مضمون میں سرشار کے فن کی خوبیاں بیان کرتے ہوئے ان کی خامیوں سے بھی پردہ اُٹھاتے ہیں۔ اور مضمون کے آخر میں لکھتے ہیں کہ سرشار کی تصانیف میں دیوزادوں کی سی وسعت خیالی پائی جاتی ہے۔ مینا کاری اُن کے بس کی نہیں۔ یہی اُن پر سب سے بہتر تبصرہ ہے۔ اسطرح کے جملے لکھتے ہوئے سرور نے اپنے تنقیدی رنگ کو واضح کیا ہے۔ اس مضمون میں سرور نے سرشار کے ناول فسانہ آزاد کا جائزہ پیش کیا۔ اور تحقیقی انداز اختیار کرتے ہوئے سرشار کے بجائے نذیر احمد کو اردو کا پہلا ناول نگار قرار دیا۔ جبکہ بعد میں یہ بات سامنے آئی کہ نذیر احمد سے پہلے بھی اردو ناول کی داغ بیل پڑ چکی تھی۔ اردو نثر نگاروں پر تنقیدی مضامین لکھنے کا سلسلہ جاری رکھتے ہوئے سرور نے اگلے مضمون میں ''ہندوستانی ادب میں آغا حشر کا درجہ'' کے عنوان سے مشہور ڈرامہ نگار آغا حشر کاشمیری کی ڈرامہ نگاری کا جائزہ لیا ہے۔ آغا حشر نے شیکسپیر کے ڈراموں کا اردو میں ترجمہ کیا تھا۔ اس لئے انہیں انڈین شیکسپیر کہا جاتا ہے سرور اسے صحیح نہیں مانتے۔ آغا حشر کے ڈراموں میں فنکاری کی کمی کا اظہار کرتے ہوئے سرور لکھتے ہیں:

''شروع شروع میں ڈرامے سب کچھ تھے۔ مگر انہیں اتنا ہی قلق تھا۔ جتنا اردو شاعری میں عاشق کو خوشی سے دن بھر کے تھکے ہارے مزدور' قلی' دکاندار شوقین اسٹیج پر خونریزی ہنگامہ آرائی' دیو پری پرستان' حسن و عشق کے مناظر

دیکھنے آتے۔ اُن کی تسکین اسی طرح ہوسکتی تھی۔ ڈرامہ تو زندگی کی کشمکش کی نقل ہے۔ یہاں نقل ہی نقل تھی۔ زندگی اور اس کی کشمکش غائب۔'' [۲۴]

سرور نے اس مضمون میں آغا حشر کی ڈرامہ نگاری کا جائزہ ڈرامے کے عناصر پلاٹ' مکالمے' منظر نگاری وغیرہ کے حوالے سے پیش کیا ہے۔ اور زیادہ تر آغا حشر کے فن کی کوتاہیوں کو اجاگر کیا۔ انہوں نے لکھا کہ آغا حشر کی کردار نگاری میں کمال نہیں تھا۔ اور اُن کا کوئی کردار مشہور نہیں ہوسکا۔ اسطرح سرور نے واضح کردیا کہ جب وہ کسی موضوع پر اظہار خیال کرتے ہیں تو قاری کو حقائق سے واقف کرادیتے ہیں۔ اور کھرے کھوٹے کو الگ کردیتے ہیں۔ آغا حشر اپنے ڈراموں کے سبب شہرت رکھتے ہیں لیکن سرور نے اس مضمون میں آغا حشر کی ڈرامہ نگاری میں پائی جانے والی خامیوں کا برملا اظہار کردیا ہے۔

''تنقیدی اشارے'' میں شامل سرور کا ایک مضمون ''اقبال اور اُن کا فلسفہ'' ہے۔ اس مضمون میں سرور نے اقبال کی فکر کی تشکیل کے مختلف عناصر کا جائزہ لیا۔ اور اُن کے فلسفہ کے اساسی پہلوؤں کو اُجاگر کیا۔ سرور ماہر اقبالیات تھے اور اقبال اُن کے پسندیدہ شاعر تھے۔ مضمون کے آغاز میں اقبال کی موت پر دکھ کا اظہار کرتے ہوئے سرور نے لکھا کہ اقبال مرنے کے بعد اپنی شاعری کے ذریعہ لوگوں سے اور زیادہ قریب ہوگئے ہیں۔ اقبال کو فلسفی شاعر قرار دینا اُن کی توہین سمجھتے ہوئے سرور لکھتے ہیں کہ اقبالؔ نے مشرق ومغرب کے مفکروں کے خیالات کے ساتھ پرواز کی ہے۔ اقبال کی تربیت کے ماحول کو بیان کرنے کے بعد سرور نے اقبال کے فلسفہ خودی کی وضاحت کی ہے۔

''خودی سے تعمیر وتخریب دونوں کا کام لیا جاسکتا ہے۔ شیطان تخریب خودی کی مثال ہے خودی کی تعمیر کیلئے اطاعت ضبط نفس اور نیابت الٰہی کے درجے ہیں۔ نیابت الٰہی کے درجے تک پہنچنا ہی انسانیت کا نصب العین ہے۔ لیکن عشق اسے یہاں تک لاسکتا ہے۔ اقبال کے فلسفہ حیات کی اساس حرکت پر ہے۔ اسے جمود سے نفرت ہے۔ ..... اقبال کے نزدیک تن آسانی اور تن پروری اپنے لہو کی آگ میں جلنے کا دوسرا نام ہے۔'' [۲۵]

سرور نے اس مضمون میں اقبال کے فلسفہ کے دیگر پہلوؤں کی جذبہ آزادی مساوات وغیرہ کا تذکرہ کیا ہے۔ اقبال کو ساری انسانیت کا شاعر قرار دیتے ہوئے سرور نے اُن کی ہمہ گیری کا اظہار کیا ہے۔ اس ضمن میں وہ لکھتے ہیں:

''اقبالؔ تمام انسانوں کو دعوت عمل دیتے ہیں۔ وہ کسی ایک فرقہ یا ملت کے

شاعر نہیں تمام انسانیت کے شاعر ہیں۔ وہ فرد کی خودی کی تکمیل اسلئے چاہتے ہیں کہ جماعت کا فائدہ ہو۔ اور بحیثیت مجموعی جماعت ارتقاء کے میدان میں آگے قدم بڑھائے۔ انسانیت کی تکمیل خودی سب سے ضروری چیز ہے۔"[۲۶]

اس مضمون میں سرور نے اقبال سے اپنی مرعوبیت کا اظہار کیا ہے اسلئے ان کے فن میں کوئی خامی تلاش نہیں کر سکے۔ مضمون کے آخر میں اقبال کی تعریف وتوصیف بیان کرتے ہوئے سرور لکھتے ہیں:

"دنیا میں کم شاعر ایسے ہونگے جو ایک ہی بات کو یا اس کے مختلف پہلوؤں کو الٹ پھیر کر اس قدر خوبی سے بیان کر سکتے ہوں۔ باوجود اس کے کہ اقبال کے یہاں حیرت انگیز تنوع ہے۔ ان کے یہاں حیرت انگیز وحدت بھی ہے۔ ان کا مکمل فلسفہ حیات ایک آہنگ اور ایک پیغام ہے۔ اس فلسفہ حیات کیلئے دوسروں کے ممنون بھی ہیں مگر کسی کے مقلد نہیں وہ بہت بڑے اخلاق والے بہت بڑے معلم بڑے مفکر ہیں۔ انہوں نے کیا فضاء پائی اور کیا چھوڑی اس پر غور کیجئے تو ان کی شاعری کی انقلابی خصوصیات آپ کو معلوم ہو جائیں گی۔"[۲۷]

اس مضمون میں سرور نے فکر اقبال کے معلوم پہلوؤں کی تلخیص کر دی ہے۔ اپنی طرف سے کوئی خاص بات نہیں لکھی۔ لیکن اقبال کا یہ مختصر تعارف اردو ادب کے طالب علموں کیلئے مفید ثابت ہوا۔

آل احمد سرور نے اپنی کتاب تنقیدی اشارے میں اردو کے شعرا ادیبوں، ناول نگاروں اور افسانہ نگاروں پر جو تنقیدی مضامین لکھے وہ عملی تنقید کے بہترین نمونے ہیں۔ اقبالؔ اور حالیؔ سرور کے محبوب ترین موضوعات ہیں۔ اس سلسلے میں انہیں اختصاص حاصل تھا۔ شخصیات کا یہ مطالعہ کبھی تعریفی وتوصیفی رہا تو کبھی تنقیدی۔ سرور کی عملی تنقید پر تبصرہ کرتے ہوئے عبدالمغنی لکھتے ہیں:

"سرور کی ان عملی تنقیدوں میں موضوع کے تمام پہلوؤں کا مربوط ومنظّم مطالعہ کرنے کے بجائے بیشتر یہ انداز اختیار کیا گیا ہے کہ موضوع کی چند جہتیں جہاں تہاں سے لے کر اُن پر تیز روشنی ڈالی گئی ہے۔ اس انداز میں بھی حقائق کے مسلسل تجزیے سے زیادہ زور نکتہ آفرینی اور دقیقہ سنجی پر ہے۔ اس معاملے میں ایک حد تک سرور کا موازنہ رشید احمد صدیقی سے کیا جا سکتا ہے۔ بعض وقت ایسا محسوس ہوتا ہے کہ سرور تنقیدی تبصرے میں عملی بحث کی زیادہ

ضرورت نہیں سمجھتے۔ بہر حال سرور اپنے موضوع مطالعہ پر پیش کئے گئے نکات کو بڑی چستی کے ساتھ سمیٹ کر ایک معنی خیز رخ دینے میں طاق ہیں۔ اس صورت میں اُن کے تبصرے بڑے خیال پرور اور فکر انگیز ہوتے ہیں۔ وہ مطالعات کا نچوڑ اور خلاصہ پیش کرنے میں ماہر ہیں۔ یہی وجہ ہے کہ سرور کے تنقیدی مطالعات میں زیادہ موثر وہ مضامین ہیں جو'تنقیدی اشارے ''میں جمع کر دیئے گئے ہیں۔''[۲۸]

آل احمد سرور نے اپنی کتاب تنقیدی اشارے میں اردو ناول اور اردو افسانے کے ارتقاء پر بھی اختصار سے روشنی ڈالی ہے۔ مضمون ''اردو ناول کا ارتقاء'' میں سرور نے ناول کے فن اور اردو کے اہم ناول نگاروں کا تعارف پیش کیا ہے۔ ناول کے تشکیلی عناصر کے بارے میں سرور لکھتے ہیں:

''ناول میں زندگی کے مختلف تجربات اور مناظر ہوتے ہیں۔ واقعات کا ایک سلسلہ ہوتا ہے۔ پلاٹ کردار مکالمہ منظر نگاری اور فلسفہ زندگی کی جھلک ہوتی ہے۔ ہر ناول ایک ذہنی سفر کا آغاز ہوتا ہے اور فطرت انسانی سے پردہ اُٹھانے کی ایک بار آور کوشش۔ ناول لکھنے کیلئے بڑی پختگی اور بڑے رچے ہوئے شعور کی ضرورت ہے۔ تبھی تو ایک نقاد کے نزدیک یہ ایک حکیمانہ اور فلسفیانہ کام ہے۔ قصہ گوئی انسانیت کی ابتداء سے ملتی ہے۔ مگر ناول مہذب انسانوں کی ایجاد ہے۔ سرمایہ داری نے افراد سے دلچسپی پیدا کی اور اس دلچسپی نے ناول کو جنم دیا۔''[۲۹]

سرور نے ناول کی ہئیت کے بارے میں اظہار خیال کے بعد نذیر احمد سے اردو ناول کے سفر کا آغاز کیا۔ شرر، رسوا، پریم چند، راشد الخیری وغیرہ کے ذکر کے علاوہ سرور نے اردو کے اہم ناول نگاروں، سجاد ظہیر، کرشن چندر، عصمت چغتائی وغیرہ کے ناولوں کا تعارف پیش کیا۔ اُن کا یہ مضمون بیسویں صدی کے نصف اول تک کی اردو میں ناول نگاری کا اچھا تعارف ہے۔ پروفیسر یوسف سرمست کی کتاب ''بیسویں صدی میں اردو ناول'' میں بھی ۱۹۶۰ء تک اردو ناول کا جائزہ پیش کیا گیا ہے۔ اس موضوع کو آگے لے جانے اور اس پر تحقیقی اور تنقیدی کام کرنے کی ضرورت ہے۔

اردو فکشن کا احاطہ کرنا سرور کا ایک اور مضمون ''اردو میں افسانہ نگاری'' ہے۔ اس مضمون میں سرور نے ۱۹۳۶ء کے بعد سے اردو افسانے کا جائزہ پیش کیا ہے۔ سرور نے لکھا کہ ترقی پسند تحریک کے زیر اثر

اردو میں افسانہ نگاری میں تیزی پیدا ہوئی۔ اس سے قبل پریم چند ایک افسانہ نگار کے طور پر مشہور ہو چکے تھے۔ ادب لطیف کے افسانوں میں تراجم کی اہمیت تھی۔ سرور نے مغربی ادب کا بھی مطالعہ کیا تھا۔ چنانچہ اردو افسانے پر مغرب کے اثرات کا جائزہ لیتے ہوئے سرور لکھتے ہیں:

> ’’مغرب میں افسانہ نگاری کے دو اسکول بن گئے تھے۔ ایک موپاساں کا دوسرا چیخوف کا۔ اردو میں انگریزی کے واسطے سے ان دونوں کے بکثرت رہتے ہوئے چیخوف کا خاص طور پر اثر ہوا۔ کیونکہ اس کے کردار بالکل مشرقی معلوم ہوتے تھے۔ موپاساں کی حقیقت نگاری یہاں ناممکن تھی۔ چیخوف کے یہاں بعض لوگوں کو ایک دھندلکا نظر آیا۔ حالانکہ اس میں فارم کا احساس بھی موجود ہے اس کی روحانیت اور نفسیاتی تجربے نے ہمارے افسانہ نگاروں کو بہت متاثر کیا۔ اور اس کا رنگ کئی طبیعتوں میں رچ گیا۔‘‘[۳۰]

ترقی پسند تحریک کے زیر اثر اردو افسانہ میں آئی بڑی تبدیلی کا جائزہ لیتے ہوئے سرور لکھتے ہیں کہ انسانوں میں رومان کی جگہ مزدور اور اُس کے مسائل پیش کئے جانے لگے۔ سرور اُسے رومانی تحریک کا ردعمل قرار دیتے ہیں۔ تاہم انہیں اس بات کی شکایت رہی کہ ترقی پسندی کے نام پر اُردو افسانے میں جنسی رجحانات نے جگہ پالئے۔ اُسے حقیقت نگاری کا لازمہ قرار دیا گیا۔ لیکن مجموعی طور پر سرور اس قسم کی حقیقت نگاری کے مخالف تھے۔ اسی لئے ترقی پسند تحریک سے متعلق سرور کے نظریات کے بارے میں کہا جاتا ہے کہ انہوں نے اس تحریک کا گہرائی سے مطالعہ کیا تھا۔ لیکن اس کے مثبت پہلوؤں کو ہی قبول کیا۔ افسانے کے اس جائزے میں سرور نے کرشن چندر بیدی' منٹو' اختر انصاری' اختر اور ینوی' علی عباس حسینی ممتاز مفتی' احمد ندیم قاسمی' ابراہیم جلیس' بلونت سنگھ' اور غلام عباس کا ذکر کیا ہے۔ اور موخرالذکر چند ایک افسانہ نگاروں کے فن کی بنیادی خصوصیات بیان کیں منٹو کے فن کا مخصوص اسلوب میں جائزہ پیش کرتے ہوئے سرور لکھتے ہیں:

> ’’منٹو موپاساں اور مائم دونوں سے متاثر ہوا ہے۔ ہتک' کالی شلوار' پھائے' نیا قانون' بابو گوپی ناتھ' کھول دو' اس کے مشہور افسانوں میں سے ہیں۔ منٹو بڑا اچھا فنکار ہے وہ افسانے کو نیا موڑ دینے کا ماہر ہے اس کے یہاں کبھی بیجا طوالت نہیں وہ کردار نگاری کا بڑا اچھا سلیقہ رکھتا ہے۔ وہ کم سے کم الفاظ میں ایک کردار پیش کر سکتا ہے۔ مگر اس کا ذہن مریض ہے۔ اسے جنس اور اس کے بے راہ روی سے بہت دلچسپی ہے۔ اس کے افسانوں میں زندگی ضرور ہے۔

مگر ایک محدود اور مخصوص زندگی۔ اس کے یہاں جنسی تلذذ ملتا ہے.....اس کے یہاں ذہنی کجی ہے۔[۳۱]

سرور نے منٹو کی جنسی بے راہ روری پر نکتہ چینی کی ہے۔ اس سے اُن کے اصلاح پسند نظریات کا ثبوت ملتا ہے۔ جبکہ ترقی پسند نقادوں نے منٹو کی جنس نگاری کو فن قرار دے کر اسے بڑا افنکار کہا ہے۔ سرور نے اُردو افسانے کے جائزے پر مبنی اس مضمون کو اس نوٹ پر ختم کیا کہ اگر اُردو افسانہ خطابت اور انشا پردازی کے چکر سے دور نکل جائے تو اس میں اور بلندی آجائے۔ اس طرح سرور ایک نقاد کا فریضہ انجام دیتے ہوئے۔ اُردو افسانے میں پائی جانے والی خامیوں کو اُجاگر کرتے ہیں۔ آل احمد سرور کا ایک مضمون ''خطوط میں شخصیت'' ہے۔ اس مضمون میں سرور نے غالبؔ، شبلیؔ، اکبرؔ، مہدی افادی، احسن مارہروی، رشید احمد صدیقی اور عبدالماجد دریا بادی کے خطوط کے روشنی میں اُن کی شخصیات کا جائزہ لیا۔ خطوط کے ذریعہ اپنی شخصیت کی چھاپ چھوڑ جانے والوں میں غالبؔ مشہور ہیں۔ سرور غالبؔ کی خطوط نویسی میں اُن کی شخصیت کا عکس تلاش کرتے ہوئے لکھتے ہیں:

''غالبؔ پہلے شخص ہیں۔ جو اپنے خطوط میں اپنی شخصیت کو بے نقاب کرتے ہیں.....یہ خط فطری اور بے تکلف ہیں۔ ان میں نمائش اور ظاہر داری مقصود ہے۔ وہ غالب ......جس کے قدم زمین پر جمے ہیں۔ جس میں زندگی گذارنے کا حوصلہ اور برق سے شمع ماتم خانہ روشن کرنے کا ولولہ ہے۔ جو اپنے نام سے فائدہ اُٹھاتا ہے۔ مگر اپنے فن کو ذلیل نہیں کرتا (جس میں) زندگی انفرادیت اور ایک ابدی تازگی ہے......وہ ہر جگہ منفرد ہے.......جس سے مانگتا ہے دوسرے اس انداز سے دے نہیں سکتے۔[۳۲]

سرور نے دیگر ادیبوں اور شعراء کے خطوط کے بارے میں اپنی رائے دیتے ہوئے لکھا کہ سرسید کے خط ایک ہی رنگ میں لکھے گئے۔ ان میں اُن کی شخصیت کی دردمندی جھلکتی ہے شبلی اپنے مکاتیب میں ایک عالم دین اور ادیب بن کر جھلکتے ہیں۔ اکبر وار بھی کرتے ہیں اور معافی بھی مانگتے ہیں نیازؔ کے خطوں میں انشا پردازی جھلکتی ہے۔ مہدی افادی اپنے خطوں میں بھی جمالیاتی رنگ دکھاتے ہیں۔ محمد علی جوہر کے خط جیتے جاگتے اور ہلکے پھلکے شگفتہ ہیں۔ اقبالؔ کے خطوط سے اُن کی نظموں کو سمجھنے میں مدد ملتی ہے جوش کے خط پھیکے ہیں وہ نثر نہیں لکھ سکتے۔ احسن مارہروی کے خط مزیدار ہیں۔ رشید احمد صدیقی کے خطوں میں غالب کی سی بے تکلفی ہے۔ عبدالماجد دریا بادی کے خطوط دلچسپ ہیں۔ مضمون کے آخر میں سرور خبر دار

کرتے ہیں کہ شخصیت کے تعین میں صرف خطوط پر بھروسہ کرنا اسی طرح خطرناک ہے۔ جس طرح صرف گفتگو پر دونوں میں زندگی ہے مگر استواری لازم نہیں۔ سرور نے خطوں کے ذریعہ شخصیت کا مطالعہ کرتے ہوئے اپنی تنقیدی مضامین لکھ کر عملی تنقید کا ثبوت پیش کرنے کے بعد سرور نے خطوں میں شخصیات کی کھوج کرتے ہوئے عمرانیات کے علم سے اپنی گہری وابستگی کا ثبوت پیش کیا ہے۔ سرور ایک سنجیدہ انسان تھے۔ اور وہ اُردو شعراء اور ادیبوں میں بھی مثالی انسانوں کو تلاش کرنے لگتے ہیں۔ شخصیات کی کھوج سرور کی تنقید کی ایک بنیادی وصف بن کر سامنے آتی ہے۔ ''اُردو شاعری میں خمریات'' سرور کے تنقیدی مضمون کا عنوان ہے۔ خمریات یعنی شراب اور اُس کے لوازمات کا ذکر تصوف کے حوالے سے اُردو شاعری کا ایک اہم عنصر رہا ہے۔ ریاض خیرآبادی اور شاد عظیم آبادی اور دیگر شعرا نے خمریات کے ذریعہ نام کمایا ہے۔ سرور ریاض خیرآبادی کی خمریات پر مبنی شاعری کا تجزیہ کرتے ہوئے لکھتے ہیں:

> ''ریاض خیرآبادی نے خمریات میں خاص طور پر کمال حاصل کیا۔ ریاض کی طبعیت میں غیر معمولی شوخی تھی۔ وہ ساری عمر جوان رہے اور ساری عمر عاشق ...... حُسن کی شوخی کا تو سب نے ذکر کیا ہے مگر ریاض کے یہاں ایسی چلبلی مسکراہٹ ایک ایسی شوخی ہے جس کا جواب حُسن کے پاس بھی نہیں۔ انہوں نے ساری عمر شراب کے مضامین کہے ...... تیرہ سو چھیاسٹھ اشعار ۱۳۶۶ خمریات کے۔ یہاں شراب سے وہ کیفیت مراد ہے جو عشق میں حاصل ہوتی ہے یا جوانی کے راستے میں آتی ہے'' [۳۳]

خمریات کے بارے میں سرور کا یہ مضمون تنقیدی سے زیادہ معلوماتی ہے۔ اس مضمون میں خمریات کے مفہوم اور اُردو کے منتخب شعراء کے ہاں پائے جانے والے خمریات کے پہلو کو اُجاگر کیا ہے۔

''اُردو میں مزاح نگاری'' مضمون بھی سرور کا ایک تجزیاتی اور معلوماتی مضمون ہے جس میں سرور نے اودھ پنچ کی ظرافت' غالب' مولانا ظفر علی خان سلطان حیدر جوش' فرحت اللہ بیگ' پطرس بخاری' رشید احمد صدیقی وغیرہ کی مزاح نگاری کا جائزہ پیش کیا ہے۔ اور چھوٹے چھوٹے جملوں میں مزاح نگاروں کی بنیادی خصوصیات اُجاگر کی ہیں۔ سرور لکھتے ہیں:

> ''فرحت اللہ کی ظرافت زبان سے پیدا ہوتی ہے پطرس کا خیال خندہ آور ہوتا ہے ..... لکھنے والا خود نہیں ہنستا مگر آپ مسکرائے بغیر نہیں رہ سکتے۔ اتنا تھوڑا سرمایہ لے کر بقائے دوام کے دربار میں بہت کم لوگ داخل ہوئے ہوں گے

......پطرس نے اُردو میں پیروڈی بڑی خوبی سے پیش کی ہے ...... کنھیا لال کپور نے طنز میں خاص نام پیدا کیا۔ ان کے دوستوں نے انہیں بچھو سے تشبیہ دی ہے۔ ''غالب ترقی پسندوں کی محفل میں'' اُن کی کامیاب پیروڈی ہیں۔ [۳۴]

آل احمد سرور نے اپنی تنقید کا یہی انداز ''تنقیدی اشارے کے دیگر مضامین' خنداں' کچھ زہر عشق کے بارے میں وغیرہ مضامین میں برقرار رکھا ہے۔

آل احمد سرور کے تنقیدی مضامین کا مجموعہ پہلی مرتبہ ۱۹۴۲ء میں شائع ہوا۔ اور اُس کا چوتھا ایڈیشن ۱۹۶۴ء میں نکلا۔ اس طرح اندازہ ہوتا ہے کہ سرور نے ۱۹۴۲ء تک جو مضامین لکھے تھے بعد میں اُن میں تحقیقی نقطۂ نظر سے بہت کچھ ترمیم و اضافے کی ضرورت ہے۔ لیکن ریڈیو پر پڑھے جانے والے یہ مضامین اختصار کے ساتھ منتخبہ موضوع سے بھرپور انصاف کرتے ہیں۔ یہی وجہ ہے کہ سرور کے یہ اور اُن کے دیگر مضامین ایک عرصے تک جامعات میں اُردو ادب کے طالب علموں کی آبیاری کرتے رہے۔ پروفیسر مرزا سعید الظفر چغتائی ''تنقیدی اشارے'' میں شامل مضامین کی مقبولیت کا تذکرہ کرتے ہوئے لکھتے ہیں:

> '' آل احمد سرور کی کسی اور تحریر سے میں نے اس (تنقیدی اشارے) سے زیادہ لطف نہیں اُٹھایا۔ بیسویں صدی کی نصف اوّل تک کی اُردو نثر و نظم کے معتد بہ سرمایہ کا یہ ایک پُر مغز اور شگفتہ تعارف ہے...... سنجیدہ طالب علم اسے پڑھ کر اب سے پچاس سال پہلے تک کے اُردو ادب کا بہت معقول علم حاصل کرسکتا ہے..... اس دور کی بہت سی ادبی شخصیتیں اور تحریریں اب تک زندہ ہیں اور اُن کے بارے میں کلاسیکی معلومات ہماری گھٹی میں پڑ گئی ہیں۔ اشاروں کے پڑھنے پر معلوم ہوتا ہے کہ اُن کا کتنا بڑا حصّہ ہمارے ذہن تک سرور کے قلم سے یا اس کے واسطہ سے پہنچا ہے'' [۳۵]

سرور نے ان مضامین میں متوازن رویہ اختیار کیا۔ انہوں نے تعریف و توصیف اور مذمت نگاری میں توازن برتا۔ کوئی شخصیت ہو یا فن پارہ سرور جس پر بھی تنقید کرتے ہیں۔ ہمدردی کے ساتھ لکھتے ہیں لیکن کبھی کبھی مثبت رویئے میں اکثر موضوع کے منفی پہلو چھپ جاتے ہیں۔ آل احمد سرور شاعر' ادیب اور ناقد کی سماجی ذمہ داریوں کے ہمیشہ قائل رہے۔ ترقی پسندی' جدیدیت اور ادب برائے ادب کی تحریکوں سے متاثر رہے۔ لیکن ہمیشہ تحقیق کے مقابلے میں تخلیق کی فضیلت کے قائل ہے۔ ادب اور تنقید سے متعلق

اُن کا رویہ ہمیشہ مربوط رہا۔ وہ ہرنئی چیز کا مطالعہ کرتے رہے۔ یورپ اور ہندوستان کے ادب کا مطالعہ کیا۔ تاہم اپنی فکر کی روش نہیں بدلی۔ آل احمد سرور قاری کی منشا کا پاس رکھتے تھے۔ اور ساختیات کی بحث کو ادب کیلئے بے کار سمجھتے رہے۔ سرور سائنس کے طالب علم رہے تھے۔ اس لئے انہوں نے ادب اوتنقید میں سائنسی نقطہ نظر اختیار کیا۔ اور اس میں انہیں کامیابی ملی۔ ''تنقیدی اشارے'' کے مضامین آج بھی سرور کی شگفتہ تحریروں اور اعتدال پسند تنقید کے سبب مقبولیت رکھتے ہیں۔ اور ان مضامین کی مقبولیت میں کوئی کمی واقع نہیں ہوئی۔ یہی سرور کی تنقید کی مقبولیت کا راز ہے۔

آل احمد سرور کی دیگر تنقیدی کتابوں ادب اور نظریہ' پہچان اور پرکھ' تنقید کیا ہے' تنقید کے بنیادی مسائل' فکر روشن' کچھ خطبے کچھ مقالے' مجموعہ تنقیدات' مسرت سے بصیرت تک' نظر اور نظریئے اور نئے اور پرانے چراغ میں شامل مضامین کے موضوعات کا جائزہ لیا جائے تو پتہ چلتا ہے کہ سرور نے اردو شاعری اور نثر اور اردو تنقید پر مضامین لکھے ہیں۔ اردو کے فسانوی ادب پر اُن کے بے شمار مضامین سامنے آئے۔ ان میں اردو ناول کا ارتقاء' اردو میں افسانہ نگاری' رتن ناتھ سرشار' گورکی کا اثر اردو ادب پر' مجھے کون کونسی کہانیاں پسند ہیں' فکشن کیا' کیوں اور کیسے' اور دیگر مضامین مشامل ہیں۔ اگر ان مضامین کو صنف کے اعتبار سے یکجا کیا جائے تو اردو فکشن پر ایک اچھی کتاب تیار ہوسکتی ہے۔

سرور نے نثر کے بارے میں جو تنقیدی مضامین لکھے اُن کا زیادہ تر حصہ اردو فکشن کا احاطہ کرتا ہے۔

اردو فکشن سرور کی نظر میں:

فسانوی ادب کیلئے فکشن کی انگریزی اصطلاح اردو میں بھی مروج ہے۔ آل احمد سرور ''فکشن'' کی اصطلاح کو استعمال کرنے میں پس وپیش نہیں کرتے۔ اور اس کی وکالت کرتے ہوئے لکھتے ہیں:

> ''فکشن کا لفظ ناول اور افسانہ دونوں کیلئے استعمال ہوتا ہے۔ اردو میں فکشن کیلئے افسانوی ادب کی اصطلاح بھی برتی گئی ہے۔ مگر چونکہ افسانہ ہمارے یہاں مختصر افسانے کیلئے مخصوص ہوگیا ہے۔ اسلئے افسانوی ادب کہا جائے تو پڑھنے والے کا دھیان مختصر افسانے کے سرمائے کی طرف جائے گا۔ اسلئے میرے نزدیک ناول اور افسانہ دونوں کے سرمائے کیلئے فکشن اور فکشن کا ادب استعمال کرنے میں کوئی حرج نہیں۔ انگریزی کی ایسی اصطلاحیں جن کے مترادف الفاظ ہمارے یہاں نہ ہوں اور جو ہمارے صوتی نظام کے مطابق

ہوں انہیں بجنسہ لے لینے میں پس و پیش نہیں کرنا چاہیۓ۔''[۳۶]

سرور نے فکشن میں ناول اور افسانے کو شامل کیا ہے۔ جبکہ داستان بھی افسانوی ادب کا ایک حصہ ہے اور بالعموم فکشن میں داستان کو شامل نہیں رکھا جاتا۔ یہ مسئلہ زیر تصفیہ رہے گا۔ جہاں تک سرور نے انگریزی اصطلاحوں کے استعمال کا معاملہ ہے اُن کے بیان کردہ اصولوں پر اردو کے ادیب اور نقاد بہت حد تک عمل پیرا ہیں۔ اسے اردو زبان کی وسیع القلبی کہیۓ کہ اس میں دیگر زبانوں کے الفاظ من و عن کھپ جاتے ہیں۔

سرور نے اپنے مطالعے اور مشاہدے کی بناء کہا کہ ہمارے ہاں افسانے کے مقابلے میں ناول کو زیادہ مقبولیت نہیں مل سکی۔ افسانے کی مقبولیت کیلئے وہ شاعری میں غزل کے قبولیت دوام کو اصل وجہ قرار دیتے ہیں۔ اس ضمن میں وہ لکھتے ہیں:

''غزل کے اثر سے چونکہ مجموعی طور پر ہمارا فنی شعور چھوٹے پیمانے پر تصویریں بنانے یا Miniature Painting سے زیادہ مانوس ہے۔ اسلئے مختصر افسانے میں اس نے زیادہ آسودگی پائی۔''[۳۷]

سرور نے اپنے مضامین میں اردو افسانے کے ارتقاء کو پیش کیا۔ اور اہم افسانہ نگاروں کے فن کا تجزیہ کیا۔ پریم چند کی افسانہ نگاری کے بارے میں سرور لکھتے ہیں:

''دراصل پریم چند مارکسزم کے فلسفے سے زیادہ واقفیت نہیں رکھتے تھے۔ انہیں عوام سے ہمدردی تھی۔ زمین دار کے مقابلے کسان سے' سرمایہ دار کے مقابلے میں مزدور سے' ظالم کے مقابلے میں مظلوم کے ساتھ تھے۔ وہ انسان دوستی کی ان روایات کے امین تھے جو صوفیوں اور سنتوں کی دین ہیں۔''[۳۸]

افسانے کے علاوہ سرور نے ناول پر بھی لکھا ہے۔ ناول پر ان کے تنقیدی خیالات کا مطالعہ کرنے سے یہ پتہ چلتا ہے کہ سرور ناول کے فن' ناول کی عالمی ارتقائی تاریخ سے بخوبی واقف ہیں اور اردو ناول کے بارے میں اُن کا نقطۂ نظر واضح ہے۔ ان کی تنقید کا خاص امتیاز ہے کہ وہ چھوٹے چھوٹے جملوں میں بڑی باتیں کہہ جاتے ہیں۔ ناول اور اس پر کی جانے والی تنقید کی نوعمری کو خوبصورتی سے بیان کرتے ہوۓ سرور لکھتے ہیں:

''ناول نوعمر ہے تو اس پر تنقید بھی نوعمر ہے یہ بات افسوس کے قابل ہے مگر ماتم کے قابل نہیں۔''[۳۹]

سرور نے فکشن پر اپنے تنقیدی مضامین میں ناول کی ہئیت پر بھی اظہار خیال کیا ہے۔ کردار ناول کا ایک اہم عنصر ہے۔ ناول میں کردار کے مقام کو واضح کرتے ہوئے سرور لکھتے ہیں:

''ناول کا ہیرو ازالہ فریب کے سلسلے سے گزرتا ہے وہ ایک طفلانہ امید سے ایک قانع تخیل تک سفر کرتا ہے۔.... ناول کے ہیرو کا اینٹی ہیرو ہونا زیادہ قرین قیاس ہے۔ ایسا ہیرو جو تمام صفات کا مجموعہ نہیں ہے۔ ناول کے ہیرو کے سفر کو نارتھ روپ فرائی نے تلاش کا نام دیا ہے۔ جو ایک محدود فضاء سے ایک وسیع فضاء کیلئے ہے۔ یہ تلاش زمان و مکان دونوں میں ہوسکتی ہے اس جستجو کی منزل آئے یا نہ آئے مگر ناول کا ہیرو آخر میں یہ رمز پالیتا ہے کہ ہیرو ازم کیلئے کوئی مستقبل نہیں ہے۔ اور وہ خود بھی ایک بالکل معمولی آدمی ہے ناول کا ہیرو ایک اور آدم ہے جو بچپن کی جنت سے نکل آیا ہے۔''[۴۰]

سرور نے فکشن کے حوالے سے ناول اور افسانے کے علاوہ داستان پر بھی اظہار خیال کیا ہے۔ جس میں انہوں نے داستان کے تشکیلی عناصر بیان کئے۔ اور لکھا کہ داستان ناول یا افسانہ کے برعکس ہماری عملی اور خارجی دنیا سے بلند و برتر ایک خیالی اور مثالی دنیا کی کہانی ہے جس میں مثالی کردار بستے ہیں۔ اور مثالی واقعات پیش آتے ہیں جو بالآخر کسی مثالی نتیجے تک پہنچ جاتے ہیں۔ آل احمد سرور کو ایک ہمہ جہت نقاد قرار دیتے ہوئے صغیر افراہیم لکھتی ہیں:

''انہوں نے ایک ایسے دور میں جب تنقید مختلف نظریات کی آویزش سے متشکل ہو رہی تھی متن پر مرتکز مطالعے (Close Textual Reading) کو اساسی حوالہ بنا کر فن پارے کے خود متکفی ہونے کی جانب اشارے کئے۔ ان کی تنقید دائیں بائیں نہیں بلکہ فن پارے پر مرتکز رہتی ہے۔ مگر اس کا مطلب یہ نہیں کہ وہ معاصر عمرانی مسائل اور ادبی رویوں سے غافل رہے ہیں۔ اُن کی تحریریں اس بات کا ثبوت ہیں کہ غفلت ایک لمحے کیلئے بھی اُن کی تحریر پر حادی نہ ہوسکی۔''[۴۱]

آل احمد سرور کی اردو فکشن پر کی گئی تنقیدوں کا اجمالی جائزہ لیں تو اندازہ ہوگا کہ انہوں نے داستان، ناول اور افسانے کے فن کو واضح کرنے کی کوشش کی۔ اور اہم ناول نگاروں اور افسانہ نگاروں کے تجزیئے پیش کئے۔

شاعری میں سرور نے چکبست، فانی، اکبر، جوش، مولانا سہیل، اختر شیرانی، جگر مرادآبادی اور حسرت موہانی پر جو تنقیدی مضامین لکھے ہیں وہ عملی تنقید کا بہترین نمونہ ہیں۔

سرور اور میرؔ:

سرور کی کتاب ''مسرت سے بصیرت تک'' میں ایک مضمون مطالعہ ''میرؔ کی اہمیت'' ہے۔ یہ مضمون میر شناسی کے ضمن میں اہمیت کا حامل ہے۔ خدائے سخن میرؔ پر بہت لکھا گیا۔ شمس الرحمٰن فاروقی نے ''شعر شور انگیز'' جیسی عالمانہ کتاب لکھ کر میرؔ کی شاعری کو سمجھانے کی کامیاب کوشش کی ہے۔ سرور نے اپنے مضمون میں لکھا کہ میرؔ کی عظمت ہر دور میں مسلمہ رہی ہے۔ لیکن اس عظمت کا صحیح تجزیہ نہیں ہوسکا۔ ضرورت اس بات کی ہے کہ میرؔ کے فکر وفن اور اُن کی شاعری کا تفصیلی مطالعہ کیا جائے۔ چنانچہ میرؔ کی شاعرانہ عظمت اوران کے تصور عشق کے بارے میں سرور لکھتے ہیں:

> ''میرؔ اسلئے بڑے شاعر ہیں کہ ان کی کرن نہ صرف ماضی کے دھندلکے کو چیر کر ہمیں ایک جیتی جاگتی تصویر دکھا دیتی ہے۔ بلکہ اُن کی یہ تصویر ہمارے حال اور مستقبل دونوں میں رہنمائی کرسکتی ہے۔ میرؔ کی رفاقت سے اسی لئے ہم منہہ موڑ کر نہیں بیٹھ سکتے۔
>
> میرؔ کا تصور عشق ایک دھندلا سا دیا نہیں بلکہ ایک شعلہ بے باک ہے جس کا سلسلہ اسرار و معارف سے مل جاتا ہے۔ یہی دردمند انسانیت کی وہ آواز ہے جو جبر وقہر کے خلاف ہے۔ اور صداقت حسن انصاف اور صحت ذہنی کی امین ہے۔ میرؔ کے فن پر اور اُن کی فکر کی طرف سے بے نیازی نے اُن کے جوہر کو نمایاں نہ ہونے دیا۔ حالانکہ فن کی بہار فکر کی حنا بندی کے بغیر وجود میں نہیں آتی۔''[۴۳]

سرور نے اس مضمون میں میرؔ کی شاعری کی دیگر خصوصیات جیسے کلام میں پائی جانے والی نشتریت، سادگی، قنوطیت، سوز و گداز، الفاظ کا استعمال، کلام سے ظاہر ہونے والی تاریخ وتہذیب کو اجاگر کیا۔ اور اس امید کا اظہار کیا کہ غم جاناں اور غم دوراں کا معاملہ جب تک رہے گا اس وقت تک میرؔ کا ہنر بھی زندہ رہے گا۔ ضرورت اس بات کی ہے کہ میر کے کلام کی عظمت کا مناسب احساس کیا جائے۔

سرور اور غالبؔ :

غالبؔ اردو کے ایک ایسے شاعر ہیں جنہیں سب سے زیادہ پڑھایا گیا ہے۔ اور اُن پر سب سے زیادہ لکھا گیا ہے۔ یہ ایک شاعر کے بڑے اور عظیم ہونے کی دلیل ہے۔ حالیؔ نے اپنی سوانحی کتاب ''یادگار غالبؔ'' کے ذریعہ پیش ہونے والے غالب کی روشنی میں حالیؔ کے بعد آنے والے نقادوں نے اپنے اپنے طور پر غالبؔ فہمی کی کوشش کی۔ آل احمد سرور نے بھی غالبؔ پر کئی مضامین لکھے۔ جیسے غالبؔ کا ذہنی ارتقاء (ادب اور نظریہ)، غالبؔ کا نظریہ شاعری (پہچان اور پرکھ)، حالیؔ اور نقدِ غالبؔ (کچھ خطبے کچھ مقالے)، غالبؔ کی اردو شاعری کے انگریزی تراجم (کچھ خطبے کچھ مقالے)، غالبؔ کا نظریہ شاعری، غالبؔ کی شاعری کی خصوصیات، غالبؔ اور جدید ذہن، غالبؔ کی شاعری کی معنویت، غالبؔ کی عظمت، پورے غالب (مجموعہ تنقیدات۔ مسرت سے بصیرت تک)، غالبؔ (نئے اور پرانے چراغ) وغیرہ۔ غالبؔ پر لکھے گئے سرور کے مضامین کی یہ کثرت اور موضوعات کے تنوع سے اندازہ ہوتا ہے کہ سرور کے پسندیدہ شاعروں میں اقبالؔ کے بعد غالبؔ بھی تھے۔ غالبؔ کی شاعری میں ایک نیا پہلو تلاش کرتے ہوئے سرور لکھتے ہیں:

> ''دوراول کے اشعار میں ایک رومانیت جھلکتی ہے جو اس زمانے کے کلاسیکل معیاروں سے مطمئن نہیں ہے۔ لیکن جیسے ابھی زندگی کے رومان کے بجائے خیالی طلسمات پسند آتے ہیں۔''[۴۳]

شاعری میں رومانیت اور زندگی میں رومان دراصل یہ دو الگ الگ اصطلاحیں ہیں۔ زندگی کے رومان سے مراد وہ سارا تحیر، وہ ساری کشمکش، وہ مایوسیاں، سرمستیاں اور کامرانیاں ہیں جن سے انسان کی زندگی عبارت ہے۔ اور شاعری میں رومانیت کا یہ مطلب ہے کہ تخیل کو واقع پر فوقیت دینا۔ انفرادی طرز فکر کو اجتماعی فکر پر فوقیت دینا۔ غالبؔ کی شاعری میں زندگی کے رومان تلاش کرنے کو سرور کا ایک قابل قدر کارنامہ انجام دیتے ہوئے شمس الرحمٰن فاروقی لکھتے ہیں:

> آل احمد سرور غالبؔ کے یہاں رومانیت کا عنصر دریافت کررہے ہیں تو بالکل نئی بات اور اُن کی طبیعت سے نکالا ہوا ہے نقطہ ہے۔... ادب میں رومانیت اور زندگی کے رومان کے درمیان انہوں نے جو فرق کیا وہ قابل قدر بہرحال ہے۔ اور غالبؔ کی اوائلی شاعری میں رومانیت کی جھلکیاں دیکھنا اردو تنقید میں ایک نئی بصیرت کا داخلہ تھا۔''[۴۴]

شمس الرحمٰن فاروقی نے سرور کی تنقیدوں پر یہ بنیادی اعتراض کیا ہے کہ وہ اپنی تحریروں میں نئے

خیالات پیش کرتے ہیں۔لیکن وہ صرف خیال پیش کرتے ہیں اسے مثالوں اور دلیلوں سے واضح اور ثابت نہیں کرتے سرور کی اس عادت کو ایک کاشت کار سے تشبیہہ دیتے ہوئے شمس الرحمٰن فاروقی لکھتے ہیں:

> ''آل احمد سرور کی تنقید پڑھ کر مجھے کاشت کار کا خیال آتا ہے کہ وہ بیجوں کی ٹوکری ہاتھ میں لئے سارے کھیت میں بیج بکھیرتا پھرتا ہے۔وہ رُک کر کسی بیج کے برگ و بار لانے کا انتظار نہیں کرتا۔بیج سارے کھیت میں پھیلا دینا اس کا کام ہے اگر وہ چند بیج ڈال کر ہی قناعت کرلے تو پورے کھیت میں بیج افگنی نہ ہوسکے گی۔آل احمد سرور بھی اسی طرح ہر مضمون میں دلچسپ اور نئے خیالات منتشر کرتے پھرتے ہیں۔گویا انہیں معلوم ہو کہ تخم ریزی میرا کام ہے۔اور خرمن اندوزی دوسروں کا۔وہ اگر صبر سے بیٹھ کر اپنے دو ہی چار خیالات یا بصیرتوں کو دور تک لے جاتے۔پھیلاتے اور مثالوں اور تجزیہ کی مدد سے انہیں مزید مستحکم اور متشرح کرتے تو نظری تنقید میں اُن کا مقام اور بھی اونچا ہوتا۔''[45]

شمس الرحمٰن فاروقی نے سرور کے تنقیدی رویئے پر جو باتیں کہیں ہیں اور جس قسم کا اعتراض کیا ہے۔وہ بہت حد تک واجبی لگتا ہے۔کیونکہ نیا زمانہ اختصاص (Specialization) کا ہے۔زندگی کے ہر شعبہ میں ماہرین کی اہمیت بڑھتی جارہی ہے۔ادب اور تنقید کے کئی شعبے وجود میں آگئے اور ہر شعبہ کا ماہر اپنے مضمون اور موضوع پر حتمی بات کرنے کے قابل رہتا ہے۔تنقید میں کئی دبستان وجود میں آئے۔اور ہر دبستان سے کوئی نہ کوئی نقاد اپنی وابستگی کا اظہار کرتے ہوئے اُس دبستان کا ماہر کہلایا۔سرور نے اپنے آپ کو کسی دبستان سے وابستہ نہیں رکھا بلکہ وہ ادب میں مسرت اور بصیرت کے پہلو تلاش کرتے رہے۔اور قاری کو ادب کے مختلف فن پاروں سے واقف کراتے رہے۔سرور پر یہ بھی الزام عائد کیا جاتا ہے کہ انہوں نے بے شمار ادبی مضامین لکھے۔اقبال پر خصوصی مطالعہ کیا لیکن کسی ایک شاعر یا ادیب یا کسی ایک ادبی یا تنقیدی موضوع پر مستقل کوئی کتاب نہیں لکھی۔جیسے احتشام حسین اور شارب ردولوی اور دیگر نقادوں نے لکھی ہے۔سرور نے عملی زندگی میں تقریباً چھ تا سات دہائیوں تک پر جوش کام کیا۔سینکڑوں مضامین اور مقالے لکھے۔لیکن وہ مستقل ایک کتاب نہیں لکھ سکے۔سرور اپنے عہد کے ایک سربرآوردہ نقاد تھے۔اور دیگر نقاد بھی اُن کی قدر کرتے تھے۔اُن کے صاحب کتاب نہ ہونے اور اُن کے صرف مضمون نگار رہ جانے کو بھی اُن کی شخصیت کی خوبی قرار دیتے ہوئے شمس الرحمٰن فاروقی لکھتے ہیں:

''آل احمد سرور کے بارے میں کہا جاتا ہے کہ انہوں نے کوئی مستقل کتاب نہیں لکھی۔ لیکن ٹی۔ایس۔ایلیٹ اور اُس کے پہلے میتھو آرنلڈ نے بھی ادب کے موضوع پر کوئی مستقل کتاب نہیں لکھی۔ بعض لوگوں کے ایک ایک مضمون پر کئی کئی کتابوں کی بنا استوار ہوسکتی ہے۔ سرور صاحب نے خود کتاب لکھنے کے بجائے دوسروں کی ذہنی تربیت اور ترقی کیلئے اپنے مضامین میں ایسے نکتے ایسے اشارے اور ایسے مربوط بیانات پیش کئے جن سے کئی نسلوں نے ادب فہمی کا فن حاصل کیا۔''[۳۴]

شمس الرحمٰن فاروقی نے سرور کے بارے میں یہ خیالات اُن کی زندگی میں سرور کے اعزاز میں شائع ہونے والی کتاب تحفۃ السرور کے پیش لفظ میں کہی۔ جبکہ سرور کے انتقال کے بعد لکھے گئے مضمون میں انہوں نے سرور پر یہ تنقید کی کہ وہ دو چار نظریات کو ہی تفصیل سے پیش کرتے تو بہتر ہوتا۔ بہرحال یہ شمس الرحمٰن فاروقی کی سرور کے تنقیدی رویئے کے بارے میں دورخی ظاہر ہوتی ہے۔ دوسری طرف انہوں نے سرور کا تقابل ٹی۔ایس۔ایلیٹ اور میتھو آرنلڈ جیسے مغربی نقادوں سے اسلئے کیا کہ انہوں نے صرف اپنے مضامین سے شہرت پائی تھی۔ اور یہ کہ انہوں نے کوئی مستقل کتاب نہیں لکھی تھی۔

آل احمد سرور کے بارے میں شمس الرحمٰن فاروقی سے ملتے جلتے خیالات پیش کرتے ہوئے ڈاکٹر عبدالمغنی لکھتے ہیں:

''جناب آل احمد سرور کے متعلق کہا جاتا ہے کہ انہوں نے کسی خاص تنقیدی موضوع پر مستقل تصنیف نہیں پیش کی ہے۔ لہٰذا وہ ایک ناقص ناقد ہیں یہ ایک غلط بات ہے۔ اسلئے کہ تنقید کا کوئی معیار اس شرط پر زور نہیں دیتا کہ نقاد کو مختلف مضامین سے آگے بڑھ کر مستقل کتابوں کا مصنف بھی ہونا چاہئے۔ تاریخ ادب میں ایسے عظیم نقادوں کی کمی نہیں جنہوں نے صرف مضامین لکھے ہیں اس سلسلے میں سب سے نمایاں مثال عصر حاضر کے عظیم ترین انگریزی نقاد ٹی۔ایس۔ایلیٹ کی ہے۔ جس نے کسی ادبی موضوع پر کوئی تنقیدی کتاب کبھی نہیں لکھی۔ اور اس کا سرمایہ جو کچھ ہے متفرق موضوعات پر مقالات کی شکل میں ہے۔ جن کا مشہور مجموعہ یا انتخاب Selected Essays ہے۔ سرور نے انگریزی کے ٹی۔ایس۔ایلیٹ کی طرح اپنے مضامین و

مقالات ہی سے وہ کام کرڈالا ہے جو دوسرے لوگ کتابیں اور تصنیفں مرتب کر کے نہیں کر پاتے ہیں۔ کسی بھی کام میں اصل اہمیت مقدار کی نہیں معیار کی ہے۔ جو سرور نے نہ صرف اپنی تنقید میں پیش کیا ہے بلکہ اردو ادب میں قائم کیا ہے۔''[47]

اردو کے ممتاز محقق و نقاد و دانشور گوپی چند نارنگ بھی سرور کے کوئی کتاب نہ لکھنے کو اُن کی خامی تصور نہیں کرتے اُن کی ستائش کرتے ہوئے لکھتے ہیں:

''سرور صاحب نے بھلے ہی ایسی کتابیں نہ لکھی ہوں لیکن اُن کی تحریریں فکر کی روشن اور جگمگاتی ہوئی شاہراہ کی مانند ہیں۔ سرور صاحب کی اہمیت کسی موضوع پر لکھنے یا نہ لکھنے میں نہیں بلکہ ذہنوں کی آبیاری کرنے، فکر کو انگیز کرنے اور ادب کے عرفان کو عام کرنے میں ہے۔ اور یہ معمولی کارنامہ نہیں۔''[48]

سرور کی مقبولیت کو دیکھتے ہوئے کہا جا سکتا ہے کہ اُن کے بصیرت افروز اور فکر انگیز تنقیدی مضامین ہیں ایک کتاب سے کم نہیں۔ اور یہ مضامین اردو تنقید میں اُن کا نام روشن رکھنے کیلئے کافی ہیں۔ آل احمد سرور غالبؔ کی عظمت اور اُن کی معنویت بیان کرتے ہوئے اپنے مضمون ''غالبؔ کی عظمت' میں لکھتے ہیں:

''غالبؔ کی عظمت کو منوانے کیلئے انہیں مفکر یا صوفی یا ہندوستان کی جنگ آزادی کا مجاہد ثابت کرنا قطعاً ضروری نہیں۔ غالبؔ نے اگر انگریزوں سے دوستی کی یا دلی کی بربادی پر کوئی مرثیہ حالیؔ یا داغؔ یا ظہیر دہلوی کی طرح نہیں لکھا تو اس سے غالبؔ کی عظمت پر کوئی حرف نہیں آتا۔ غالبؔ کی دوربین نظر صرف شمع کشتہ کے ماتم میں مصروف نہ رہ سکتی تھی۔..... غالبؔ کے بیشتر ہم عصر عام یا مانوس ردعمل کے شاعر ہیں۔ غالبؔ نئی اور منفرد حیثیت کے شاعر ہیں۔''[49]

آل احمد سرور کی تنقید کے بارے میں عموماً یہ کہا جاتا ہے کہ وہ شگفتہ اسلوب کی رنگینی میں قاری کو مسرور کر دیتے ہیں کوئی حتمی فیصلہ نہیں سناتے۔ جبکہ غالبؔ کے بارے میں اُن کے خیالات دیکھیں تو اندازہ ہوتا ہے کہ انہوں نے مختصر جملوں میں غالبؔ کی شخصیت اور شاعری کے بارے میں چند ایک فیصلہ کن باتیں بھی کہیں ہیں۔ آل احمد سرور کا ایک مضمون ''غالبؔ کی شاعری کی معنویت'' ہے اس مضمون میں

حالیؔ کی شاعری کے بارے میں بیان کردہ اصولوں سادگی' اصلیت اور جوش کو سرور نے غالب کی شاعری میں تلاش کیا ہے۔آل احمد سرور ''اصلیت'' کی اصطلاح کو ادبی اسالیب میں محض ایک اسلوب کہتے ہیں۔سادگی کے بارے میں کہتے ہیں کہ شعریت کو سادگی کے علاوہ زندگی کی پیچیدگی کو جذب کرنا ہوگا۔وہ جوش کی اصطلاح کو سرے سے نظر انداز کرنے کیلئے کہتے ہیں۔اپنے اس مضمون میں سرور مشرق ومغرب کے بارے میں بھی بحث کی ہے۔اور غالبؔ کی شاعری میں تخئیل کی کارفرمائی کا تذکرہ بھی کیا ہے۔سرور لکھتے ہیں:

''جب لوگ جسم کے خطوط' قوسوں اور دائروں میں کھوئے رہتے ہیں وہ خیال کی قوسوں اور دائروں کے عاشق تھے۔''[۵۰]

سرور نے غالبؔ کو سوالی شاعر کہا اور لکھا کہ غالبؔ نے فطرت کے سربستہ رازوں سے پردہ اُٹھانے کیلئے اپنی ذہانت کا استعمال کرتے ہوئے کئی طرح کے سوال اُٹھائے ہیں۔اس ضمن میں وہ لکھتے ہیں:

''شعر وادب اس وقت عظیم ہوتا ہے جب وہ افکار اور عقیدہ' سوال و جواب سب سے آشنا ہو۔غالبؔ نے سوال کئے اپنے سے دوسروں سے' حسن سے' خدا سے' اُن کے کلام میں کیوں' کیا' کیسے کی بھرمار ہے' سوال کرنا خود ایک جواب کا اشاریہ ہے۔''[۵۱]

سرور کے نزدیک سوال کی اہمیت اسلیئے ہے کہ تشکیک ذہنی جستجو اور اس جستجو کی توانائی کو ظاہر کرتی ہے۔آل احمد سرور کا غالبؔ سے متعلق ایک مضمون ''پورے غالبؔ'' ہے۔اس مضمون میں انہوں نے غالبؔ کے شعری اسلوب کے بارے میں بھی بعض دلچسپ پہلو پیش کئے ہیں۔غالبؔ کی شاعری میں پائے جانے والے اردو کے مزاج کو اردو پن قرار دیتے ہوئے سرور لکھتے ہیں:

''اب یہ خیال ذہن سے نکال دینا چاہیئے کہ غالبؔ کے یہاں اردو پن نہیں ہے۔غالبؔ کے اردو پن اور آرزو کے اردو پن میں فرق ہے۔آرزو کا اردو پن جذبے کا ساتھ دے سکتا ہے۔غالبؔ کا اردو پن انفس وآفاق کی آیات تک پہنچ سکتا ہے۔اسلیئے خواہ وہ ابوالکلام کی جزالت ہو یا اقبال کی حکمت' راشد کی فنکاری ہو عبدالعزیز خالد کی لفظ تراشی' یہ سب اردو پن کے ہی مختلف روپ ہیں۔''[۵۲]

مضمون ''غالب کی شاعری کی خصوصیات'' میں سرور غالبؔ کو میرؔ سے بڑا شاعر مانتے ہیں۔اس

ضمن میں وہ لکھتے ہیں:

''انصاف کی بات یہ ہے کہ غالبؔ میرؔ سے زیادہ ترقی یافتہ Sophisticated ذہن رکھتے ہیں۔....ایک نکتہ آفرینی' ایک صحت مند تشکیک' حقائق کو الٹ پلٹ کر دیکھنے اور ایک نئی بصیرت ظاہر کرنے کا جو ملکہ غالبؔ کے یہاں ملتا ہے۔وہ غالبؔ کو میرؔ سے زیادہ تسکین بخش' زیادہ جامع زیادہ کثیر العباد بنا دیتا ہے۔''[۵۳]

سرور نے اسطرح کا خیال ظاہر کر کے میرؔ اور غالبؔ کے موازنے میں غالبؔ کے حق میں کچھ طرفداری کا ہی اظہار کیا ہے۔ جب نقاد کسی فنکار کے حق میں کچھ کہنے کا ذہن بنالیتا ہے تو وہ اپنے خیال کی تائید میں کچھ دلیلیں بھی ڈھونڈ لیتا ہے سرور نے بھی غالبؔ کو بہتر ثابت کرنے کیلئے ان کے شعری اسلوب سے دلیلیں پیش کیں۔ مجموعی طور پر غالبؔ کی تنقید کے معاملے میں آل احمد سرور مثبت رویہ رکھتے ہیں۔ انہوں نے غالبؔ کو کئی باتوں میں نئے ذہن کا پیش رو اور نئی حسیت کا حامل شاعر ثابت کیا ہے۔شمس الرحمٰن فاروقی غالبؔ شناسی میں سرور پر تنقید کرتے ہوئے لکھتے ہیں:

''غالبؔ کے بارے میں آل احمد سرور اور اُن کے پیش رووٗں کی تحریروں نے اس غلط تاثر کو رائج کیا کہ غالبؔ قریب قریب وہ شئے ہیں جیسے Suigeneris کہتے ہیں۔یعنی وہ جو اپنے آپ ہی پیدا ہوا ہو۔کسی اور کے قاعدوں یا نظائر کا اطلاق اس پر نہ ہو سکے۔اس تصویر میں رومانیت کی لہر بھی تھی اور قومی مباہات کیلئے بھی ایک بات نکلتی تھی۔...آج کے پڑھنے والے کو غالبؔ شناسی میں یہ کمی ضرور نظر آئے گی کہ یہاں غالبؔ کو سمجھنے کیلئے ادبی تہذیب اور تاریخ کا کوئی تناظر نہیں فراہم کیا گیا۔''[۵۴]

آل احمد سرور نے اپنی تنقید کو توانا بنانے کیلئے مغربی نقادوں اور مفکروں کا گہرا مطالعہ کیا۔اور انہیں مشرقی بصیرت کے ساتھ اپنی تحریروں میں پیش کیا۔سرور آلڈس ہکسلے' سمرسٹ مائم' آرنلڈ' ایلیٹ وغیرہ کو بار بار اپنی تحریروں اور لکچروں کے ذریعہ پیش کرتے رہے۔ اردو شاعری میں غالبؔ اور انیسؔ کو عالمی شاعری کی صف میں کھڑا کرتے ہوئے سرور لکھتے ہیں:

''ہمارا ادبی سرمایہ ہمالیہ کے ہندوستان کی طرح ہے جس میں غالبؔ ایورسٹ کی چوٹی کی طرح ہیں۔مگر جس میں کنچن چنگا کے لوٗشنگا پربت' نندا دیوی'

ترشول کی جگہ انیسؔ، میرؔ، سوداؔ، نظیرؔ، اقبالؔ اس کے مینار ہیں۔ سرسبز وادیاں ہیں، تند دریا ہیں، برف پوش پہاڑوں کے دامن میں نیلا آنچل پھیلائے جھیلیں ہیں، ہنستے کھلکھلاتے تختے ہیں، کالی بھیانک مگر پرکشش جلال رکھنے والی چٹانیں ہیں غرض ہزار شیوہ حُسن اور ہزار داستان عشق۔"[۵۵]

سرور فطرت پرست تھے، فطرت کے حسین مناظر انہیں بہت پسند تھے۔ چنانچہ شمالی ہند کی بلند و بالا چوٹیوں کا تذکرہ کرتے ہوئے انہیں اردو کے بڑے شعرا سے تشبیہ دی ہے۔ یہ سرور کے جمالیاتی ذوق کی اچھی مثال ہے کہ فطرت کے نظاروں کو اردو کے شعرا اور ادیبوں سے تشبیہ دی جائے۔ سرور جمال پرست تھے، اور وہ قدرت کے اس قانون پر پورے اترنے کی کوشش کرتے رہے کہ "اللہ جمیل ہے اور جمال کو پسند کرتا ہے۔ ادب میں جمالیاتی قدروں کو بڑھاوا دینے اور انہیں منظّم کرنے پر زور دیتے ہوئے سرور اپنے تنقیدی نظریئے کو یوں پیش کرتے ہیں:

"ہماری تنقید نے بلا شبہ اس بیس سال میں خاصا قدم آگے بڑھایا۔ لیکن اسے ابھی ایسا جمالیاتی نظریہ مرتب کرنا ہے۔ جس میں ایک طرف روایت کا احساس ہو۔ دوسری طرف حسن کاری کے نئے آداب کے سمجھنے کی گنجائش، جس میں نثر اور نظم کے بنیادی فرق کو ملحوظ رکھا جائے اور دونوں کے حسن کے ساتھ انصاف ہو سکے۔ اور جس میں شاعری کے نئے احساس کی ترجمانی اور نثر کے نئے شعور کی عکاسی کیلئے اصول موجود ہوں۔ اس جمالیاتی نظریئے کیلئے ادب کو محض فن لطیف سمجھنا کافی نہ ہوگا۔ مشرقی مزاج کا سہارا لے کر علحدگی پسندی کی طرف نہ لے جائے گی۔ اور اسے انسان دوستی کی قدریں دے گی۔ یہ ادب کی خاطر تعلیم، تہذیب، سماجیات، نفسیات سب کی وادیوں سے گذرے گی مگر ان میں بھٹکتے رہنے کے بجائے اپنے مرکز کی طرف واپس آئے۔"[۵۶]

سرور کی عملی تنقید

سرور نے اردو کے شعرا اور ادیبوں پر جو تنقیدی مضامین لکھے وہ عملی تنقید کے اچھے نمونے ہیں۔ انہوں نے حالیؔ، اکبرؔ، چکبستؔ، اقبالؔ، فانیؔ، سرشارؔ، آغا حشرؔ، سرسیدؔ، مہدی افادی، رشید احمد صدیقی، شبلی نعمانیؔ، سجاد انصاری، غالبؔ، ریاضؔ، جذبیؔ، نظیرؔ، اختر شیرانی، جوشؔ پر عملی تنقیدیں لکھیں۔ ان میں غالبؔ، اقبالؔ، حالیؔ، شبلیؔ، اکبرؔ، فانیؔ، سرسید وغیرہ پر سرور نے خصوصی مطالعہ پیش کیا ہے۔ اقبالؔ، غالبؔ، حالیؔ، سرسیدؔ، اکبرؔ، فانی سرور

کے پسندیدہ شاعر و ادیب ہیں چنانچہ سرورؔ نے ان شخصیات کے فن کے مختلف پہلوؤں کو اُجاگر کرتے ہوئے اُن پر ایک سے زیادہ مضامین لکھے۔افراد کے یہ مطالعے یکساں نوعیت کے نہیں ہیں۔ان میں بعض مضامین طویل ہیں اور بعض مختصر۔بعض میں تعارف و تجزیہ زیادہ ہے اور بعض میں تنقید و تبصرہ غالبؔ ہے۔ سرور نے بعض موضوعات اپنی پسند کے منتخب کئے۔اور بعض کو تاریخی اہمیت کی بنا چُنا۔

سرور کی عملی تنقیدوں کی خوبی اور خامی اُجاگر کرتے ہوئے عبدالمغنی لکھتے ہیں:

> ''سرور کی عملی تنقیدوں میں جو ایک طرح کی ریزہ کاری اور رائے زنی کا میلان ہے اس کے دو خاص نتائج برآمد ہوئے ہیں۔اول یہ کہ اُن کے یہاں رشید احمد صدیقی کی طرح دلچسپ اور معنی خیز مقولات کی بڑی کثرت ہے۔ دوسرے یہ کہ مربوط غور و فکر اور مرتب معلومات کی کمی کے سبب بعض تبصرے بڑے ناقص اور الجھے ہوئے ہیں۔''[۵۷]

سرور کے تنقیدی مضامین:

آل احمد سرور نے تنقید کے موضوع پر کئی ایسے مضامین لکھے جو پچھلے کئی سال سے اردو طالب علموں کی رہنمائی کررہے ہیں۔جدید اردو تنقید' تنقید کیا ہے' روایت اور تجربے اردو شاعری میں تنقید کے مسائل' اردو میں ادبی تنقید کی صورتحال' تنقید میں انتخابی نظریئے کی ضرورت وغیرہ۔سرور کا مطالعہ وسیع تھا۔ادبی مسائل پر غور کرنے اور اُن کا تجزیہ کرکے مثبت نتائج تک پہنچنے کی خدا نے انہیں بھرپور صلاحیت دی تھی۔انہوں نے اپنے عہد کے ادبی مسائل پر بھی خاص تعداد میں مضامین لکھے۔اس سلسلے میں اُن کے مضامین موجودہ ادبی مسائل' ادب میں اظہار و ابلاغ کا مسئلہ' ادب میں قدروں کا مسئلہ وغیرہ بصیرت افروز مضامین ہیں۔اسی سلسلے کی کڑی وہ مضامین بھی ہیں جو سرور نے ترقی پسند تحریک اور جدید ادب پر لکھے۔اردو میں جدیدیت کا مفہوم' جدت پسندی اور جدیدیت کے مضمرات دو ایسے مضامین ہیں جن میں جدیدیت کی تحریک کے تمام پہلوؤں کا عالمانہ اور ہمدردانہ انداز میں جائزہ لیا گیا ہے۔سرور کے تازہ تین تنقیدی میلان پر روشنی ڈالنے والے مضامین میں ''ادب میں جدیدیت کا مفہوم'' نئی اردو شاعری' وغیرہ ہیں۔پہلے مضمون میں سرور نے عمومی اور اصولی طور پر اردو ادب کے ایک جدید ترین رجحان کے متعلق اپنا نقطۂ نظر واضح کردیا۔دوسرے مضمون میں اس رجحان کے اہم ترین مظہر شاعری پر تبصرہ کیا گیا ہے۔ان مضامین سے سرور کا جدیدیت کے سلسلے میں موقف بھی ظاہر ہوتا ہے۔سرور جدیدیت کے بارے میں

اظہار خیال کرتے ہوئے لکھتے ہیں:

> ''جدیدیت ایک اضافی چیز ہے۔ یہ مطلق نہیں.....جدید شاعر کو موجودہ زندگی کے مختلف اور متضاد عناصر میں ایک ذہنی تنظیم پیدا کرنی ہوتی ہے۔.....اسے ذہن اور جذبے دونوں میں ایک نئی وحدت قائم کرنی ہوتی ہے اور ذہن کو سادگی تک لانا پڑتا ہے۔.....پھر بھی جدیدیت صرف انسان کی تنہائی' مایوسی' اس کی اعصاب زدگی کی داستان نہیں ہے۔ اس میں انسان کی عظمت کے ترانے بھی ہیں۔ اس میں فرد اور سماج کے رشتے کو بھی خوبی سے بیان کیا گیا ہے۔''[۵۸]

سرور نے جدیدیت کے بارے میں یہ بنیادی نقطہ نظر پیش کیا کہ یہ دراصل ترقی پسندی کا ردعمل ہے۔ یہ اشتراکیت کی اجتماعیت اور ضابطہ بندی کے خلاف انفرادیت اور ضابطہ بے زاری کا ایک ابھار ہے۔ چنانچہ ہر ردعمل کی طرح جدیدیت بھی ترقی پسندی کی ضد میں انتہا پسندی میں مبتلا ہوگئی۔ اس انتہا پسندی کا اظہار ایک طرف شاعری میں آزاد نظم کی کثرت میں ہوا دوسری طرف بے ماجرا اور بے کردار افسانوں میں ہوا۔ اور تیسری طرف تنقید کے نام سے غیر سنجیدہ رائے زنی اور غیر علمی نکتہ چینی میں ہوا۔ جدیدیت کے علمبرداروں نے بلند بانگ دعوے اور پروپگنڈے کئے۔ اور جو باتیں ترقی پسندوں کے ہاں رائج تھیں جیسے عریانی' فحاشی اور انحرافات نفسی اُسے ردعمل کے باوجود خود بھی اختیار کیا۔

سرور نے جدیدیت کے خیالات پہ مبنی اپنے تنقیدی مضامین رسالہ ''شب خون'' میں شائع کروائے تا کہ جدیدیت سے اپنی وابستگی کا اظہار ہو سکے۔ سرور نے اپنے مضامین میں کھل کر نظم آزاد اور آزاد افسانے کی وکالت کی۔ اور ان کے ہئیتی تجربوں کے پیچھے جو ذہنی مضمرات اور احساسات و جذبات کام کررہے ہیں۔ اُن کی ہمدردانہ تشریح اور تنقید کی ہے۔ آل احمد سرور نے بڑھتی عمر کے ساتھ نئی تحریکوں سے اپنے آپ اور بدلتے وقت کے ساتھ اپنے آپ میں بھی بدلاؤ لایا۔ سرور نے ترقی پسند تحریک کے ابتدائی زمانے میں جبکہ تحریک زوروں پر تھی اس کا ساتھ دیا۔ اس کی وکالت کی اور کچھ مدت بعد جب ترقی پسند ادب کے ساتھ زیادتی کرنے لگے تو سرور نے ان کی اصلاح و تنبیہ کا رویہ اختیار کیا۔ جب ترقی پسند تحریک اعتدال پر آئی تو سرور نے ترقی پسندی سے دوری اختیار کر لی۔ جدیدیت ایک نیا رجحان اور تحریک بن کر سامنے آئی تو ادبی بحران پیدا ہوا۔ اس نازک مرحلے میں ایک بار پھر سرور نے نئی نسل کی رہنمائی اپنے قلم سے کی۔

تحریکات اور رجحانات کے ساتھ وابستگی سے قطع نظر اردو تنقید میں آل احمد سرور کے کارناموں کی بڑی اہمیت ہے۔ خواہ کوئی خاص مکتب فکر اُن کو اپنا قائد تسلیم کرے یا نہ کرے۔ سرور کی تنقید نے اردو ادب کی نئی نسل کو بلا امتیاز قدیم وجدید کافی متاثر کیا۔ انہوں نے بعض ادبی رجحانات پر صحت مند اثر ڈالا۔ اور اپنے اثرات سے اردو کے نقادوں کو متاثر کیا۔ سرور سے متاثر ہونے والوں میں خلیل الرحمٰن اعظمی، خورشید الاسلام، ڈاکٹر عبدالمغنی وغیرہ اہم ہیں۔ آل احمد سرور کے تنقیدی مضامین پر مشتمل ایک کتاب ''نئے اور پرانے چراغ'' ہے۔ اس کتاب کا چوتھا ایڈیشن لکھنو سے ۱۹۷۲ء میں شائع ہوا۔ چوتھے ایڈیشن کی اشاعت سے آل احمد سرور کے تنقیدی مضامین کی مقبولیت کا اندازہ ہوتا ہے۔ سرور نے کتاب کا انتساب ''نئے چراغوں کے نام'' کیا ہے۔ کتاب میں شامل مضامین کے عنوانات اسطرح ہیں۔ نئے اور پرانے چراغ، اقبال اور ابلیس، اقبال اور اُس کے نکتہ چین، سرسید کے ایک مخالف، سجاد انصاری، غالب جدید غزل گو شعراء، اکبر اور سرسید، روح اقبال، اردو شاعری میں فانی کی قدر و قیمت، ریاض اور رہم، فروزاں جنگ عظیم کے بعد اردو شاعری، عظمت اللہ خان اور سریلے بول نیا ادبی شعور، رشید احمد کی شخصیت۔

کتاب کے دیباچہ میں سرور نے اپنے مقبول عام تنقیدی نظریات پیش کئے۔ سماجی تنقید کا تذکرہ کرتے ہوئے سرور لکھتے ہیں:

> ''۱۹۳۶ء کے بعد سے اردو میں سماجی تنقید کا آغاز ہوا۔ یہ سماجی تنقید ادب اور زندگی کے مطالعے کیلئے ایک نئی راہ کھولتی ہے۔ اس سے اردو ادب کو بڑا فائدہ پہنچا۔ مگر اس نے اصلاح کے جوش میں بعض اوقات تاریخی حقائق، روایت کی اہمیت، اور فن کے تقاضوں کو نظر انداز بھی کر دیا۔ اس کے خلاف حال میں رد عمل ہوا ہے۔ مگر یہ یاد رکھنا چاہیئے کہ اصول غلط نہیں تھا۔ عمل میں کچھ خامی رہ گئی تھی۔ یعنی تنقید کو اب پیچھے کی طرف لے جانے سے کام نہ چلے گا۔ اُسے جامع اور ہمہ گیر بنانے کی ضرورت ہوگی۔''[59]

سرور نے اس دیباچے میں نقاد کی ذمہ داریاں بیان کیں۔ اور اس ادب کا نباض اور ناشر قرار دیا۔ سرور کی اس کتاب میں ایک طویل مضمون ''نئے اور پرانے چراغ، یعنی نئی اور پرانی شاعری کا تجزیہ کے عنوان سے شامل ہے۔ اس مضمون میں سرور نے وؔلی سے میؔر تک اردو شاعری کے موضوعات اور روایات کا تذکرہ کیا اور اقبال کے اس شعر

آئین نو سے ڈرنا طرز کہن پہ اڑنا

منزل یہی کٹھن ہے قوموں کی زندگی میں

کے حوالے سے لکھا کہ اُردو شاعری بھی قدیم سے جدید کی طرف رُخ کیے ہوئے کئی مسائل سے دوچار ہے تاہم وہ حالیؔ اور اقبالؔ کو جدید شاعری کا معمار قرار دیتے ہیں نئی شاعری کے بارے میں سرور لکھتے ہیں:

''نئی شاعری کی پیش رو حالیؔ ہیں۔ مگر اس کے فلسفی اقبال ہیں۔ اس کا ذہن زیادہ تر مغرب سے متاثر ہے۔ مگر اس کی آنکھیں گھر کی طرف لگی ہیں اس کا دل صحیح جگہ پر ہے اور اس کا دماغ بھی کام کر رہا ہے۔ ....ہمیں اس زمانے میں شررؔ، نظم طباطبائی اور اسمٰعیل میرٹھی کی نظم معرٰی کی کوششیں بھی ملتی ہیں۔ انگریزی نظموں کے ترجمے بھی۔ مثنوی کی طرز پر چھوٹی چھوٹی نظمیں بھی اور آسان اور سیدھی سادی زبان بھی مگر ایسی حیرت انگیز روشنی نہیں ملتی جو آنکھوں میں چکا چوند پیدا کر دے''۔[۶۰]

اس مضمون میں سرور نے ہندوستان کے بدلتے سماجی، سیاسی، ومعاشرتی حالات کے پس منظر میں اردو شاعری کا جائزہ لیا۔ اور حالیؔ، اقبالؔ اور اکبرؔ کو چھوڑ کر دیگر نئے اردو شعراء اور اُن کی شاعری سے مایوسی کا اظہار کیا ہے۔ سرور کا یہ مضمون سماجی تنقید کی ایک اچھی مثال ہے۔

آل احمد سرور کے تنقیدی مضامین پر مشتمل ایک کتاب ''مسرت سے بصیرت تک'' ہے یہ کتاب پہلی مرتبہ دہلی سے ۱۹۷۴ء میں شائع ہوئی۔ اس کتاب کو سرور نے اپنی بیٹی مہ جبین کے نام معنون کیا ہے۔ کتاب کے آغاز پر مشہور انگریز نقاد اور مفکر رابرٹ فراسٹ کا یہ جملہ درج کیا گیا ہے۔

''شاعری مسرت سے شروع ہوتی ہے اور بصیرت پر ختم ہوتی ہے۔

''Poetry begins in delight and ends in wisdom"(Robert Frost)

اس کتاب کا نام بھی شائد سرور نے فراسٹ کے اس مقولے پر رکھا ہوگا۔ کتاب میں شامل مضامین کے عنوانات اسطرح ہیں:

''میرؔ کے مطالعے کی اہمیت، لکھنؤ اور اردو ادب، آتش غالب اور جدید ذہن، غالبؔ کی شاعری کی معنویت، غالبؔ کی عظمت، پورے غالبؔ، حسرت کی عظمت، اقبالؔ اور مغرب، جگر مرادآبادی، مجاز رومانیت کا شہید، فیضؔ اور نئی اردو شاعری۔

کتاب کے پیش لفظ میں سرور نے ادب سے اپنی محبت اور گہری وابستگی کا اظہار کیا ہے اور لکھا کہ ادب سے مسرت اور بصیرت دونوں حاصل ہوسکتی ہیں۔ اردو ادب میں روایت کی اہمیت کو اجاگر کرتے

ہوئے سرور لکھتے ہیں:

''اردو میں جاگیردارانہ روایات کی وجہ سے یا قدامت پسندی کی وجہ سے یا حریت فکر کی کمی کی وجہ سے پٹری پر چلنا عام ہے۔ اور یہ بھی ایک تلخ حقیقت ہے کہ کچھ لوگ جو پٹری پر چلنے کا ڈسپلن نہیں جانتے وہ ادھر اُدھر بھاگ دوڑ کو ہی سب کچھ سمجھ لیتے ہیں۔ اسلئے روایت کا چلن ہی نہیں عرفان بھی ضروری ہے۔ اور اس کے بعد تجربے سے ہمدردی اور تجربے کیلئے اپنی آغوش وا رکھنا بھی۔ شاعری کی مسرت اور اُس کے نتیجے میں بصیرت، بڑا مرتب ذہن، بڑی غائر نظر اور بڑا احساس مزاج چاہتی ہے۔ نادان لوگ کلیوں پر قناعت کر لیتے ہیں حالانکہ گلشن میں تنگئی داماں کا علاج بھی ہے۔''[61]

آل احمد سرور کبھی کبھی دلچسپ جملوں کے استعمال سے پتے کی بات کہہ جاتے ہیں لیکن وہ اس بات کو مزید آگے نہیں بڑھاتے بلکہ قاری کو اپنے ذہن کے مطابق اس کا مفہوم سمجھنے کا موقع عطا کرتے ہیں۔ سرور نے اپنی اس کتاب میں زیادہ تر شعراء کا مطالعہ پیش کیا ہے۔ بعض مضامین کی اشاعت میں تکرار ہوئی ہے۔ سرور کے تنقیدی مضامین کا ایک اور مجموعہ ''پہچان اور پرکھ'' ہے جو مکتبہ جامعہ دہلی سے ۱۹۹۰ء میں شائع ہوا۔ اس مجموعہ میں بھی زیادہ تر شعر اور شاعری کے بارے میں مضامین شامل کئے گئے ہیں۔ مضامین کے عنوانات اسطرح ہیں:

''ادب میں قدروں کا مسئلہ، شاعری اور نثر کا فرق، تنقید میں انتخابی نظریئے کی ضرورت، غزل کا فن، ہماری مشترک تہذیب اور اردو غزل، اردو شاعری میں انسان کا تصور، میرؔ میری نظر میں، غالبؔ کا نظریہ شاعری، غالبؔ کی شاعری کی خصوصیات، انیسؔ کی شاعرانہ عظمت، حسرت کی عشقیہ شاعری میری نظر میں، فانیؔ کی شخصیت اور شاعری، جوش کی شخصیت اور شاعری، کچھ فراق کے بارے میں۔

سرور کے تنقیدی اسلوب کی ایک اہم خصوصیت اُس کی شگفتگی اور تازگی ہے۔ چنانچہ سرور ''کچھ اس کتاب کے بارے میں'' عنوان سے ادب کی تنقید کے بارے میں خیالات بڑے دلچسپ اسلوب میں پیش کرتے ہیں۔ سرور لکھتے ہیں:

''ادب کی تنقید ادب سے ہمدردی اور محبت کے بغیر نہیں ہوسکتی۔ یہ محبت ایک عرفان عطا کرتی ہے۔ صرف جذباتی نہیں ہوسکتی۔ یہ محبوب کے روئے روشن کو نہیں دیکھتی چاند کے دھبے بھی دیکھتی ہے۔ تنقید گلستان میں کانٹوں کی

تلاش نہیں ہے یہ صرف پھولوں کی مدح سرائی بھی نہیں ہے' یہ پھولوں کے اپنے اپنے حسن کو پہچانتی ہے۔اور سبزہ بیگانہ اور کانٹوں کو بھی نظر انداز نہیں کرتی۔ یہ تخلیق کے تجربے میں قاری کوشریک کر کے فنکار کے روحانی سفر میں ساتھی بن کر' پھراس سفر کی اہمیت اور اُس کی سمت کو واضح کرتی ہے۔یعنی تجربے کی پہچان کے بعد اسے ایسے معیاروں سے پرکھتی ہے جو ادب کی مخصوص بصیرت اور کیفیت کے ساتھ انصاف کرسکیں۔ [۶۲]

سرور نے اپنی تنقید کیلئے شگفتہ اسلوب اختیار کیا۔اردو کے نقادوں نے سرور کے اسلوب کی شگفتگی اور تازگی کو پسند تو کیا ہے لیکن تنقید کیلئے اسے ضروری قرار نہیں دیا۔کیونکہ تنقید میں دواور دو چار سے بحث ہوتی ہے پانچویں کی گنجائش نہیں رہتی لیکن سرور اپنے اسلوب کی خصوصیت شگفتگی کی تائید میں لکھتے ہیں:

''اب تنقید کی زبان کے متعلق ایک بات کہنا میں ضروری سمجھتا ہوں۔ یہ پُر مغز' مدلل اور مرتب ہونی چاہئے۔مگر اس کے ساتھ شگفتہ بھی تنقید بہر حال کسی علم کا ہدایت نامہ نہیں ہے یہ ادب کی یک شاخ ہے۔اور اس کیلئے بات کو واضح کرنے کے علاوہ دل میں اتارنے کی صلاحیت بھی ضروری ہے شاعرانہ نثر اور شگفتہ نثر میں فرق ہے۔ [۶۳]

سرور نے اس کتاب کے ایک مضمون ''تنقید میں ایک انتخابی نظریئے کی ضرورت'' میں اس بات کا اظہار کیا ہے کہ اردو تنقید میں نظر کم ہوگئی ہے۔اور نظریے زیادہ ہوگئے ہیں۔اس سے یک رُخی تنقید ہورہی ہے جو صحت مند رجحان نہیں ہے۔سرور کے تنقیدی مضامین کا ایک مجموعہ ''نظر اور نظریئے'' ہے جو پہلی مرتبہ ۱۹۷۳ء میں دہلی سے شائع ہوا۔اس مجموعے میں شامل مضامین کے عنوانات اسطرح ہیں: شاعری میں شخصیت' نظم کی زبان' نثر اسٹائل' فکشن کیا؟' کیوں اور کیسے؟' جدت پرستی اور جدیدیت کے مضمرات' ادب میں جدیدت کا مفہوم' برنارڈ شا' گورکی کا اثر اردو ادب پر' لنین کا اثر اردوادب پر' تراجم اور اصطلاح سازی کے مسائل۔سرور نے اس کتاب کو اپنے بیٹے صدیق کے نام کیا ہے۔کتاب کے پیش لفظ میں سرور نے اپنے تنقیدی خیالات پیش کئے ہیں اور ادب میں تجربات کی ضرورت پر زور دیا ہے۔سرور لکھتے ہیں:

''ادب کا اچھا طالب علم وہ ہے جو روایت سے اچھی طرح واقف ہو۔اور تجربے کے ساتھ ہمدردی رکھتا ہو۔جسطرح ادب میں روایت پرستی بُری ہے

اسی طرح تجربہ برائے تجربہ بھی سراہا نہیں جاسکتا۔ مگر تجربے کیلئے ذہن کی کھڑکی کھلی رکھنی ضروری ہے۔ چونکہ ہمارا ادب مجموعی طور پر آج بھی قدامت پرست زیادہ ہے۔ اسلئے تجربے کی اہمیت اور ضرورت پر زور دینا میرے نزدیک آج کا اہم فریضہ ہے۔ اسطرح روایت کی نئی سرے سے دریافت اور اس سے نیا کام لینا بھی ضروری ہے۔''[۶۴]

سرور کے تنقیدی مضامین پر مشتمل مجموعہ نظر اور نظریئے میں شامل ایک مضمون کا عنوان ''ادب میں جدیدیت کا مفہوم'' ہے۔ سرور نے جدیدیت کے موضوع پر بارہا اظہار خیال کیا ہے۔ یہی وجہہ ہے کہ سرور کے اس طرح کے مضامین دیگر کتابوں اور رسائل کی زینت بنتے رہے۔ جدیدیت کی ابتداء کے محرکات بیان کرتے ہوئے سرور لکھتے ہیں کہ سائنس وٹیکنالوجی کے فرق نے زندگی میں بڑی تبدیلی پیدا کی۔ لیکن سائنس وٹیکنالوجی انسان کی روح کی آسودگی کا سامان نہیں کرسکی۔ اس کیلیے ادب سے کام لیا گیا۔ اور ادب میں لفظ کو بہ طور علامت استعمال کیا گیا اور انسانیت کیلئے نشہ اور نجات دونوں کا سامان فراہم کیا گیا۔ سرور نے جدیدیت کی اچھی باتوں کی تعریف کی ہے۔ لیکن بعض امور کی مخالفت بھی کی ہے۔ سرور مجموعی طور پر جدیدیت کے رجحان کا جائزہ لیتے ہوئے لکھتے ہیں:

''جدیدیت صرف انسان کی تنہائی' مایوسی اُس کی اعصاب زندگی کی داستان نہیں ہے۔ اس میں انسان کی عظمت کے ترانے بھی ہیں اس میں فرد اور سماج کے رشتے کو بیان کیا گیا ہے۔ اس میں انسان دوستی کا جذبہ بھی ہے مگر جدیدیت کا نمایاں روپ آئیڈیالوجی سے بیزاری' فرد پر توجہہ' اُس کی نفسیات کی تحقیق' ذات کے عرفان' اُس کی تنہائی اور اُس کے موت کا تصور سے خاص دلچسپی ہے۔ اس کیلئے اُسے شعر وادب کی پرانی روایت کو بدلنا پڑا۔ زبان کے رائج تصور سے نپٹنا پڑا ہے اُسے نیا رنگ وآہنگ دینا پڑا ہے۔ اس کے اظہار کیلئے اُسے علامتوں کا زیادہ سہارا لینا پڑا ہے۔ اردو ادب کے طالب علموں کو جدیدیت کے ہر روپ کا معروضی طور پر مطالعہ کرنا چاہیئے۔''[۶۵]

آل احمد سرور کے تنقیدی مضامین پر مشتمل ایک کتاب ''تنقید کیا ہے؟ اور دوسرے مضامین'' ہیں۔ اس کتاب کے دیباچے میں سرور نے اپنے تنقیدی رویئے کی تشکیل میں سائنس کی تعلیم کی افادیت کا اظہار کیا ہے۔ اور لکھا کہ سائنس کیا اور کیسا کی تعلیم دیتی ہے۔ اردو تنقید میں معروضیت کی ضرورت اور

اہمیت بیان کرتے ہوئے سرور لکھتے ہیں:

> ''اردو تنقید میں سب سے بڑی ضرورت اس معروضیت یا Objectivity کی ہے اور آج اس کی ضرورت اتنی ہے جتنی کبھی نہ تھی۔ جب تک آپ کسی چیز کی روح تک نہ پہونچیں اس کے ساتھ انصاف نہیں کر سکتے۔ اس ہمدردی یا رفاقت کے بعد اس تجربے اور دوسرے بڑے تجربوں کے پرکھنے کا سوال آتا ہے۔ آخر میں قدریں بنانے اور نافذ کرنے کا میرے یہاں تنقید میں یہی عمل ملے گا۔.... میرے یہاں ترجمانی کی کوشش اور تجزیئے کی فکر اسی قدر ہے۔''[٦٦]

آل احمد سرور کی تنقیدی کتابوں کی اہمیت اسلئے بھی ہے کہ ان کتابوں میں سرور نے جابجا اپنے تنقیدی خیالات اور نظریات پیش کئے۔ اور مغربی مفکرین کے حوالے بھی دیئے۔ ''تنقید کیا ہے؟'' مضامین کے مجموعہ میں سرور ا یک مضمون ''ترقی پسند تحریک پر ایک نظر'' کے عنوان سے شامل ہے۔ اس مضمون میں سرور نے ترقی پسند تحریک کا مختلف پہلوؤں سے جائزہ لیا ہے۔ اور اس تحریک کا متواتر تجزیہ پیش کرتے ہوئے اردو شاعری، افسانہ اور تنقید پر اس کے اثرات کو پیش کیا۔ ترقی پسند تنقید کا مطالعہ پیش کرتے ہوئے سرور لکھتے ہیں:

> ''ترقی پسند تنقید نے لوگوں کو تنقید کے مطالعے کا شوق دلایا ہے۔ اور آج لوگ تنقید بھی ذوق وشوق سے پڑھنے لگے ہیں۔ اس نے تنقید کو محض لفظی یا صنعتی یا شعبدہ باز ہونے سے بچایا ہے۔ اصطلاحوں کے چکر سے یہ بھی ابھی تک آزاد نہیں ہوسکی۔.... اس نے تحسین اور سخن فہمی کا معیار اونچا کیا ہے۔ اس نے غزل کی مقبولیت کو کم کیا (اور غزل کے معیار کو بلند)۔ اور شاعروں اور ادیبوں سے بعض مطالبے کر کے اور اُن سے بعض توقعات وابستہ کر کے انہیں سوچنے اور سیکھتے رہنے پر مجبور کر دیا ہے۔ اس نے ادب میں آمریت کے بجائے جمہوریت کو اہمیت دی ہے اس نے زبان کے مسئلے کو سیاست کی الجھنوں سے علحدہ کر کے سماجی اور علمی نقطہ نظر سے دیکھنے کی کوشش کی ہے۔ اُس نے آزاد نظم، بے قافیہ نظم اور دوسرے تجربوں کیلئے میدان صاف کیا ہے۔... اس نے تنقید کو تخریب یا عیب جوئی یا نکتہ چینی نہیں ہونے دیا اس نے

بتایا کہ تنقید محض گلستاں میں کانٹوں کی تلاش نہیں ہے۔ بلکہ کانٹوں کے باوجود اُس کی بہار کا احساس ہے۔'' [۶۷]

سرور کے تنقیدی مضامین کا ایک مجموعہ ''ادب اور نظریہ'' کے نام سے ۱۹۵۴ء میں شائع ہوا۔ اس مجموعہ میں شامل مضامین کے عنوانات اسطرح ہیں:

اردو غزل میر سے اقبال تک' تہذیب اور ادب میں سرسید کا کارنامہ' نظیر اور عوام' اختر شیرانی' غالب کا ذہنی ارتقاء' اقبال کی عظمت' رشید احمد صدیقی' مولانا سہیل کی شاعری' جوش کا سرور و خروش' ضیاء حیات ایک تبصرہ' روایت اور تجربے اردو شاعری میں' نئے ہندوستان کی تعمیر میں اردو کا حصہ' اور ادب اور نظریہ۔

اس کتاب کے دیباچے میں سرور نے لوگوں کے اس اصرار کا ذکر کیا ہے کہ وہ کوئی مستقل کتاب نہیں لکھ سکے۔ اپنی مضمون نویسی کی مدافعت کرتے ہوئے سرور لکھتے ہیں:

> ''مضامین کے مجموعوں کے خلاف اب بھی کچھ حلقوں میں ایک تعصب ہے لوگ ایک موضوع پر ایک کتاب کو زیادہ قدر کی نگاہ سے دیکھتے ہیں۔ چاہے اس میں رطب و یابس سبھی کچھ کیوں نہ ہو۔ انگلستان اور امریکہ میں کئی ایسے ممتاز نقاد ہیں جن کے مضامین نے مستقل کتابوں سے زیادہ تنقیدی شعور کو بیدار کیا ہے۔ سنجیدہ نظر معیار کو دیکھتی ہے صفحات کی تعداد پر غور نہیں کرتی۔ ظاہر ہے کہ اردو میں ابھی تنقیدی مضامین کی بھی ضرورت ہے اور پوری کتاب کی بھی۔ یہ ضرور ہے کہ جب حسن ''ہزار شیوہ'' ہو تو کبھی کبھی عشق کو ''ہزار داستان'' بھی ہونا پڑتا ہے۔'' [۶۸]

سرور نے صفحات کی تعداد کے مقابلے میں معیار کی بات کہتے ہوئے اپنے مضامین کی فضیلت کتاب کے مقابلے میں دکھانے کی کوشش کی ہے۔ سرور چاہتے تو ایک کتاب لکھ سکتے تھے لیکن ایک کتاب کے مقابلے میں سینکڑوں مضامین کے تخلیق کار ہوتے ہوئے سرور نے یہ ظاہر کیا کہ وہ مضمون کے کھلاڑی ہیں کتاب کے نہیں۔ سرور نے ان مضامین کے مجموعوں میں بعض مضامین مکرر شائع کئے ہیں۔

سرور بہ حیثیت مرتب

آل احمد سرور نے چند ایک کتابیں مرتب کر کے شائع کی ہیں۔ ان میں اردو شعریات' اردو فکشن'

انتخاب مضامین سرسید، جدید دنیا میں اسلامی مسائل اور امکانات، جدیدیت اور ادب، شعرائے عصر کا انتخاب، ہندوستان میں تصوف، تنقید کے بنیادی مسائل وغیرہ شامل ہیں۔ آخرالذکر مرتبہ کتاب میں علی گڈھ مسلم یونیورسٹی میں تنقید کے موضوع پر ہونے والے سمینار میں پڑھے گئے۔ مضامین کو شامل کیا گیا ہے کتاب میں شامل مضامین کے عنوانات اور اُن کے لکھنے والوں کے نام اسطرح ہیں۔

اردو تنقید کے بنیادی افکار	۔	آل احمد سرور
عربی تنقید کے بنیادی افکار	۔	ڈاکٹر عبدالعلیم
سنسکرت میں تنقید نگاری	۔	پروفیسر سوریہ کانت
ہندی تنقید کے بنیادی افکار	۔	ڈاکٹر ہربنس لال شرما
نئی تنقید	۔	جناب سلامت اللہ خاں
جدید ہندی تنقید	۔	ڈاکٹر رو ندر بھرمر
نظم سے نثر تک	۔	جناب مجنوں گورکھپوری
تنقید اور قدروں کا مسئلہ	۔	ڈاکٹر اختر اورینوی
تنقید کا تاریخی شعور اور انفرادیت	۔	ڈاکٹر محمد عقیل
تخلیق عمل کا نفسیاتی تجزیہ	۔	ڈاکٹر انور انصاری
جمالیاتی تنقید	۔	ڈاکٹر وحید اختر
تنقید اور نفسیات	۔	جناب شبیہہ الحسن نونہروی
ناول کی تنقید	۔	پروفیسر سید احتشام حسین
اردو افسانہ کی تنقید	۔	ڈاکٹر قاضی عبدالستار
نظم کی تنقید	۔	ڈاکٹر منیب الرحمٰن
تنقید غزل	۔	ڈاکٹر راہی معصوم رضا
تذکروں میں تنقید	۔	جناب محمد عتیق صدیقی
تحقیق اور تنقید	۔	ڈاکٹر نگیندر
ڈاکٹر عبدالرحمٰن بجنوری	۔	ڈاکٹر خورشید الاسلام

موضوعات اور قلمکاروں کی اس رنگارنگی سے ظاہر ہوتا ہے کہ سرور نے نہ صرف اردو ادب بلکہ دیگر زبانوں کے ادب کی تنقید کا احاطہ بھی اس کتاب میں کر دیا ہے۔ تقابلی تنقید مطالعہ کیلئے یہ کتاب معاون

ہوسکتی ہے کتاب کے پیش لفظ میں سرور نے سمینار میں پڑھے گئے مقالوں کی اہمیت اورانہیں کتابی شکل دینے میں پیش آئی دشواریوں کا ذکر کیا ہے۔ اور آخر میں اپنے تنقیدی نظریات پیش کئے ہیں۔ دور جدید میں تنقید کی اہمیت اُجاگر کرتے ہوئے سرور لکھتے ہیں:

''ایک تنقیدی ذہن پیدا کرنے کی ضرورت جتنی آج ہے پہلے کبھی نہ تھی۔ایک طرف سائنس وٹیکنالوجی نے صنعتی نظام کوفروغ دیا اور کام اور تفریح آزادی اور پابندی دونوں کے مسائل پیدا کردئے ہیں جن کا اثر مشرق ومغرب سبھی پر پڑ رہا ہے۔دوسری طرف جہاں مادی خوشحالی ہے وہاں ایک طرف روحانی اضطراب بھی ہے جو سستے فارمولوں سے مطمئن نہیں ہے اور ادعائیت کے جبر سے بچنا چاہتا ہے۔تیسری طرف ترقی کے ساتھ اپنی تہذیب کو ہم آہنگ کرنے اور دونوں کو ساتھ لے کر چلنے کا فطری میلان ہے۔اسلئے تہذیب تاریخ'فرد' سماج فکروفن سبھی تصورات پر غائرنظرڈالنے کی ضرورت ہے۔اوراُن کے مفہوم کواپنے طور پرسمجھنے کی ضرورت ہے۔''[۶۹]

زیرنظرکتاب میں سرور کا ایک مضمون ''اردوتنقید کے بنیادی افکار'' شامل ہے۔اس مضمون میں سرور نے اردو میں تنقید کی ابتداء کے عوامل اورمحرکات کا جائزہ لیتے ہوئے مختلف ادوار میں اردو میں تنقید کی بدلتی صورتحال کا جائزہ پیش کیا ہے۔سرورایک اعتدال پسند نقاد ہیں لیکن جہاں اُنہیں کوئی بات کھٹکتی ہے وہ حق گوئی اور بیباکی سے اظہار خیال کرنے میں نہیں چوکتے۔اردوتنقید پرفرائڈ اور ینگ اور ایڈلرر کے اثرات کو بیان کرتے ہوئے انہوں نے لکھا کہ میراں جی وغیرہ نے ان مغربی مفکرین کےنظریات کی غلط تاویلیں کی ہیں۔سرور لکھتے ہیں:

''میراں جی اوراُن کے ساتھیوں نے فرائڈ کے خیالات سستی تاویلیں کرکے ادبی تنقید کوکیس ہسٹری بنادیا تھا۔خودفرائڈ کوجدیدنفسیات نے پیچھے چھوڑ دیا ہے۔مگرہمارے یہاں تحلیل نفسی کی مدد سے فنکار کی شخصیت کے پیچ وخم متعین کرنے کی کوشش ابھی جاری ہے۔گوحال میں یہ احساس بھی ہونے لگا ہے کہ ینگ کے افکاراور ماؤباڈکن کےنظریات پرزیادہ توجہ کی ضرورت ہے مگر جدیدنفسیات نے جس طرح فن کے تجزیئے پرزوردیناشروع کیا ہےاور لفظ اورمعنی کے پراسرار رشتوں کی جسطرح گرہ کشائی کی ہے میں اسے زیادہ

اہمیت دیتا ہوں۔''۵۰؎

سرور کا مطالعہ وسیع تھا اور مغربی ادب پر بھی اُن کی گہری نظر تھی۔ یہی وجہ ہے کہ وہ مغربی مفکرین کے نظریات کی تہہ تک پہونچے تا کہ اردو میں اُن نظریات کے صحیح یا غلط استعمال کو پرکھ سکے۔ اردو میں حالی نے یہ سلسلہ شروع کیا تھا۔ جسے سرور نے آگے بڑھایا۔

آل احمد سرور کی مرتبہ ایک کتاب ''جدیدیت اور ادب'' ہے اس کتاب میں علی گڈھ یونیورسٹی کے شعبہ اردو کے زیر اہتمام ۱۹۶۷ء میں جدیدیت کے موضوع پر منعقدہ سمینار کے مضامین شامل کئے گئے ہیں۔ مضامین کے عنوانات اور اُن کے لکھنے والوں کے نام اسطرح ہیں:

جدیدیت کیا ہے ایک فلسفیانہ تجزیہ	۔	یوسف جمال خواجہ
ادب میں جدیدیت کا مفہوم	۔	پروفیسر آل احمد سرور
مغرب میں جدیدیت کی روایت	۔	شمس الرحمٰن فاروقی
انگریزی افسانے میں جدیدیت	۔	ڈاکٹر محمد یسین صدیقی
جدیدیت اور اردو افسانے	۔	ڈاکٹر محمد حسن
افسانہ اور قاری	۔	رام لعل
نیا افسانہ اور اس کی توجہ	۔	قاضی عبدالستار
جدید اردو ناول تشکیل سے تعمیر تک	۔	ڈاکٹر قمر رئیس
جدید اردو نظم کچھ پہلو	۔	بلراج کومل
ایک جدید نظم کا تجزیاتی مطالعہ	۔	شہریار
جدید تر غزل	۔	خلیل الرحمٰن اعظمی
جدید شعری تنقید	۔	وارث کرمانی

آل احمد سرور نے ''ابتدائیہ'' کے عنوان سے اپنے خیالات کا اظہار کیا ہے۔ اور یونیورسٹی کے ادب کے شعبوں کی سرگرمیوں کا احاطہ کیا ہے کہ کس طرح یہ شعبہ کلاسیکی ادب کے ساتھ عصری ادب کے بدلتے تقاضوں سے بھی اپنے آپ کو ہم آہنگ کرا رہے ہیں۔ جدیدیت کے موضوع پر سمینار کے انتخاب کی وجوہات بیان کرتے ہوئے سرور لکھتے ہیں:

''ایک زمانے میں یونیورسٹیاں صرف ان لوگوں پر توجہ کرتی تھیں جو کلاسک ہو گئے ہیں۔ اور ہم عصر ادب کے سلسلے میں دلچسپی اور شغف کو اتنا ضروری

نہیں سمجھتی تھیں ۔ یہ نقطہ نظر اب بدل رہا ہے کیونکہ یونیورسٹیاں علمی عجائب خانہ نہیں ہیں۔ جن میں صرف علمی نوادر کا مطالعہ کیا جائے۔ ان کا فرض جدید اور ہم عصر میلانات کے ہجوم میں ایک راستے اور سمت کا احساس دلانا بھی ہے۔ تنقید میں تو یہ بات اور بھی ضروری سمجھی جاتی ہے کہ تنقید ہم عصر ادب کو ذہن میں رکھے۔ ہر نئی تحریک کا مطالعہ کرے اور اُن نئے معیاروں کی مدد سے جو بن چکے ہیں ہم عصر ادب میں بھی معانی و مفاہیم تلاش کرے اور اگر ضرورت ہو تو اپنے معیاروں پر نظر ثانی کرے۔ تاکہ وہ زیادہ جامع اور لچکدار ہو سکیں۔''[اے]

اردو کی جامعات میں منعقد ہونے والے سمینار اپنے موضوع کی مناسبت سے اہمیت کے حامل ہوتے ہیں۔ سمینار میں شرکاء ان مضامین سے مستفید ہوتے ہیں لیکن اگر انہیں کتابی شکل دی جائے تو دیگر کئی لوگوں کے استفادے کا باعث ہوسکتا ہے۔ سرور کی ناقدانہ نظر اور جستجو نے انہیں اکثر مواقع پر منعقدہ سمیناروں کے مضامین کو کتابی شکل دینے کی ترغیب دلائی۔ اور سرور کی اس کوشش اور کاوش سے اردو ادب اور اردو تنقید کا دامن کافی وسیع ہوا۔

آل احمد سرور جب اقبال انسٹی ٹیوٹ کشمیر سے وابستہ تھے تو وہاں بھی انہوں نے اقبال سے متعلق کئی سمینار کرائے۔ اقبال کے حوالے سے سرور نے اسلام کی گہرائی کا مطالعہ کیا۔ اور عصر حاضر میں اُس کی معنویت پر غور کیا۔ شیر کشمیر شیخ محمد عبداللہ کی ایماء پر سرور ''جدید دنیا میں اسلام، مسائل اور امکانات'' کے موضوع پر ایک معلوماتی سمینار منعقد کیا اور اسی موضوع پر پڑھے گئے۔ کئی مضامین کو کتابی شکل میں شائع کرایا۔ جو کشمیر سے ۱۹۸۳ء میں شائع ہوئی۔ اس کتاب میں شامل مضامین اور اُن کے لکھنے والوں کے نام اسطرح ہیں:

جدید دنیا میں اسلام مسائل اور امکانات	۔	پروفیسر آل احمد سرور
عصر حاضر کے ساتھ اسلامی اقدار اور تعلیمات کی مطابقت	۔	میر واعظ مولانا محمد فاروق
عصر حاضر اور اسلامی اقدار	۔	جناب محمد یوسف ٹینگ
دور حاضر میں اسلامی اقدار کی معنویت	۔	جناب غلام رسول ملک
تصوف اور انسان دوستی	۔	جناب خواجہ حسن ثانی نظامی
عصر حاضر سے اسلامی اقدار کی مناسبت	۔	جناب حافظ رحمت اللہ میر

ذرائع پیداوار اور ذرائع تقسیم کی ملکیت - مولانا حافظ مجیب اللہ ندوی

شریعت بدلتے ہوئے زمانے میں۔حضرت عمر فاروق کے اجتہادات کی روشنی میں۔ مولانا سید احمد اکبر آبادی

حضرت عمر فاروق اعظم کے اجتہادات سے ہم کو کیا ملا اور کیا مل سکتا ہے۔ جناب سید صباح الدین عبدالرحمٰن

غزالی کا اجتہاد - جناب رشید نازکی

اسلام اور سیکولرزم - جناب مفتی محمد رضا انصاری

سیکولر ملکوں میں اسلام کا رول - مولانا اخلاق حسین قاسمی

فکر اقبال اور ہندی مسلمان - پروفیسر مسعود حسین خان

اصلاح وتجدید کے حامی اور اُن کی الجھنیں - پروفیسر ضیاء الحسن فاروقی

جمہوریہ اسلامی ایران میں اسلام کے مسائل اور امکانات - ڈاکٹر کبیر احمد جائسی

سیکولر ہندوستان میں شریعت کے نفاذ کا مسئلہ - پروفیسر مشیر الحق

ہندوستانی سیکولر جمہوریہ میں اسلامی قانون کی مناسبت - جناب غلام نبی ہاگرو

مسلم ممالک میں اسلام قانون کا نفاذ اور اُس کا جواز - جناب ایم۔اے شیدا

اسلام اور بینکنگ - جناب ریحان الحق

اسلام اور عورت - جناب منشی جلال الدین

عورت اور اسلام مسئلہ حجاب پر ایک نظر - جناب محمد اسلم اصلاحی

عہد حاضر میں اسلام سے متعلق موضوعات کے تنوع سے اندازہ ہوتا ہے کہ سرور نے اردو ادب کے علاوہ اسلامیات پر بھی کافی دسترس حاصل کر لی تھی۔اور اپنی انتظامی صلاحیتوں کا اظہار کرتے ہوئے مسلمانوں کے قومی ملی و عالمی مسالک کے حل کی کوشش کی۔

کتاب کے دیباچے میں نئے زمانے کے مسائل اور اسلام میں اُن کا حل تلاش کرتے ہوئے سرور لکھتے ہیں:

> ''روٹی روزی کے مسئلے کی اہمیت مسلم ہے۔اور کوئی ایمان دار آدمی اس کی اہمیت سے انکار نہیں کر سکتا۔مگر یہ واقعہ ہے کہ تہذیب و اخلاق انسان کو ایک سمت اور مقصد عطا کرتے ہیں۔اسلئے دراصل دونوں میں توازن پیدا کرنا ہی

دانش مندی ہے۔....آج زندگی پیچیدہ بھی ہے اور قدرتی وسائل کے اندھے استعمال کی وجہ سے اور بڑھتی ہوئی آبادی کے دباؤ کی وجہ سے نئے خطرات سے دوچار بھی ہے۔ اسلئے موجودہ دور اپنے سارے امکانات کے ساتھ ایک چیلنج ہے انسانیت کی بہتر تنظیم اور سماج کی تفہیم کیلئے اسلام اس کام میں ہماری رہنمائی کرسکتا ہے۔'' ۲۷

سرور ایک دانشور عالم اور زمانہ شناس تھے انہیں اپنے عہد کے مسائل اور بدلتی دنیا کے حالات سے آگہی حاصل تھی۔ وہ صرف مسائل پر ہی نظر نہیں رکھتے بلکہ انسانیت سے ہمدردی ظاہر کرتے ہوئے اُسے مسائل سے بچانے کیلئے اُن کا حل بھی رکھتے ہیں۔ اور ایک سچے مسلمان کی طرح انہیں مذہب اسلام میں ساری انسانیت کے تمام مسائل کا حل نظر آتا ہے۔ اس کیلئے سرور روشن خیالی اور ماننے کا جذبہ پیدا کرنے پر زور دیتے ہیں۔

سرور نے اقبالیات کے

موضوع پر بھی کئی کتابیں مرتب کیں۔ ان میں اقبال اور اردو۔ اقبال اور تصوف۔ اقبال اور مغرب، تشخص کی تلاش کا مسئلہ اور اقبال، جدیدیت اور اقبال، عرفان اقبال اور مقالات یوم اقبال شامل ہیں۔ ان کتابوں میں شامل موضوعات اقبال کی شخصیت اور شاعری کے مختلف گوشوں کا احاطہ کرتے ہیں۔ اسطرح سرور نے بہ حیثیت مرتب اردو تنقید، شعر و شاعری اور اسلامیات کے موضوعات پر کتابیں ترتیب دیتے ہوئے قیمتی مواد کو کتابوں میں محفوظ کر دیا۔ اُن کی تنقیدی بصیرت سے اردو ادب میں کئی کتابوں کا اضافہ ممکن ہو سکا۔

سرور بہ حیثیت مبصر:

آل احمد سرور ایک بسیار نویس نقاد ہیں۔ انہوں نے سو سے زائد تنقیدی مضامین لکھے اور اپنی تنقیدی تحریروں کو وسعت دیتے ہوئے انہوں نے اردو ادب کی کئی کتابوں پر تبصرے بھی لکھے۔ سرور نے جن کتابوں پر تبصرے لکھے اُن کے نام اور اُن کے مولفین کے نام اور تبصرہ جس کتاب یا رسالے میں شائع ہوا اُس کی تفصیل اسطرح ہے۔

آتش خاموش از صالحہ عابد حسین	۔	اردو ادب سہ ماہی علی گڈھ۔ ڈسمبر ۱۹۵۲ء
آہنگ مجموعہ کلام اسرار الحق مجاز لکھنوی	۔	اردو ادب علی گڈھ۔ جون ۱۹۵۲ء
ادبی اور قومی تذکرے از کشن پرشاد کول	۔	اردو ادب علی گڈھ۔ ۱۹۵۲ء

ببلیوگرافی آف اقبال مرتبہ عبدالغنی وخواجہ نور الٰہی	۔	اردو ادب علی گڑھ۔ مارچ ۱۹۵۵ء
جلوہ صد رنگ مجموعہ کلام حبیب احمد صدیقی	۔	اردو ادب علی گڑھ۔ اکتوبر ۱۹۵۰ء
چاند نگر۔ از ابن انشاء	۔	اردو ادب علی گڑھ۔ جون ۱۹۵۲ء
تمانگر۔ مجموعہ کلام میکش اکبر آبادی	۔	اردو ادب علی گڑھ۔ جون ۱۹۵۵ء
حیات اجمل۔ مولفہ قاضی عبدالغفار	۔	اردو ادب علی گڑھ۔ جون ۱۹۵۲ء
حیات اکبر۔ مرتبہ عشرت حسین	۔	اردو ادب علی گڑھ۔ مارچ ۱۹۵۲ء
حیات سرسید۔ مولفہ نورالرحمٰن	۔	اردو ادب علی گڑھ۔ ستمبر ۱۹۵۲ء
حیات شبلی۔ مولفہ سید سلیمان ندوی	۔	تنقیدی اشارے مسلم ایجوکیشنل پریس علی گڑھ۔ ۱۹۴۶ء
حیدرآباد کے ادیب۔ مرتبہ زینت ساجدہ	۔	ہماری زبان علی گڑھ ۱۵؍فروری ۱۹۵۹ء
حیدرآباد کے شاعر۔ مرتبہ خواجہ حمید الدین شاہد	۔	ہماری زبان علی گڑھ ۱۵؍فروری ۱۹۵۹ء
خنداں۔ مجموعہ مضامین رشید احمد صدیقی	۔	تنقیدی اشارے ادارہ فروغ اردو۔ ۱۹۶۴ء
خون کی لکیر۔ مجموعہ کلام علی سردار جعفری	۔	اردو ادب علی گڑھ۔ ستمبر ۱۹۵۰ء
دست صبا۔ مجموعہ کلام فیض احمد فیض	۔	اردو ادب علی گڑھ۔ دسمبر ۱۹۵۲ء
دیوان غالب۔ مع شرح از عرش ملسیانی	۔	اردو ادب علی گڑھ۔ ستمبر ۱۹۵۰ء
دیوانجی۔ کلیات ظریف لکھنوی	۔	اردو ادب علی گڑھ۔ ستمبر ۱۹۵۰ء
ڈال ڈال پات پات۔ از برہم ناتھ	۔	ہماری زبان۔ علی گڑھ دسمبر ۱۹۶۱ء
روح اقبال۔ مولفہ یوسف حسین خان	۔	نئے اور پرانے چراغ۔ ادارہ فروغ اردو لکھنو۔ ۱۹۵۵ء
روح صہبائی۔ مجموعہ کلام اثر صہبائی	۔	ساقی ماہنامہ دہلی۔ اپریل ۱۹۴۷ء
روزگار فقیر۔ مولفہ فقیر سید وحیدالدین	۔	اردو ادب شمارہ ۳۔ علی گڑھ۔ ۱۹۵۰ء
زیر آب۔ خطوط صفیہ اختر بنام جان نثار اختر	۔	اردو ادب علی گڑھ ستمبر ۱۹۵۴ء
ساز لرزاں۔ مجموعہ کلام غلام ربانی تاباں	۔	اردو ادب علی گڑھ اپریل۔ ۱۹۵۱ء
ستاروں سے ذروں تک۔ مجموعہ کلام جگن ناتھ آزاد	۔	اردو ادب علی گڑھ۔ اپریل ۱۹۵۱ء
سرود وخروش۔ مجموعہ کلام جوش ملیح آبادی	۔	اردو ادب علی گڑھ دسمبر۔ ۱۹۵۲ء

شاعر۔مشاعرہ نمبر مرتبہ اعجاز صدیقی	۔	اردوادب علی گڈھ دسمبر۔۱۹۵۰ء
ضیاء حیات۔مولفہ محمد امین زبیری	۔	ادب اور نظریہ ادارہ فروغ اردو۔لکھنو ۱۹۵۴ء
علی گڈھ میگزین۔اکبر نمبر مرتبہ شبیہہ الحسن نونہروی	۔	اردوادب علی گڈھ۔دسمبر ۱۹۵۱ء
علی گڈھ میگزین۔غالب نمبر مرتبہ مختار الدین احمد	۔	اردب ادب علی گڈھ ستمبر ۱۹۵۰ء
عہد حاضر اور اردو غزل گوئی۔مولفہ عندلیب شادابی	۔	اردوادب علی گڈھ۔جون ۱۹۵۲ء
فروزاں۔نئے اور پرانے چراغ	۔	ادارہ فروغ اردو لکھنو۔۱۹۵۵ء
اردوادب علی گڈھ	۔	جون ۱۹۵۲ء
کارواں۔خاص نمبر ۱۹۵۱ء	۔	اردوادب علی گڈھ۔اپریل ۱۹۵۱ء
مثنویات میر بخط میر۔مرتبہ رام بابو سکسینہ	۔	اردوادب علی گڈھ مارچ ۱۹۵۷ء
محمد علی ذاتی ڈائری کے چند اوراق۔مرتبہ عبدالماجد دریابادی۔		اردوادب علی گڈھ۔مارچ ۱۹۵۲ء
مرزا شوق لکھنوئی۔ولفہ خواجہ احمد فاروقی	۔	اردوادب علی گڈھ۔دسمبر ۱۹۵۰ء
مرقع شعرا۔مرتبہ رام بابو سکسینہ	۔	اردوادب علی گڈھ۔مارچ ۱۹۵۷ء
مسرس بے نظیر۔از میر یار علی جاں صاحب	۔	اردوادب علی گڈھ۔اپریل ۱۹۵۱ء
مشترکہ زبان۔مرتبہ انجمن ترقی اردو ہند	۔	اردوادب علی گڈھ۔ستمبر ۱۹۵۱ء
مکاتب اقبال۔بنام محمد نیاز الدین	۔	اردوادب علی گڈھ۔مارچ ۱۹۵۵ء
مکتوبات عبدالحق۔مرتبہ جلیل قدوائی	۔	اردوادب علی گڈھ۔شمارہ ۲، ۱۹۶۳ء
میر تقی میر۔حیات اور شاعری مولفہ خواجہ احمد فاروقی	۔	اردوادب علی گڈھ۔ستمبر ۱۹۵۴ء
نادرات غالب۔مرتبہ آفاق حسین آفاق	۔	اردوادب علی گڈھ۔ستمبر ۱۹۵۰ء
نشاط رفتہ۔مجموعہ کلام عندلیب شادابی	۔	اردوادب علی گڈھ۔مارچ ۱۹۵۲ء
نقد حیات۔از ممتاز حسین	۔	اردوادب علی گڈھ۔ڈسمبر ۱۹۵۰ء
بقدر رواں۔مثنوی از جگت موہن لال رواں	۔	اردوادب علی گڈھ۔جون ۱۹۵۲ء
نقش جمیل۔مجموعہ کلام علامہ جمیل مظہری	۔	اردوادب علی گڈھ۔مارچ ۱۹۵۵ء
نقوش شخصیات۔مرتبہ محمد طفیل	۔	اردوادب علی گڈھ۔مارچ ۱۹۵۵ء
نقوش و افکار۔تنقیدی مضامین از مجنوں گورکھپوری	۔	اردوادب علی گڈھ۔جون ۱۹۵۶ء

نوائے ادب۔انجمن اسلام بمبئی کا سہ ماہی ترجمان	۔	اردوادب علی گڑھ۔ڈسمبر ۱۹۵۰ء
نیا ادب۔مولفہ کشن پرشاد کول	۔	اردوادب علی گڑھ۔ڈسمبر ۱۹۵۰ء
ہفت رنگ۔مجموعہ کلام عرش ملسیانی	۔	اردوادب علی گڑھ۔جون ۱۹۵۱ء
ہمایوں۔لاہور سالگرہ نمبر	۔	اردوادب علی گڑھ۔اپریل ۱۹۵۱ء
یادگارحالیؔ۔مولفہ صالحہ عابد حسین	۔	اردوادب علی گڑھ۔ڈسمبر ۱۹۵۰ء
یادگارفرحت مرتبہ غلام نیر درانی	۔	اردوادب علی گڑھ۔ڈسمبر ۱۹۵۱ء

مندرجہ بالا تبصروں کے علاوہ سرور نے اور بھی کئی تبصرے لکھے ہیں۔سرور نے زیادہ تر تبصرے اپنی ادارت میں جاری ہونے والے رسالہ اردو ادب میں لکھے ہیں۔اس کے علاوہ کچھ تبصرے ہماری زبان آج کل، ساقی وغیرہ رسائل میں بھی شائع ہوئے۔

سرور ۱۹۵۰ء سے ۱۹۷۴ء تک سہ ماہی رسالہ ''اردوادب'' کے مدیر رہے۔اس چوبیس سال کے عرصے میں انہوں نے رسالہ اردوادب کو معیاری رسالہ بنادیا۔اوران کا رسالہ معاصرادبی رسالوں میں اپنی نظیر آپ تھا۔اس رسالے میں انہوں نے تازہ مطبوعات پر تبصرے بھی شائع کئے۔اس رسالے میں بڑی تعداد میں خود اُن کے تبصرے بھی شامل تھے۔اپنی دیگر تنقیدی تحریروں کی طرح سرور نے اپنی تبصرہ نگاری میں بھی اپنا منفرد انداز برقرار رکھا۔وہ سرسری اور روایتی قسم کے تبصروں کے قائل نہیں تھے۔اُن کے بیشتر تبصرے جامع اور مبسوط ہیں۔ان تبصروں کے مطالعے سے اندازہ ہوتا ہے کہ انہوں نے زیر تبصرہ کتاب اور ہر رسالہ کو مکمل طور پر پڑھا ہے۔اوراس کے ایک ایک لفظ پر غور کرنے کے بعد اس پر تبصرہ کیا ہے۔سرور اپنے تبصروں میں میر مطالعہ کتاب کے ہر پہلو پر اظہار خیال کرتے ہیں اور غیر جانبدارانہ اور معروضی انداز میں اس کے محاسن اور معائب دونوں کو واضح کر کے قاری کی صحیح سمت رہنمائی کرتے ہیں۔ ان میں آگہی بھی ہوتی ہے اور بصیرت بھی۔وہ نہ عیب میں ہیں نہ نکتہ چیں۔وہ صرف حقیقت پسند ہیں۔ یہی وجہ ہے کہ انہوں نے منصف مزاجی کے ساتھ تبصروں میں غیر جانبداری برتی ہے۔سرور کے تبصروں کا بنیادی وصف توازن وتناسب اعتدال اور ٹھہراؤ ہے۔اُن کی فضاء پرسکون نظر آتی ہے وہ تنقید بھی کرتے ہیں تو ایسے سلجھے ہوئے انداز میں کہ کسی کی دل شکنی نہیں ہوتی۔آل احمد سرور نے اپنے تبصروں کے ذریعہ فن تبصرہ نگاری کو وقار عطا کیا۔

آل احمد سرور کی تبصرہ نگاری کے بارے میں محمد ضیاءالدین انصاری لکھتے ہیں:

''پروفیسر آل احمد سرور اعلیٰ پائے کے تبصرہ نگار تھے۔یہ بات تو ہر شخص جانتا

ہے کہ ان کا اصل میدان تنقید تھا۔ اور اس میدان میں وہ کسی سے پیچھے نہیں تھے۔ بلکہ معاصر نقادوں میں سالارِ کارواں کی حیثیت رکھتے تھے۔ یہ صحیح ہے کہ انہوں نے فن تنقید سے متعلق کوئی مستقل تصنیف بطور یادگار نہیں چھوڑی لیکن علمی و عملی تنقید کے بہترین نمونے اردو ادب کو ضرور دیئے۔ ان کے تنقیدی مضامین کی تعداد سینکڑوں تک پہنچتی ہے ان کے تنقیدی رویئے کو سمجھنے اور بہ حیثیت نقاد اُنکی قدر و قیمت کا تعین کرنے کے لئے کافی ہے۔ ان مضامین کے ذریعہ انہوں نے اپنا منفرد اور جداگانہ نظام قائم کیا ہے۔ جس کا سلسلہ واضح طور پر بابائے اردو مولوی عبدالحق کے وسیلے سے مولانا حالی تک پہنچتا ہے۔ اسی تنقید کے راستے سے سرور صاحب نے تبصرہ نگاری کی وادی میں قدم رکھا اور پائے مردی کا حق ادا کیا۔'' [۴۳]

سرور نے اپنے تنقیدی مضامین کی طرح تبصروں میں بھی متوازن تنقید کو اختیار کیا۔ وہ کتاب کا تفصیلی مطالعہ کرتے اور اُس کے بعد کتاب اور صاحب کتاب کا بھرپور تعارف کراتے ہوئے تبصرہ لکھتے اور خوبیوں کے ساتھ خامیاں بیان کرنے میں بھی پس و پیش نہیں کرتے۔ سرور کے تنقیدی مضامین کی طرح اُن کے تبصرے بھی دلچسپ ہیں۔

سرور کی تنقید نگاری کا عمومی جائزہ:

آل احمد سرور کے تنقیدی مضامین اُن کے تنقیدی نظریات' اداریوں اور تبصروں کے مطالعے سے اندازہ ہوتا ہے کہ وہ ایک اعتدال پسند' بلند پایہ نقاد ہیں۔ اُنہوں نے تنقید کو تحقیق کا ہم سفر بنایا۔ اُن کے تنقیدی مضامین نے ادب کی تعمیر میں نمایاں رول ادا کیا۔ دنیا کے ادب میں اُن کے تنقیدی مضامین قدر ومنزلت کی نظر سے دیکھی جاتی ہیں۔ سرور نے اردو تنقید میں ٹھوس اور مفید اضافے کئے۔ اور حالؔی کے بعد صحیح معنوں میں جدید اردو تنقید کو انہوں نے پروان چڑھایا۔ اُن کی ناقدانہ مساعی نے اردو کے تنقیدی سرمائے کو وسیع کیا۔ سرور نے مغربی ادب کا مطالعہ کیا تھا اور اس کی اچھی قدروں کو اردو ادب میں روشناس کرایا۔ وہ جدید تنقیدی نظریات سے ہم آہنگ رہے۔ اُن کے شگفتہ اسلوب اور حکیمانہ طرز تحریر نے اردو ادب یں سجنیدہ واضح اور دوٹوک تنقید کو عام کیا۔ اور تنقید میں نئے ادبی رجحانات کی اہمیت واضح کی۔ انہوں نے انقلابی ذہنیت جدت پسندی سے تنقید نگاری میں نیا رنگ اختیار کیا۔ انہوں نے شعرا اور ادیبوں کی

تخلیقات کی توضیح وتفسیر وتشریح کی۔ادب میں اُن کا مقام متعین کرنے میں اپنے مخصوص تنقیدی تصورات اوراپنے منفرد لہجے کو استعمال کیا۔ سرور جچی تلی رائے دیتے تھے۔اُن کا طریقہ تنقید صحت مند رجحانات کا حامل ہے۔اُن کی بے لاگ تنقیدیں اردو ادب میں ایک نئی آواز ہیں۔

سرور نے اپنے تنقیدی شعور سے ادب کی صحیح راہیں متعین کیں۔وہ مشرق سے بیزار نہیں اور نہ مغربی تصورات وافکار کو من وعن قبول کرتے ہیں۔ بلکہ وہ دونوں کے امتزاج سے اپنے لئے ایک صحت مند روشن خیال راہ نکالتے ہیں۔انہوں نے اپنے تنقیدی نظریات کی تائید میں مغربی مفکرین کے اقوال کو جا بجا پیش کئے۔ادب پاروں کی جانچ میں مغربی طرز کو انہوں نے اہمیت دی۔تاہم انہوں نے مشرق کے ادبی عناصر کو فنا نہیں کیا۔اردو کے بعض نقادوں کی طرح سرور نے مغرب پر اُصول نقد کو بلا چوں و چرا مشرقی ادب پر چسپاں نہیں کیا۔وہ اس تصور کے حامل رہے کہ زندہ اور متحرک زبان' دوسری زبان کے ادب سے مستفید ہوتی ہے۔اسطرح اس میں وسعت اور جامعیت پیدا ہوتی ہے۔

آل احمد سرور کی تنقید نگاری کا ایک اہم وصف تخلیق سے انصاف ہے۔جو ایک نقاد کیلئے ضروری ہے۔وہ اپنی پسند ناپسند اور ذاتی رائے کے ساتھ تخلیق کو نہیں پرکھتے۔ بلکہ ہر تخلیق کو اس کے مزاج' موضوع کے اعتبار سے سمجھنے اور سمجھانے کی کوشش کرتے ہیں۔

سرور نے مغربی مفکرین اور نقادوں میں آئی۔اے رچرڈس اور ٹی۔ایس۔ایلیٹ کے اثرات زیادہ قبول کئے۔اُن کی تنقیدوں میں مغربی مفکرین کے اقوال کی موجودگی کے ضمن میں پروفیسر سیدہ جعفر لکھتی ہیں:

> ''وہ محض اپنی علمیت کے اظہار کیلئے مغربی مصنفین کے نام اور حوالے نہیں دیتے۔ بلکہ وہ مغربی ادب کی روح تک پہنچ کر اُس کی اچھائیوں کو محسوس کرتے ہیں اور انہیں اردو ادب میں روشناس کروانے کی کوشش کرتے ہیں۔ وہ اردو کے لئے مغرب کے ہر ادبی اصول کو اٹل نہیں سمجھتے۔سرور صاحب کو اس بات کا احساس ہے کہ ہر ادب کی اپنی روایتیں ہوتی ہیں وہ کلیم الدین احمد کی طرح اپنے ادبی سرمائے سے مایوس نہیں ہیں۔''[۴۷]

آل احمد سرور کی تنقیدوں میں مذہبی افکار سے استفادے کے علاوہ آزادی رائے صداقت اور بے باکی پائی جاتی ہے۔وہ اصطلاحات کی وضاحت کرتے ہیں۔اور کسی تخلیق میں لفظ کے استعمال کی اہمیت بھی اُجاگر کرتے ہیں۔شاعرانہ خیالات اور شاعرانہ صداقت کو وہ بخوبی پہچانتے ہیں۔

آل احمد سرور کی تنقید نگاری کی ایک خصوصیت اُن کا بے لاگ انداز تنقید ہے۔اُن کی تحریروں میں متانت، صاف گوئی، بے باکی، سنجیدگی اور پر لطف انداز بیان پایا جاتا ہے۔انہوں نے اردو نقادوں کو سچ بولنے اور دوٹوک رائے دینے کا درس دیا ہے۔اُن کی تنقیدیں ادبی تعصّبات اور جذباتیت سے بلند ہیں۔ وہ اس انتہا پسندی کے قائل نہیں جو کسی فن پارے کو صرف آسمان کی بلندیوں یا زمین کی پستیوں ہی میں دیکھ سکتی ہیں۔آل احمد سرور کی تنقید نگاری کی ایک خصوصیت یہ بھی ہے کہ وہ اشاروں میں بات کرتے ہوئے آگے بڑھ جاتے ہیں۔وہ مکمل تصویر پیش کرنے کے قائل نہیں ہیں۔ جو کچھ کہنا ہے اشاروں کنایوں میں بیان کرتے جاتے ہیں۔بعض نقادوں نے اسے سرور کی خامی قرار دیا ہے۔اورانہیں یہ مشورہ دیا تھا کہ چیدہ چیدہ اور جدا جدا نظریات پیش کرنے کے بجائے سرور چند ایک تنقیدی نظریات کو تفصیلی طور پیش کرتے تو ان کیلئے اور اردو تنقید کیلئے بہتر ہوتا۔سرور نے تنقید کو پہلے ترجمانی قرار دیا۔ بعد میں انصاف کا مرحلہ قرار دیا۔نقاد کا کام تخریب نہیں تعمیر بھی ہے۔اسطرح کے اصول سرور نے اپنی تنقیدوں میں برتے۔سرور نقاد کی غیر جانبداری پر زور دیتے رہے۔ وہ ادب کو خانوں میں بانٹنے کے بجائے ایک وحدت قرار دینا پسند کرتے ہیں۔

آل احمد سرور کی یہ عادت رہی ہے کہ وہ پہلے زیر مطالعہ ادب پارے کی روح تک پہنچنے کی کوشش کرتے ہیں۔ وہ ادیب کو اور اُس کے خیالات کو سمجھنے کی کوشش کرتے ہیں پھر کسی ادب پارے کو جانچتے ہوئے پہلے اس میں ادبیت کے عناصر تلاش کرتے ہیں۔ بعد میں اس میں روح عصر، سماجی شعور اور دیگر حقائق کی کھوج کرتے ہیں۔

آل احمد سرور زیادہ عرصے تک ترقی پسند تحریک کے حامی رہے۔لیکن انہوں نے ادب کے تمام میلانات سے استفادہ حاصل کیا۔اور مثبت قدروں کی ترویج کرتے رہے۔ان کے خیال میں تنقید کے اصول اٹل نہیں ہیں۔اُن میں لچک اور تبدیلی لازمی ہے۔وہ ادب اور تنقید میں مطلق العنانی اور آمریت کے مخالف ہیں۔ وہ ادب میں تجربوں کو ضروری سمجھتے ہیں۔اور جدت واختراع کی قدر کرتے رہے۔ سرور ادب میں حُسن اور جمال کے قائل ہیں۔ اور اُس کو کسی حال میں بھی ادب سے دور کرنا نہیں چاہتے۔ اُن کو اس سے بحث نہیں کہ ادب پُرانا ہے یا نیا۔ترقی پسند ہے یا غیر ترقی پسند۔اس میں مارکسیت ہے یا جدیدیت کی روح کارفرما ہے وہ ہر چیز میں حُسن تلاش کر لیتے ہیں اور اس حُسن کو ادب کی جان قرار دیتے ہیں۔

سرور کے تنقیدی سفر میں اتار چڑھاؤ آتے رہے ابتداء میں سرور کی تنقیدوں میں کہیں سائنٹفک

تنقید کہیں نفسیاتی تنقید، کہیں جمالیاتی وتاثراتی تنقید کی جھلک دکھائی دیتی رہی۔ بعد میں وہ ایک عرصہ تک ترقی پسندی کے رجحانات کی تائید کرتے رہے۔ اور ترقی پسند تحریک کے زوال کے بعد جدیدیت کی ترجمانی کرنے لگے۔

سرور کی تنقید میں تقابلی تنقید کی مثالیں بھی جا بجا پائی جاتی ہیں۔ انہوں نے اردو کے ادیبوں کا موازنہ انگریزی ادیبوں سے کیا غالبؔ کا مقابلہ اڈسین سے سجاد انصاری کا نیٹشے اور اقبال کا ملٹن سے کیا۔ اقبالؔ سرور کے پسندیدہ شاعر رہے۔ اُن کے بیشتر تنقیدی مجموعوں میں اقبال پر کوئی نہ کوئی مضمون شامل رہتا ہے۔ سرور نے اقبال پر ایسے وقت بھی لکھا جبکہ آزادی کے بعد ہندوستان میں اُن کا نام لینا بُرا سمجھا جاتا تھا۔

سرور کی تنقید نگاری کا بنیادی وصف وضاحت، تشریح وتفسیر ہے۔ کہیں کہیں تاثراتی رنگ بھی اُن کے ہاں پایا جاتا ہے۔ سرور اپنے آپ کو تنقید کے کسی دبستان کیلئے مختص نہیں کیا۔ لیکن اُن کی تنقیدوں کا گہرائی سے مطالعہ کیا جائے تو اندازہ ہوتا ہے کہ وہ ایک تاثراتی نقاد ہیں وہ ادب پارے سے متاثر ہوتے ہیں۔ اور اس کے بعد اُس سے تاثر لیتے ہوئے اپنے خیالات پیش کرتے ہیں۔ سرور نے اپنے آپ کو کسی تنقیدی دبستان سے وابستہ نہیں کیا اسطرح وہ تنقید نگاری کی انجمن بن گئے۔ جس میں طرح طرح کی روشنائی پائی جاتی ہیں۔ سرور نے موضوع کی مناسبت سے اظہار خیال کیا۔ لیکن اعتدال پسندی، بے لاگ تبصرہ، انصاف پسندی، حق گوئی و بے باکی، وضاحت وغیرہ اُن کی تنقید نگاری کے بنیادی اوصاف ہیں۔ سرور نے اپنی تنقیدوں میں نعرہ بازی سے پرہیز کیا۔ اور تخریب کاری کے بجائے تعمیری انداز اختیار کیا۔ اُن کے تنقیدی مضامین آج بھی جامعات میں اردو نصاب کا حصہ ہیں۔ اقبال کے فکر وفن اور اُن کے فلسفے کو سمجھانے میں سرور کے مضامین معاون ثابت ہوسکتے ہیں۔ اقبالؔ، فانیؔ، اکبرؔ اور دیگر شعرا اور ادیبوں کو متعارف کرانے میں سرور نے نمایاں کام کیا ہے۔ سرور نے اپنے مضامین سے اردو تنقید کے معیار کو بلند کیا۔ اور اُسے جدید تقاضوں سے ہم آہنگ کیا۔

سرور کی تنقید نگاری پر مشاہیر کی رائے:

آل احمد سرور کی تنقید نگاری پر اردو کے بیشتر نقادوں مفکروں اور دانشوروں نے اظہار خیال پیش کیا ہے ذیل میں چند مشاہیر کی سرور کے بارے میں آراء کو پیش کیا جارہا ہے۔

پروفیسر سیدہ جعفر:

آل احمد سرور اُن چند نقادوں میں سے ایک ہیں جنھوں نے ہماری تنقید کو گیرائی، معنویت، تہہ داری، توازن و وقار عطا کیا۔ ماضی سے حال کی طرف اُن کا ذہنی اور تنقیدی سفر، زندگی کے بدلتے ہوئے میلانات ادبی اقدار کے نمو پذیر مزاج اور فنی تقاضوں کے تغیر آفرین کردار کا ترجمان رہا ہے۔ آل احمد سرور نے کسی مخصوص نظریئے کی حلقہ بگوشی قبول کی اور نہ کسی ازم کو اپنے پاؤں کی زنجیر بننے دیا۔ وہ ہمیشہ ان گروہ بندیوں سے غیر مطئین رہے۔ جو فکر واحساس پر تحدیدیں عائد کرتے اور نقاد کی وسعت نظر کو سکیڑ کر اسے ایک بندھے ٹکے فارمولے پر کاربند اور ایک مخصوص دائرے میں محدود کر دیتی ہیں۔ آل احمد سرور نے اپنی زندگی کے سفر میں نئے فکری اور ادبی تقاضوں کا کھلے دل سے خیر مقدم کیا۔ اُنکے صحت منداور صالح رجحانات کو قبول کیا اور ادب کے تازہ محرکات کی پذیرائی میں کوتاہی نہیں کی۔ سرور ایک ہوش منداور خود آگاہ نقاد ہیں فنی ذکاوت، ادبی بصیرت اور تنقیدی دیدہ وری نے انہیں ارو کے نقادوں میں ممتاز مقام عطا کیا ہے۔ اور اُن کی تحریریں دانشوری کا گرانقدر سرمایہ ہیں آل احمد سرور نے اردو تنقید کو نیا ذہن نئی فکری جہت اور نیا اسلوب عطا کیا ہے۔ موجودہ نسل کے ادبی مذاق کی تربیت میں اُن کی تنقیدی نگارشات نے اہم حصہ ادا کیا ہے۔ آل احمد سرور نے اردو تنقید پر مختلف زاویوں سے اپنی انفرادیت کا نقش ثبت کیا ہے۔ وہ ادب کے رمز شناس اور فن کے اچھے مبصر ہیں۔ آل احمد سرور نے جدید تنقید کو نئی توانائی، نیا انداز نگارش اور نئے ابعاد عطا کئے اور یہ اُن کا کوئی معمولی کارنامہ نہیں ہے۔''[۵۷]

''آل احمد سرور کو کسی خاص دبستاں سے نقاد کی وابستگی میں یہ خامی نظر آتی ہے کہ اس کا دائرہ فکر محدود ہو جاتا ہے۔ اور وہ ایک مخصوص نظریئے کی بھول بھلیوں میں اس طرح کھو جاتا ہے کہ ادب کے دوسرے انداز فکر کی وسعتیں اور توانائیاں اس کیلئے بے معنی ہو کے رہ جاتی ہیں۔ اور اسے محدود پر لامحدود اور ایک طرز پر ہمہ گیر ہونے کا گمان ہونے لگتا ہے۔....آل احمد سرور کی بالغ نظری، ادبی بصیرت، مطالعے کی وسعت اور ادبی ذوق کی بالیدگی و گیرائی نے

مختلف نظریات سے خوشہ چینی میں اُن کی رہبری بھی کی اور متضاد رجحانات میں توازن بھی پیدا کیا۔''[۶]

شارب ردولوی:

''آل احمد سرور تنقید میں سائنٹفک نظریات کے قائل ہیں ان کے تنقیدی مسلک کی بنیاد ایک جامع احساس توازن ہے۔ وہ ادب میں نظریہ کی اہمیت کے اعتراف اور فکر ونظر اور پرکھ کے باوجود فنی تقاضوں پر زیادہ زور دیتے ہیں۔ مغرب اور مشرق، قدیم اور جدید، روایت اور بغاوت اور مواد اور ہیئت کے بارے میں اور اُن کے مطالعے کے سلسلے میں وہ ہمیشہ ایک درمیانی صورت نکال لیتے ہیں۔ اعتدال یا توازن پیدا کرنے کی یہ کوشش کبھی کبھی مصنوعی اور مفاہمت پسندانہ معلوم ہوتی ہے۔.... آل احمد سرور کے تنقیدی نظریات مکمل طور پر اشتراکی یا مارکسی نہیں ہیں۔ لیکن ترقی پسندانہ اور سائنٹفک ضرور ہیں۔ ان میں وضاحت، زندگی اور ادب کا واضح شعور حالی و سرسید کی پیروی اور اُن کی مشرقیت ہے۔ جو ان کی دور اول کی تنقید کے تعمیری عناصر ہیں۔ اُن کی تنقید کے اسلوب پر بھی اکثر اعتراض کئے گئے ہیں۔ شاعرانہ انداز بیان کے خلاف آواز بلند کرنے کے باوجود وہ خود اسی طلسم کے پیرو نظر آتے ہیں۔ اُن کے اسلوب کی انفرادیت اور دلفریبی سے انکار نہیں۔ لیکن تنقیدی مطالعہ میں وہ خود جس وضاحت، صحت اور قطعیت پر زور دیتے ہیں اُن کے طرز تحریر میں اکثر اس کی کمی نظر آتی ہے۔ اور قاری کسی نتیجہ پر پہنچنے کے بجائے الفاظ کی تلاش، جملوں کی رنگینی اور خوبصورت اور نئی اصطلاحات کی لطف اندوزی میں گرفتار ہو کر رہ جاتا ہے۔''[۷]

ڈاکٹر عبادت بریلوی:

آل احمد سرور تنقید میں سائنٹفک رجحان کے علمبردار ہیں۔ وہ تنقید میں اشتراکیت اور مارکسیت تک تو نہیں جاتے لیکن سائنٹفک تنقید کے بنیادی

عناصر کا اُن کے نظریات تنقید اور انداز تنقید دونوں میں پتہ چلتا ہے..... سرور صاحب ادب برائے ادب یا خالص ادب کو کوئی اہمیت نہیں دیتے۔ وہ اس کو مانتے ہیں کہ ادب منفرد کوشش سے وجود میں آتا ہے۔ مگر سماجی اور تہذیبی حالت سے بے نیاز ہوا ہے نہ ہوسکتا ہے۔ یہ وہ سونا ہے جس کا حسن خالص سونے سے نہیں میل سے چمکتا ہے۔ مگر میل سستی گھٹیا اور معمولی دھاتوں کا نہیں اعلیٰ بلند اور وسیع باتوں کا..... تنقید کرتے ہوئے سب سے پہلے اُن کی نظر اس زندگی پر پڑتی ہے۔ جس کے درمیان ادبی تخلیق وجود میں آتی ہے..... سرور نے اپنی تنقید سے حالؔی کے پیرو ہونے کا حق ادا کر دیا ہے..... اُن کی طبیعت کا عام رجحان سماجی اور عمرانی تنقید ہی کی طرف ہے۔ لیکن اس میں انتہا پسندانہ کیفیت نہیں۔ وہ اس سلسلے میں ترقی پسندوں کی طرح اشترا کی نہیں ہوجاتے۔ اُن کے یہاں حالؔی کی تنقید کی روح بولتی ہوئی سنائی دیتی ہے۔''[۸۷]

خلیل الرحمٰن اعظمی:

''آل احمد سرور ہمارے درجہ اول کے نقادوں میں ہیں مگر اُن پر کوئی دلیل چسپاں کرنا آسان نہیں۔ اُن کی تنقید کی ابتداء جدید انگریزی تنقید کے اثر سے ہوئی۔ آئی اے رچرڈس اور ٹی۔ایس ایلیٹ کا پرتو اُن کے ابتدائی مضامین میں کہیں کہیں جھلکتا ہے۔ مگر اپنے طور پر وہ ایک جامع تنقیدی نظام کی جستجو میں رہے..... سرور صاحب کے تنقیدی انداز فکر کو اگر ایک لفظ میں ظاہر کرنا مقصود ہو تو ''توازن'' سے بڑھ کر کوئی اور صفت اُن کیلئے موزوں نہیں معلوم ہوتی۔ اُن کی متوازن طبیعت اور انداز نظر کا ہی تقاضہ تھا کہ وہ ترقی پسند ادبی تحریک کو پرانے مذاق کے لوگوں کی طرح یہ کہہ کر نظر انداز نہ کرسکے کہ یہ ایک ایسی بدعت ہے جو ہماری ادبی قدروں کی بیخ کنی کیلئے سر اُٹھا رہی ہے۔ اور ادبی شرافت و نفاست کے آراستہ ایوانوں کو تہ و بالا کر کے رکھ دے گی۔ سرور صاحب نے بھی اس تحریک کو ہمدردی کی نظر سے دیکھا اور اس کے

بعض مثبت پہلوؤں سے متاثر ہوئے۔لیکن یہ اُن کی افتادطبع سے بعید تھا کہ اپنے ماضی سے یکسر بغاوت کر کے اور اپنی تخلیقی شخصیت کی نفی کر کے محض کار ثواب کی خاطر اس کارواں میں شامل ہو جاتے۔ترقی پسند ادبی تصورات کو رد یا قبول کرنے میں انہوں نے جذباتیت یا عجلت سے کام نہیں لیا۔ بلکہ معروضی نقطہ نظر ہمیشہ اُن کی رفاقت کرتا رہا۔ وہ خوبیوں کو سراہتے ہیں تو گمراہوں کی طرف اشارہ بھی کر دیتے ہیں۔" [۷۹]

ڈاکٹر سید عبداللہ:

" آل احمد سرور کی تنقید بڑی مزے دار تنقید ہے۔اور اسے تخلیقی ادب میں شمار کیا جا سکتا ہے۔مگر کلیم نے اس کی بے جا تنقیص کی ہے۔تاہم یہ تسلیم کرنا پڑتا ہے کہ سرور اپنی تنقید میں حسن بیان پر اسطرح زور دیتے ہیں جس طرح مجنوں اظہار علم پر اصرار کرتے ہیں۔نتیجہ یہ کہ دونوں کی تنقید علم اور حسن بیان کے نیچے دب جاتی ہے۔" [۸۰]

سید محمد نواب کریم:

" آل احمد سرور اپنے علم، ذہن، تخلیق، سوجھ بوجھ کے اعتبار سے ان چند لوگوں میں سے ہیں۔جن سے اردو ادب کی دنیا کو بہت ساری توقعات تھیں۔سرور صاحب انگریزی اور اردو دونوں زبانوں پر قدرت رکھتے ہیں۔تیز ادراک، تازہ کار تخلیل، جُز رس فکر، معنی یاب نظر کے ساتھ ساتھ کثرت مطالعہ وہ بھی دنیا کی زندہ ترین زبان انگریزی کا یہ خصوصیات تھیں۔جنکو اگر سرور صحیح سلیقہ سے کام میں لاتے تو اردو تنقید کا دامن آج بہت وسیع ہو گیا ہوتا۔لیکن کثرت جلوہ میں نظر کی وحدت کی جستجو کوئی آسان کام نہیں۔...دراصل سرور صاحب نقاد سے زیادہ اردو ادب کے مبلغ ہیں اُن کو اس کی ہر ادا پیاری ہے۔خواہ وہ لغزش ہی کیوں نہ ہو مگر ایک اہل نظر ہونے کی وجہہ سے ان لغزشوں کو نظر انداز بھی نہیں کر سکتے۔کمزوریوں پر پردہ بھی نہیں ڈال سکتے۔اس لئے الفاظ کے

رنگین غبارے اُن کے جلوے دکھانے کی کوشش کرتے ہیں۔ اُن کی اسی ذہنیت کا اندازہ اُن کے تنقیدی مضامین سے لگایا جاسکتا ہے۔.... سرور صاحب کی تنقید نگاری کی خاص صفت (عیب) خوبصورت الفاظ وتراکیب کی تجمیع ہے۔جس سے وہ خود بھی لطف اندوز ہوتے ہیں اوراس میں قارئین کو بھی شریک کرنا چاہتے ہیں۔انشاء پردازی تو اُن کے ہاتھ چوم لیتی ہے مگر تنقید واقعی منہہ تاکتی رہ جاتی ہے۔'' [۸۱]

نورالحسن نقوی:

پروفیسر آل احمد سرور ہمارے عہد کے سب سے سربرآوردہ نقاد ہیں۔اور موجودہ نسل کے ادبی مذاق کی تربیت میں اُن کے تنقیدی مضامین کا بڑا حصہ ہے۔اس زمانے میں جبکہ اردو تنقید مختلف قسم کی گمراہیوں میں مبتلاتھی پروفیسر سرور نے رہبری کا اہم فریضہ انجام دیا۔ جب ہمارے تنقید نگار گروہوں میں تقسیم تھے۔اور جب ادب کو کسی نہ کسی خانے میں رکھ کر کسی ایک زاویئے سے دیکھنے کا رواج عام تھا۔ انہوں نے ادب کو مختلف زاویوں سے دیکھنے اور پرکھنے کی ضرورت کا احساس دلایا۔اوراپنے مضامین کے ذریعہ اہل نظر میں یہ ذوق پیدا کیا کہ وہ شعروادب کو سب سے پہلے شعروادب کی کسوٹی پر پرکھیں اورادب میں ادبیت تلاش کریں۔

سرور صاحب ایک غیر جانبدار' منصف مزاج اور کھلا ذہن رکھنے والے نقاد ہیں۔ انہوں نے کبھی کسی نظریئے کو اپنے پاؤں کی زنجیر بننے نہیں دیا۔خود کو کسی گروہ سے وابستہ نہیں کیا۔اور کبھی آزادی فکر ونظر کا سودا نہیں کیا۔'' [۸۲]

پروفیسر سلیمان اطہر جاوید:

سرور صاحب کا شمارہ اردو کے اُن گنے چنے نقادوں میں ہوتا ہے جن کا انگریزی اورتنقید کا غیر معمولی مطالعہ ہے۔اس مطالعہ میں گہرائی بھی ہوتی ہے

اور گیرائی بھی، وزن و وقار کے ساتھ اس کا اندازہ اُن کے تنقیدی مضامین کو پڑھتے ہوئے با آسانی لگایا جا سکتا ہے..... سرور صاحب مغربی نقادوں میں سب سے زیادہ رچرڈس سے متاثر ہیں۔... رچرڈس اور سرور صاحب کے تنقیدی نظریات میں بہت زیادہ مماثلت پائی جاتی ہے اسطرح سرور صاحب کو اردو کا رچرڈس کہا جا سکتا ہے۔ سرور صاحب کا تنقیدی نقطہ نظر واضح ہے گنجلک اور مبہم نہیں۔ مزید برآں اُن کے ہاں تنقید کی تقریباً تمام صالح اور صحت مند روایات کا حُسن پایا جاتا ہے۔''[۸۳]

آل احمد سرور کی تنقید نگاری پر مشاہیر ادب کے رائے مقالے کے آخر میں شامل باب ''آل احمد سرور مشاہیر ادب کی نظر میں'' میں شامل ہے۔ سرور کی تنقید نگاری پر چند ایک نقادوں کو چھوڑ کر سبھی نے مثبت رائے دی ہے۔ اور انہیں اعلی پائے کا نقاد قرار دیا ہے۔

سرور کا تنقیدی اسلوب:۔

عام طور سے تنقید نگاری میں واضح نثر کی ضرورت ہوتی ہے۔ لیکن اردو تنقید کے بانی حالؔی اپنے مقدمہ میں اسلوب کی ندرت پیش کی تھی۔ سرور نے جہاں تنقیدی افکار کی پیشکشی میں حالؔی کی پیروی کی ہے وہیں تنقیدی اسلوب میں حالؔی کی طرح ندرت پیش کی۔ اردو کے دیگر نقادوں کے مقابلے میں سرور اپنے دلچسپ، پر لطف اور شگفتہ طرز نگارش کے سبب بھی جانے جاتے ہیں۔ انہوں نے اپنے تنقیدی خیالات کی پیشکشی میں جا بجا لطیف پیرائے بیان کو استعمال کیا ہے۔ یہی وجہہ ہے کہ اُن کے تنقیدی مضامین کو تخلیق کا درجہ دیا گیا ہے۔ سرور کے اسلوب میں پائی جانے والی شگفتگی اور دیگر خصوصیات کا ذکر کرتے ہوئے عبدالمغنی لکھتے ہیں:

''اردو کے تمام تنقید نگاروں کے درمیان آل احمد سرور کی نثر سب سے زیادہ جمیل ورعنا، سحر انگیز ونشاط خیز ہے۔ اس میں انشا پردازی اور شعریت کا جوہر کوٹ کوٹ کر بھرا ہوا ہے۔ اس میں جذبہ بے اختیار High Sprit اور قول محال Paradox کی کثرت ہے۔ نکتہ سنجی اور ظرافت Wit اس کی بڑی خصوصیت ہے۔ اس اسلوب میں ایک شدت Intensity کی کیفیت پائی جاتی ہے۔ یہ صرف اچھی طرح لکھی ہوئی نہیں بلکہ سنوری ہوئی

نثر ہے۔''[۸۴]

سرور نے تقریباً اپنے سبھی مضامین میں اسلوب کی چاشنی ظاہر کی ہے۔ ''ادب اور نظریہ'' مجموعہ میں شامل ایک مضمون میں سرور غزل گو شعرا کے بارے میں لکھتے ہیں:

''غزل گو شاعر کوئی پیام پیش نہیں کرتا۔ وہ بحر کی تہہ سے موتی چننے میں یا باغ سے کلیاں توڑنے ہی میں مصروف رہتا ہے۔ وہ ان سے کوئی ہار بھی نہیں بنا سکتا۔ جہاں کوئی جلوہ نظر آتا ہے۔ وہ اپنا آئینہ پیش کر دیتا ہے۔ وہ کسی ایک سمت میں چلنے کا عادی نہیں اور کولھو کا بیل بھی نہیں ہے۔ وہ شش جہت کی سیر کرتا ہے وہ ایک سیمابی فطرت رکھتا ہے اور کسی ایک منزل پر نہیں ٹھہر سکتا۔ وہ انتشار ذہنی کا شکار ضرور ہے خیالات کی پراگندگی سے دامن بچانا اُسے نہیں آتا۔ وہ اشارات کا اتنا عادی ہوتا ہے کہ صاف اور دوٹوک کی بات اسے کم بھاتی ہے۔ مگر وہ ان کمزوریوں کے باوجود کیسی طاقت رکھتا ہے وہ تاثرات میں کیسی گہرائی خیالات میں کیسی بالیدگی اور ذہن کو کیسی پرواز سکھاتا ہے۔ وہ کس طرح دریا کو کوزے میں بند کر سکتا ہے۔ اور ایک لفظ میں کیسی بھک سے اُڑ جانے والی بارود بھر دیتا ہے۔ وہ کچھ نہ کہنے میں کیا کچھ کہہ جاتا ہے۔''[۸۵]

سرور کی تنقیدوں میں پائی جانے والی یہ شگفتگی' تازگی اور شادابی ان کے اسلوب کی خوبی ہے تو ایک طرح کی خامی بھی ہے۔ کیونکہ اسطرح الفاظ کی رنگارنگی میں علمی تجزیے کی کمی ہو جاتی ہے۔ افکار وتصورات بے لچک ہو جاتے ہیں۔ اور ایک طرح کی روحانیت کا فقدان پایا جاتا ہے۔ سرور دلچسپ اسلوب کے سہارے اشاروں میں اپنی بات تو کہہ جاتے ہیں لیکن کبھی کبھی وہ اپنی بات کو قطعیت کے ساتھ کہہ نہیں پاسکتے۔ اسی طرح اُن کے افکار ونظریات بعض مرتبہ ترسیل کے المیہ کا شکار ہو جاتے ہیں۔

سرور کے اسلوب کی اس خامی کے باوجود تنقید جیسے خشک موضوع کو اپنے منفرد تازہ و شگفتہ اسلوب کی مدد سے قارئین کا پسندیدہ بنا دیا۔ اردو کے طالب علموں میں اُن کے مضامین ہر زمانے میں دلچسپی سے پڑھے گئے اور پڑھے جا رہے ہیں۔ اُن کے بعض مضامین میں ترمیم واضافے کی گنجائش ہے تاہم ان کے بیشتر تنقیدی افکار وخیالات انہیں اردو تنقید کا ایک قد آور نقاد بنا دیتے ہیں۔ اردو تنقید زمانے کے بدلتے حالات کے ساتھ رواں دواں ہے۔ لیکن اردو کے شعرا ادیبوں اور اردو کے فسانوی ادب کی تشریح میں سرور کے تنقیدی خیالات روشنی کی کرن بن کر سامنے آتے ہیں۔ آل احمد سرور مجموعی طور پر اردو تنقید کی دنیا

میں ایک ایسا نام ہے جو عرصہ تک یاد رکھا جائے گا۔

حوالے

۱۔ شارب ردولوی ڈاکٹر۔ جدیدار دو تنقید اُصول ونظریات۔ لکھنو ۱۹۸۱ء۔ ۴۹
۲۔ اشرف رفیع پروفیسر۔ مضمون ادب میں تنقید کے جدید رجحانات۔ مشمولہ سب رس حیدرآباد۔ نومبر ۲۰۰۵ء۔ ۲۶

۳۔ حسین الحق۔ مضمون۔ نقد اشرفی۔ منظر پس منظر شمولہ سب رس حیدر آباد۔ نومبر ۲۰۰۵ء۔ ۲۹

۴۔ کلیم الدین احمد۔ اردو تنقید پر ایک نظر۔ ۸۸

۵۔ مولوی عبد الحق۔ مشمولہ فن تنقید اور اردو تنقید نگاری۔ از نور الحسن نقوی علی گڈھ ۲۰۰۱ء۔ ۹۸

۶۔ نور الحسن نقوی۔ فن تنقید اور اردو تنقید نگاری۔ ۱۰۰

۷۔ حنیف نقوی۔ مشمولہ فن تنقید اور اردو تنقید نگاری۔ ۱۰۲

۸۔ عابد حسین ڈاکٹر۔ مشمولہ یادگار حالی از صالحہ عابد حسین۔ دہلی ۱۹۸۶ء۔ ۲۳۷

۹۔ آل احمد سرور۔ تنقید کیا ہے۔ ۱۹۴۷ء۔ ۲۱۲، ۲۱۵

۱۰۔ آل احمد سرور۔ نئے اور پرانے چراغ۔ ۱۹۴۶ء ۔ ۸۔۷

۱۱۔ آل احمد سرور۔ تنقید کیا ہے۔ دیباچہ ۸

۱۲۔ آل احمد سرور۔ ادب اور نظریہ۔ دیباچہ ۶

۱۳۔ آل احمد سرور۔ تنقید کیا ہے۔ مضمون ترقی پسند تحریک پر ایک نظر۔ ۱۶۴

۱۴۔ آل احمد سرور۔ ادب اور نظریئے۔ مضمون روایت اور تجربے اردو شاعری میں۔ ۲۲۶ ۔ ۲۲۸

۱۵۔ آل احمد سرور۔ تنقید کیا ہے۔ ۱۹۳

۱۶۔ آل احمد سرور۔ مسرت سے بصیرت تک۔ ۲۰۶

۱۷۔ آل احمد سرور۔ تنقیدی اشارے۔ ۷۸

۱۸۔ آل احمد سرور۔ تنقیدی اشارے۔ ۸۴

۱۹۔ آل احمد سرور۔ تنقیدی اشارے۔ ۸۷

۲۰۔ آل احمد سرور۔ تنقیدی اشارے۔ ۹۳

۲۱۔ آل احمد سرور۔ تنقید اشارے۔ ۱۰۳۔ ۱۰۴

۲۲۔ آل احمد سرور۔ تنقیدی اشارے۔ ۱۲۲

۲۳۔ آل احمد سرور۔ تنقیدی اشارے۔ ۱۳۱ ۔ ۱۳۲

۲۴۔ آل احمد سرور۔ تنقیدی اشارے۔ ۱۳۷

۲۵۔ آل احمد سرور۔ تنقیدی اشارے۔ ۱۱۱

۲۶۔ آل احمد سرور۔ تنقیدی اشارے۔ ۱۱۲

۲۷۔ آل احمد سرور۔ تنقیدی اشارے۔ ۱۱۵

۲۸۔ عبد المغنی۔ مشمولہ آل احمد سرور شخصیت اور فن۔ ۱۶۱

۲۹۔ آل احمد سرور۔ تنقیدی اشارے۔ ۱۱

۳۰۔ آل احمد سرور۔تنقیدی اشارے۔۳۲

۳۱۔ آل احمد سرور۔تنقیدی اشارے۔۳۸

۳۲۔ آل احمد سرور۔بحوالہ فکر ونظر سرور نمبر۔۲۷۰

۳۳۔ آل احمد سرور۔بحوالہ فکر ونظر۔۲۷۴

۳۴۔ آل احمد سرور۔بحوالہ فکر ونظر۔۲۷۶

۳۵۔ مرزا سعید الظفر چغتائی۔فکر ونظر۔۲۸۲ ۔ ۲۸۳

۳۶۔ آل احمد سرور۔فکشن کیا کیوں اور کیسے۔مشمولہ اردو فکشن مرتبہ علی گڈھ۔۱۹۷۳ء ۔ ۲

۳۷۔ آل احمد سرور۔اردو فکشن ۔۳

۳۸۔ آل احمد سرور۔ فکر روشن علی گڈھ۔۱۹۹۵ء۔ ۱۸۲

۳۹۔ آل احمد سرور۔اردو فکشن۔ ۲

۴۰۔ آل احمد سرور۔اردو فکشن ۔ ۶

۴۱۔ ڈاکٹر صغرا فراہیم۔ فکر ونظر۔۲۱۶

۴۲۔ آل احمد سرور۔مسرت سے بصیرت تک۔علی گڈھ۔۱۹۷۴ء۔ ۷۰

۴۳۔ آل احمد سرور۔مضمون غالب کی عظمت۔مسرت سے بصیرت تک۔دہلی ۱۹۷۴ء۔۶۰

۴۴۔ شمس الرحمٰن فاروقی۔فکر ونظر سرور نمبر۔۷۴

۴۵۔ شمس الرحمٰن فاروقی۔فکر ونظر سرور نمبر۔۷۴

۴۶۔ شمس الرحمٰن فاروقی۔تحفۃ السرور۔دہلی ۱۹۸۵ء۔ ۸

۴۷۔ ڈاکٹر عبدالمغنی۔آل احمد سرور دانشور نقاد اور شاعر۔۵۰ ۔ ۱

۴۸۔ گوپی چند نارنگ۔آل احمد سرور۔دانشور نقاد اور شاعر۔۳۱

۴۹۔ آل احمد سرور۔مسرت سے بصیرت تک۔۶۲

۵۰۔ آل احمد سرور۔مسرت سے بصیرت تک۔۱۰۲

۵۱۔ آل احمد سرور۔بحوالہ فکر ونظر سرور نمبر۔۸۳

۵۲۔ آل احمد سرور۔مضمون پورے غالب۔بحوالہ فکر ونظر۔۸۸

۵۳۔ آل احمد سرور۔مضمون غالب کی شاعری کی خصوصیات۔بحوالہ فکر ونظر۔۸۹ ۔۹۰

۵۴۔ شمس الرحمٰن فاروقی۔ فکر ونظر۔ ۸۶۔ ۸۷

۵۵۔ آل احمد سرور۔بحوالہ فکر ونظر۔۳۰۷

۵۶۔ آل احمد سرور۔بحوالہ فکر ونظر۔۳۰۷

۵۷۔ عبدالمغنی۔ بحوالہ آل احمد سرور شخصیت اور فن از امتیاز احمد۔ ۱۶۳

۵۸۔ آل احمد سرور۔ بحوالہ آل احمد سرور شخصیت اور فن۔ ۱۶۹

۵۹۔ آل احمد سرور۔ نئے اور پرانے چراغ۔ لکھنو۔ ۱۹۷۲ء۔ ۱۴

۶۰۔ آل احمد سرور۔ نئے اور پرانے چراغ۔ ۲۶

۶۱۔ آل احمد سرور۔ مسرت سے بصیرت تک دہلی ۱۹۷۴ء۔ ۹

۶۲۔ آل احمد سرور۔ پہچان اور پرکھ۔ دہلی ۱۹۹۰ء۔ ۶

۶۳۔ آل احمد سرور۔ پہچان اور پرکھ۔ ۳۹

۶۴۔ آل احمد سرور۔ نظر اور نظریئے

۶۵۔ آل احمد سرور۔ مضمون ادب میں جدیدیت کا مفہوم مشمولہ اردوئے معلی سیریز مرتبہ پروفیسر فضل حق۔ دہلی ۱۹۹۲ء۔ ۲۹

۶۶۔ آل احمد سرور۔ تنقید کیا ہے۔ دہلی ۱۹۵۲ء۔ ۶

۶۷۔ آل احمد سرور۔ تنقید کیا ہے۔ ۱۷۲

۶۸۔ آل احمد سرور۔ ادب اور نظریہ۔ دہلی ۱۹۵۴ء۔ ۸

۶۹۔ آل احمد سرور۔ تنقید کے بنیادی مسائل۔ علی گڈھ ۱۹۶۷ء۔ ۱۶

۷۰۔ آل احمد سرور۔ تنقید کے بنیادی مسائل۔ ۲۶

۷۱۔ آل احمد سرور۔ جدیدیت اور ادب۔ لکھنو ۱۹۶۹ء۔ ۷

۷۲۔ آل احمد سرور۔ جدید دنیا میں اسلام مسائل اور امکانات۔ کشمیر ۱۹۸۳ء۔ ۱۱

۷۳۔ محمد ضیاء الدین انصاری۔ آل احمد سرور کے تبصرے۔ پٹنے ۲۰۰۳ء۔ ۱۵

۷۴۔ پروفیسر جعفر۔ مشمولہ پروفیسر آل احمد سرور حیات اور ادبی خدمات از بدر السنا۔ حیدرآباد۔ ۱۹۷۰ء۔ ۵۹

۷۵۔ پروفیسر جعفر۔ مہک اور محک۔ حیدرآباد۔ اگست ۱۹۹۵ء۔ ۱۸۹۔۲۰۰

۷۶۔ پروفیسر سیدہ جعفر۔ تاریخ ادب اردو۔ عہد میر سے ترقی پسند تحریک تک۔ جلد سوم۔ حیدرآباد ۲۰۰۲ء۔ ۳۰۱

۷۷۔ شارب ردولوی۔ جدید تنقیدی نظریات۔ دوسرا ایڈیشن۔ لکھنو۔ ۱۹۷۶ء۔ ۳۹۰۔ ۳۹۳

۷۸۔ ڈاکٹر عبادت بریلوی۔ اردو تنقید کا ارتقاء علی گڈھ ۱۹۹۶ء۔ ۳۷۹۔۳۸۳

۷۹۔ خلیل الرحمٰن اعظمی۔ اردو میں ترقی پسند ادبی تحریک۔ علی گڈھ ۱۹۹۴ء۔ ۲۹۷۔۲۹۹

۸۰۔ ڈاکٹر سید عبداللہ۔ اشارات تنقید۔ دہلی ۳۳۷

۸۱۔ سید محمد نواب کریم۔ اردو تنقید حالی سے کلیم تک۔ ۱۹۹۳ء۔ ۱۹۱۔۱۹۴

۸۲۔ نورالحسن نقوی۔ فن تنقید اور اردو تنقید نگاری۔ علی گڈھ ۱۹۹۷ء۔ ۱۴۴

۸۳۔ سلیمان اطہر جاوید پروفیسر۔ تنقیدی افکار۔ ۲۶۔۲۷

۸۴۔ عبدالمغنی۔آل احمد سرور شخصیت اورفن۔ ۱۶۶۔

۸۵۔ آل احمد سرور۔ادب اورنظریہ۔بحوالہ آل احمد سرور شخصیت اورفن۔ ۱۶۶۔

☆☆☆☆☆

چوتھاباب

آل احمد سرور اور اقبال

شاعر مشرق علامہ اقبال کی فکروفلسفہ اور اُن کی شاعری کا وسیع تر اور گہرا مطالعہ کرنے والوں میں آل احمد سرور کا نام اہمیت کا حامل ہے۔آل احمد سرور کا بچپن اقبال کی مقبولیت کا زمانہ تھا اور اقبال اپنی زندگی ہی میں اپنی فلسفیانہ اورقومی وملّی شاعری کے سبب شہرت کی بلندی پر پہونچ چکے تھے۔سرور کو بچپن ہی سے مطالعہ کا شوق تھا۔اور وہ شاعری بھی کرنے لگے تھے۔انہوں نے اقبال کی شاعری کو پڑھنا شروع کردیا تاہم بچپن میں وہ اقبال کی شاعری اور اُن کی فکروفلسفہ کو پوری طرح نہیں سمجھ سکے تھے۔وہ اُردو ادب کے طالب علم تھے۔اور انہیں اقبال سے عقیدت سی ہوگئی تھی۔چنانچہ اقبال کی شاعری کے بعض پہلوؤں کی وضاحت کرتے ہوئے انہوں نے اقبال کو ایک خط لکھا تھا۔خط میں انہوں نے اشترا کیت اور فاشزم کے بارے میں اقبال کے نظریات، مسولینی پر لکھی گئی نظم پر اعتراض اور خود اقبال کا گہرا مطالعہ نہ کرنے کا اعتراف کیا تھا۔اقبال نے ۱۲ / مارچ ۱۹۳۷ کو سرور کے خط کا جواب دیا۔جس میں سرور کو مفید مشورے دئے اقبال لکھتے ہیں:

> ”میرے نزدیک فاشزم، کمیونزم یا زمانہ حال کے اور ازم کوئی حقیقت نہیں رکھتے میرے عقیدے کی رو سے صرف اسلام ہی ایک حقیقت ہے۔جو بنی نوع انسان کے لئے ہر نقطۂ نظر سے موجب نجات ہوسکتی ہے۔میرے کلام پر ناقدانہ نظر ڈالنے سے پہلے حقائق اسلامیہ کا مطالعہ ضروری ہے آپ پورے غور اور توجہ سے یہ مطالعہ کریں تو ممکن ہے کہ آپ انہیں نتائج تک پہونچیں

جن تک میں پہنچا ہوں۔ اس صورت میں غالباً آپ کے شکوک تمام کے تمام رفع ہو جائیں گے''۔[1]

اقبال نے اپنے خط میں سرور کو اپنی شاعری کے تفصیلی مطالعہ کا مشورہ دیا۔ اور مسولینی کے بارے میں اپنے خیالات کو اسلوب کی ضرورت قرار دیا۔

اقبال کے بارے میں سرور کے بعد کے خیالات سے اندازہ ہوتا ہے کہ انہوں نے اقبال کا گہرائی سے مطالعہ شروع کر دیا تھا۔ اقبال وہ خوش نصیب شاعر تھے جن کی زندگی میں ہی اُن کی شاعری اور افکار پر غور و خوص شروع ہو چکا تھا۔ ان کے انتقال کے بعد بھی شروع شروع میں اقبال کی فکر ہی زیر بحث رہا کرتی تھی۔ چنانچہ سرور نے بھی اپنے تنقیدی مضامین میں اقبال کی فکر و فلسفہ کی ہی وضاحت کرنی شروع کی۔ سرور کو ابتداء سے ہی دانشور قسم کے لوگ پسند تھے۔ اس لئے وہ اقبال کو بھی ایک عظیم مفکر ار دانشور سمجھتے تھے۔ چنانچہ اقبال پر مضامین کے اُن کے ابتدائی موضوعات' دانشور اقبال' اقبال کی مشرقیت اقبال اور جمہوریت وغیرہ رہے۔ بعد میں سرور نے اقبال کی نظموں کا تجزیہ کرتے ہوئے اُن کی وضاحت کی کوشش کی سرور نے اپنے تنقیدی مضامین کا بیشتر حصہ اقبال کو سمجھنے اور سمجھانے میں استعمال کیا ہے۔ اقبالیات پر اُن کی لکھی ہوئی اور مرتبہ کتابیں اقبال اور اُردو نظم' اقبال اور تصوف اقبال اور مغرب' تشخص کی تلاش کا مسئلہ اور اقبال جدیدیت اور اقبال' دانشور اقبال' عرفان اقبال اور مقالات یوم اقبال ہیں۔ ان کتابوں میں شامل مضامین اور مقالات کے ذریعہ اقبال کی فکر اور ان کی شاعری کو اُجاگر کیا گیا ہے۔ سرور نے اپنی تنقیدی کتابوں میں اقبال پر جو مضامین لکھے ہیں۔ اُن کے نام اس طرح ہیں۔

اُردو غزل میرؔ سے اقبالؔ تک۔ اقبال کی عظمت' اقبال کے خطوط' اقبال اور اُن کا فلسفہ' اقبال اور مغرب' اقبال اور نئی مشرقیت' اقبال کی معنویت' اقبال فیض اور ہم' اقبال اور ابلیس' اقبال اور اُس کے نکتہ چیں' روح اقبال' اقبال فیض اور ہم' اقبال کا نظریہ شعری' اقبال کے مطالعے کے تناظرات وغیرہ۔

اقبال نے ترانہ ہندی لکھ کر ہندوستانیوں کے دلوں میں گھر کر لیا تھا لیکن جب ہندوستان کو آزادی ملی۔ ملک تقسیم ہوا اور پاکستان بن گیا تو اقبال پاکستان کے ہو گئے۔ اس کے بعد ہندوستان میں اقبال کا نام لینا بڑی جراءت مندی کا کام تھا۔ ایسے میں سرور نے مسلسل اقبال پر لکھتے ہوئے ایک طرف اقبال سے اپنی گہری عقیدت اور وابستگی کا اظہار کیا۔ تو دوسری طرف ہندوستانیوں کے بدلتے سیاسی منظر نامے میں اقبال کا دامن تھامتے ہوئے اُردو ادب میں جراءت اظہار کی مثال قائم کی۔ اور ڈاکٹر یوسف حسین خان' مولانا عبدالسلام ندوی' عالم خوند میری اور جگن ناتھ آزاد کے ساتھ ماہرین اقبالیات کی

فہرست میں شامل ہوگئے۔اور اُن کی کتابیں عرفان اقبال۔اقبال اور اُن کا فلسفہ اور اقبال کا نظریہ شعر اور شاعری اقبالیات میں اہم افسانہ تصور کی جانے لگیں۔

اقبال نے اپنی شاعری کے ذریعہ پیغمبری کی تھی۔تاہم انہوں نے شاعری کے ذریعہ اصلاح کا پیغام دیتے ہوئے شاعری کے معیار سے سمجھوتہ نہیں کیا تھا۔اُن کی اصلاحی شاعری فکر کے ساتھ فن کی کسوٹی پر بھی پوری اُترتی ہے سرور نے اقبال کی شاعری کا ہر دو پہلوؤں سے جائزہ لیا۔سرور اقبال کی شاعری کا تجزیہ کرتے ہوئے لکھتے ہیں:

''اقبال کا نظریہ شعر غزلیہ شاعری کا نہیں ہے یہ نغمہ جبریل یا بانگ اسرافیل والا نظریہ ہے۔اس نظریہ کے مطابق شاعری کا ایک مقصد اور پیام ہے۔اس کا مقصد سلانا یا رلانا نہیں۔بیدار کرنا ہے اس کے پیچھے حیات و کائنات کا ایک فلسفہ اور ایک مذہبی فکر ہے''[۲]

اقبال کی شاعری میں پائے جانے والے پیامیہ پہلو کی وضاحت کرتے ہوئے سرور لکھتے ہیں:

''اُن کے یہاں فکر روشن کے ساتھ گداز دل اور شاعرانہ نظر بھی ہے۔اس لئے پیمبرانہ شاعری یہاں شاعری کی بلندیوں کو چھو لیتی ہے اقبال کو شکوہ تھا کہ اُن کا حلقہ اُن سے حدیث دلبری مانگتا ہے۔جبکہ وہ اسے شکوہ خسروی دینا چاہتے تھے۔لیکن اس شکوہ خسروی کی اتنی اہمیت نہ ہوتی۔اگر یہ حدیث دلبری بن کر نہ آتا۔خالص شاعری یا فن کی شاعری سے بیزار ہونے کے باوجود وہ ساری عمر شاعری کرتے رہے''[۳]

اقبال کی شاعری کے موضوعات میں کافی تنوع ہے۔اُن میں بنیادی فکر فلسفہ خودی ہے۔جو وحدت الوجود کی ایک متبادل صورت ہے۔سرور نے اقبال کو فلسفی قرار دینا اُن کی توہین کہا ہے۔اور فلسفی کی تعریف کرتے ہوئے لکھا کہ وہ حقیقت کی خشک اور بے جان تفسیریں کرتا ہے۔اقبال کے فلسفہ کو فلسفہ حیات قرار دیتے ہوئے سرور اپنے مضمون ''اقبال اور اُن کا فلسفہ'' میں لکھتے ہیں:

''اُن کا اپنا فلسفہ حیات ہے یہ فلسفہ حیات نہ تو فقیر کی جھولی کی طرح ہے جس میں ادھر ادھر سے مانگ کر بھیک کے ٹکڑے جمع کئے گئے ہوں نہ یہ خودرو ہے بلکہ اس میں ہمارے تمام سرمایہ ذہنی کی ترقی یافتہ شکل ملتی ہے اقبال نے مشرق و مغرب کے حکماء اور مفکروں کے خیالات کے ساتھ پرواز کی ہے۔خاص طور

سے وہ رومی نیٹشے اور برگسان سے متاثر ہوئے ...... مجدد الف ثانی بیدل و غالب کا اثر بھی قبول کیا ہے" [۴]

اقبال نے خودی کا فلسفہ پیش کیا تھا۔ اقبال کے خودی کے فلسفہ کی سرور نے اچھے انداز میں وضاحت کی ہے اور اسے مستحکم کرنے اور اُس کی تعمیر کے طریقہ بھی بتائے۔ چنانچہ سرور لکھتے ہیں:

"خودی کے استحکام کی یہی صورت ہے کہ انسان اپنے طبعی ماحول سے جنگ کرتا ہے اور فطرت کو اپنا مطیع بنانے کی کوشش کرے۔ اسطرح اُس کی ذہنی قوتیں تیز ہوتی رہتی ہیں۔ اس کی خودی بڑھتی جاتی ہے مگر یہ صرف عقل کے بس کی بات نہیں یہاں عشق سے مدد مل سکتی ہے۔ اقبال کے یہاں روحانی کیفیت ہے جو وجدان سے تعلق رکھتی ہے۔ خودی عشق و محبت اور فقر و استغنا سے مستحکم ہوتی ہے تو کائنات کی ساری قوتیں انسان کے قبضے میں آجاتی ہیں مگر خودی سے تعمیر و تخریب دونوں کا کام لیا جاسکتا ہے۔ شیطان تخریب خودی کی مثال ہے خودی کی تعمیر کیلئے اطاعت ضبط نفس اور نیابت الٰہی کے درجے ہیں۔" [۵]

سرور اقبال کی فکر کا مطالعہ کرتے جاتے ہیں اور اُس کے ایک ایک پہلو کی گرہیں کھولتے جاتے ہیں۔ چنانچہ اقبال کی شاعری میں آزادی کے جذبے کی اہمیت کو سرور نے تلاش کیا ہے۔ اور لکھا کہ آزادی انسان کی ترقی کیلئے ضروری ہے۔ اور اقبال نے اپنی شاعری میں فرد اور سماج کی آزادی کی اہمیت پر زور دیا ہے۔ اقبال کی شاعری کے اس پہلو کو اُجاگر کرتے ہوئے سرور لکھتے ہیں:

"اقبال وطن کے مسائل سے دلچسپی رکھتے ہیں۔ اور آزادی پر جان دیتے ہیں اُن کا عقیدہ ہے کہ غلامی انسان کی تمام خوبیوں کو مٹا دیتی ہے۔.... آزادی سے محروم ہونا گویا انسانیت سے محروم ہونا ہے۔ بال جبریل میں ثنائی مزار پر نظم اور ضرب کلیم میں شعاعِ امید پڑھئے تو آپ کو معلوم ہو جائے گا کہ اقبال کے فلسفہ حیات میں آزادی کو بنیادی درجہ حاصل ہوا ہے اور وہ غلامی پر کسی حال راضی نہیں ہیں۔" [۶]

سرور نے اقبال کی شاعری کے دیگر فکری پہلوؤں، حرکت و عمل ابلیس کی کارگزاری، مرد مومن، شاہین کے استعاروں وغیرہ کا مفہوم بھی واضح کیا ہے۔

آل احمد سرور نے اپنے خطبہ ''اقبال کا نظریہ شعر اور شاعری'' میں اقبال کے شعری نظریات اور اُن کی شاعری کا تفصیلی مطالعہ پیش کیا ہے۔ اقبال کے شعری نظریہ کی وضاحت کرتے ہوئے سرور لکھتے ہیں:

''بات یہ ہے کہ اقبال کی شاعری اور اُن کا شعری نظریہ ایک بلند نصب العین سے وفاداری کا ہے۔ اس بلند وفاداری اور اُس کے تقاضوں کی وجہ سے اُن کے نزدیک زندگی ایک مہم اور شاعری اس مہم کو سر کرنے کی کنجی بن گئی ہے۔... اقبال کا نظریہ شعر براہ راست شاعری یا خطابیہ شاعری کیلئے زیادہ موزوں ہے یہ بات صحیح نہیں ہے ... اقبال تشبیہہ اور استعارے سے بڑا کام لیتے ہیں۔ مگر دلچسپ بات یہ ہے کہ وہ رفتہ رفتہ استعارے سے علامت کی طرف بڑھتے ہیں۔ ... اقبال کے یہاں حالؔی کی سی سادگی اور اصلیت نہیں ہے سادگی اور پُر کاری اور اصلیت میں تخیل کی آمیزش ہے۔ ہاں جوش میں وہ حالؔی سے بڑھے ہوئے ہیں۔'' [7]

آل احمد سرور نے اقبال کی شاعری کے تجزیے سے قبل اُن حالات کا جائزہ لیا ہے۔ جنھوں نے اقبال کی شخصیت کی تعمیر کی ہے۔ اس میں انہوں نے اقبال کے بچپن، اُن کی پرورش کے ماحول، اساتذہ کی تربیت وغیرہ کی اثر انگیزی کا جائزہ پیش کیاہ۔ چنانچہ سرور لکھتے ہیں:

''اقبال کی تخلیق میں اُن کے گھریلو ماحول، مذہب اور تصوف کی فضاء، عربی کا علم، فارسی کا گہرا اور رچا ہوا مطالعہ، مغربی افکار اور انگریزی ادبیات کا مطالعہ، آرنلڈ کی صحبت، سر سید کی تحریک کے خاموش اثرات، تہذیبی سرمائے کی روایات، کشمیر کے برہمنوں کی ذہانت اور ذوق جمال .... انہوں نے خود کہا ہے کہ اُن کی شخصیت میں دو عناصر ساتھ ساتھ کام کرتے رہتے ہیں۔ ایک خواب دیکھنے والا اور ایک عملی انسان ''خواب دیکھنے والا شاعر ہے۔ عملی انسان حالات کی وجہ سے عدم تحفظ کا شکار ہے اور اس لئے علم کی پیاس کے ساتھ روزگار کا جویا ہے۔ تا کہ اُسے مالی استحکام ہو سکے۔'' [8]

سرور نے اقبال کی شخصیت کے تشکیلی عناصر کا تفصیلی طور پر مطالعہ کیا ہے۔ اور نتائج اخذ کئے ہیں۔ اور یہ واضح کیا کہ اقبال مشرق و مغرب کی فکر کا حسین امتزاج ہیں۔ آگے سرور نے اقبال کی نظموں اور اُن

کی شاعری کے اہم ادوار کا جائزہ پیش کیا ہے۔

سرور نے اقبال کے جن نظموں کا مطالعہ پیش کیا ہے اُن میں مسجد قرطبہ نمایاں حیثیت رکھتی ہے۔ مسجد قرطبہ کئی معنوں میں اقبال کو متاثر کرتی ہے۔ اس مسجد کی تعمیر میں معماروں کے خون کی گرمی، جذبہ اخلاص اور باطنی سوز شامل ہے۔ دوسرے معنوں میں جذبہ عشق نے سنگ وخشت کا لباس زیب تن کرلیا۔ اقبال نے اپنی نظم کے ذریعہ جہاں اس موضوع کو چاند لگادیئے وہیں سرور اقبال کے فن کا تجزیہ کرتے ہوئے خود مفکر اور فلسفی دکھائی دیتے ہیں۔ مسجد قرطبہ کا تجزیہ کرتے ہوئے سرور لکھتے ہیں:

''مسجد قرطبہ اقبال کی نظم گوئی کا تاج محل ہے۔ یہاں وقت، عشق، فن، مرد مومن، عربی شہ سوار، تاریخ اور کسی زمانے کے خواب میں فکری شاعری محسوس اور پر جوش اور وجد آفریں خیال کے سہارے ذہن میں ماضی، حال کے سہارے ہم ترفع وتطہیر جلال وجمال، معنویت اور رمزیت کی نئی حدوں کو چھو لیتے ہیں۔ ہر بند آٹھ شعروں کا ہے۔ وقت کا تصور عشق کی طرف لے جاتا ہے جس سے وقت پر حکمرانی ہوتی ہے۔ عشق جس کی تقویم میں عصر رواں کے سوا اور زمانے بھی ہیں فن کے معجزے کی طرف اور معجزہ فن جو مسجد قرطبہ میں ملتا ہے اس بندہ مومن کی طرف جو عقل کی منزل اور عشق کا حاصل ہے فطری طور پر اس سے ان اہل دل کی سلطنت یاد آتی ہے جن کی نگاہوں نے شرق وغرب کی تربیت کی .... نظم ایک عظیم سوچ سے شروع ہوتی ہے۔ اور جوش کی مختلف منزلوں سے گزرتی ہوئی پھر ایک عظیم سوچ پر ختم ہوتی ہے اس نظم کی اہمیت اور معنویت صرف اس کے موضوع میں نہیں ہے موضوع کو شعر بنانے میں، مسائل کو معارف اور معارف کو معاملات بنانے میں ہے۔''[۹]

سرور نے ان ہی خطوط پر اقبال کی دیگر نظموں، ساقی نامہ، جبریل وابلیس، بال جبریل کی نظموں کا جائزہ پیش کیا ہے۔ اقبال کی شاعری کا اجمالی تجزیہ پیش کرتے ہوئے سرور لکھتے ہیں:

''اقبال حسن ازل کی جستجو میں ماضی کی عظمتوں کے احساس میں اور رومانی کرداروں کی تخلیق میں رومانی ہیں لیکن فن کے در و بست میں کلاسیکی رومانیت اور کلاسیکیت کی کشمکش نے اُن کے یہاں بڑی شاعری کو جنم دیا۔... اقبال کے ہاں فکر روشن کے ساتھ گداز دل اور شاعرانہ نظر بھی ہے۔ اسلئے پیمبرانہ

شاعری کی روح کو چھو لیتے ہیں۔''[10]

آل احمد سرور نے ایک اعتدال پسند اور دیانت دار ناقد کی طرح اقبال کی شاعری کی خوبیوں اور اُن کے فن کی عظمتوں کا اعتراف کیا ہے۔ اقبال کی ستائش کی ہے ساتھ ہی ساتھ اُن کے بعض خامیوں کو بھی بیان کیا ہے۔ انہوں نے لکھا کہ اقبال کے یہاں زندگی کے ایک ہی پہلو یعنی رجائیت پر جو مبالغہ کی حد تک اصرار ملتا ہے وہ کلی طور پر حقیقت پر مبنی نہیں ہے زندگی میں حزن و قنوطیت بھی ایک حقیقت ہے اور اُس سے صرف نظر نہیں کیا جا سکتا۔ اقبال کی ایک کمزوری کو سرور نے یہ کہتے ہوئے اجاگر کرنے کی کوشش کی کہ اقبال کی شاعری پر اُن کا نظریہ غالب آ گیا۔ اور فلسفہ اور پیام اُن کے اعصاب پر سوار ہو گئے۔ اسطرح سرور اقبال کے بہت بڑے معتقد اور مداح ہونے کے باوجود تنقید کے معاملے میں اعتدال پسند رویہ اختیار کرتے ہیں۔ اور اپنے جذبات کو اپنی تنقید پر حاوی ہونے نہیں دیتے۔ اقبال کی شاعری اور عمومی طور پر تنقید میں میانہ روی اختیار کرنے والے سرور کے فن کی اس خصوصیت پر تبصرہ کرتے ہوئے الطاف احمد اعظمی لکھتے ہیں:

''اقبال شناسوں میں سرور کا مقام و مرتبہ متعدد اعتبار سے بہت بلند ہے۔ ان کی تنقید بصیرت افروز بھی ہے اور فکر انگیز بھی۔ سب سے اہم بات یہ ہے کہ اقبال سے غیر معمولی عقیدت و شیفتگی کے باوجود کہیں بھی تعصب و تنگ نظری کا شکار نہیں ہوتے۔ نہ ہی اقبال کا فکر و فن اُن کی تنقید کی راہ میں حائل ہوا اور نہ ہی اُن کا مخصوص نظریہ شعر۔ انہوں نے ہر چیز کو فکر و فن کے مسلمہ ادبی اُصولوں کی روشنی میں دیکھا ہے۔ اور ہر طرح کے خارجی پردوں کو ہٹا کر شاہد معنیٰ کے مختلف جلوؤں کو جس طور پر بے نقاب کیا ہے۔ وہ چیز اُن کے ہم عصر ناقدوں کے یہاں نہیں ملتی۔''[11]

اقبال کو خصوصی مطالعہ کی شخصیت بناتے ہوئے سرور نے اپنی زندگی میں ہی ایک علحدہ شناخت بنالی تھی۔ اور اردو کے ادبی حلقے انہیں ایک سربرآوردہ نقاد کے علاوہ بہ طور ماہر اقبالیات بھی قرار دینے لگے تھے۔ سرور کی اقبال شناسی کی ستائش کرتے ہوئے ایک اور ماہر اقبالیات جگن ناتھ آزاد لکھتے ہیں:

''ہندوستان میں آزادی سے پہلے اقبال پر متوازن مضامین لکھنے والوں میں آل احمد سرور کا نام خاصی اہمیت رکھتا ہے۔ اب مجھ کو یاد تو نہیں کہ آزادی کے بعد ایک دو سال کے اندر سرور صاحب نے کون کونسے مضامین لکھے لیکن اُن

کے مضامین کو اہلِ نقد نے ہمیشہ قدرِ اول کے مضامین سمجھا اور آج بھی علامہ اقبال کے بارے میں اُن کی تحریریں منارۂ نور کی حیثیت رکھتی ہیں۔''[۱۲]

آل احمد سرور نے اقبال پر جو مضامین اور مقالے تحریر کئے اُن میں سب وقیع اور عالمانہ مضمون وہ خطبہ ہے۔ جو انہوں نے نظام خطبہ کے تحت ''اقبال کے نظریہ شعر و شاعری'' کے عنوان سے دیا۔ یہ خطبہ اقبال کی اساسی فکر اور اُن کی تفہیم کی بھرپور نمائندگی کرتا ہے۔ سرور نے غالباً پہلی بار اقبال کے تخلیقی و فکری سوتے تلاش کئے۔ سرور نے محسوس کیا تھا کہ سر سید و حالی کی طرح اردو شاعروں میں اقبال بھی اعتدال پسند وسیع النظری رکھتے ہیں۔ چنانچہ سرور اس ضمن میں لکھتے ہیں:

''اقبال کے یہاں جو اُبھرتا ہوا ذہن ہم دیکھتے ہیں اُس پر مذہبی اور صوفیانہ میلان کے ساتھ سر سید کی عقلیت حالؔی کے سماجی شعور، غالبؔ کی شوخی فکر اور مغرب کے رومانی شعراء سب کا اثر ہے۔''[۱۳]

سرور نے مطالعہ اقبال کے بعد محسوس کیا تھا کہ اقبال ایک جذباتی انسان تھے۔ قرآن کی آیات اور موسیقی کے کمالات دونوں سے اُن کی آنکھوں میں آنسو آجاتے تھے۔ ذہانت ذوق، جذباتیت، انگریزی کے رومانی شعرا کے مطالعے کے امتزاج سے اُن کے یہاں خود ایک رومانی لئے پیدا کردی تھی۔ مذہب، تاریخ اور فلسفے نے ان میں ایک حکیمانہ مزاج پیدا کردیا تھا۔ اس رومان اور میلان نے مل کر اقبال کے اندر ایک نئی قسم کے رومانیت پیدا کردی تھی۔ آل احمد سرور نے اقبال کی شاعری کے رومانوی پہلو تلاش کئے۔ سرور کی طرح محمد حسین بھی اقبال کو ایک رومانوی شاعر کہتے ہیں۔ چنانچہ وہ لکھتے ہیں:

''اقبال کی شاعری میں رومانوی اثرات بہت نمایاں طور پر نظر آتے ہیں۔ اُن کے ہاں جذبات اور وجدان کی افراط اور غلبہ اس قدر زیادہ ہے کہ اگر ان کو رومانوی شاعر کہا جائے تو غلط نہ ہوگا۔ اقبال نے عقل اور عشق کے لفظوں سے نیا جہاں بسایا۔ اس جہاں کی تعمیر میں جذبہ اور وجدان کی بنیادی حیثیت ہے۔''[۱۴]

اقبال نے بارہا اپنی شاعری میں عقل پر عشق کو فوقیت دی ہے۔ اور اسطرح وجدان کو اہم قرار دیا۔ اقبال کہتے ہیں:

بے خطر کود پڑا آتش نمرود میں عشق

عقل ہے محو تماشائے لب بام ابھی

اچھا ہے دل کے پاس رہے پاسبان عقل

لیکن کبھی کبھی اسے تنہا بھی چھوڑ دے

اقبال کی شاعری میں رومانی عناصر کو سب سے پہلے آل احمد سرور ہی نے تلاش کیا تھا۔ جبکہ اقبال کی موت کے بعد اُن کا پہلا مضمون ۱۹۳۹ء میں ''اقبال اور اُن کا فلسفہ'' شائع ہوا تھا۔ اس مضمون میں سرور اقبال کے سب سے بڑے فلسفہ خودی کو بھی رومانیت کا حصہ قرار دیتے ہیں۔ اقبالیات پر سرور کا ایک اہم کام اُن کی کتاب ''دانشور اقبال'' ہے۔ اس کتاب میں بیس ۲۰ مضامین شامل ہیں۔ ابتدائی دس مضامین فکر اقبال سے تعلق رکھتے ہیں۔ جبکہ باقی مضامین اقبال کی شاعری سے تعلق رکھتے ہیں۔ سرور نے یہ تمام مضامین ۱۹۷۷ء تا ۱۹۹۰ء کے درمیان لکھے جبکہ وہ اقبال انسٹی ٹیوٹ کشمیر سے وابستہ تھے۔ ۷۸-۱۹۷۷ء میں اقبال صدی تقاریب دھوم سے منائی گئی تھیں۔ چنانچہ سرور نے بھی اقبال کے فن کے نئے گوشوں کو اُبھارتے ہوئے یہ مضامین لکھے۔ ابتدائی مضامین میں سرور نے اقبال کی دانشوری کو اُبھارنے کی زیادہ کوشش کی ہے۔

آل احمد سرور نے اپنے مضمون ''اقبال کی معنویت'' میں ہندوستانی سماج پر اقبال کے مغربی و مشرقی مفکرین کے خیالات کے اثرات کی اہمیت بیان کرتے ہیں۔ سرور لکھتے ہیں:

> ''میرے نزدیک اقبال کی معنویت سب سے پہلے اس وجہ سے ہے کہ انہوں نے اپنے فلسفے اور فن کے ذریعہ ہمارے نوآبادیاتی دور کی مغرب پرستی، مذہب سے بے گانگی اور مغرب سے مرعوبیت کے خلاف جہاد کیا۔ اگرچہ انہیں کسی طرح قدامت پرست نہیں کہا جاسکتا۔ اُن کی نگاہ کوفہ و بغداد کی طرف نہیں تھی وہ تازہ بستیاں آباد کرنا چاہتے تھے۔ لیکن وہ جدید کاری کے معنی مغربیت نہیں سمجھتے تھے۔ وہ جانتے تھے کہ کسی دوسرے علاقے کے ادارے بجنسہ ہمارے یہاں نہیں نافذ کئے جاسکتے۔ اُن کے فروغ کیلئے ہماری دھرتی ہمارے ماحول، ہماری فضاء ہمارے سماج، ہمارے مزاج کا لحاظ بہت ضروری ہے۔ اسلئے وہ اپنی فطرت کے تجلّی زار میں آباد ہونے کو ضروری سمجھتے تھے۔''[۱۵]

آزادی کے بعد ہندوستان میں اقبال کا نام لینے والے کم رہ گئے تھے۔تاہم سرور نے اقبال کا دامن نہیں چھوڑا۔اور مخالفت کے ماحول میں تفہیم اقبال کی مہم سر کرتے رہے۔اُن کی اقبال سے گہری وابستگی کو خراج پیش کرتے ہوئے نامور نقاد شمس الرحمٰن فاروقی لکھتے ہیں:

''۱۹۴۷ء کے فوراً بعد کے شب و روز وہ تھے جب ہندوستانی کیلئے عموماً اور مسلمان کیلئے خصوصاً پاکستان کا نام لینا کفر اور اقبال کا نام لینا گناہ کبیرہ تھا۔ ترقی پسند لوگ تو سستے میں چھوٹ گئے تھے کہ آزادی کے پہلے کمیونسٹ پارٹی نے قیام کی حمایت کی لیکن بعد میں وہ اقبال کی مخالف ہوگئی تھی۔آل احمد سرور کا معاملہ یہ تھا کہ وہ پاکستان کے حامی نہ تھے۔لیکن اقبال کے پرستار تھے اور انہوں نے اقبال سے اپنی عقیدت اور محبت کا لگاؤ علمی اور تنقیدی سطح پر متعدد مضامین میں کیا۔اور ایسے زمانے میں کیا جب لوگ اقبال کا نام لیتے ڈرتے تھے۔''[۱۶]

شمس الرحمٰن فاروقی کے اس اقتباس سے اندازہ ہوتا ہے کہ آزادی کے بعد ہندوستان میں اقبال سے دوری اختیار کرلی گئی تھی۔جبکہ جگن ناتھ آزاد، عطیہ فیضی، اقبال سنگھ، عبدالسلام ندوی، ظہیرالدین جمعی وغیرہ نے بھی اقبال پر لکھنا جاری رکھا تھا۔اور سرور کے علاوہ یہ لوگ بھی ماہر اقبالیات کے مشہور ہونے لگے تھے۔سرور نے اقبال کا تقابلی مطالعہ بعض دیگر شعراء سے بھی کیا ہے۔اور اس مطالعے سے اقبال کی عظمت کے پہلو نکالے اُن کا ایک مضمون ''اقبال اور فیض'' ہے۔اقبال کی طرح فیض بھی ایک نامو شاعر تھے جنھوں نے اپنی شاعری سے لوگوں کو متاثر کیا تھا۔سرور نے اس مضمون میں اقبال اور فیض کی فکر اور اُن کی شاعری کی مختلف خصوصیات کا تجزیہ کیا ہے۔اقبال اور فیض کی شاعری کے چند پہلوؤں کی طرف اشارہ کرتے ہوئے سرور لکھتے ہیں:

''اقبالؔ اور فیضؔ دونوں رجائی شاعر ہیں۔اقبال اور فیض دونوں کے ہاں ایک رومانی مزاج ہے۔.....دونوں کا مطالعہ وسیع ہے مگر اقبال کا دائرہ فیض سے زیادہ ہے۔اردو کے علاوہ اقبال نے فارسی میں بھی گراں قدر شاعری کی۔فیض نے فارسی کو ہاتھ نہیں لگایا۔ہاں آخری زمانے میں پنجابی کی طرف ضرور مائل ہوئے تھے۔اقبال نے خاصی بڑی تعداد میں طویل نظمیں لکھی ہیں۔جبکہ فیض مختصر نظموں کے شاعر ہیں۔اقبال کے یہاں غضب کی آمد تھی۔

فیض بہت سوچ سوچ کر کہتے تھے۔.....اقبال میں وہ دریا ہے جو اپنے جلال سے پہچانا جاتا ہے فیض ایک جوئے خوش خرام ہیں۔ اقبال کا آہنگ بلند ہے اور اُن کا لہجہ پرشکوہ۔ فیض کے لہجے میں نرمی اور شیرینی ہے۔ دونوں نے غنائی شاعری بھی کی ہے اور خطابت کے جوہر بھی دکھائے ہیں .... دونوں فطرت پرست نہیں کہے جاسکتے فطرت نگار کہے جاسکتے ہیں۔''[۱۸]

آل احمد سرور نے اقبال پر تنقید کرتے ہوئے اُن کی فکر کے مختلف پہلوؤں کا احاطہ کیا ہے انہوں نے اپنے متعدد مضامین میں اقبال کی مشرقیت کو موضوع بنایا۔ اور اُن کی مشرقیت کو جدید مشرقیت کی اصطلاح سے متعارف کراتے ہوئے یہ واضح کیا کہ اقبال کی اس مشرقیت میں مغرب کی اچھی قدریں بھی شامل ہیں۔ اس پہلو کی وضاحت کرتے ہوئے سرور لکھتے ہیں:

''اقبال پر مغربیت کے اثر نے اُن کی نئی مشرقیت کو جنم دیا۔ یہ نئی مشرقیت ماضی کے صالح عناصر وروحانی بصیرت کے ساتھ جمہوری خیر کے تقاضوں کو قبول کرتی ہے۔ جس کی مغرب میں شاندار داستان ہے جو سائنس اور ٹیکنالوجی کی برکتوں اور نعمتوں دونوں کو پہچانتی ہے۔''[۱۸]

آل احمد سرور نے اقبال کی شاعری کے خطیبانہ انداز کو اُن کی کمزوری نہیں بلکہ طاقت قرار دیا ہے۔ سرور نے اقبال کی غزل گوئی اور اُن کے فارسی کلام کا جائزہ بھی لیا۔ کہیں کہیں وہ تعریف وتوصیف میں اعتدال کی حد کو پار کرتے ہوئے اقبال کی جانب داری کرنے لگتے ہیں۔ اقبال کا تعارف پیش کراتے ہوئے اور اقبال پر تنقید کرتے ہوئے سرور نے جو اسلوب اختیار کیا ہے اُس میں سرور کی اہم خصوصیت شگفتگی اور رعنائی جھلکنے لگتی ہے۔ اور ان کی تنقید تو صرف خوبصورت جملوں کا رقص وسرور لگتی ہے۔ اقبال کے بارے میں سرور نے کچھ اسطرح کی باتیں بھی کہیں ہیں:

''اقبال کا فن اعلیٰ سنجیدگی کا فن ہے۔ اور اس اعلیٰ سنجیدگی میں جلال و جمال' جلال کے جمال اور جمال کے جلال کا خوبصورت امتزاج ہے۔''

''اقبال کی وجہہ سے اردو نظم جوان ہوئی اور اُس میں جوانی کی لغزشیں بھی ہیں۔''

''ہمارے یہاں ابھی نظر نہیں ہے ہاں نظریہ سازی ہے۔ جس کی وجہہ سے وہ فن کے جلوۂ صدرنگ کو دیکھ نہیں پاتے۔ ہر فن ایک یقین اور اُس کے استناد

کی ایک وژن میں جلوہ گری ہے۔''[۱۹]

تنقید میں شگفتہ اسلوب کبھی کبھی قاری کو تخلیق سے دور کردیتا ہے۔ اور وہ کسی تخلیق کے بارے میں نقاد کی رائے جاننے کے بعد خود تنقیدی تحریر کی شگفتگی میں کھو جاتا ہے۔ اور اصل تخلیق کی طرف اس کی توجہ مبذول نہیں ہو پاتی۔ اسے نقاد کا کمال کہئے یا اُس کی خامی کہ وہ ایک تخلیق پر تنقید کرتے ہوئے اپنی تنقید کو تخلیق کے درجے تک پہونچا دیتا ہے۔ سرور کی تنقید بھی کچھ اس قسم کا تاثر پیش کرتی ہے۔ سرور کی تنقید کے اس پہلو کو خاص قرار دیتے ہوئے علی احمد فاطمی لکھتے ہیں:

> ''سرور کے مخصوص تنقیدی اسلوب و نیز نظریہ نقد سے متعلق یہ شکایت عام ہے کہ اس میں شگفتگی و دلکشی تو ضرور پائی جاتی ہے۔ لیکن فیصلہ کن گہرائی اور تنقید و تاریخ کی وہ بصیرت جو اُن کے نقطہ نظر کو وحدت اور تاریخیت عطا کرے اکثر معدوم رہتی ہے۔ یا ہوتی ہے تو زبان کی دلکشی میں گم ہو جاتی ہے۔ .... قدیم و جدید، مشرق و مغرب میں توازن قائم کرنے میں اپنی انفرادیت، تنقیدی بصیرت اور فکری وحدت کو متاثر کر بیٹھتے ہیں۔ اقبالیات کے تعلق سے بھی اُن کا یہ عمل جا بجا بکھرا ہوا ہے۔''[۲۰]

آل احمد سرور شگفتہ اسلوب کے حامل ایک نقاد کے علاوہ ایک اچھے شاعر بھی تھے۔ چنانچہ اُن کی تنقیدی نثر میں کہیں کہیں شعریت جھلک جاتی ہے۔ اس میں حیرانی کی کوئی وجہ نہیں۔ ان کی تنقیدات میں رومانیت اور اسلوب کی ثقافت کا عنصر بہت کم ہے۔ اور سنجیدہ تنقید نگاری کا حصہ زیادہ ہے۔ نہ صرف اقبالیات پر تنقید کے معاملے میں بلکہ عمومی تنقید میں بھی آل احمد سرور کے اسلوب کی خوشہ چینی نہیں ہو سکی۔ اور آل احمد سرور بہ حیثیت اقبال شناس اپنے نام اور کام سے ادبی تنقید کی دنیا میں اپنا نام روشن کر گئے۔ سرور نے اپنے دلچسپ اسلوب اور مضامین کے ذریعہ اقبال کے پیغام کو واضح کرنے کا جو کام انجام دیا وہ اُن کے تنقیدی اسلوب کی چند ایک کوتاہیوں کو نظر انداز کرنے کا موقع فراہم کرتا ہے۔ ابوالکلام قاسمی سرور کے اسلوب کی کوتاہیوں اور اقبال پر اُن کے کام کی وقعت کو بیان کرتے ہوئے لکھتے ہیں:

> ''سرور صاحب کا اسلوب بیان بلاشبہ بعض مقامات پر تنقیدی مقدمات اور استدلال کو کمزور کرتا ہے۔ مگر اس حقیقت سے بھی انکار نہیں کیا جا سکتا کہ تنقیدی مکتب فکر کے اعتبار سے تاثراتی اسکول سے علاقہ نہ رکھنے کے باوجود وہ اپنے موضوع کی باز آفرینی کی کوشش کی طرف زیادہ متوجہ رہتے ہیں۔ ....

اقبال کے معاملے میں اُن کا تنقیدی امتیاز یہ ہے کہ انہوں نے اقبال کی شاعری پر کوئی باقاعدہ کتاب تو نہیں لکھی۔ لیکن اپنے متعدد مضامین میں کم و بیش اقبال کی فکر اور فن کے تقریباً ہر پہلو پر سیر حاصل گفتگو کی ہے۔ اقبال کی ممتاز ترین نظموں کے امتیازات سے لے کر فکر و فلسفہ کی تاریخ میں اقبال کی انفرادیت تک کو سرور صاحب نے بصیرت افروز نقطۂ نظر اور پختہ کار شعور و عرفان کے ساتھ دیکھا ہے۔ اور پورے اقبال کے باز یافت کرنے کی کامیاب کوشش کی ہے۔.....اس پس منظر میں آل احمد سرور کا شمار ممتاز ترین اقبال شناسوں میں عرصے تک ہوتا رہے گا۔"[۲۱]

آل احمد سرور کو اقبال پر تفصیل سے کام کرنے کا موقع اُن کے زمانہ کشمیر کے قیام میں ملا۔ جبکہ وہ اقبال چیئر پر فائز تھے۔ اور اقبال انسٹی ٹیوٹ میں انہوں نے کام کیا تھا اقبال انسٹی ٹیوٹ کا قیام سرور کا اہم کارنامہ ہے۔

آل احمد سرور اور اقبال اسٹی ٹیوٹ:

آل احمد سرور ۷/اکتوبر ۱۹۷۳ء کو علی گڈھ مسلم یونیورسٹی کی ملازمت سے سبکدوش ہوئے۔ سبکدوشی کے بعد وہ انجمن ترقی اردو کو فعال بنانے میں لگے رہے۔ اور بلا ناغہ انجمن کے دفتر جایا کرتے تھے۔ مارچ ۱۹۷۷ء تا ۱۹۸۴ء وہ شملہ کے انڈین انسٹی ٹیوٹ آف ایڈوانسڈ اسٹڈیز میں فیلو کی حیثیت سے کام کرتے رہے۔ آگرہ کے سینٹ جانس کالج میں سرور کے رفیق سید رضی الحسن چشتی کشمیر یونیورسٹی سری نگر کے وائس چانسلر تھے۔ انہوں نے اطلاع دی کہ کشمیر یونیورسٹی میں اقبال چیئر قائم ہوئی ہے۔ شیخ محمد عبداللہ کی خواہش ہے کہ وہ اس چیئر پر کام کرنے کیلئے آجائیں۔ سرور کو اقبال پر کام کرنے کا سنہری موقع ہاتھ آیا چنانچہ انہوں نے ۲۱/مئی ۱۹۷۷ء کو سری نگر پہونچ کر اقبال چیئر کی ذمہ داری سنبھال لی۔ اور ایک سال کے بعد اسے اقبال انسٹی ٹیوٹ میں تبدیل کر دیا۔ اپنی سوانح میں اس کی تفصیل بیان کرتے ہوئے سرور لکھتے ہیں:

"۱۹۷۸ء میں میں نے اقبال چیئر کا دفتر لائبریری کی عمارت میں قائم کیا۔
اکتوبر ۱۹۷۸ء میں اقبال اور مغرب' کے عنوان پر ایک سیمنار کیا۔ اس موقع پر میں نے اقبال انسٹی ٹیوٹ قائم کرنے کی تجویز اُن کے سامنے رکھی۔ چنانچہ

۱۹۷۹ء کے شروع میں انسٹی ٹیوٹ قائم ہوگیا۔ اوراس میں ایم۔فل اور پی ایچ۔ڈی کیلئے تربیت کی اجازت مل گئی۔..... انسٹی ٹیوٹ میں ایم۔فل اور پی ایچ۔ڈی کی تربیت کے علاوہ سمیناروں اور توسیعی لکچروں کا خاص انتظام رہا۔ اقبال پر ہر سال ایک سمینار ضرور ہوتا تھا۔ سمینار کے مقالے کتابی صورت میں شائع کیے جاتے تھے۔'' [۲۲]

آل احمد سرور کی کاوشوں سے انسٹی ٹیوٹ میں ایک ریسرچ فیلو، لکچرر اور ریڈر کی جائیدادوں پر اساتذہ کی تقرری عمل میں آئی۔ جن طلباء نے اقبال انسٹی ٹیوٹ سے پی ایچ۔ڈی کی اُن کے نام اور موضوع اس طرح ہیں۔

۱۔	محمد امین اندرابی	مکاتب اقبال کا تنقیدی جائزہ
۲۔	نصرت اندرابی	حالی اکبر اور اقبال کی پیامی شاعری کا تقابلی مطالعہ
۳۔	شفیقہ رسول	اقبال اور ہیومنزم
۴۔	بلقیس سراج	اردو نظم میں اقبال کا کارنامہ

ایم۔فل کیلئے فریدہ بانو کو ''اقبال اور کشمیر'' اور زاہدہ پروین کو غالب کے فکر و فن کا اقبال پر اثر'' موضوع دیا گیا۔ اسطرح سرور نے اقبال انسٹی ٹیوٹ کو اقبال پر تحقیق کا مرکز بنا دیا۔ آل احمد سرور کی کاوشوں سے اقبال انسٹی ٹیوٹ کے زیر اہتمام جو سمینار منعقد ہوئے اُن کے موضوعات یہ تھے۔

۱) اقبال۔ شاعری اور شعریات	۲) تشخص کی تلاش کا مسئلہ اور اقبال
۳) اقبال اور جدیدیت	۴) عصر حاضر میں اقبال کی معنویت
۵) اقبال کا فن	۶) اسلام میں حیات نو
۷) جدید دنیا میں اسلام۔ مسائل اور امکانات	۸) فانی بدایونی
۹) حسرت موہانی	۱۰) جوش ملیح آبادی
۱۱) فراق گورکھپوری	۱۲) اقبال اور گوئٹے
۱۳) اقبال کی سیاسی فکر	۱۴) ہندوستان میں تصوف

اقبال انسٹی ٹیوٹ میں کئی توسیعی خطبات ہوئے۔ انسٹی ٹیوٹ کی سرگرمیوں سے لوگوں کو واقف کرانے کیلئے ''اقبالیات'' کے نام سے انسٹی ٹیوٹ کا ترجمان رسالہ بھی نکلنے لگا تھا۔ اقبال انسٹی ٹیوٹ کے تحت آل احمد سرور نے چند ایک کتابوں کو مرتب کر کے شائع کرایا۔ ان میں اقبال کے مطالعے کے

تناظرات' اقبال اور تصوف' اقبال اور مغرب' اقبال اور مغربی فکر' اقبالیات وغیرہ ہیں۔سرور نے اقبال انسٹی ٹیوٹ میں تقریباً دس سال کام کیا۔اور ۱۹۸۷ء میں وہ علی گڈھ آ گئے۔اقبال انسٹی ٹیوٹ کے حق میں دعا کرتے ہوئے سرور لکھتے ہیں:

''ستمبر ۱۹۸۹ء کے کانوکیشن میں مجھے ڈاکٹر آف لٹریچر کی اعزازی ڈگری سے سرفراز کیا گیا۔ میری خدمات کا یہ اعتراف میرے لئے قابل قدر ہے۔اقبال انسٹی ٹیوٹ کا جو پودا میں نے لگایا تھا خدا کرے وہ ترقی کرے۔ اور اُس کے علمی معیار عالمی معیاروں کے مطابق ہوں۔ بہر حال میں تو قانون باغبانی صحرا کا قائل ہوں۔

لہو کی چند بوندیں میں نے بکھرائی ہیں راہوں میں
نہ جانے کس شگوفے کو بہاروں کا سلام آئے۔'' [۲۳]

۲۰۰۰ء کے بعد اقبال انسٹی ٹیوٹ کی سرگرمیاں ماند پڑ گئیں۔سرور کے زمانے میں انسٹی ٹیوٹ نے تحقیق وتنقید' تصنیف وتالیف کے ذریعہ اقبال اور اُن کے پیام کو عام کرنے میں نمایاں خدمات انجام دیں۔اسطرح آل احمد سرور نے ہندوستان میں اقبال شناسی کیلیئے اپنے قلم سے اور اپنی ذات سے کارہائے نمایاں انجام دیئے۔انہوں نے اقبال کی تفہیم کیلیئے کام کیا۔لیکن اقبال جیسے شہرہ آفاق شاعر سے وابستگی اختیار کرتے ہوئے سرور بھی ماہر اقبال بن گئے۔بلا شبہ اردو ادب کی تاریخ میں اقبال شناسی اور تفہیم اقبال کے ذریعہ آل احمد سرور ایک قد آور شخص بن کر محفوظ ہو گئے۔اور اقبال کو سمجھنے کی کوشش کرنے والا اردو ادب کا ہر طالب علم سرور کی تحریروں کے ذریعہ اقبال تک پہونچنے کی کامیاب کوشش کرے گا۔

حوالے

۱۔ شیخ محمد اقبال — خط بنام سرور۔ بحوالہ فکر ونظر سرور نمبر۔۱۷۵

۲۔ آل احمد سرور — اقبال کا نظریہ شاعری۔ دہلی ۱۹۷۸ء۔۳۹

۳۔ آل احمد سرور — اقبال کا نظریہ شاعری۔۹۵

۴۔ آل احمد سرور — تنقیدی اشارے۔۱۰۹

۵۔ آل احمد سرور — تنقیدی اشارے۔۱۱۲

۶۔ آل احمد سرور — تنقیدی اشارے۔۱۱۳

۷۔ آل احمد سرور — اقبال کا نظریہ شاعری۔۳۹

۸۔ آل احمد سرور — اقبال کا نظریہ شاعری۔۴۳

۹۔ آل احمد سرور — اقبال کا نظریہ شاعری۔۵۹

۱۰۔ آل احمد سرور — اقبال کا نظریہ شاعری۔۷۹

۱۱۔ الطاف احمد اعظمی — فکر ونظر سرور نمبر۔۱۹۵

۱۲۔ جگن ناتھ آزاد — آزادی کے بعد اقبال شناسی۔۱۰

۱۳۔ آل احمد سرور — اقبال کا نظریہ شاعری۔۱۳

۱۴۔ محمد حسن — اردو ادب میں رومانوی تحریک۔۲۰۸

۱۵۔ آل احمد سرور — بحوالہ فکر ونظر سرور نمبر۔۲۱۴

۱۶۔ شمس الرحمٰن فاروقی — بحوالہ فکر ونظر سرور نمبر۔۲۱۴

۱۷۔ آل احمد سرور　　بحوالہ فکر ونظر سرور نمبر۔ ۱۷۰

۱۸۔ آل احمد سرور　　مضمون اقبال اور فیض۔ روز نامہ سیاست ۱۸ر فروری ۲۰۰۲ء

۱۹۔ آل احمد سرور　　بحوالہ فکر ونظر۔ ۲۱۲

۲۰۔ علی احمد فاطمی　　بحوالہ فکر ونظر۔ ۲۱۲

۲۱۔ ابوالکلام قاسمی　　بحوالہ فکر ونظر۔ ۱۸۵

۲۲۔ آل احمد سرور　　خواب باقی ہیں۔ ۲۷۹

۲۳۔ آل احمد سرور　　خواب باقی ہیں۔ ۲۹۵

پانچواں باب

آل احمد سرور بہ حیثیت صحافی

آل احمد سرور نامور نقاد، کہنہ مشق، شاعر وادیب کے علاوہ ایک اچھے صحافی بھی تھے۔ زمانہ طالب علمی سے ہی اُنہوں نے اپنی صحافتی سرگرمیوں کا آغاز کر دیا تھا۔ اور زندگی کے سفر کے ساتھ اُن کی صحافتی خدمات بھی ترقی کرتی رہیں۔ انہوں نے ادبی صحافت کے فروغ میں اہم رول ادا کیا۔ اس کے ذریعہ انہو ں نے ہندوستان میں اردو تحریک کی رہنمائی کی۔ آزادی کے بعد اردو کی گرتی ہوئی ساکھ کو قائم رکھنے اور اسے ایک زندہ زبان کے طور پر برقرار رکھنے میں سرور نے کئی کارہائے نمایاں انجام دیئے۔ انہوں نے اردو والوں کی کھوئی ہوئی خود اعتمادی کو بحال کیا۔ صحافتی خدمات کے ذریعہ اردو کے تنقیدی، تحقیقی اور تخلیقی ادب کو سمت ورفتار اور پلیٹ فارم عطا کیا۔ اور اسی کے ذریعہ اُن کی کچھ اہم صلاحیتیں بھی اردو دنیا کے سا منے ابھر کر آئیں۔

آل احمد سرور کی صحافتی زندگی کا آغاز ۱۹۳۳ء میں علی گڈھ مسلم یونیورسٹی کے طلباء کے ترجمان ''علی گڈھ میگزین'' کی ادارت سے ہوا۔ اس ضمن میں سرور اپنی خودنوشت ''خواب باقی ہیں'' میں لکھتے ہیں:

> ''منظور صاحب علی گڈھ میگزین (اردو) کے نگران تھے۔ چنانچہ داخلہ کے ایک مہینے بعد اُنہوں نے مجھے علی گڈھ میگزین کا ایڈیٹر مقرر کر دیا۔ اور ہدایت

کی کہ مضمون لینے کے لئے رشید احمد صدیقی خواجہ غلام السیدین، اشفاق حسین، بشیر ہاشمی سے ملوں"۔ [1]

آل احمد سرور کی ادارت میں علی گڈھ میگزین کے چار شمارے جنوری ۱۹۳۳ء، اپریل ۱۹۳۳ء، جولائی ۱۹۳۳ء اور اکتوبر ۱۹۳۳ء میں شائع ہوئے۔ سرور نے پہلے شمارے کے اداریے میں دو باتوں کی وضاحت کی کہ اس میگزین میں تمام شعبوں کی نمائندگی کی گئی ہے اور یہ کہ کوئی مضمون علی گڈھ سے باہر والوں کا نہیں لیا گیا ہے۔ ان دو اصولوں کی روشنی میں سرور نے علی گڈھ میگزین کے چار شمارے ترتیب دیئے۔ اور ابتدا ہی سے یہ ثابت کر دیا کہ اُن میں صحافتی کام کرنے کی صلاحیت ہے۔ اور وہ ایک کامیاب صحافی بن سکتے ہیں۔ سرور کے دور ادارت میں جن اصحاب قلم کی تحریریں علی گڈھ میگزین کی زینت بنیں اُن میں اصغر گونڈوی، حسرت موہانی، میکش اکبر آبادی، ضیا احمد بدایونی حفیظ جالندھری، احسن مارہروی، علامہ اقبال، سید سلیمان ندوی، جگر مراد آبادی، عبدالماجد دریابادی، اختر انصاری، رشید احمد صدیقی، سیماب اکبر آبادی، عظیم بیگ چغتائی، اسرار الحق مجاز، فانی بدایونی، خواجہ منظور حسین، حیات اللہ انصاری اور خود سرور کے نام شامل ہیں۔ اردو کے شعراء اور ادیبوں کے اس کہکشاں سے اندازہ ہوتا ہے کہ سرور نے شاعری کے معاملے میں معیار کی برقراری کے لئے اپنے میگزین میں علی گڈھ سے باہر کے شعراء کو بھی جگہ دی تھی۔

سرور کے زیر ادارت شائع ہونے والے علی گڈھ میگزین کے ان شماروں کی ایک خاص بات یہ بھی رہی کہ ہر شمارے میں سرور نے یونیورسٹی کے حالات و واقعات اور سرگرمیوں کا ذکر تفصیل سے کیا ہے۔ اس میں کھیل کے میدان کی باتیں، کسی مہمان کی علی گڈھ یونیورسٹی آمد، یونیورسٹی کے امتحانات اور تہذیبی سرگرمیوں کو سرور نے اپنے اداریوں میں پیش کیا۔ ان شماروں میں سرور نے "انگارے" پر ایک مضمون لکھا تھا جسے اُن کی جراءت مند تحریر کہا جا سکتا ہے۔ اس مضمون کو سرور اکثر یاد کیا کرتے تھے۔ سرور کی صحافتی سرگرمیاں جاری رہیں۔ علی گڈھ میگزین کی ادارت کے بعد ۱۹۳۶ء میں انہوں نے رشید احمد صدیقی کے ساتھ رسالہ سہیل کی ادارت کی۔ اس ضمن میں سرور لکھتے ہیں:

> "جنوری ۱۹۳۵ء میں شعبہ میں آنے سے پہلے رشید صاحب کے کہنے سے میں نے رسالہ "سہیل" کے دوبارہ اجراء کے لئے مضامین جمع کئے تھے۔ رسالہ جنوری ۱۹۳۶ء میں نکلا۔ ایڈیٹر رشید صاحب اور جوائنٹ ایڈیٹر میں رسالہ میں میں نے خاصی تفصیل سے کئی کتابوں اور رسالوں پر تبصرے کئے تھے۔ مولوی عبدالحق نے ان تبصروں کی تعریف کی۔ رسالہ "سہیل" چارسو

سے زیادہ صفحات کا تھا۔ اور ادبی حلقوں میں اس کا خاصا چرچا رہا۔ مگر پھر نہ نکل سکا ہم دونوں کی ہمت نہ ہوئی''۔[۲]

سرور نے رسالہ ''سہیل'' کو معیاری بنانے میں کوئی کسر اُٹھا نہ رکھی۔ اس شمارے میں مصوری کے میلانات' قومی ادب' اسلامی معاشرت اردو کے تاریخی ماخذ' نظم نگاری جیسے موضوعات کے تحت تخلیقات شامل کی گئیں۔ اس شمارے میں پکا سو سے لے کر چغتائی تک عظیم مصوروں کے شاہکار جمع کئے گئے۔ جن ادیبوں کی تخلیقات شامل کی گئیں اُن میں اصغر' جگر' جوش' اقبال سہیل' اختر انصاری' علامہ اقبال' اور اثر لکھنوی کی شعری تخلیقات اور سجاد انصاری' اشفاق حسین' احسن مارہروی' خواجہ غلام السیدین' اختر انصاری' ابو اللیث صدیقی معین الدین دردائی' سلیم الزماں صدیقی' عبدالستار صدیقی ڈاکٹر ذاکر حسین' ڈاکٹر اشرف اور سلطان حیدر جوش کی نثری تحریریں شامل ہیں۔ اس شمارے میں سرور کے تین خصوصی مضامین بھی شامل ہیں۔ ۱) یادرفتگاں' ۲) جبریل مشرق ۳) باب تنقید۔ یادرفتگاں میں سرور نے ریاض خیر آبادی' عزیز لکھنوئی' نظم طباطبائی' جگت موہن لال رواں نصیر حسین خیال' آغا حشر کاشمیری' اور مولوی ممتاز حسین کا تذکرہ کیا ہے۔ اور اُن کی شخصیت اور فن کے اہم خدوخال کو اُجاگر کیا۔ دوسرے مضمون ''جبریل مشرق'' میں سرور نے اقبال کے دوسرے شعری مجموعے بال جبریل پر طویل تبصرہ کیا ہے۔ اقبال سرور کے پسندیدہ شاعر تھے۔ چنانچہ بال جبریل کا جائزہ لیتے ہوئے سرور نے اپنی ادبی زندگی کے آغاز ہی میں اپنی تنقیدی صلاحیتوں کو پیش کرنا شروع کر دیا تھا۔ سرور ''بال جبریل'' پر تبصرہ کرتے ہوئے رسالہ ''سہیل'' کے اس مضمون میں لکھتے ہیں:

''بانگ درا اور بال جبریل کے شاعر میں بہت فرق ہے قلم بقول شخصے ٹھاٹھیں مارتا ہوا چلا جاتا تھا۔ ایک طوفان تھا جس میں بلندی تخیل اور پیرایہ بیان نہائت خوبصورتی سے سموئے گئے تھے۔ اب ایک ہلکا سکوت ہے۔ جو بجائے خود ایک جہانِ معنی اپنے اندر رکھتا ہے دوسرے ہر نظم بجائے خود مستقل تھی۔ اور اپنی جگہ پر۔ بال جبریل میں طرز بیان دوسرا ہے۔ تخیل جو پہلے فضاؤں میں رقص کرتا تھا۔ الفاظ میں ناچ رہا ہے نشہ اتر گیا ہے۔ اور اس کی جگہ ایک ہلکی لطیف کیفیت نے لے لی ہے۔ اب وہ طوفانی خروش نہیں۔ الفاظ کوثر سے دھلے ہوئے نگینہ میں جڑے ہوئے نکلتے ہیں۔ غزلیں اور نظمیں سب معلوم ہوتا ہے بہ یک وقت یا کم از کم ایک طرح کے وجدان کے ماتحت لکھی گئی ہیں''۔[۳]

آل احمد سرور نے اس مضمون میں اقبال کی نظموں کا تجزیہ بھی کیا۔ اپنے تیسرے مضمون باب تنقید کے دو حصوں میں سرور نے اردو ادب کی عمومی صورتحال اور مختلف شعری و ادبی کتابوں پر تبصرے کئے ہیں جن کتابوں پر سرور نے تبصرہ کیا اُن کے نام اس طرح ہیں۔

۱) سرور زندگی از اصغر گونڈوی ۲) شعلہ طور از جگر مراد آبادی ۳) کار امروز از سیماب اکبر آبادی ۴) نغمہ روح از اختر انصاری ۵) دیوان مومن مرتبہ ضیاء احمد بدایونی ۶) کمال داغ مرتبہ حامد حسن قادری، ۷) مسدس حالی صدی ایڈیشن ۸) رنگین زمانہ از محبوب حسن صوفی، ۹) زندگی از چودھری افضل حق ۱۰) جوش فکر از سلطان حیدر جوش ۱۱) مکتوبات نیاز از نیاز فتح پوری ۱۲) لیلی کے خطوط از مجنون گورکھپوری ۱۳) مجنوں کی ڈائری از مجنوں گورکھپوری ۱۴) آغاز ہستی ترجمہ مجنوں گورکھپوری ۱۵) مجلس مرتبہ احمد شاہ پطرس بخاری ۱۶) تاریخ جمالیات از مجنوں گورکھپوری ۱۷) منشورات از کیفی ۱۸) اصول تعلیم از خواجہ غلام السیدین داغ کے بارے میں سرور لکھتے ہیں:

> ''حقیقت یہ ہے کہ داغ پہلے شاعر ہیں۔ جنہوں نے اردو میں حقیقت نگاری کو رواج دیا۔ اُن سے پہلے جذبات کا خون کیا جاتا تھا۔ اور حقیقت پر اتنے پردے ڈال دئے جاتے تھے کہ وہ موہوم سی ہو کر رہ جاتی تھی''۔[۴]

سرور کی ادبی صحافت کی تیسری منزل رسالہ ''اردو ادب'' کی ادارت ہے۔ یہ رسالہ جولائی ۱۹۵۰ء سے لکھنو سے نکلنا شروع ہوا۔ رسالہ ''اردو ادب'' کی ادارت کی ذمہ داری ملنے کے بارے میں سرور اپنے سوانح میں لکھتے ہیں:

> ''جب ۱۹۴۹ء میں ذاکر صاحب انجمن ترقی اردو (ہند) کے صدر مقرر ہوئے تھے تو انہوں نے مجھ کو لکھا تھا کہ آپ اس کے جنرل سکریٹری کے عہدے پر آجائیے۔ اس وقت میں نے انہیں جواب دیا تھا کہ میں انجمن کا کل وقتی کا رکن ہونا پسند نہیں کرتا۔ اگر کبھی علی گڑھ آنا ہوا تو اعزازی خدمت کروں گا۔ اس کے بعد مولانا آزاد کے کہنے پر ذاکر صاحب نے قاضی عبد الغفار کو سکریٹری مقرر کیا۔ مجھے انجمن کا لائف ممبر اور اردو ادب کا ایڈیٹر''۔[۵]

رسالہ ''اردو ادب'' سہ ماہی ہوا کرتا تھا۔ جولائی ۱۹۵۰ء میں ص ۱۵۲ صفحات پر مشتمل پہلا رسالہ جاری ہوا۔ اس رسالے کے اغراض و مقاصد اس طرح تھے۔

۱) انجمن ترقی اردو (ہند) کا یہ سہ ماہی رسالہ جنوری۔ اپریل جولائی اور اکتوبر میں شائع ہوتا

ہے۔۲) یہ خالص ادبی رسالہ ہے جس میں زبان وادب کے ہر پہلو پر بحث ہوتی ہے حجم کم ازکم ڈیڑھ سوصفحات ہوتا ہے۔۳) قیمت سالانہ دس روپیہ۔فی پرچہ ڈھائی روپیہ۔مضامین کے متعلق آل احمد سرور صاحب ریڈر شعبۂ اردو لکھنوء یونیورسٹی ۷۔بیر روڈ لکھنوء سے خط وکتابت کی جائے اور خریداری اور دیگر انتظامی امور کے متعلق مہتمم انجمن ترقی اردو (ہند) علی گڈھ کو لکھنا چاہئے۔پہلے شمارے کے اداریے میں سرور صاحب نے ادب کی صورتحال اوراس کی تنقید پر اپنے خیالات پیش کئے۔سرور لکھتے ہیں:

''اردو زبان سے عشق اب تک جاگیردارنہ خصوصیات کا حامل رہا ہے۔اردو ایک ایسی محبوبہ ہے جس کے ساتھ چند رومانی تصورات وابستہ ہیں۔۔۔۔ اس ہزار شیوہ کوموجودہ زندگی کی روزافزوں ضروریات کے پس منظر میں دیکھنا چاہیئے۔۔۔۔ہم اردو تنقید کوشاعری کی آمریت مقامی گروہ بندی اور صنعتی معیاروں سے نکالنا چاہتے ہیں ہمارے تجربات کی پرکھ اور قدروں کے تعین کا کام لینا چاہتے ہیں ہم ادبی ذوق کی صحیح قیادت کی کوشش کررہے ہیں۔۔۔'' اردو ادب'' ارباب فکر ونظر کو دعوت دیتا ہے کہ وہ خاص طور پر اصلاح زبان اصلاح رسم الخط۔قدیم اردو ادب کے شہ پاروں' اٹھارویں اورانیسویں صدی کے اہم میلانات' ہندوستان کی جدید زبانوں کی موجودہ خصوصیات' مغربی اور مشرقی ادبیات کے رجحانات پر مضامین لکھیں۔ ان مضامین میں سے خاص خاص کو بعد میں کتابی صورت میں شائع کیا جائے گا''[6]

آل احمد سرور ۱۹۷۳ء تک رسالہ ''اردو ادب'' کے مدیر رہے۔اس دوران اُنہوں نے اس رسالے کے بے شمار خاص نمبر ترتیب دیئے۔ان میں سے چند یہ ہیں حسرت نمبر ۱۹۵۱ء' تخلیق نمبر ۱۹۶۳ء' نہرو نمبر ۱۹۶۴ء' تخلیق نمبر ۱۹۶۵ء تخلیق نمبر ۱۹۶۶ء غالب نمبر ۱۹۶۹ء' ذاکر نمبر ۱۹۶۹ء' ان خاص نمبروں کے علاوہ رسالہ اردو ادب کے عمومی شماروں میں بھی سرور نے اشاعت کے لئے جن مضامین کا انتخاب کیا ہے وہ اردو ادب کے متنوع موضوعات کا احاطہ کرتے ہیں۔ان میں خاص طور سے قواعد لسانیات' عالمی ادبیات کے شہ پاروں کے تراجم' اُن پر تنقیدی مضامین' اردو ادب کا قدیم شعری سرمایہ اور لغت اور عروض کے مسائل پر مباحث جیسے موضوعات شامل ہیں۔اردو ادب کے شماروں میں سرور نے بے شمار کتابوں پر تبصرے بھی لکھے۔ان میں خون کی لکیر' نقد حیات' یادگار حالی' یادگار فرحت' ستاروں سے ذروں تک' ساز لرزاں' حیات سرسید' مراثی شاد حیات اجمل' آہنگ' فروزاں' ضیائے حیات' دست صبا۔ چاندنگر'

حرف تمنا، روزگار فقیر، مکتوبات عبدالحق، نقش جمیل، مکاتیب اقبال، محمد علی، میر تقی میر حیات اور شاعری اور زیرلب وغیرہ شامل ہیں ۔ان تبصروں میں بعض تنقیدی مضامین کی حیثیت رکھتے ہیں ۔جنہیں سرور نے اپنے تنقیدی مضامین کے مجموعوں میں شامل بھی کیا ہے۔

آل احمد سرور نے علی گڈھ میگزین، سہیل اور رسالہ اردوادب کے علاوہ رسالہ ''ہماری زبان'' اور اقبالیات کی بھی ادارت کی۔ ''ہماری زبان'' انجمن ترقی اردو کا ترجمان تھا۔سرور نے اپنی بے پناہ مصروفیتوں کے باوجود ۱۹۵۶ء سے ۱۹۷۴ء تک ''ہماری زبان'' کی ادارت سنبھالی۔ابتداء میں یہ رسالہ پندرہ روزہ تھا۔تاہم آزادی کے بعد ملک میں اردو کے ساتھ ہورہے ناروا رویے کو دیکھتے ہوئے اسے ہفتہ وار کر دیا گیا۔اس ضرورت کی طرف اشارہ کرتے ہوئے سرور لکھتے ہیں۔

> ''اردو کی بقاء کی جدوجہد اس منزل پر آگئی ہے کہ ایک پندرہ روزہ اخبار پوری طرح اس مقصد کو پورا نہیں کرسکتا۔آج کی تیز گام زندگی میں روزانہ ایسے واقعات ہوتے ہیں جن کا جائزہ لینا ضروری ہے۔آئے دن ایسی تحریکیں اُٹھتی ہیں اردو کی موافقت اور مخالفت میں ایسے خیالات کا اظہار کیا جاتا ہے کہ پندرہ روزہ اخبار کے دامن میں ان سب کی سمائی نہیں ہوسکتی۔ان سب پہلوؤں پر توجہ کے لئے ایک ہفتہ وار اخبار ضروری ہے''۔[۷]

ہماری زبان کو یکم ڈسمبر ۱۹۵۶ء کو ہفتہ وار کر دیا گیا۔سرور جب تک ہندوستان میں رہے پابندی سے ''ہماری زبان'' کے لئے اداریے لکھتے رہے۔بنیادی طور پر ان اداریوں کا موضوع اردو زبان کی ترقی وترویج رہا۔تاہم اُن کے موضوعات میں تنوع پایا جاتا تھا۔ ''ہماری زبان'' کے لئے لکھے گئے سرور کے اداریوں کے بارے میں عتیق احمد صدیقی لکھتے ہیں:

> ''اُن کا اصلی محور تو اردو تحریک ہی تھی ۔۔۔اردو کی ترویج وترقی، تعلیمی نظام میں اردو کی حیثیت اور اس کا مقام، رسم الخط اور زبان کی اصلاح کی تجاویز مخالفین اردو سے وارد ہونے والے اعتراضات اور حملوں کا جواب، اردو کی تہذیبی حیثیت وغیرہ۔لیکن اس کے علاوہ اور بہت سے تہذیبی، ثقافتی، علمی، فکری، ادبی مسائل بھی زیر بحث آتے رہے۔اور اُن پر جچی تلی رائے کا اظہار کیا گیا۔قومی وبین الاقوامی مشاہیر کے انتقال پر تاثرات کا اظہار بہت سے اداریوں میں کیا گیا۔ان اداریوں کو صحافتی تحریروں کے ذیل میں رکھا جا

سکتا ہے'' [8]

سرور نے اپنی ادارت میں ہماری زبان کو ہمہ جہت ترقی دلائی۔ ۱۵ مارچ ۱۹۵۶ء کو ہماری زبان کا خصوصی شمارہ قاضی عبدالغفار نمبر نکالا گیا۔ ۲۲ ڈسمبر ۱۹۵۸ء کے شمارے میں ۱۹۵۷ء میں ہندوستان و پاکستان سے شائع ہونے والے اہم کتابوں کی فہرست شائع کی گئی۔ ابتدائی دور میں ہماری زبان نے اردو زبان و ادب کی گراں بہا خدمات' انجام دیں۔ اس رسالہ کی خدمات کا اعتراف کرتے ہوئے عابد انساء لکھتی ہیں:

> ''ہماری زبان اپنی نوعیت کا واحد اخبار ہے۔ اس میں اکثر کام کی باتیں اور بڑے اہم مضامین شائع ہوتے رہے۔ اس اخبار نے تحقیق وتنقید کے بیش بہا فرائض انجام دیئے۔ اس اخبار میں بلند پایہ تحقیقی وتنقیدی مقالات شائع ہوتے ہیں۔ اس طرح یہ صالح ادب کی پیدائش اور ارتقاء میں ممد ومعاون ثابت ہوا۔ ہماری زبان نے اردو زبان کو ہمہ گیر اور ہر دلعزیز بنانے میں قابل قدر خدمات انجام دی ہیں۔ ہماری زبان نے سائنس اور معاشیات کے بہت سے الفاظ' تراکیب اور تخیلات سے اردو کو مالا مال کیا۔ جس سے اردو زبان کے ذخیرے میں معتد بہ اضافہ ہوا''۔ [9]

سرور نے ہماری زبان کے اداریوں میں مخالفین اردو کا منہ توڑ جواب دیا۔ اور اُس کی حمائت میں اپنا زور قلم دکھاتے رہے۔ سرور نے مطالبہ کیا تھا کہ جن ریاستوں میں اردو بولنے والوں کی تعداد زیادہ ہے۔ وہاں اردو کو پہلی سرکاری زبان بنایا جائے۔ اردو رسم الخط کی برقراری کے ضمن میں انہوں نے لکھا کہ رسم الخط کے فرق سے قومی وحدت متاثر نہیں ہوتی۔ زبان اور رسم الخط کا ہمیشہ سے رشتہ نہیں ہوتا۔ تاہم زبان ابتداء میں جس رسم الخط سے وابستہ ہو جاتی ہے۔ وہ اس کا جز ولاینفک بن جاتا ہے۔ اردو رسم الخط میں بھی جو خامیاں ہیں۔ اُن کو دور کرنے کی کوشش ہونی چاہیے اردو والوں کو اردو رسم الخط کی برقراری کا یقین ہونا چاہیے۔ اور اُسے استعمال کرتے رہنا چاہیے۔ سرور نے یہ محسوس کرلیا تھا کہ اردو کی بقاء اردو ذریعہ تعلیم میں ہے۔ لہذا اُنہوں نے ہماری زبان کے اداریوں میں ملک بھر کے تعلیمی نظام کا جائزہ لیا۔ اور اس بات پر زور دیا کہ مادری زبان والے اپنے بچوں کو کم از کم ابتدائی تعلیم اردو میں دیں۔ حکومت سے اردو مدارس اور ان کے لئے درکار سہولتیں طلب کی جائیں۔ اور جہاں کہیں اردو ذریعہ تعلیم کے مدارس میں ناانصافی ہو رہی ہے اس کے خلاف آواز اُٹھائی جائے۔ مسلمانوں سے حکومت چھن جانے کے بعد اُن

سے ہورہی ناانصافی کے احساس کو اجاگر کرتے ہوئے سرور ۱۱ ستمبر ۱۹۷۳ء کے ہماری زبان کے اداریے میں لکھتے ہیں:

''ہمیں کچھ ایسا محسوس ہوتا ہے کہ ملک میں اخلاقی زوال اس درجہ کو پہنچ گیا ہے کہ اب جس گروہ کے پاس سیاسی طاقت نہیں ہے۔ اس کے لئے دستور میں کتنے ہی تحفظات ہوں اور جمہوریت اور سیکولرازم کا کچھ ہی تقاضا کیوں نہ ہو انہ مرکز کی حکومت اپنا فرض پہچانے گی نہ ریاستی حکومتیں اور نہ پارلیمنٹ کے ممبروں کو کچھ کرنے کا خیال آئے گا''۔ [۱۰]

اردو کے مسائل کے علاوہ سرور نے اپنے اداریوں میں اہم شخصیتوں کی وفات پر تعزیتی اداریے بھی لکھے۔ جن اہم شخصیتوں کی تعزیت کرتے ہوئے سرور نے اداریے لکھے ان میں میر عثمان علی خان۔ نریش کمار شاد۔ عبدالقادر سروری۔ پروفیسر حبیب۔ تسکین قریشی۔ سید عبدالطیف۔ غلام محمد صادق۔ آدت ناتھ جھا۔ اسٹائن بک۔ شیخ محمد اکرام۔ ضیاء بدایونی۔ بنے بھائی (سجاد ظہیر) تارا چند وغیرہ۔ سرور کے لکھے ہوئے اداریے صرف تعزیتی تحریریں نہیں ہیں۔ بلکہ ان میں ان حضرات کے کارناموں کا بھرپور جائزہ لیا گیا۔ یہ سب ایسی شخصیتیں ہیں جنہوں نے علم وادب کی شمعیں جلائیں۔ اور دانشوری کی راہیں ہموار کیں۔

سرور نے بہ حیثیت صحافی ہماری زبان کے اداریوں کے ذریعہ اردو ادب کی خدمت کی۔ اور اس رسالے میں شائع شدہ ان کے مضامین بھی فکر و فلسفہ سے پر ہیں۔ نومبر ڈسمبر ۱۹۵۸ء کے پانچ شماروں میں سرور کا ایک مضمون ''افکار کے دیے جلاتے رہو" کے عنوان سے شائع ہوا۔ اس مضمون میں ملکی اور قومی اہمیت کے کئی مسائل اجاگر کئے گئے۔ آزادی۔ جمہوریت۔ قومی وحدت۔ ملک کے باشندوں کی رنگارنگی۔ سیکولرازم۔ سوشلزم۔ سماجی انحطاط۔ قدروں کا زوال جیسے موضوعات پر سرور نے ہماری زبان کے لئے کئی فکر انگیز مضامین تحریر کئے۔ ان تحریروں سے نہ صرف ان کے مطالعہ کی وسعت کا اندازہ ہوتا ہے۔ بلکہ ان کی وسعت نظری۔ فراغ دلی اور اجتماعی شعور کا پتہ بھی چلتا ہے۔ وہ لوگوں کو محدود دائروں اور خوابوں سے باہر نکلنے کی تلقین کرتے ہیں۔ طبقہ واری نقطۂ نظر کے بجائے وہ قومی نقطۂ نظر کی حمائت کرتے ہیں۔

اپنے مضمون افکار کے دیے میں قوم کا تصور پیش کرتے ہوئے سرور لکھتے ہیں:

''قوم افراد ہی کا تو مجموعہ ہوتی ہے۔ افراد میں عقیدے کی مضبوطی اور کردار کی پختگی پیدا ہوگی اور وہ انسانیت کی قدروں کو اپنائیں گے تو قوم بھی ترقی کرے

گی ۔ہمیں افراد میں عقیدے اور عمل کی شمع روشن کرنی ہے ۔قوم کی زندگی میں
اس سے چراغاں ہوگا''۔ [11]

سرور نے اپنے اداریوں میں دانشوری کی روایت کا بھی تذکرہ کیا۔ اور لکھا کہ اردو میں دانشوری کی روایت بہت مستحکم اور توانا نہیں ہے۔ اور سچی دانشوری یہی ہے کہ انسان زندگی کے بدلتے ہوئے تقاضوں کو سمجھے اور اُن سے اپنے آپ کو ہم آہنگ کرتا رہے سرور نے سرسید کو دانشور کہا تھا اور لکھا کہ سرسید نے دانشوری کی جو روایت چھوڑی اُسے خاطر خواہ فروغ نہیں ملا۔

صحافتی زبان کا اسلوب بیانیہ سادہ اور سلیس ہوتا ہے۔ اس میں دوٹوک الفاظ میں بات کرنا پڑتا ہے۔ سرور نے اپنے اداریوں میں زیادہ تر بیانیہ اسلوب اختیار کیا ہے۔ تاہم اپنے مضامین میں نئی تراکیب اور پرشکوہ الفاظ کے ذریعہ اسلوب کو عالمانہ اور مفکرانہ بنانے کی کوشش کی ہے۔ ان کے مضمون ''افکار کے دیئے'' سے ایک اقتباس پیش ہیں۔ اس اقتباس میں سرور نے اقبال اور غالب کی شعری تراکیب کو نثر میں برتنے کی کوشش کی ہے سرور لکھتے ہیں:

''شباب کے سوز و ساز اور درد و داغ اور اُس کی آرزو اور جستجو سے ہم آہنگ ہونے کی کوشش کرنی چاہیے۔ ''ہمارے ملک میں طرف دار بہت ہیں سخن فہم کم۔ ''یہ صحیح ہے کہ ستاروں کی گزرگاہوں کا ڈھونڈنے والا ابھی زندگی کی شب تاریک کو سحر نہیں کرسکا''۔ [12]

سرور جب کشمیر میں اقبال چیئر پر فائز تھے۔ اور کشمیر یونیورسٹی میں اقبالیات پر کام کررہے تھے۔ اُسی زمانے میں ۱۹۸۳ء میں انہوں نے ''اقبالیات'' کے عنوان سے اقبال انسٹی ٹیوٹ کشمیر یونیورسٹی کا مجلّہ جاری کیا۔ اس مجلّہ کی اشاعت میں بھی سرور نے اپنی صحافتی صلاحیتوں کو بروئے کار لایا۔ رسالہ سہیل' اردو ادب' ہماری زبان' جیسے رسائل کی ادارت کرتے ہوئے سرور نے اپنی ادبی صحافت کے ان مٹ نقوش چھوڑے۔ رسالے کی مقبولیت کے پیچھے اس کے مدیر اور مرتب کی کاوش بھی شامل ہوتی ہیں۔ چنانچہ سرور نے اپنی تنقیدی بصیرت' اپنی دانشوری اور اپنی ادبی اور علمی لیاقت کے ذریعہ اردو میں ادبی صحافت کی اعلی مثال قائم کی۔ سرور نے کوئی اخبار جاری نہیں کیا۔ تاہم اُن کی ادارت میں جاری ہونے والے رسائل نے آزادی کے بعد ہندوستان میں اردو کے موقف کی بہتری اور اردو زبان و ادب کے مختلف مسائل اجاگر کیئے۔ اور متنوع موضوعات کے ذریعہ اردو ادب کے دامن کو وسیع کیا۔ سرور کی صحافتی خدمات اُن کی مصروف زندگی کا ایک اہم حصہ قرار پاتی ہیں۔

سرور بہ حیثیت کالم نگار:

آل احمد سرور نے اردو اخبارات کے لئے کالم بھی لکھے تھے۔ ان کے لکھے ہوئے کالم قسط وار اردو اخبارات میں شائع ہوئے۔ حیدر آباد سے شائع ہونے والے اردو روزنامہ ''منصف'' میں سرور کا لکھا ہوا ایک کالم ''شخصیات اور واقعات جنہوں نے مجھے متاثر کیا'' کے عنوان سے اکٹوبر نومبر ۱۹۹۸ء میں شائع ہوا۔ آل احمد سرور نے اپنی سوانح ''خواب باقی ہیں'' میں اپنی زندگی میں جن شخصیات سے سابقہ پڑا ہے ان کا تفصیل سے ذکر کیا ہے۔ شخصیات کے مطالعے کے اپنے تجربات کو بروئے کار لاتے ہوئے سرور نے اس کالم میں بھی مختلف شخصیات کے احوال بیان کئے ہیں۔ مولوی عبدالحق کے بارے میں سرور لکھتے ہیں:

> مولوی عبدالحق ان لوگوں میں سے ہیں۔ جن کا احترام کیے بغیر کوئی نہیں رہ سکتا۔ انہوں نے تحقیق وتنقید کی دنیا میں کمال پر اکتفا نہیں کیا۔ بلکہ اردو زبان وادب کی اشاعت اور فروغ کے لئے بھی اپنی زندگی وقف کردی۔ انہوں نے انجمن ترقی اردو کو جونور کا ایک چھوٹا سا دیا تھا۔ روشنی کا ایک مینارہ بنا دیا۔ وہ نوجوانوں سے بڑی محبت کرتے ہیں۔ باوجود پیرانہ سالی کے ادب میں تجربات کے بڑے حامی ہیں۔ اچھے مصنفوں کی بڑی ہمت افزائی کرتے ہیں۔ غریب طلباء کی بڑی امداد کرتے ہیں۔ علمی کام کرنے والوں کی بڑی قدر کرتے ہیں۔ انہوں نے ۱۹۳۸ء میں کہا تھا کہ اگر مجھے اپنا جانشین منتخب کرنے کا موقع ملا تو سوائے سرور کے کسی اور کو نہیں لوں گا۔ وہ برابر میرے حال پر شفقت کرتے رہے۔ مگر دہلی آنے کے بعد جس طرح وہ وقتی سیاست کے سیلاب میں اردو کو بھی بہالے گئے اس سے میں متفق نہیں ہو سکا۔[۱۳]

اس طرح سرور نے اپنے اس کالم میں اردو کی نامور شخصیات، سیاست دانوں، اساتذہ اور دیگر جان پہچان کے لوگوں کے دلچسپ احوال بیان کئے ہیں۔ اس کالم میں سرور نے خاص طور سے اپنے بچپن کے اساتذہ یونیورسٹی کے دوست احباب کی یادیں بیان کی ہیں۔ ذاکر حسین، رشید احمد صدیقی اور دیگر احباب کے تذکرے اردو قارئین کی دلچسپی کا باعث بنے۔ اور سرور کا یہ کالم کئی لوگوں نے پڑھا۔

آل احمد سرور کا لکھا ہوا ایک اور کالم ''اردو میں دانشوری کی روایت'' کے عنوان سے روزنامہ منصف میں ۲۰۰۱ء تا ۲۰۰۲ء میں شائع ہوا۔ سرور خود ایک اچھے دانشور تھے۔ اور وہ جانتے تھے کہ دانشور کون

ہیں۔ اور ہندوستان میں دانشوری کی روائت کیسے آگے بڑھی۔ سرور نے اپنے اس کالم میں قسط وار جن دانشوروں کا تذکرہ کیا۔ ان میں سرسید احمد خان، مولانہ ابوالاعلی مودودی، اقبال، حسن عسکری، مولانا محمد علی جوہر، مولانا ابوالکلام آزاد، شبلی نعمانی، ذاکر حسین، عابد حسین، محمد مجیب وغیرہ شامل ہیں۔ سرور نے دانشوری کی روائت کے ضمن میں یہ حقیقت بیان کی کہ ہندوستان میں دانشوروں نے مغرب سے استفادہ کیا ہے۔
آل احمد سرور سرسید احمد خان کی دانشوری کے بارے میں لکھتے ہیں:

> سرسید ہمارے پہلے دانشور ہیں۔ اور اس نامکمل اور یک رخ نشاۃ الثانیہ کے سارے نشیب و فراز ہمیں سرسید کے یہاں ملتے ہیں۔ سرسید نے آثار الصنادید اور آئین اکبری کی تصحیح کے ذریعہ سے اپنا علمی اور تاریخی شعور ظاہر کیا۔ غدر میں انگریزی حکومت کی حمائت کے باوجود ''اسباب بغاوت ہند'' میں حکمراں طبقے اور عام ہندستانیوں کے درمیان خلیج کی طرف اشارہ کیا۔ انسٹی ٹیوٹ گزٹ کے ذریعے سے رائے عامہ پر اثر ڈالا۔ اور معلومات عامہ فراہم کیں۔ سائنٹفک سوسائٹی کے ذریعے سے مغربی علوم کو اردو میں منتقل کرنے کا سلسلہ دہلی کالج کی درسی کتابوں کے بعد پھر شروع کیا۔ لیکن میرے نزدیک انکے تین کارنامے زیادہ اہمیت رکھتے ہیں۔ ایک تہذیب الاخلاق کے ذریعے سے مذہب کے مطالعے میں عقلیت سے کام لینے پر اصرار اور خدا کے قول و فعل میں مطابقت تلاش کرنے کی سعی اور اس کے ساتھ تہذیب کے ایک وسیع تصور کی روشنی میں مشرقی تہذیب معاشرت اور ادب کی کوتاہیوں کی نشاندہی۔ دوسرے قرآن کی تفسیر میں یہ کوشش کہ ''جو الفاظ بطور مجاز کے حقیقی معنوں میں مراد لینے سے پیدا ہوتے ہیں۔ ان کو رفع کیا جائے۔ تیسرے ایم اے او کالج کے ذریعہ سے انگریزی کے وسیلے سے اعلیٰ تعلیم کا انتظام کرتے ہوئے۔ [14]

آل احمد سرور نے اسی انداز میں دیگر دانشوروں کے علمی وادبی سیاسی وسماجی کارنامے بیان کرتے ہوئے اپنے کالم کو معلومات آفرین بنایا۔ ان کی یہ تحریریں ہندوستان کی نابغہ روزگار شخصیات کے کارناموں کو محفوظ کرنے کا ذریعہ بنیں۔ آل احمد سرور کا ایک سلسلہ وار کالم ''باتیں ہماریاں'' کے عنوان سے روزنامہ سیاست حیدرآباد میں بھی شائع ہوا۔ اس کالم میں سرور نے ادبی موضوعات پر اپنے خیالات پیش کئے۔

مجموعی طور پر سرور کی کالم نگاری کامیاب رہی۔ اور انکے کالم اردو اخبارات کو معلومات فراہم کرتے رہے۔

آل احمد سرور صحافی اور کالم نگار کی حیثیت سے مشہور رہیں گے۔ اور ان کی صحافتی تحریریں اردو کے قارئین کو معلومات فراہم کرتی رہیں گی۔

حوالے

۱۔ آل احمد سرور۔ خواب باقی ہیں۔ ص ۴۷

۲۔ آل احمد سرور۔ خواب باقی ہیں۔ ص ۷۹

۳۔ آل احمد سرور۔ رسالہ سہیل۔ ۱۹۳۶ء علی گڈھ۔ ص ۱۶ ۔ ص ۱۷

۴۔ آل احمد سرور۔ رسالہ سہیل۔ ص ۵ ، ۴

۵۔ آل احمد سرور۔ خواب باقی ہیں۔ ص ۱۵۷

۶۔ آل احمد سرور۔ رسالہ اردو ادب جولائی ۱۹۵۰ء علی گڈھ ص ۵ ص ۷

۷۔ آل احمد سرور۔ ہماری زبان۔ ۱۵/ اکتوبر ۱۹۵۶ء اداریہ

۸۔ عتیق احمد صدیقی۔ فکر و نظر سرور نمبر۔ ص ۲۲۹

۹۔ عابد النساء۔ پروفیسر آل احمد سرور حیات اور ادبی خدمات۔ ص ۱۱۵ ۔ ص ۱۱۶

۱۰۔ آل احمد سرور۔ ہماری زبان۔ ستمبر ۱۹۷۳ء اداریہ

۱۱۔ آل احمد سرور۔ ہماری زبان۔ ۱۹۵۸ء ڈسمبر۔ ص ۱۱۵

۱۲۔ آل احمد سرور۔ ہماری زبان۔ ڈسمبر ۱۹۵۸ء ص ۱۶۵

۱۳۔ آل احمد سرور روزنامہ منصف۔ حیدرآباد۔ ۸ نومبر ۱۹۹۸ء

۱۴۔ آل احمد سرور روزنامہ منصف۔ ۱۶ ڈسمبر ۲۰۰۱ء

چھٹواں باب

آل احمد سرور بہ حیثیت سوانح نگار

آل احمد سرور اعلیٰ پائے کے نقاد ٔ شاعر ٔ صحافی اور ادیب ہونے کے علاوہ ایک اچھے سوانح نگار بھی تھے۔ عموماً لوگ دوسروں کی سوانح لکھ کر کسی کی شخصیت کی خوبیاں اور خامیاں بیان کرتے ہیں۔ اور ایک شخصیت کی زندگی کی ہو بہو تصویر پیش کرتے ہیں۔ لیکن کئی ادیبوں نے خود اپنی سوانح لکھ کر بھی شہرت حاصل کی۔ آل احمد سرور بھی ان ہی میں ایک ہیں۔ اُن کی لکھی ہوئی خودنوشت سوانح ''خواب باقی ہیں'' کے عنوان سے چھپ کر مقبول ہوئی۔ یہ کتاب 2000ء میں دہلی سے شائع ہوئی۔ آل احمد سرور کی تحریر کردہ خودنوشت سوانح عمری ''خواب باقی ہیں'' کے جائزے سے قبل یہ ضرور معلوم ہوتا ہے کہ سوانح نگاری کی تعریف ٔ اس فن کیلئے درکار مہارت ولوازمات سے واقفیت حاصل کی جائے۔

سوانح نگاری کا فن :

سوانح نگاری ایک ایسا فن ہے جس کے ذریعہ شخصیت کی زندگی کے حالات تفصیلی طور پر جمع کئے جاتے ہیں اور کسی شخصیت اور اُس سے متعلق عہد کو سوانح میں محفوظ کر دیا جاتا ہے۔ اور شخصیت سے متعلق تمام پہلوؤں کو اُجاگر کرنے کی کوشش کی جاتی ہے۔ سوانح نگاری ادب کی ایک ایسی صنف ہے جس میں

افراد کی زندگیوں کی تاریخ بیان کی جاتی ہے۔ دیگر اصناف کی طرح سوانح نگاری کا فن بھی انگریزی ادب کے زیر اثر اردو زبان میں رائج ہوا۔ انسائیکلو پیڈیا آف برٹانیکا میں سوانح عمری کی یہ تعریف کی گئی ہے۔

''سوانح نگاری کسی انسانی روح کی مہمات حیات کی ہو بہو تصویر ہے'' [۱]

پروفیسر گیان چند جین سوانح نگاری کے بارے میں اظہار خیال کرتے ہوئے لکھتے ہیں:

''سوانح عمری بیانیہ صنف ہے۔ جو تاریخ کی طرح مکمل غیر جانب داری اور صحت مانگتی ہے'' [۲]

پروفیسر مرزا اکبر علی بیگ سوانح نگاری کا مفہوم بیان کرتے ہوئے لکھتے ہیں:

''سوانح حیات کا مطالعہ ایک خاص نقطۂ نظر سے مطالعہ فطرت ہے اور اس کا لکھنا حقیقت میں فطرت نگاری ہے۔ سوانح حیات ایک ریکارڈ ہے اُن ارتسامات کا جو گونا گوں خارجی واقعات اور داخلی تاثرات کے تسلسل سے تشکیل پاتے ہیں۔'' [۳]

مجموعی طور پر سوانح نگاری منتخبہ شخصیات کے حالات زندگی کا بیان ہوتی ہے۔ جس سے کسی شخصیت کے مختلف پہلوؤں کو منظر عام پر لانا مقصود ہوتا ہے۔ تاکہ ان کے مطالعے سے لوگوں کیلئے مثال قائم ہو سکے۔ انسانی تہذیب وتمدن کے ارتقاء کے ساتھ ادب کی مختلف اصناف وجود میں آئیں۔ قانون کے عام ہونے سے کتابوں اور اخبارات ورسائل کا چلن عام ہونے لگا۔ تعلیم کے فروغ کے ساتھ لوگوں کی توجہ اپنے اطراف اور اپنے ماضی میں گزری ان سرکردہ شخصیتوں کی جانب ہوئی جن کی شخصیت اور اُن کے کارنامے وخدمات اس قابل تھے کہ انہیں محفوظ کر کے آنے والی نسلوں کیلئے اُن سے رہنمائی کا کام لیا جا سکے۔ ایسے ماحول میں ان افراد کی زندگیوں کے حالات قلمبند کرنے کی طرف توجہ ہوئی جو متوسط اور نچلے طبقے سے تعلق رکھتے تھے۔ جنھوں نے کسی علم یا فن میں کمال حاصل کیا تھا یا اُن کے کارناموں کے بیان کے ساتھ اُن کی سیرت کے مختلف پہلوؤں کو اُجاگر کیا جائے۔

سوانح دو قسم کی ہوتی ہیں۔ تاریخی اور ادبی۔ تاریخی سوانح میں فرد کی زندگی کے واقعات سچائی کے ساتھ بیان ہوتے ہیں ادبی حیثیت میں سوانح کے اسلوب اور سانچے کے ذریعہ جمالیاتی ذوق پہونچانے کی کوشش کی جاتی ہے۔ جدید سوانح نگاروں میں ''پلوٹارک'' اور باسول'' نے کافی شہرت حاصل کی۔ ان لوگوں نے اپنی سوانح میں کسی انسان کے حالات ہی قلمبند نہیں کیے بلکہ ایک روح کی مکمل تحقیق کی ہے۔ داستان کی طرف سوانح میں بھی ابتداء سے آخر تک دلچسپی برقرار رکھنا سوانح کی کامیابی کی علامت

سمجھا جاتا ہے۔سوانح میں شخصیت کی سیرت بے نقاب ہوتی ہے۔غیر جانبداری کے ساتھ ذاتی اور نجی حالات بیان کئے جاتے ہیں۔سوانح میں موضوع کی کوئی قید نہیں ہوتی ایک معمولی انسان سے لے کر عظیم ترین شخصیات بھی سوانح کا موضوع ہوسکتی ہیں سوانح نگار تصوراتی نہیں بلکہ ایک حقیقی شخص کی مرقع کشی کرتے ہیں اوراس دوران مکالمے‘لطائف‘ظرافت‘خطوط اورافسانے کا رنگ استعمال کرتے ہوئے کسی شخصیت کی سوانح میں دلچسپی پیدا کی جاتی ہے۔صابرہ سعید ایک اچھے سوانح نگار کیلئے درکار مہارت کے بارے میں لکھتی ہیں۔

> ’’سوانح نگار کیلئے ضروری ہے کہ ایک مکمل تصویر پیش کرے جو کسی انسان کی پیدائش سے لے کر موت تک کے تمام حالات افکار وافعال کی تاریخ وار نقوش سے مزین ہو۔ایک مستقل سیرت میں انسان کی زندگی کے تقریباً تمام پہلوؤں پر روشنی ڈالی جاتی ہے۔سوانح نگار کو اپنے موضوع کی شخصیت اور کارناموں کو واضح طور پر پیش کرنا پڑتا ہے....سوانح نگار کیلئے ضروری ہے کہ وہ اپنے ہیرو کو ایک انسان کی حیثیت سے پیش کرے۔اس کی شخصیت کے تمام پہلو پوری طرح واضح ہوں تا کہ اس کا ہیرو ایک جیتا جاگتا انسان معلوم ہواور وہ اپنی انفرادیت کی تمام گہرائیوں اور داخلیت کی ساری وسعتوں کے ساتھ قاری کے ذہن پر نقش ہوجائے۔‘‘[۴]

اردو ادب میں حالؔی نے حیات سعدی (۱۸۸۲ء) یادگار غالبؔ (۱۸۹۷ء) اور حیات جاوید (۱۹۰۱ء) لکھ کر سوانح نگاری کی صحت مند روایات چھوڑیں۔جن پر چلتے ہوئے شبلی نعمانی‘فرحت اللہ بیگ اور رشید احمد صدیقی وغیرہ نے سوانح نگاری کے فن کو ترقی دی۔

خودنوشت سوانح نگاری:۔

اردو کے بعض ممتاز ادیبوں‘ شاعروں اور دانشوروں نے اپنی سوانح خود لکھ کر شہرت حاصل کی۔ اردو میں سب سے اچھی خودنوشت سوانح سید رضا علی کی ’’اعمال نامہ‘‘ ہے اسی طرح رشید احمد صدیقی کی ’’آشفتہ بیانی میری‘‘ جوش کی ’’یادوں کی برات‘‘ خواجہ غلام السیدین کی ’’مجھے کہنا ہے کچھ اپنی زبان میں‘‘ اور آل احمد سرور کی ’’خواب باقی ہیں‘‘ مشہور ہوئیں۔ پروفیسر آل احمد سرور خودنوشت سوانح لکھنے کی دشواریاں بیان کرتے ہوئے لکھتے ہیں:

''خودنوشت سوانح لکھنا بظاہر بہت آسان ہے لیکن دراصل خاصا مشکل۔اس کی وجہ یہ ہے کہ ماضی کے واقعات کو کافی عرصہ گذر جانے کے بعد دہرانے میں مکمل معروضیت ممکن نہیں۔ جو واقعات پہلے گذر چکے ہیں وہ بعد میں یا تو کچھ بڑے اور پھیلے ہوئے یا کچھ چھوٹے اور سکڑے ہوئے نظر آتے ہیں یہ صرف حافظے کی کرشمہ سازی نہیں ہے بلکہ وقت گزر جانے کے ساتھ آدمی کی شخصیت میں بھی کچھ تبدیلیاں ہوجاتی ہیں بچپن اوعنفوان شباب کی یادیں قدرتی طور پر زیادہ سنہری ہوتی ہیں۔ان کے بیان میں جذباتیت سے مکمل طور پر رہائی ممکن نہیں ہے۔ خودنوشت تاریخ نہیں ہے مگر اس میں تاریخی حقائق ضروری ہیں۔ یہ واقعات کا خشک بیان بھی نہیں ہے۔ان واقعات کے ساتھ جو کیفیات وابستہ ہیں اُن کی داستان بھی ہے۔آپ بیتی جگ بیتی بھی ہے۔ کیونکہ اپنی زندگی میں ایک فرد اپنے خاندان' ماحول' علمی اداروں' تحریکوں' شخصیات' تہذیبی' ادبی معاشرتی اور سیاسی حالات سے دوچار ہوتا ہے.بہرحال کوشش یہ ہونی چاہئے کہ لکھنے والا اپنے ساتھ ایمان داری برتے۔ جینا ایک فن ہے اور آپ بیتی ایک فن لطیف۔ اس سے عہدہ بر آہونے کیلئے بڑی سچائی' بڑے ریاض اور بڑے کھرے پن کی ضرورت ہے اس کا راستہ بھی پل صراط کی طرح بال سے باریک اور تلوار سے تیز ہے۔[5]

اردو کے ممتاز محقق و ماہر لسانیات پروفیسر گیان چند جین خودنوشت سوانح کو اس لئے پسند نہیں کرتے کہ اس میں ذاتی تعریف کا پہلو غالب رہتا ہے۔خودنوشت سوانح کی کمزوریاں بیان کرتے ہوئے وہ لکھتے ہیں:

''آپ بیتی لکھنا تلوار کی دھار پر چلنے کے برابر ہے۔سوانح عمری بیانیہ صنف ہے جو تاریخ کی طرح مکمل غیر جانبداری اور صحت مانگتی ہے لیکن جب بات اپنی ذات کی ہو تو غیر جانبداری معلوم نہیں یہاں تو جانبداری ہی جانبداری ہے۔خودنوشت نگار اشخاص واقعات کے جن بیانات کو مکمل سچ کے طور پر پیش کرتا ہے کون جانے کوئی دانائے راز انہیں کو نیم صداقت' یا اس سے بھی پرے حقیقت کو مسخ کرنے کی کوشش قرار دے۔اسی لئے بعض حضرات کو سوانح سے

یہ تاثر ملتا ہے کہ ان کی نظر میں وہ ہمیشہ صحیح موقف پر تھے۔ دوسرے عام لوگ غلطی پر تھے۔ خودنوشت میں انسان اپنے بجا اکتسابات کو بھی بیان کرے تو ایسا لگتا ہے کہ وہ خود اپنا ڈھول پیٹ رہا ہے۔ زندگی میں کئی بار ایسا ہوتا ہے کہ اغیار ہم سے بے انصافی یا بے مروتی کرتے ہیں۔ اُن کا بیان کیا جائے تو معلوم ہوگا کہ آپ بیتی کو اپنے دل کے پھپھولے پھوڑنے کا ذریعہ بنایا ہے اسی لئے میں نے کہا کہ آپ بیتی نگاری تلوار کی دھار پر چلنا ہے۔[٦]

آپ بیتی کے بارے میں اردو کے نقادوں کی آرا کا خیال کرتے ہوئے آل احمد سرور نے بھی اس بات کا اعتراف کیا ہے کہ یہ آپ بیتی چونکہ اُن کی ہے اسلئے لازمی طور پر ان کی شخصیت کے ذریعہ اپنے موقف کی وضاحت کرتے ہوئے سرور لکھتے ہیں :

خودی میں ڈوبتے ہیں پھر ابھر بھی آتے ہیں
مگر یہ حوصلہ مرد ہیچ کارہ نہیں (اقبال)

اپنی پوری زندگی پر نظر ڈالنا یعنی اس میں ڈوب جانا مگر اس سے اُبھر آنا کوئی آسان کام نہیں۔ ہوسکتا ہے کہ کچھ لوگوں کو اس میں داستان گوزیادہ نظر آئے۔ اور چونکہ یہ میری داستان ہے اسلئے اگر اسٹیج پر روشنی میرے اوپر زیادہ ہے تو اس صنف کی مجبوری ہے۔ بقول حسرت یہ "شوق کی بلندی اور ہمتوں کی پستی" والی بات ہو۔ میں نہ تو اپنا قصیدہ پڑھنے کا قائل ہوں نہ بے جا انکسار کا۔ جس طرح وقت گزرا' جو سوچا' جو کیا جو نہ کیا۔ جس طرح اُبھرا اور سمٹا' ٹوٹا اور جڑا' جو پایا اور کھویا' اس کی جھلک تو بہر حال ان صفحات میں مل جائے گی۔[٧]

آل احمد سرور نے اپنی خودنوشت پر صدق دلی سے اعتراف کردیا۔ پروفیسر گیان چند جین آل احمد سرور کے اردو ادب میں بلند مرتبے کے قائل ہیں چنانچہ خودنوشت کے بارے میں اپنے ذاتی تحفظات رکھنے کے باوجود وہ سرور کی شخصیت اور علمی وادبی خدمات کے معترف ہیں۔ اسلئے ان کی خودنوشت کی ستائش کرتے ہوئے لکھتے ہیں:

"خودنوشت سوانح لکھنا بڑے آدمیوں ہی کو زیب دیتا ہے۔ "خواب باقی ہیں" کو پڑھ کر پہلا تاثر یہی ہوتا ہے کہ ایک بڑے آدمی کی سوانح ہے جو اپنے

زمرے میں بایقین ممتاز ہے''۔[۸]

''خواب باقی ہیں'' کا تنقیدی جائزہ :

آل احمد سرور نے ''خواب باقی ہیں'' میں اپنی عمر کی چھ دہائیوں کا احاطہ اپنے دلچسپ اسلوب نگارش اور واقعات کی تفصیلات کے ساتھ کیا ہے۔ اور ان واقعات پر اپنی رائے' پسند ناپسند اور مختلف جذبات کا تاثر بھی پیش کیا ہے۔ سرورؔ کی خودنوشت کا تعارف کراتے ہوئے شافع قدوائی یوں رقمطراز ہیں:

> ''سرور صاحب نے اپنی طویل اور متنوع علمی ادبی وثقافتی سرگرمیوں کی روداد غیر جذباتی انداز میں ''خواب باقی ہیں'' کے عنوان سے مرتب کی ہے۔ سرور صاحب کی بھرپور اور متنوع زندگی نیز متنوع اور وقیع تجربات سے نئی نسل روایت کا عرفان حاصل کرسکتی ہے۔ اس خودنوشت میں تقریباً ۶ دہائیوں پر محیط مدت کو علمی فضا معاشرتی صورت حال اور ادبی مباحث پر روشنی ڈالی گئی ہے۔ مزید برآں اس دور کے اہم ادبی' علمی ثقافتی اور مذہبی رجحانات' سیاسی تحریکات ذہنی میلانات اور اس سے منسلک حضرات کے اعمال وافعال کا بھی معروضیت کے ساتھ محاکمہ کیا گیا ہے۔ خود خودنمائی Self Exalation کی ایک زیریں لہر کے باوجود یہ خودنوشت اردو میں شائع ہونے والی اکثر آپ بیتیوں کی طرح مبالغہ آرائی' آرائش سخن' خوداشتہاری اور مخالفین پر سب وشتم سے بڑی حد تک عاری ہے۔ اس لحاظ سے یہ آپ بیتی ایک منفرد مقام رکھتی ہے۔[۹]

خلیق انجم نے ''خواب باقی ہیں'' کو ایک عالم اور معلم کی سوانح قرار دیا ہے۔ اس کتاب کا تعارف دلچسپ انداز میں کراتے ہوئے لکھتے ہیں:

> ''خواب باقی ہیں'' ایک ایسے ادیب' نقاد' عالم اور استاد کی سوانح ہے جس کے دن کبھی حسینوں کے کوچوں اور راتیں بالا خانے اور مئے خانے میں نہیں گذریں۔ یہ تو اردو کے ایک ایسے ممتاز شخصیت کی سوانح ہے جس پر حُسن پرستی اور عشق بازی کا الزام زندگی میں صرف ایک بار عائد ہوا تھا اور وہ بھی

شادی کی صورت میں۔اور جس کی ساری زندگی علم حاصل کرنے اور دوستوں کی علم کی پیاس بجھانے میں گذری ہے۔اور جس نے ادیبوں اور نقادوں کی دوتین نسلوں کی ذہنی تربیت کی ہے۔[۱۰]

پروفیسر آل احمد سرورؔ نے اپنی آپ بیتی کا آغاز اپنے بچپن کے حالات کے بیان سے کیا ہے۔اپنے آبائی مقام بدایوں کا ذکر، اپنی تاریخ پیدائش اور بچپن کے حالات کو سرور نے جس انداز میں بیان کیا ہے۔ اُس سے اُن کے گھریلو حالات کا پتہ چلتا ہے سرور کے بچپن کے بعض واقعات پڑھنے سے ان کے جمالیاتی ذوق اور حسن پرستی کا اندازہ ہوتا ہے۔سرور اپنے پڑوس کی ایک لڑکی کا حال بیان کرتے ہوئے لکھتے ہیں:

''پڑوس میں ایک مسلمان گھرانہ بھی تھا۔جس میں ایک لڑکی مجھ سے دوتین سال بڑی تھی۔اس کا نام غالباً عائشہ رہا ہوگا۔مگر ہم لوگ اسے آشا کہتے ہیں۔یہ لڑکی اکثر دلہن بنتی اور مجھے دولہا بناتی۔اپنا دوپٹہ ہم دونوں پر ڈال لیتی۔یہ سب باتیں بہت عجیب اور پراسرار معلوم ہوتی تھیں۔اُن میں ایک بے نام سی لذّت بھی تھی''[۱۱]

سرور نے آپ بیتی کے ابتدائی حصّے میں اپنے والد کے ساتھ مختلف مقامات جانے اور وہاں زیر تعلیم رہنے کا حال بیان کیا ہے۔سرور نے جن واقعات کا ذکر کیا ہے۔اُن سے اُن کی ابتدائی ذہانت اور فطانت اور اُن کی دانشوری کی بنیادوں کا پتہ چلتا ہے سرور کو بچپن ہی سے ادبی محفلوں عرس کی مجلسوں میں شرکت کا شوق تھا۔جس سے اُن کا ادبی ذوق نکھرنے لگا تھا۔اپنے والد کے دفتر میں کام کرنے والے ایک ملازم کے کلام کی اصلاح کا واقعہ بیان کرتے ہوئے سرور لکھتے ہیں۔

''ہمارے ڈاک خانے میں ایک ہندو کلرک تھے۔جن کا نام تو اب یاد نہیں آتا۔لیکن اُن کا تخلص یاد ہے۔وہ عاصیؔ تخلص کرتے تھے۔انھوں نے معلوم نہیں کیوں مجھے اپنا کلام سنایا مجھے کچھ مصرعے ناموزوں معلوم ہوئے۔اور میں نے اُن پر یہ بات واضح کردی وہ اس قدر متاثر ہوئے کہ انھوں نے کہا میری بیاض پر آپ نظر ثانی کیجئے۔چنانچہ کئی نظموں اور غزلوں میں میں نے ناموزوں مصرعوں کو موزوں کیا اور بعض الفاظ بدلے۔مادری زبان کے ساتھ موزونیت کا احساس بھی آتا ہے۔[۱۲]

سرور نے اپنے بچپن کے واقعات کے بیان میں نہ تو بے جا تعلّی کا مظاہرہ کیا ہے۔اور نہ بے جا

انکسار کا اپنے والد، دادا، اور دیگر افراد خاندان کے ذکر میں بھی مبالغہ آرائی یا شان وافتخار کا اظہار نہیں کیا۔ اور یہ لکھا کہ وہ بدایوں کے ایک شریف متوسط گھرانے کے فرد تھے۔ والد صاحب کے ساتھ یو پی کے مختلف شہروں مثلاً آگرہ، غازی پور، میرٹھ، پیلی بھیت، الہ آباد، بجنور، سیتا پورہ، گونڈہ، اور علی گڑھ وغیرہ میں رہے اور مختلف اسکولوں میں تعلیم پاتے رہے سرور نے آگرہ میں اپنے دور طالب علمی کا حال خاصا تفصیل سے لکھا اور اپنے استادوں کے تذکرے کے علاوہ اپنے کالج کے مشاعروں کی روداد بھی بیان کی ہے۔ انہوں نے فانیؔ کا یہ شعر نقل کیا ہے۔

اے موت تجھ پہ عمر ابد کا انتظار ہے
تو اعتبار ہستی نا پائیدار ہے

اور لکھا کہ وہ فانیؔ کی پرسوز آواز اور دل میں اتر جانے والی لے سے بہت متاثر ہوئے۔ کالج میں ہونے والے مباحثوں میں سرور کی شرکت کا حال بیان کرنے کے بعد انہوں نے اپنے بڑے بھائی کی شادی اور بڑی بہن کے بیوہ ہوجانے اور پھر آگے اُن کے انتقال کر جانے کا ذکر کیا ایک قصہ گو سرور کی طرح مصنف نے سال بہ سال ہونے والے واقعات کو تسلسل سے بیان کیا ہے۔ اپنے مسوری کے سفر اور وہاں کے قدرتی مناظر سے لطف اندوزی کو سرور نے بیان کیا ہے۔ سرور نے ۱۹۳۲ء میں علی گڑھ یونیورسٹی میں ایم۔ اے میں داخلہ لیا تھا۔ یونیورسٹی کی سرگرمیوں مشاعروں اور مباحثوں کے احوال کو سرور نے تفصیل سے بیان کیا ہے۔ اُنہوں نے اس دور کے اساتذہ میں خواجہ منظور حسین کا خصوصیت سے ذکر کیا ہے۔ وہ اسی زمانے میں طلباء یونین کے نائب صدر اور علی گڑھ میگزین کے مدیر منتخب ہوئے تھے۔ پہلے سال کے اختتام کے بعد سرور چھٹیوں میں پہلگام گئے تھے۔ وہاں کی تفریحات کے احوال، منظر نگاری وغیرہ کو سرور نے تفصیل سے پیش کیا ہے۔ ان تفصیلات سے اُن کی قوت حافظہ کا اندازہ لگایا جاسکتا ہے۔ پہلگام کی ندیوں کی منظر نگاری کرتے ہوئے سرور لکھتے ہیں۔

"پہلگام میں سب سے خوبصورت منظر پلیٹو سے نظر آتا ہے بائیں طرف سے شیش ناگ آتا ہے دائیں طرف سے اڑو نالہ، دونوں نالے چھوٹی چھوٹی ندیوں میں بٹ جاتے ہیں اور دونوں کے بڑے دھارے کچھ آگے جا کر مل جاتے ہیں پلیٹو سے دیکھئے تو ایسا لگتا ہے کہ سیال چاندی کے لمبے چوڑے تکڑے ایک دوسرے سے گلے مل رہے ہیں"۔ [۱۳]

سرور نے پہلگام کے علاوہ سونا مرگ کے سفر کے احوال بھی بیان کئے اکتوبر میں یونیورسٹی کے

کھل جانے‘ اور پہلے تعلیمی سال کے ہنگاموں کے تذکرے کے ساتھ سرور نے مختلف شخصیات اور حالات کو بیان کیا۔ ایم۔ اے فرسٹ کلاس کامیاب ہونے کا ذکر کرنے کے بعد سرور نے لکھا کہ ذاکر صاحب کے مشورے سے اُنہوں نے اُردو میں ایم۔ اے کیا اور ۱۹۳٦ء میں شعبۂ اُردو میں اُن کا تقرر ہوا۔ ۱۹۳۰ء تا ۱۹۳٦ء کے زمانے کے حالات سلسلہ وار بیان کرنے کے بعد سرور نے مختلف حضرات سے اپنے تعلقات کا اجمالاً ذکر کیا ہے۔ لیکن اُس زمانے کے وائس چانسلر سر ضیاء الدین کا ذکر تفصیل سے کیا ہے۔ ضیاء صاحب کی وضاحت بھی کی۔ سرور صاحب نے اُس زمانے کی ادبی صورتحال اور یونیورسٹی کی علمی و ادبی فضاء پر بھی سرسری روشنی ڈالی ہے۔ اس وقت ترقی پسند تحریک کا زور و شور سے آغاز ہوا تھا۔ لیکن سرور نے جن اساتذہ کا ذکر کیا اُن میں پروفیسر عمر الدین‘ پروفیسر ہادی حسن‘ مولانا عبدالعزیز میمن‘ پروفیسر ایل کے حیدر‘ پروفیسر اے بی حلیم‘ پروفیسر محمد حبیب‘ خواجہ غلام السیدین‘ رشید احمد صدیقی‘ مولوی ضیاء احمد بدایونی‘ خواجہ منظور حسین وغیرہ سے اکتساب کا ذکر کیا ہے۔ سرور نے اپنی شادی کے احوال مفصل نہیں لکھے۔ لیکن چند ایک سطروں میں جس انداز سے اپنی شادی کے ابتدائی ایام کا تذکرہ کیا اس سے اُن کے شاعرانہ مزاج اور افسانوی اسلوب کے حامل ہونے کا پتہ چلتا ہے۔ ترقی پسند تحریک پر اپنے خیالات پیش کرتے ہوئے سرور لکھتے ہیں:

> ”اس کانفرنس میں ایک شعبہ ترقی پسند ادب کا بھی تھا۔ جس کی صدارت سجاد ظہیر نے کی تھی۔ انہوں نے اپنے خطبہ صدارت میں ادب میں عریانی کی لہر کی خاص مذمت کی تھی۔ اور اس سلسلے میں منٹو کے افسانے ”بو“ کو خاص طور سے ہدف تنقید بنایا تھا۔ جب عریانی کے خلاف ایک تحریک اجلاس میں پیش ہوئی تو اُس کی سب سے پرزور مخالفت مولانا حسرت موہانی نے کی۔ قاضی عبدالغفار بھی حسرت موہانی کے ہم نوا تھے۔ انہوں نے کہا کہ ادب میں عریانی جائز ہے اعتراض فحاشی پر کرنا چاہئے۔ عریانی پر نہیں بہر حال مولانا کی مخالفت کی وجہ سے یہ تجویز منظور نہ ہوسکی۔ سجاد ظہیر نے بعد میں کچھ لوگوں سے کہا کہ مولانا حسرت ہمیشہ گڑ بڑ کرتے رہتے ہیں۔ کانفرنس میں ملک بھر کے ادیب آئے تھے۔ آخری رات ایک مشاعرہ بھی ہوا جس میں سکندر علی وجد کی نظم ”اجنتا“ بہت پسند کی گئی۔ مخدوم محی الدین کا کلام بھی بہت سراہا گیا۔[۱۴]

حیدر آباد سے واپس آنے کے بعد سرور ذاکر صاحب کے کہنے پر رام پور چلے گئے۔ رام پور میں دو سال تک رضا کالج کے پرنسپل رہے۔ پھر رام پور سے لکھنو یونیورسٹی آ گئے۔ جہاں ریڈر کی پوسٹ پر اُن کا تقرر ہو گیا تھا۔ سرور نے رام پور نواب کے دربار میں حاضری اور رام پور کی تہذیب کی تفصیلات پیش کیں۔

سرور ۱۹۳۶ء تا ۱۹۴۵ء ریڈیو پر تقریر کیلئے اکثر دہلی جاتے رہے۔ ان تقاریر کا احوال بیان کرتے ہوئے لکھتے ہیں:

> ''یاد آتا ہے کہ اُس زمانے میں ریڈیو پر تقریر کے تیس روپے ملتے تھے۔ اور میں اُن روپیوں میں دہلی سے بہت سے پھل، بیوی کیلئے ساڑی، اور متفرق چیزیں لے آیا کرتا تھا۔ ایک دفعہ ایسا ہوا کہ مجھے ریڈیو اسٹیشن پہنچنے میں دیر ہو گئی۔ دروازے پر پہنچا تو رشید احمد اسٹیشن ڈائرکٹر نے میرا ہاتھ پکڑا اور ہم لوگ تقریباً دوڑتے ہوئے اسٹوڈیو میں داخل ہوئے تو میرا نام اور تقریر کا عنوان نشر ہو رہا تھا۔ میں بری طرح ہانپ رہا تھا رشید احمد نے اشارے سے دم لینے کو کہا۔ چند سکنڈ کی خاموشی کے بعد میں نے بہت آہستہ تقریر شروع کی۔ دو ایک منٹ کے بعد عام رفتار سے بولنے لگا۔ شکر ہے کہ کسی کو اس کا احساس نہیں ہوا''۔ [۱۵]

سرورؔ نے اپنی آپ بیتی میں علی گڈھ، رام پور، لکھنو وغیرہ شہروں کے ناموں کی سرخیوں کے ساتھ وہاں اپنے دوران قیام کی تفصیلات پیش کیں۔ چنانچہ رام پور کے بعد لکھنو میں اُن کے ۱۹۴۶ء تا ۱۹۵۵ء تقریباً نو سال قیام کے حالات ملتے ہیں۔ اس دوران انہوں نے لکھنو کی علمی ادبی اور ثقافتی فضاء، معاشرتی صورتحال، یونیورسٹی کے علاوہ بعض اہم مراکز مثلاً کافی ہاؤس، دانش محل، ادارہ فروغ اردو اور لکھنو سے انسیت کا اندازہ ہوتا ہے۔ لکھنو میں قیام کے دوران سرورؔ کے جن شخصیات سے روابط رہے اُن میں مسعود حسین رضوی، احتشام حسین، اثر لکھنوی، نور الحسن ہاشمی، حیدر مرزا، ڈاکٹر عبدالعلیم، پروفیسر سدھانت، مولانا عبدالماجد دریا بادی، پروفیسر کابی پرساد ڈی۔ پی بنرجی، چیلا پتی راؤ، شوکت صدیقی، قاضی عبدالغفار، چودھری محمد علی، نیاز فتح پوری، آنند نارائن ملا، اچاریہ نریندر دیو، سلام مچھلی شہری، مجاز، جوش، بیگم اختر وغیرہ ہیں۔ سرور نے ان حضرات اور بعض واقعات سے اس عہد کے لکھنو کا حال بیان کر دیا۔ ہندوستان کی آزادی اور تقسیم ہند کے ہنگاموں سے ہر ہندوستانی متاثر ہوا تھا۔ لکھنو میں اس کے اثرات بیان کرتے ہوئے سرور لکھتے ہیں:

''اخبارات سے دہلی اور پنجاب میں بڑے پیمانے پر قتل و غارت گری کی خبریں آرہی تھیں۔ لکھنو والے اپنی وضع پر قائم رہے۔ ایک پرانے وثیقہ دار جو نواب صاحب کہلاتے تھا اور شائد دس بیس روپیہ وثیقہ پاتے تھے۔ دودھ لینے گئے حلوائی نے اُن سے پوچھا نواب صاحب تم پاکستان نہیں گئے۔ مفلوک الحال نواب صاحب بہت خفا ہوئے کہنے لگے یہ تم اپنا ہندوستان پاکستان الگ رکھو۔ یہ لکھنو ہے لکھنو۔ یہاں یہ سب نہیں چلے گا۔ جو شرنارتھی پنجاب سے آئے تھے ان میں سے کسی کو بھیک مانگتے نہیں دیکھا اُن کے بچے شیشے کی نلکیوں میں لیمن ڈراپ ایک ایک دو دو آنے میں بیچتے تھے۔ بڑوں نے امین آباد کے فٹ پاتھ پر کپڑوں کی دکانیں لگالی تھیں۔ اُن کی محنت اور جانفشانی کے وجہہ سے رفتہ رفتہ اُن کا کاروبار چل نکلا۔ اور چند سال میں یہ لکھنو کے ہوگئے۔ اس زمانے میں سینکڑوں کی تعداد میں مرمت کی دکانیں کھل گئیں۔ پیسہ کسی ہندو کا ہوتا مینیجر عام طور پر کوئی سکھ ہوتا۔ کاریگر زیادہ تر مسلمان لکھنو کی خاموش نرم رو پر تکلف فضاء میں کچھ تبدیلی آئی۔ شور بڑھ گیا اور ہجوم بھی''۔[۱۶]

سرور نے جذباتی انداز میں تقسیم ہند کے حالات کا ذکر کیا۔ اور لکھنو کی زندگی میں آنے والی تبدیلی کو بیان کیا۔ ایک ذمہ دار شہری کی مثال پیش کرتے ہوئے سرور نے پناہ گزینوں کی امداد کے لئے منعقد کئے جانے والے مشاعرے کے احوال بیان کئے۔ جس میں قرۃ العین حیدر نے سرگرم رول ادا کیا تھا۔

سرور نے زمانہ لکھنو کی یادوں میں جوش سے ملاقات کی، رضیہ سجاد ظہیر کی ملازمت کے لئے کی جانے والی اُن کی کوششوں اور ادبی محفلوں کا ذکر کیا۔ آزادی کے بعد مولانا آزاد اور گورنر یوپی مسز سروجنی نائیڈو سے اُن کی ملاقاتوں کا ذکر کیا۔ اور مولانا آزاد کی اُردو کی ترقی کے لئے کی جانے والی خدمات کا احاطہ کیا۔ لکھنو میں اکثریت اہل تشعیہ کی ہوتی ہے اور لکھنو کی مجالس کی مذہبی اہمیت کے علاوہ ادبی اہمیت بھی ہے لکھنو کی مجالس کا ذکر کرتے ہوئے سرور لکھتے ہیں۔

''لکھنو میں مجلسوں کا خاصا رواج تھا۔ کچھ مجلسوں میں میں بھی شریک ہوا ہوں۔ ان میں ایک طرف تو خطابت کا نیا خاص رنگ دیکھنے میں آیا۔ دوسرے تحت اللفظ مرثیے کی روایت سے آشنا ہوا۔ میں نے آل رضا لکھنوی

کی مجلس میں راجہ محمود آباد کو سُنا ہے۔ اور اُن سے بہتر تحت اللفظ پڑھنے والا کسی کو نہیں پایا۔ مہاراجہ صاحب موسیقی کے ماہر تھے۔ اور اُن کی آواز بہت اچھی تھی۔ مجلسوں میں خاص مقامات پر داد دینے کا رواج بھی تھا۔ شائد انیس نے اسی لئے کہا تھا ؎

دبدبہ بھی ہو، مصائب بھی ہوں، توصیف بھی ہو
دل کو بھی محظوظ ہوں، رقت بھی ہو، تعریف بھی ہو

میرے نزدیک شعر کا پورا جادو تحت اللفظ میں آتا ہے ترنم میں الفاظ کے اُتار چڑھاؤ اور اُن کی اپنی کیفیت کا جادو کم ہو جاتا ہے''۔[۱۷]

لکھنو میں ابتدا میں سرور اور مسعود حسین رضوی کچھ الگ تھلگ رہے بعد میں اُن دونوں کے مراسم بہتر ہوئے۔ رضوی صاحب کے پاس قلمی مخطوطات کا بڑا ذخیرہ تھا۔ ان کتابوں کا تعلق واجد علی شاہ اور لکھنو کے مرثیوں سے تھا۔ مسعود حسین رضوی شعبۂ اُردو کو شعبۂ فارسی سے الگ کرنا نہیں چاہتے تھے۔ جبکہ سرور اس بات پر زور دیتے رہے کہ اُردو کا شعبۂ الگ ہو تو بہتر ترقی کرسکتا ہے۔ چنانچہ ایک عرصہ بعد سرور کی کوشش سے اکیڈیمک کونسل نے شعبۂ اُردو کو الگ کرنے کی منظوری دی۔ مسعود صاحب کی سبکدوشی کے بعد سرور شعبۂ اُردو اور فارسی کے صدر ہو گئے۔ تاہم یوسف حسین موسوی چالاکی کا مظاہرہ کرتے ہوئے صدر شعبۂ ہو گئے۔ یہ بات سرور کو پسند نہ آئی اور انہوں نے استعفیٰ دے دیا۔ اکزیکیٹیو کونسل اور وائس چانسلر کی ایماء پر استعفیٰ روک دیا گیا۔ لیکن سرور بد دل ہو گئے تھے۔ ان تمام واقعات کو سرور نے ایک مورخ کی طرح اپنی آپ بیتی میں بیان کیا ہے۔ ان واقعات کا محور اور مرکز سرور ہی رہے لیکن ان واقعات سے اُن کے دور کی علمی و ادبی تہذیبی و سماجی تاریخ محفوظ ہو گئی۔ یہ اس سوانح کی خاص بات ہے۔ سرور نے لکھا کہ ذاکر صاحب کے کہنے پر وہ دوبارہ علی گڑھ آ گئے جہاں منشی نول کشور کی خدمات پر ایک صاحب کے دئے گئے عطیے سے سید حسین ریسرچ چئیر کا قیام عمل میں لایا گیا تھا۔ اس ریسرچ میں غالب کے کلام کا انگریزی میں ترجمہ کرنا بھی شامل تھا۔ ان دو کاموں کے لئے سرور کی خدمات حاصل کی گئیں۔ سرور نے علی گڑھ جانے کا ارادہ کر لیا۔ لکھنو میں قیام کے دوران اپنے مشاہدات کے بل بوتے پر اپنے تاثرات پیش کئے۔ جن سے لکھنوی تہذیب سے پردہ اُٹھتا ہے۔ سرور کہتے ہیں۔

''عام طور پر لکھنو میں ہم لوگ خوش رہے بہت سے اچھے لوگوں سے ملنا رہا۔ تعصب اور تنگ نظری کم نظر آئی۔ لوگوں میں ایک تہذیب اور نفاست دیکھی

اور زبان میں ایک خاص لوچ۔ ایک دفعہ بدایوں سے لکھنو آرہا تھا میرا لڑکا بکس پر بیٹھا ہوا تھا۔ سیتا پور میں کوئی صاحب داخل ہوئے۔ انہوں نے لڑکے کو دیکھا تو کہنے لگے بھیا تم تخت طاؤس پر بیٹھے ہوئے ہو......... لکھنو بھی اب بہت بدلا ہے مگر اب بھی پرانی وضع ختم نہیں ہوئی ہے پرانا آدمی جاتا ہے تو ضلع جگت سے باز نہیں آتا۔ [18]

لکھنو کی یادیں سمیٹے سرور ایک مرتبہ پھر علی گڑھ کا رُخ کرتے ہیں سرور نے علی گڑھ کے باب میں اپنی مصروفیات بیان کیں کہ کس طرح وہ سید حسین چیئر کے تحت دیوان غالب کا انگریزی ترجمہ اور منشی نول کشور کی ادبی خدمات پر مبنی کام سے جڑ گئے۔ انہوں نے مقررہ مدت میں یہ دونوں کام کر دئے لیکن کسی وجہہ سے سرور کا کیا ہوا دیوان غالب کا انگریزی ترجمہ شائع نہیں ہوسکا۔ علی گڑھ میں قیام کے دوران سرور نے انجمن ترقی اُردو کے جنرل سکریٹری کے عہدے پر منتخب ہوتے ہوئے جو خدمات انجام دیں اُن کا احوال سرسری بیان کیا درمیان میں اپنے والدین اور بھائی بہنوں کے احوال پیش کئے ۱۹۶۰ء میں اپنے سفر ماسکو کی روداد پیش کی اور کھانے کے بارے میں اپنے توہم پرستانہ خیالات بھی پیش کر دئے۔ ہوٹل میں مچھلی نہ کھانے کا حال بیان کرتے ہوئے سرور لکھتے ہیں۔

''ماسکو یونیورسٹی کے ایک ٹالسٹائے پر ریسرچ کرنے والے استاد ہمارے رہنما تھے کوئی تین گھنٹے بعد اسمالنسک کے شہر میں پہونچے جہاں ایک ریستو ران میں ناشتہ کیا۔ ناشتہ ختم کر چکے تھے کہ مچھلی کی ایک پلیٹ آئی۔ میں نے تو معذرت کرلی۔ میں جس مہینے میں آر (R) ہو اس میں مچھلی نہیں کھاتا۔ بچپن میں کہیں پڑھا تھا کہ اس مہینے میں مچھلی نہیں کھانی چاہیے۔ مگر ہمارے بنگالی بابو مچھلی دیکھ کر پھسل گئے۔ اور اُس پر بھی ہاتھ صاف کیا۔ [19]

سرور نے اس باب میں اپنے سفر ماسکو اور وہاں کے مختلف شہروں میں منعقد ہونے والے اجلاسوں کے احوال تفصیلی طور پر پیش کئے۔ یہ تفصیلات پڑھتے ہوئے کبھی کبھی قاری کو یہ گمان ہونے لگتا ہے کہ کہیں وہ سرور کا لکھا ہوا کوئی سفر نامہ تو نہیں پڑھ رہا ہے۔ سرور نے ماسکو سے واپسی کے بعد ایک مرتبہ پھر علی گڑھ یونیورسٹی کے احوال بیان کئے۔

یونیورسٹی میں ہونے والے ہندو مسلم جھگڑے کی تفصیلات پیش کیں۔ اور ۱۹۶۲ء میں P.E.N کانفرنس کے ضمن میں میسور جانے کا ذکر کیا۔ سرور نے علی گڑھ یونیورسٹی کے حالات اس قدر تفصیل سے

پیش کیئے کہ اُن کے دوران ملازمت کی علی گڑھ یونیورسٹی کی تاریخ اُن کی سوانحی کتاب ''خواب باقی ہیں'' کے علاوہ شائدہی کسی اور کے ہاں ملے۔ رشید احمد صدیقی کو علی گڑھ کا سچا پرستار مانا جاتا ہے۔ رشید صاحب نے جذباتی انداز میں علی گڑھ سے اپنی وابستگی کا اظہار کیا۔ جبکہ سرور نے یونیورسٹی میں ہونے والے آئے دن کے واقعات کی تفصیل ایک مصور اور ایک مورخ کی طرح پیش کی۔ علیم صاحب کے دور کو تفصیلی طور پر پیش کیا۔ ۱۹۶۸ء میں سرور وزیٹنگ پروفیسر کی حیثیت سے امریکہ گئے تھے۔ وہاں سرور نے جس انداز میں اپنا وقت گذارا۔ اور مختلف طلباء سے جس انداز میں پیش آئے اُن کی تفصیلات پیش کیں۔ سرور نے اس آپ بیتی میں جگہ جگہ ہندوستان کے سیاسی حالات اور سیاسی شخصیتوں کے نظریات پیش کیئے اور اُن پر اپنے تاثرات بھی بیان کیئے۔ علی گڑھ مسلم یونیورسٹی سے لفظ مسلم کا نام نکالنے کی کوشش کرنے والے ایم۔ سی چاگلا کا حال بیان کرتے ہوئے لکھتے ہیں۔

> ''ایم۔ سی چاگلا نے تعلیم کے شعبے میں کئی اچھے کام انجام دئے۔ مگر انہوں نے بنارس ہندو یونیورسٹی کے نام سے لفظ ہندو اور علی گڑھ مسلم یونیورسٹی کے نام سے مسلم نکالنے کی جو کوشش کی وہ کامیاب نہ ہوئی۔ ہندو اکثریت اس کے لئے تیار نہ ہوئی۔ اس لئے علی گڑھ کا نام بدلنے کا سوال ہی نہ اُٹھا چاگلا کو احساس نہ تھا کہ ان ناموں کی ایک تاریخ ہے۔ اور دستور ہر مذہب کو یہ اجازت دیتا ہے کہ وہ اپنے ادارے چلائے اور ان کا خود انتظام کرے''[۲۰]

آل احمد سرور نے امریکہ سے واپسی پر برطانیہ کا سفر بھی کیا تھا۔ ہندوستان واپس ہونے کے بعد حیدرآباد میں انجمن ترقی اُردو کی کانفرنس میں شرکت کی اور پھر وزیٹنگ پروفیسر کی حیثیت سے شملہ میں اُن کا تقرر رہا۔ اُس دوران اُن کی چند ایک کتابیں بھی شائع ہوتی رہیں۔ شملہ میں قیام کے دوران سرور نے دیگر زبانوں کے ادب کا بھی مطالعہ کیا۔ اس ضمن میں اپنے خیالات کا اظہار کرتے ہوئے سرور لکھتے ہیں۔

> ''اُردو ادب کا عرفان حاصل کرنے کے لئے ہمیں اُردو کے علاوہ فارسی ادب' ہندی ادب اور انگریزی ادب کا علم ہونا ہی چاہیے۔ اس کے علاوہ ہندوستانی ادبیات کے جدید میلانات کا بھی۔ ادبی تخلیق ایک خاص فضاء میں وجود میں آتی ہے اور یہ فضاء اتنی اکہری نہیں ہوتی جتنی عام طور پر سمجھی جاتی ہے''[۲۱]

شملہ میں قیام کے بعد سرور کشمیر یونیورسٹی چلے گئے۔ وہاں اقبال چیئر پر اُن کا تقرر رہا۔ وہاں سے بین الاقوامی اقبال کانفرنس میں شرکت کے لئے پاکستان گئے۔ پاکستان میں ادبی اجلاسوں کے

احوال اور مختلف ادیبوں سے ملاقاتوں کا ذکر سرور نے اپنی آپ بیتی میں پیش کیا ہے۔ پاکستان سے واپسی کے بعد سرور نے کشمیر میں اپنی مصروفیتوں کے احوال بیان کئے۔ وہ درمیان میں کشمیری تہذیب بھی بیان کرتے جاتے ہیں کشمیری کھانے کا ذکر کرتے ہوئے لکھتے ہیں۔

''ان دعوتوں کا کھانا وازوان کہلاتا ہے باورچیوں کا ایک قبیلہ جو وازہ کہلاتا ہے یہ پکاتا اور کھلاتا ہے کشمیریوں کے یہاں وازوان بڑی نعمت ہے۔ چار آدمی آمنے سامنے بیٹھ کر ایک بڑی تھالی سے کھاتے ہیں۔ جسے ترامی کہتے ہیں۔ چاول سے بھری ہوئی تھالی میں مرغ کی ٹانگیں' کباب اور تلی ہوئی پسلیاں جو طبق ماس کہلاتی ہیں رکھی ہوتی ہیں۔ پھر مختلف طرح کے گوشت کے سالن آتے رہتے ہیں ایک بڑے پیالے میں دہی ہوتا ہے رشتاء اور گوشتابہ جو سب سے آخر میں آتا ہے پسندیدہ کھانے ہیں۔ پہلے میٹھے کا رواج نہ تھا اب سوجی کے حلوے کا چلن ہو چلا ہے۔''[۲۲]

کشمیر کی تہذیب کے علاوہ سرور نے اس آپ بیتی میں کشمیر کی سیاست پر بھی اپنی معلوماتی اور رائے کو پیش کیا ہے۔ ہندوستان اور پاکستان کے درمیان اصل مسئلہ کشمیر کا ہے۔ اس مسئلہ کی وضاحت کرتے ہوئے سرور لکھتے ہیں۔

کشمیری مسلمان جذباتی بنیاد پر پاکستان سے الحاق چاہتے تھے۔ مگر شیخ صاحب کے اثر سے نیشنل کانفرنس نے ہندوستان سے الحاق منظور کر لیا۔ قانونی طور پر تو مہاراجہ ہری سنگھ کی الحاق کی درخواست کافی تھی۔ مگر شیخ صاحب نے عوام کے نمائندے کی حیثیت سے مہاراجہ ہری سنگھ کی تجویز کی تائید کی۔ پنڈت جواہر لال نہرو نے یہ بھی کہا تھا کہ کشمیر کے عوام رائے شماری Refrendum کے ذریعہ سے اپنی قسمت کا فیصلہ کریں گے۔ اس کیلئے پاکستان کے اس حصے کو خالی کرنا تھا۔ جو آج آزاد کشمیر کہلاتا ہے۔ مگر ایسا نہیں ہوا معاملہ اقوام متحدہ میں پہونچا مگر رائے شماری کیلئے ہندوستان کی جو شرط تھی وہ پوری نہ ہو سکی۔''[۲۳]

سرور نے کشمیر کا ذکر اپنی آپ بیتی میں نسبتاً تفصیل سے کیا ہے۔ کشمیر سے واپسی پر اُنہیں ڈی لٹ کی اعزازی ڈگری دی گئی تھی۔ علی گڈھ واپسی کے بعد سرور اپنی تخلیقات کو اکھٹا کرنے اور اُنہیں ترتیب

دے کر شائع کرنے کی دھن میں لگ گئے۔ اپنی سوانح عمری کے آخری باب ''حرف آخر'' میں سرور نے اپنی زندگی کے عملی دور پر ایک طائرانہ نظر ڈالی ہے۔ اور مختلف شخصیات سے ملاقاتوں کی یادوں کا تذکرہ کیا ہے اور زندگی اور ادب کے بارے میں اپنے فلسفیانہ خیالات پیش کئے۔ سرور فطرت کے پرستار تھے۔ انہوں نے کشمیر اور ملک وبیرون ملک جہاں بھی سفر کیا فطرت کو قریب سے دیکھا تھا۔ اور اس سے لطف اندوز ہوئے۔ فطرت سے اپنی دلچسپی اور لگاؤ کو بیان کرتے ہوئے سرور شاعر بن جاتے ہیں۔ پہاڑوں سے اپنے عشق اور لگاؤ کا تذکرہ کرتے ہوئے سرور لکھتے ہیں:

> ''پہاڑوں سے مجھے شروع سے عشق رہا ہے۔ میرے لئے پہاڑوں میں زیادہ کشش ہے مجھے اُن کی آغوش میں سکون ملتا ہے۔ طبیعت کو ایک شادابی حاصل ہوتی ہے۔ برف پوش چوٹیوں کا نظارہ روح کو پرواز پر مائل کرتا ہے۔ چٹانوں میں ہو کر تیز اور پر شور موجوں کا سکڑنا' سمٹنا: پھیلنا اور آگے بڑھنا وجد میں لاتا ہے۔ دیودار کے جھنڈ کے جھنڈ کہہ رہے ہیں کہ ہماری طرح تم بھی آسمان سے باتیں کرو۔ دریا کے کنارے دور تک خودرو پھول' رنگ اور خوشبو پھیلاتے ہیں یہ نظارے دیکھ کر محسوس ہوتا ہے کہ جسم اور روح دونوں نے غسل کیا ہے۔ ذہن سے سارا زنگ دور ہو جاتا ہے فطرت کا یہ حُسن زندگی کا ایک نیا عرفان عطا کرتا ہے۔''[۲۴]

سرورؔ نے اپنی زندگی میں جن دو شخصیات سے رہبری ورہنمائی حاصل کی وہ رشید احمد صدیقی اور ذاکر حسین ہیں۔ سرور کہتے ہیں کہ رشید صاحب سے اُنہیں ہمدردی اور ادبی بصیرت ملی جبکہ ذاکر صاحب سے زندگی کو بامعنی بنانے اور روشن خیالی کو عام کرنے کا جذبہ ملا۔ اور ذاکر صاحب سے اُنہیں زندگی' تعلیم' تہذیب' علم وادب کے اسرار ورموز کا علم ہوا۔ سرور نے رشید احمد صدیقی اور ذاکر صاحب کے علاوہ جن شخصیات سے اپنی ملاقاتوں کا ذکر کیا ہے۔ اُن میں ڈاکٹر ضیاء الدین' پروفیسر ابوبکر احمد حلیم' پروفیسر محمد حبیب' خواجہ غلام السیدین' ڈاکٹر ظفر الحسن' میاں محمد شریف' حیدر خان' امتیاز علی خان عرشی' واجد علی خان اشکؔ' کیلاش چندر' حسن عادل' خلیل اللہ قریشی' احمد رضا خان' حفیظ اللہ' صدیق علی خان' آنند نارائن ملا' اثر لکھنوی' سعود عبدالاحد خان خلیل' اچاریہ نریندر دیو' احسن فاروقی' رشید جہاں' چیلاپتی راؤ' ڈی۔ پی مکرجی' ویربہادر' دیوکی پانڈے' صدیق حسن' نیاز فتح پوری' ڈاکٹر نسیم صبیحی' ڈاکٹر زین العابدین قدوائی' شیام کشن نارائن' اختر اورینوی وغیرہ ہیں۔ ان شخصیات سے یادیں اور ملاقاتیں بیان کرتے ہوئے سرور نے اپنی

آپ بیتی کو اپنے دور کی ادبی تاریخ بنا دیا۔

سرور ایک اچھے شاعر رہے ہیں وہ زمانہ طالب علمی سے ہی شعر کہنے لگے تھے۔ اپنی شعری واردات کا تذکرہ کرتے ہوئے سرور لکھتے ہیں:

''شعر میں برابر کہتا رہا ہوں۔کوئی کیفیت' کوئی تجربہ' کوئی منظر' کوئی چہرہ' کوئی تضاد مجھے ایک اور عالم میں لے جاتا۔ پھر کوئی مصرع ذہن کے نہاں خانے سے ابھرتا ہے۔ کبھی پہلا مصرعہ کبھی دوسرا۔ اگر یہ محسوس ہوتا ہے کہ بات بن گئی تو پھر سلسلہ آگے چلتا ہے ورنہ نہیں۔ ایک شعر کے بعد ہی کاغذ قلم کی پھر ضرورت ہوتی ہے۔ ورنہ شعر کچھ دیر کے بعد ذہن سے محو ہو جاتا ہے۔ کاغذ پر نقش اول تیار کرنے کے بعد اُسے علحدہ رکھ دیتا ہوں اور پھر کچھ وقفے کے بعد جو لکھا ہے اُس پر تنقیدی نظر ڈالتا ہوں۔ کبھی خاص ترمیم ہوتی ہے کبھی زیادہ نہیں۔''[۲۵]

سرورؔ نے اپنی شعری واردات کی کیفیت بیان کرنے کے بعد ادب میں تنقید کی اہمیت اور افادیت بیان کی۔ وہ شاعری کیلئے تنقیدی شعور کو ضروری قرار دیتے ہیں۔ سرور کہتے ہیں کہ شاعری پر بہت تنقید ہو چکی ہے نثر میں تنقید کا سرمایہ کم ہے۔ اس ضمن میں وہ لکھتے ہیں:

''متمدن انسان کے زیادہ تر کام اب نثر انجام دیتی ہے اس لئے نقاد کو شاعری کی تنقید کے علاوہ نثر کی تنقید خصوصاً فکشن کی تنقید پر بھی پوری توجہ دینی چاہئے۔ اس بات کی ضرورت بہر حال ہے کہ نثر پر تنقید کی لے بڑھے کیونکہ ہماری نثر اب ایسی گئی گزری نہیں رہی۔ افسانے اور ناول میں اس نے نمایاں ترقی کی ہے۔ انشائیہ' سوانح نگاری' خود نوشت' طنز و مزاح' سفرناموں' مکاتیب کا ایک قابل قدر سرمایہ آج ہماری نثر میں موجود ہے۔ تنقید اس طرف اور توجہ کرے تو تخلیقی نثر کا معیار بہتر ہوگا۔ اس تنقید کے سامنے مشرق و مغرب کے سارے معیار ہونے چاہئیں۔ میں مقامی احساس کے ساتھ عالمی تناظر کا بھی قائل ہوں۔''[۲۶]

سرور نے شاعری اور تنقید پر اپنے خیالات پیش کرنے کے بعد ہندوستان کی ترقی کا جائزہ لیا ہے۔ اور لکھا کہ ہندوستان زراعت اور سائنس و ٹکنالوجی کے میدان میں ترقی کر رہا ہے تاہم اُنہیں

خواندگی کی کم شرح اور غربت اور بیماریوں پر قابو پانے میں ناکامی پر اظہار افسوس ہے۔ مذہب کی حقیقی روح پر زور دیتے ہوئے لکھتے ہیں کہ عبادات پر زور دیا جارہا ہے لیکن لوگوں کے معاملات صحیح نہیں ہیں۔ مشرق میں بھی مادہ پرستی بڑھ رہی ہے لوگ حق کیلئے لڑ رہے ہیں فرائض کو نظرانداز کررہے ہیں۔ سرور نے ایک ذمہ دار ہندوستانی شہری کی طرح ہندوستان کے عام آدمی کے طرز زندگی اور اس کے برتاؤ کا حال بیان کیا۔

اردو رسم الخط کی بقاء پر زور دیتے ہوئے سرور لکھتے ہیں کہ اردو زبان کو صرف اردو دوست ہی بچا سکتے ہیں۔ حکومت پر انحصار کرنا ٹھیک نہیں ہے۔ عمر کے ہر طبقے کے افراد کیلئے علحدہ ادب لکھا جانا چاہئے۔ مشاعرے اور کانفرنس اردو کو ترقی نہیں دے سکتے۔ اردو کی ترقی کیلئے اردو میں تعلیم' اردو میں کتابوں کی اشاعت اور جدید معلوماتی کتابوں کا اردو میں ترجمہ کرنا ضروری ہے۔ اپنے اسلامی عقیدہ کا اظہار کرتے ہوئے سرور لکھتے ہیں:

> ''میں مسلمان ہوں۔ اور مولانا آزاد کے الفاظ میں اسلام کے تیرہ سو سال کے سرمائے کا امین۔ میرا اسلامی تشخص میری روح کی ترجمانی کرتا ہے۔ اور میں ہندوستانی بھی ہوں۔ اور یہ ہندوستانیت بھی میری پہچان ہے۔ اسلام مجھے اس ہندوستانی قومیت سے نہیں روکتا بلکہ بقول مولانا آزاد'' اس میں میری رہنمائی کرتا ہے۔ یہ واقعہ ہے کہ مذہب مجھے اپنے خاندان اور ماحول سے ملا۔ مگر میرے ذاتی مطالعے اور تجربات نے اس بنیاد کو مستحکم کیا۔ توحید پر عقیدہ مساوات انسانی کی طرف لے جاتا ہے۔ خدا صرف رب المسلمین نہیں رب العالمین ہے رسول مقبول صلی اللہ علیہ وصلم کی سیرت کی جامعیت مجھے شروع سے متاثر کرتی رہی ہے۔ اسلام ترک دنیا نہیں سکھاتا یہ دنیا کا حق ادا کرنا سکھاتا ہے مگر دنیا کو آخرت کی کھیتی سمجھتا ہے۔''[۲۷]

سرورؔ نے اپنی آپ بیتی کے آخر میں اپنی بیماری اور بیٹے کے انتقال کا ذکر جذباتی انداز میں کیا ہے۔ ان کی آپ بیتی کا یہ سفر ۱۹۷۹ء تک محیط ہے۔ کتاب کے اختتام پر اپنا اور زندگی کا پیام دیتے ہوئے لکھتے ہیں:

> ''زمانہ اتنی تیزی سے بدل رہا ہے کہ میں اپنے آپ کو بہت پرانا محسوس کرنے لگا ہوں حالانکہ زندگی بھر نئے خیالات اور رجحانات سے خود آشنا ہونے اور

دوسروں کو روشناس کرانے کی کوشش کرتا رہا ہوں۔ میں نے عمر بھر چند قدروں کو عزیز رکھا ہے۔ ادب سے عشق کیا مناظر فطرت کے حسن سے جب موقع ملا دل و دماغ کو تازگی اور روشنی دیتا رہا میرا کسی سیاسی پارٹی سے تعلق نہیں رہا۔ لیکن اپنے وطن اور اُس کی مشترک تہذیب سے محبت کے ساتھ عالمی تناظر میں لوگوں اور چیزوں کو دیکھنے کی کوشش کرتا رہا۔ اس زمانے میں سب کچھ لینے اور کم سے کم دینے کا رجحان عام ہے اسکے برخلاف میرا مسلک یہ رہا کہ لینے کے ساتھ کچھ دے بھی سکوں۔" [۲۸]

آل احمد سرورؔ نے اپنی طویل سوانح میں بے شمار شخصیات کا ذکر کیا ہے۔ جن سے اُن کی ملاقاتیں رہی ہیں یا جنہوں نے سرور کو متاثر کیا۔ ان میں سیاست دان، ادیب، شاعر، دانشور سبھی ہیں۔ اس طویل فہرست میں لوگوں کے نام کچھ اسطرح ہیں پنڈت جواہر لال نہرو قائد اعظم، محمد علی جناح، مولانا ابوالکلام آزاد، سروجنی نائیڈو، ہردے ناتھ، پنڈت سندر لال، شیخ عبداللہ، مرزا افضل بیگ، بخشی غلام محمد، خواجہ غلام محمد، غلام محمد صادق، مولانا حفظ الرحمٰن، بہادر یار جنگ، آچاریہ نریندر دیو، اندرا گاندھی، پنڈت پنت، ڈاکٹر سمپور نانند، خان عبدالغفار خان، مولانا عبداللہ سندھی، غلام محمد، سر رار مسعود، ڈاکٹر ضیاء الدین، اے۔ بی۔ اے حلیم، ڈاکٹر ہادی حسن، احسن مارہروی، ڈاکٹر ذاکر حسین، کرنل زیدی، خواجہ غلام السیدین، اچاریہ نریندر دیو، ڈی۔ این مجمدار، رادھا کرشن، ڈاکٹر سید عبداللہ، جاوید اقبال، انا میری شمیل، عبدالرحمٰن بارکر، مولوی عبدالحق، صفی لکھنوی، میر محفوظ علی بدایونی، عبدالماجد دریابادی، قاضی عبدالغفار، سجاد حیدر یلدرم، سلیمان ندوی، کشن پرشاد کول، اصغر، جگر، حسرت موہانی، فانی، یاس یگانہ، جوش، جعفر علی خان، نیاز، اقبال سہیل، ڈاکٹر رشید جہاں، آئی۔ اے رچرڈس، اسٹفین اسپنڈر، شودھان سنگھ چوہان، بھگوتی چرن ورما وغیرہ شامل ہیں۔ ظاہر ہے سرور نے زندگی کے مختلف شعبۂ ہائے حیات سے تعلق رکھنے والی ان شخصیات سے ملاقات کرتے ہوئے ضرور کچھ نہ کچھ سیکھا ہوگا اور اُسے اپنے ذہن کے ذریعہ پیش کیا ہوگا۔ سرور کی یہ سوانح مختلف واقعات لوگوں کے بارے میں اظہار خیال، کئی معلومات اور انکشافات پر مبنی ہے۔

آل احمد سرور نے خودنوشت "خواب باقی ہیں" میں مختلف اشخاص و حالات کا تجزیہ وسعت نظر، فکر کی گہرائی، سلامت روی اور ژرف نگاہی سے کیا۔ وہ علامہ اقبال کے معترف اور مداح ہیں۔ ۱۹۴۷ء میں تقسیم ملک کے بعد بعض سیاسی وجوہات کی بناء اقبال کی شخصیت پس پردہ چلی گئی تھی۔ اُن کی بازیابی میں جن نقادوں اور دانشوروں نے اہم کردار ادا کیا اُن میں آل احمد سرور نمایاں ہیں۔ یہ حسن اتفاق تھا کہ انہیں

کشمیر یونیورسٹی میں اقبال انسٹی ٹیوٹ کی سربراہی کا موقع ملا۔ وہاں کام کرکے سرور نے اقبال کے ساتھ اپنی محبت عقیدت وارادت کا عملی ثبوت پیش کیا۔ سرور کی ایک اور پسندیدہ شخصیت مولانا ابوالکلام آزاد ہیں سرور نے اکثر اپنے مذہبی اور سیاسی افکار کی تشکیل میں مولانا آزاد کے قول وفعل سے روشنی حاصل کی ہے۔ سرور نے اپنی آپ بیتی میں اپنے شخصت کے توازن کا ثبوت دیا ہے۔ اور وہ کسی ایک نظریے کی تائید کے دوران دوسرے نظریے کی نفی کرتے دکھائی نہیں دیتے سرور کی شخصیت کے توازن کو پیش کرتے ہوئے ریاض الرحمٰن شروانی لکھتے ہیں:

''سرور صاحب کے مزاج اور شخصیت کا ایک قابل ذکر پہلو اُن کا عدل و توازن ہے۔ یہ توازن فکر تنقید' سیاست مذہب ہر باب میں نمایاں ہے۔ انہوں نے اپنی خودنوشت میں جہاں اردوادب کی ترقی پسند تحریک سے اپنی وابستگی کا ذکر کیا وہاں اُن کا یہ جوہر بخوبی واضح ہوتا ہے۔ مثلاً وہ سوشلزم کے قائل ہونے کے باوجود کمیونزم سے اپنے کو کبھی ہم آہنگ نہیں کر سکے۔ وہ مذہب کی روحانی طاقت اس کے اخلاقی مشن اور سیرت رسول ﷺ کے آفاقی پہلوؤں کے قائل ہونے کے باوجود مذہبی تنگ نظری سے ہمیشہ دور رہے۔ اور مسلکی اختلافات انہیں کبھی متاثر نہ کر سکے۔''[۲۹]

سرور کی سوانح میں جہاں اُن کی شخصیت کا توازن جھلکتا ہے وہیں اپنی ذات کی کمزوریوں کے اعتراف کی ان کی خوبی بھی اس سوانح میں جابجا اپنی جھلک دکھاتی ہے۔ انسان اپنی خودنمائی کا کوئی موقع ہاتھ سے جانے نہیں دیتا جبکہ کمزوریوں کا اعتراف بڑے دل کی بات ہے۔ اور اس سے کسی کی اخلاقی جرأت کا اظہار ہوتا ہے۔ سرور لکھتے ہیں:

''میری زندگی میں کوئی نظم وضبط نہیں ہے۔'' (خواب باقی ہیں ۷)

''میری زندگی منظّم اور مرتب نہیں ہے۔'' (۳۵۸)

''میں بعض معاملات میں بہت سست واقع ہوا ہوں۔'' (۳۱۳)

''میری ایک کمزوری یہ ہے کہ کبھی کبھار بغیر نوٹس دئے کچھ کھو جاتا ہوں۔'' (۱۵۵)

سرور کی سوانح چونکہ خودنوشت ہے۔ اس لئے انہوں نے کتاب میں جابجا واحد متکلم کا صیغہ میں یا میرا استعمال کیا ہے۔ اوپر کے جملوں سے یہ پہلو عیاں ہوتا ہے سرور کی خودنوشت میں ''میں'' کی تکرار پر تبصرہ کرتے ہوئے ریاض الرحمٰن شیروانی لکھتے ہیں:

''خودنوشت سوانح عمری میں ''میں'' کی تکرار ناگزیر ہے۔تاہم خواب باقی ہیں میں بعض مقامات پر ایسا محسوس ہوتا ہے کہ اس ''میں'' کی لے ضرورت سے زیادہ تیز ہوگئی ہے۔ یہ احساس سب سے بڑھ کر سرور صاحب کی علی گڑھ مسلم یونیورسٹی کی ملازمت کے دوسرے دور کے احوال میں ہوتا ہے یہ صحیح ہے کہ اس زمانے میں سرور صاحب' ذاکر صاحب اور زیدی صاحب کے بہت قریب رہے۔ اور یہ دونوں یونیورسٹی کے مسائل میں اُن سے یقیناً مشورہ کرتے ہوں گے۔ پھر بھی انہوں نے بعض اہم فیصلوں کا کریڈٹ لینے کی کوشش کی ہے''۔[۳۰]

آل احمد سرورؔ نے اپنی آپ بیتی میں اپنے خیالات زندگی' اہم واقعات مختلف شخصیات کے بیان کے علاوہ جن موضوعات پر اظہار خیال کیا ہے اُن میں شاعری' تنقید و تخلیق' ملک کی ترقی و پسماندگی' ہندوستانی زبانوں کا ادب' اردو کی ضرورتیں' اسلام' مسلمان اور مسلم پرسنل لاء' ہندوستان کی صورتحال' تعلیمی مسائل' سیاسی پارٹیاں' سماجی حالات وغیرہ شامل ہیں۔

خواب باقی ہیں کا اسلوب:

آل احمد سرور نے اپنی خودنوشت میں بیانیہ انداز میں حالات و واقعات پیش کئے ہیں۔اور حقیقت بھی یہ ہے کہ سوانح نگاری بیانیہ صنف ہے۔ اس میں ہر جگہ انشائیت ممکن نہیں۔ اسلئے اس کتاب کے بیشتر صفحات سیر بین کی حیثیت رکھتے ہیں۔لیکن سرور نے مناظر قدرت کے بیان اور بعض واقعات کو دلچسپ انداز میں پیش کرتے ہوئے اس سوانح عمری کو ادب لطیف کا نمونہ بنادیا اور قاری اس کتاب کے مطالعے سے اکتاہٹ محسوس نہیں کرتا۔ پہلگام کے خوبصورت مناظر کا ذکر کرتے ہوئے سرور لکھتے ہیں:

''دریائے سندھ کے شور اور دونوں طرف اونچے کالے پہاڑوں کو دیکھ کر خاصا ڈرلگا۔ بارش تیز ہورہی تھی اس عالم میں سونامرگ کی سرسبز و شاداب وادی نظر آئی۔جس کے بیچوں بیچ دریائے سندھ بالکل ایک سانپ کی طرح لہرارہا تھا۔'' [۳۱]

سرور نے قدرتی مناظر کے بیان کے علاوہ اپنی شخصیت کی تجزیہ نگاری کے دوران دلچسپ اسلوب اختیار کیا ہے۔ واقعات کے بیان کے وقت اُن کا اسلوب رواں ہوجاتا ہے۔ سرور کی آپ بیتی

میں ایک ناول کا سا احساس پایا جاتا ہے۔ ناول میں واقعات اور کرداروں کے سہارے زندگی کا بیان ہوتا ہے۔ اس سوانح عمری میں سرور کے علاوہ دیگر شخصیات کا بیان واقعات کے ذریعہ ہوا ہے۔ اسطرح کی آپ بیتی کو ایک دلچسپ ناول بھی کہا جاسکتا ہے۔ سرور نے اپنے اسلوب کے دوران کچھ تجربے بھی کئے ہیں بعض انگریزی محاوروں کا اردو میں ترجمہ کیا ہے۔ جیسے ''مگر یہاں اپنی کشتیاں جلا چکے تھے (۱۴۶)۔ نئی تراکیب کا استعمال کیا ہے جیسے ٹاٹ باہر کرنا وغیرہ۔ بعض الفاظ کی تذکر و تانیث میں بھی سرور نے نئی طرز اختیار کی۔

سرور نے اپنی آپ بیتی میں خود کو دوسروں کی نظر سے اور دوسروں کو اپنی نظر سے دیکھنے کی کوشش کی ہے۔ ایسا لگتا ہے کہ ''خواب باقی ہیں'' میں سرور نے زندگی کی شام میں اپنا عکس دوسروں ہی کی نظروں سے دکھانے کی کوشش کی ہے۔ یہ خودنوشت تقسیم ہند سے پہلے کے دور بعد کے واقعات کے درمیان ایک اہم پل ہے۔ اس خودنوشت میں ہندوستان کی تہذیب' جغرافیہ' معاشیات' ثقافت' علم و ادب سبھی سما گئے ہیں۔

سروؔر نے اپنی آپ بیتی کا عنوان ''خواب باقی ہیں'' رکھا ہے لیکن اُن کے حالات پڑھنے سے اندازہ ہوتا ہے کہ ان کے خوابوں کی تکمیل ہو چکی ہے۔ لیکن انسانی خواہشات کا سلسلہ لامتناہی ہوتا ہے اور ان خواہشات کی تان موت پر ہی ٹوٹتی ہے۔ عمر کے آخری پڑاؤ میں نہایت دھیمے انداز میں اپنی خواہشات کا تذکرہ کرتے ہوئے لکھتے ہیں:

> ''عمر کی اس منزل میں بھی ابھی مجھ میں جینے کا ولولہ' کچھ کام کر جانے کا ارمان' کوئی اچھی نئی کتاب پڑھنے کا شوق' دنیا کی نیرنگیوں سے زندگی سے حُسن سے دلچسپی باقی ہے۔ برسات میں شام کی شفق اب بھی نظر میں رنگ بھر دیتی ہے ہرے ہرے کھیتوں کی ہریالی اب بھی آنکھوں کو جو تازگی بخشتی ہے۔ مجھ کو چمن میں چڑیوں کا چہچہانا بہت اچھا لگتا ہے۔ اچھی صورت پر نظر ٹھہر جاتی ہے کوئی پرانا دوست مل جاتا ہے تو محسوس ہوتا ہے کہ جوانی لوٹ آئی۔ ٹھنڈا پانی' اچھی چائے' مزیدار پان' کریلے' کباب' رساول کا لطف اب بھی یاد رہتا ہے۔ کوئی مزے کا فقرہ' کوئی اچھا شعر اب وجد کی کیفیت پیدا کرتا ہے۔ میرا حافظہ ایک زمانے میں بہت اچھا تھا۔ اب وہ بات نہیں رہی۔ روز آنہ کوئی نہ کوئی بات بھول جاتا ہوں۔ شکر ہے کہ تھوڑی بہت یاد رہ جاتی ہے۔ خدا کا شکر ہے کہ میں کسی کا محتاج نہیں ہوں۔ اپنے بچوں کا بھی نہیں ٹھاٹ باٹ کی زندگی مجھے

پسند نہیں۔صاف ستھری سیدھی سادی زندگی گذارنا ہی میرا شعار ہے۔''[۳۲]

سرؔور نے جس انداز میں اپنی زندگی اور پسند ناپسند کا محاکمہ کیا ہے۔اس سے اُنکی سوانح عمری کے نام''خواب باقی ہیں'' کی معنویت اُجاگر ہوتی ہے۔سرؔور نے ۱۹۸۶ء میں زندگی کے پچھتر سال مکمل ہونے پر ایک نظم کہی تھی جس سے اُن کی زندگی کے سفر کا اندازہ ہوتا ہے سرور لکھتے ہیں:

''پچھتر ۷۵ سال گزرے آج دنیا میں مجھے آئے
نظر کا شعلہ مدھم ہے لہو کا رقص دھیما ہے
قدم بھی سست ہیں سائے بھی لمبے ہوتے جاتے ہیں
صدا کوئی کسی کوہِ ندا سے جانے کب آئے
نفس کا آرزو کا کھیل' کب خاموش ہوجائے
بہت دیکھا' بہت سوچا' بہت چاہا' بہت پایا
نظر شاداب ہے آباد ہے' دل فکرروشن ہے
سہارا کتنے خوابوں کا ' دلاسا کتنی یادوں کا
مرے پھولوں کی خوشبو' میری کلیوں کی جگرداری
مری سی وفا' سعی جنوں' سعی حنا بندی
ہزاروں خواب ہیں پامال لیکن خواب باقی ہیں
اجالوں کا سفر جاری رہے گا میری کرنوں سے
ستارے ماند ہوتے ہیں تو سورج بھی تو اُگتے ہیں
یہ سائے میرا کیا لیں گے قبا ہی تو چرالیں گے
سوادِ شام میں گھل کر' کسی تارے سے مل جل کر
لکیریں روشنی کی کچھ نئے جادو جگائیں گی
نئے خوابوں نئی سعی جنوں کو جگمگائیں گی

سری نگر ۹ ستمبر ۱۹۸۶ء ۔[۳۳]

آل احمد سرور نے اپنی خودنوشت سوانح ۱۹۹۹ء میں مکمل کر لی تھی۔جبکہ ان کی عمر ۸۷ سال تھی اس کے تین سال بعد ۲۰۰۲ء میں اُن کا انتقال ہوا۔اس طرح انہوں نے اپنی تقریباً زندگی اور اس کے مشاہدات کا احاطہ اس کتاب میں کر دیا۔ایک طویل عمر پانے کے بعد لوگ موت کے منتظر رہتے ہیں۔اُن میں خواب

دیکھنے کی آرزو نہیں رہتی۔آدمی خواب دیکھنا چھوڑ دیتا ہے اس سے زندگی گذارنے کا ولولہ بھی چھن جاتا ہے۔ سرور صاحب اس حوصلے اور ولولے سے کبھی محروم نہیں ہوئے۔شائد اُن کی طویل عمری کا ایک سبب یہ بھی ہو۔سرور نے کتاب کے آخر میں یہ بھی شکائت کی کہ زندگی میں اُن کی اتنی قدر شناسی نہیں ہوئی۔جس کے وہ مستحق تھے۔خاص طور سے اُن کی شاعری کو زیادہ سراہا نہیں گیا۔سرور کی طرح اردو کے کئی ادیبوں کو یہ شکایت رہی کہ زندگی میں اُن کی قدردانی نہیں ہوئی۔میرؔ نے اپنے دیوان کے بارے میں کہا تھا:

جانے کا نہیں شور سخن کا مرے ہرگز
تا حشر جہاں میں میرا دیوان رہے گا

اردو کے معتبر نقاد و شاعر پروفیسر مغنی تبسم کہتے ہیں۔

کل مرے لفظوں میں مرے جان رہے گی
دنیا یہ دیکھے گی تو حیران رہے گی

اردو کے شعرا اور ادیب اپنی ناقدری کا شکوہ کرتے رہے۔اور اردو والوں کا عالم یہ ہے کہ زندگی میں کسی نامور ادیب وشاعر کی خیریت تک نہیں پوچھتے اور مرنے کے بعد اُس کے تعزیتی اجلاس منعقد کرتے ہوئے اُسے اردو کا نامور ادیب وشاعر قرار دیتے ہیں۔آج سرور ہم میں نہیں لیکن اُن کی آپ بیتی ''خواب باقی ہیں'' کی شکل میں اُن کے سوانحی حالات لوگوں کو کام کرنے کا حوصلہ بخشتے ہیں۔اور اُن کی تحریریں ادب شناسی اور تحسین ادب میں ہماری معاونت کر رہی ہیں۔آل احمد سرور اپنی ذات میں ایک ایسی انجمن تھے جس کی بساط اُن کی یادوں اور اُن کے حسن کے ذریعہ ایک عرصے تک شمع اردو کے پروانوں کو روشنی دیتی رہے گی۔سرور کے بارے میں یہی کہا جاسکتا ہے کہ

جانے والے کبھی نہیں آتے
جانے والوں کی یاد آتی ہے

☆☆☆☆☆

حوالے

۱۔ مشمولہ۔اردو ادب میں خاکہ نگاری۔صابرہ سعیدہ ۷۶
۲۔ گیان چند جین پروفیسر۔مشمولہ پروفیسر آل احمد سرور شخصیت اور ادبی خدمات کتاب نما کا خصوصی شمارہ۔مرتبہ خلیق انجم دہلی ۱۹۹۲ء۔ ۸
۳۔ مرزا اکبر علی بیگ۔عزیز مرزا۔شخصیت حیات اور کارنامے۔ ۶ حیدر آباد ۱۹۸۸ء
۴۔ صابر سعید۔اردو ادب میں خاکہ نگاری۔۷۷ تا ۷۹
۵۔ آل احمد سرور۔خواب باقی ہیں ۷۔۸ علی گڑھ ۲۰۰۰ء
۶۔ گیان چند جین پروفیسر۔ پروفیسر آل احمد سرور شخصیت اور ادبی خدمات' کتاب نما کا خصوصی شمارہ۔۸ دہلی۔ دسمبر ۱۹۹۲ء
۷۔ آل احمد سرور۔خواب باقی ہیں۔۶
۸۔ گیان چند جین پروفیسر مشمولہ' پروفیسر آل احمد سرور شخصیت اور فن۔کتاب نما۔۹
۹۔ شافع قدوائی۔مشمولہ پروفیسر آل احمد سرور شخصیت اور فن۔کتاب نما۔۲۴
۱۰۔ خلیق انجم۔مشمولہ پروفیسر آل احمد سرور شخصیت اور حق۔کتاب نما۔۳۰
۱۱۔ آل احمد سرور۔خواب باقی ہیں۔۱۷
۱۲۔ آل احمد سرور۔ خواب باقی ہیں۔ ۲۳
۱۳۔ آل احمد سرور۔خواب باقی ہیں۔۵۴
۱۴۔ آل احمد سرور۔خواب باقی ہیں۔۷۰
۱۵۔ آل احمد سرور۔حواب باقی ہیں۔ ۸۷۔ ۸۸
۱۶۔ آل احمد سرور۔خواب باقی ہیں۔ ۱۱۵
۱۷۔ آل احمد سرور۔خواب باقی ہیں۔ ۱۶۲
۱۸۔ آل احمد سرور۔خواب باقی ہیں۔ ۱۶۳۔۱۶۴
۱۹۔ آل احمد سرور۔خواب باقی ہیں۔ ۲۰۳
۲۰۔ آل احمد سرور۔خواب باقی ہیں۔ ۲۲۳
۲۱۔ آل احمد سرور۔خواب باقی ہیں۔ ۲۶۵

۲۲ آل احمد سرور۔خواب باقی ہیں۔ ۲۸۸
۲۳ آل احمد سرور۔خواب باقی ہیں۔ ۲۹۱
۲۴ آل احمد سرور۔خواب باقی ہیں۔ ۲۹۷
۲۵ آل احمد سرور۔خواب باقی ہیں۔ ۳۳۱۔۳۳۲
۲۶ آل احمد سرور۔خواب باقی ہیں۔ ۳۳۴
۲۷ آل احمد سرور۔خواب باقی ہیں۔ ۳۴۱
۲۸ آل احمد سرور۔خواب باقی ہیں۔ ۳۷۳
۲۹ ریاض الرحمٰن شیروانی۔فکر نظر سرور۔ ۱۶۹
۳۰ ریاض الرحمٰن شیروانی۔فکرونظر۔سرور۔ ۱۷۱
۳۱ آل احمد سرور۔خواب باقی ہیں۔ ۵۵۔۵۶
۳۲ آل احمد سرور۔خواب باقی ہیں۔ ۳۵۴۔۳۵۵
۳۳ آل احمد سرور۔خواب باقی ہیں۔ ۳۵۶

ساتواں باب

آل احمد سرور بہ حیثیت شاعر

آل احمد سرور ایک بلند پایہ نقاد کے علاوہ اچھے شاعر بھی تھے۔ان کی شاعری کے چار مجموعے ۱)سلسبیل(۱۹۳۵ء) ۲) ذوق جنوں(۱۹۵۵ء) ۳) خواب اور خلش (۱۹۹۱ء)اور ۴)''لفظ''۲۰۰۶ء میں شائع ہوئے۔آل احمد سرور کی شاعری کے جائزے سے قبل دیکھیں کہ شاعری کیا ہے۔شاعر کسے کہتے ہیں۔شاعری کے لوازم کیا ہیں اور اردو میں شاعری کی کیا روایت ہے۔

شاعر اور شاعری:۔

شاعری میں بنیادی طور پر کسی خیال کو تنظیم الفاظ کے ساتھ بحر اور وزن کا خیال رکھتے ہوئے پیش کیا جاتا ہے۔شاعری دراصل ایک خداداد صلاحیت ہے۔قدرت نے جس شخص کی فطرت میں موزونئ طبع رکھی ہے وہ خود بہ خود شعر گنگنانے لگتا ہے۔وہ شاعری کے لئے کسی مکتب میں داخلہ نہیں لیتا۔اور نہ ہی بحر اور وزن کا حساب کتاب سیکھتا ہے۔اپنے مطالعہ اور مشاہدہ سے وہ ضرور اپنے فن کو نکھار سکتا ہے۔ایک شاعر اور غیر شاعر میں واضح فرق پایا جاتا ہے۔اس فرق کو واضح کرتے ہوئے صالحہ عابد حسین لکھتی ہیں کہ :

''ہمارے ہاں جوشخص ایک اچھا سا تخلص رکھ لے کچھ تک بندی کر سکے یا پر
انے شاعروں کے کلام میں کچھ ردو بدل کر کے اسے اپنا سکے۔عام طور پر لوگ
اُسے شاعر مان لیتے ہیں ۔ یہ اہل ذوق ہیں جو شاعر اور نا شاعر میں تمیز کر
سکتے ہیں۔لیکن کیا شاعر بن جانا ایسا آسان ہے؟نہیں تخیل کی تیزی' نظر کی با
ریکی' حسن اور تناسب کی پرکھ احساس کی شدت' خصوصاً محبت اور خودی کے
جذبات کی فراوانی' ان اجزاء کی ترکیب سے شاعر بنتا ہے اگر کسی انسان میں
یہ ساری کی ساری خصوصیات بہ یک وقت موجود نہیں تو وہ اور سب کچھ ہوسکتا
ہے مگر شاعر نہیں ہوسکتا۔اس کے لئے ان خصوصیات کا ہونا لازمی ہے۔اور
شاعر و متشاعر میں ہم اسی وقت فرق کر سکتے ہیں''[1]

شاعری کا تعلق انسانی جذبات سے ہے۔اگر انسان میں خوشی اور غم' محبت یا نفرت یا کسی قسم کا جذ
بہ پیدا نہ ہو اور نہ ہی اظہار خیال کی چاہت ہو تو وہ شاعری نہیں کر سکتا۔شاعری دراصل جذبات کی دل
آویز موسیقی ہے۔احساسات کی حسین مصوری ہے۔شاعری کا تعلق جذبات کے علاوہ شعور اور ادراک
سے بھی ہے۔اردو میں اپنی تنقیدی کتاب ''مقدمہ شعر وشاعری'' کے ذریعہ باضابطہ تنقید نگاری کا آغاز کر
نے والے الطاف حسین حالؔی شاعری کے لئے موزونی طبع کو ضروری قرار دیتے ہیں۔حالؔی لکھتے ہیں۔

''ہمارے ملک میں فی زمانہ شاعری کے لئے صرف ایک شرط یعنی موزوں طبع
ہونا درکار ہے۔جوشخص چند سیدھی سادھی متعارف بحروں میں کلام موزوں کر
سکتا ہے گویا اُس کے شاعر بننے کے لئے کوئی حالت منتظر باقی نہیں رہتی ۔
معمولی مضامین' معمولی تشبیہوں اور استعاروں کا کسی قدر ذخیرہ اُس کے لئے
موجود ہی ہے جس کو متعدد صدیوں سے لوگ دہراتے چلے آتے ہیں اور
اتفاق سے وہ موزوں طبع بھی ہے۔اب اس کے لئے اور کیا چاہیے۔مگر فی
الحقیقت شعر کا پایہ اس سے بہ مراتب بلند ہے''[2]

حالؔی شعر کے لئے وزن اور قافیہ کو لازمی قرار دیتے ہیں۔اور شاعری کے لئے تخیل' کائنات کا مطا
لعہ اور تفحص الفاظ کو ضروری شرطیں قرار دیتے ہیں۔ادب سماج کا آئینہ دار ہوتا ہے۔اس لئے وہ شاعری
کو بھی سوسائٹی کے تابع قرار دیتے ہیں۔اُن کے مطابق جیسی سوسائٹی ہوگی وہاں ویسے شاعر وجود میں
آئیں گے۔تاہم غالبؔ اور اقبالؔ جیسے شعراء کے کلام کے مطالعہ سے یہ کہا جاسکتا ہے کہ شاعری ایک

وجدانی کیفیت بھی ہے جو سماج اور سوسائٹی سے پرے اپنا ایک الگ ہی رنگ رکھتی ہے۔اس خیال کی تائید کرتے ہوئے صالحہ عابد حسین ڈاکٹر عابد حسین کے حوالے سے لکھتی ہیں:

> ''اگر زمانہ انتشار کا ہے۔معاشرت کا شیرازہ بکھر چکا ہے۔فرد کا رشتہ جماعت سے ٹوٹ گیا ہے۔سب اپنے اپنے حال اور اپنی اپنی فکر میں ہیں تو شاعر بھی باہر کی دنیا سے آنکھ بند کر کے اندر کی دنیا میں ڈوب جاتا ہے۔اس کا تخیل اور اس کا مشاہدہ نفس کے دائرے کو اپنی جولانی کے لئے تنگ پاتا ہے تو اس واردات کو جو اس کے قلب پر گذرتی ہے بڑھا چڑھا کر بیان کرتا ہے اور اس میں نئی نئی باریکیاں پیدا کرتا ہے یہاں تک کہ مشاہدے کی قید ہی ٹوٹ جاتی ہے محض خیال کے جادو سے وہ ایک طلسم حیات باندھتا ہے۔اور اس میں مگن رہتا ہے۔اس کی نظریں حسن اور تناسب کو ڈھونڈتی ہیں۔مگر عالم فطرت اور عالم معاشرت کے طرف آنکھ اُٹھا کر بھی نہیں دیکھتا۔بلکہ اپنے مذاق کے مطابق ایک خیالی پیکر حسن تراشتا ہے''[۳]

شاعر کی اس وجدانی کیفیت سے قطع نظر ہر زمانے میں چھوٹے بڑے شاعر پیدا ہوتے رہے ہیں۔شاعری ایک قسم کی نقالی بھی ہے۔فنون لطیفہ کی اقسام شاعری۔مصوری، سنگتراشی، رقص، موسیقی وغیرہ میں فنکار اظہار کے وسیلے سے جو خیال پیش کرتے ہیں وہ ایک قسم کی نقل ہوتے ہیں جبکہ اُن کے فن کا نقش اوّل قدرت اور فطرت ہے جس کے فیضان اور مطالعہ سے فنکار اپنا نقش ثانی پیش کرتے ہیں۔شاعری میں مواد ہئیت اور موضوع سے بحث رہتی ہے۔

اردو شاعری کی روایت

شاعر اور شاعری کے بارے میں بحث کے بعد شاعری کی تاریخ پر نظر ڈالیں تو پتہ چلتا ہے کہ انسان میں ابتدائے آفرینش سے ہی موزونی طبع رہی ہے۔اور وہ اپنے خیالات کی ترسیل کے لئے اظہار کا کوئی نہ کوئی سانچہ اختیار کرتا رہا۔دنیا میں زبانیں وجود میں آئیں۔بیشتر زبانوں میں پہلے شاعری ہوئی۔بعد میں علم و ادب تخلیق کیا گیا۔عربی اور فارسی زبانوں میں شاعری کی روایات قدیم اور مستحکم ہیں۔عرب شعرا فصاحت و بلاغت میں مشہور تھے۔سبعہ معلقہ کا شاعر امراء القیس مشہور عرب شاعر تھا۔جنگ کے زمانے میں عرب شعراء سپاہیوں کا حوصلہ بڑھانے کے لئے رزمیہ شاعری کرتے تھے۔فارسی میں حافظ اور

رومی مشہور شاعر تھے۔اردو شاعری عربی اور فارسی کے اثر سے شروع ہوئی۔محمد قلی قطب شاہ ولیؔ، میرؔ، غالبؔ، مومنؔ، ذوقؔ، ظفرؔ، مصحفیؔ، آتشؔ، ناسخؔ، انیسؔ، سوداؔ، دردؔ، جگرؔ، جوشؔ، فراقؔ، حالیؔ، اقبالؔ، ناصر کاظمیؔ، فیضؔ وغیرہ اردو کے نامور شعراء گذرے ہیں۔ ہر زمانے میں اردو شاعری نے کسی نہ کسی تحریک سے اثر قبول کیا۔ ابتداء میں اردو شاعری میں عربی فارسی شاعری کے موضوعات کی تکرار رہی عشق، تصوف، ہجر و وصال، غم جاناں، غم دوراں، کے بیان کے بعد جب زندگی مسائل سے دوچار ہوئی تو شاعری میں بھی روز مرہ زندگی کے مسائل پیش ہوئے۔ادب برائے ادب اور ادب برائے زندگی کا نظریہ شاعری میں بھی بڑھتا گیا۔ ۱۹۳۶ء میں شروع ہوئی ترقی پسند تحریک نے اردو شاعری کو خارجیت، روح عصر، سماجی ادراک اور نیا ذہن عطا کیا۔فیضؔ، مخدومؔ، سردار جعفری، مجروح سلطانپوری، کیفی اعظمی اور اختر الایمان وغیرہ نے اپنی شاعری کے ذریعہ سماجی اور معاشرتی زندگی کے نئے تقاضوں کو اُجاگر کیا۔اور شعر و ادب کو انقلابی تصورات سے روشناس کرایا۔ ۱۹۴۷ء میں ہوئے تقسیم ہند کے ہنگاموں نے اردو شعرا اور شاعری دونوں کو متاثر کیا۔تقسیم، فسادات اور ہجرت کے موضوعات پر اثر انگیز شاعری کی گئی۔ ۱۹۶۰ء کے بعد اردو شاعری میں جدیدیت اور مابعد جدیدیت جیسے رجحانات نے جگہ پائی۔موضوعات کے علاوہ شاعری کی ہئیت میں نئے تجربے ہوئے۔آج اردو شاعری دنیا کے دیگر زبانوں کے شعر و ادب کے ہم پلہ قرار دی جاسکتی ہے۔شاعری کا فن اور اردو شاعری کی روایت پر ایک نظر ڈالنے کے بعد دیکھا جائے گا کہ سرور کی شاعری کن کیفیتوں کا اظہار کرتی ہے۔

آل احمد سرور کی شاعری کا آغاز

سرور کو اسکول کے زمانے سے ہی شاعری کا ذوق ہو گیا تھا۔انہیں علمی اور ادبی ماحول ملا تھا۔وہ اپنے وطن بدایوں میں مختلف عرسوں اور محفلوں میں شرکت کرتے تھے۔ ۱۹۲۵ء میں وہ گورنمنٹ ہائی اسکول غازی پور کی ساتویں جماعت میں تھے۔ایک دن جماعت میں استاد کے آنے میں تاخیر ہوئی تو اُن کے ایک ہم جماعت نے بورڈ پر اقبال کی نظم ''حقیقت حسن'' لکھی جو اس طرح شروع ہوتی تھی ۔

خدا سے حسن نے اک روز یہ سوال کیا
جہاں میں کیوں نہ مجھے تو نے لازوال کیا

سرور کو یہ نظم بہت پسند آئی۔اور انہیں زبانی یاد ہو گئی۔اس زمانے میں اقبال کی ''بانگ درا'' نئی نئی شائع ہوئی تھی۔ سرور نے ''بانگ درا'' مکمل پڑھ ڈالی اور اس میں شامل کئی نظمیں یاد کر لیں۔اور وہ بچپن

ہی سے اقبال کے گرویدہ ہوگئے۔ اکثر تنہائی میں وہ نظمیں گنگنایا کرتے تھے۔ کچھ ہی دن بعد باقیات فانؔی شائع ہوئی۔ سرور کو فانؔی کی غزلیں بہت پسند آئیں۔ اور اقبال کی طرح فانؔی بھی اُن کے محبوب شاعر بن گئے۔ میرؔ و غالبؔ کو اُنہوں نے بعد میں پڑھا۔ جب سرور سینٹ جانسن کالج آگرہ میں انٹرمیڈیٹ کے طالب علم تھے اس زمانے میں اُن کی دو تین غزلیں اور نظمیں کالج میگزین میں شائع ہوئیں کالج میگزین ''شفق'' کے نام سے نکلتا تھا۔ حامد حسن قادری اُس کے ایڈیٹر تھے۔ سرور نے اُسی زمانے میں ''تاج محل'' کے عنوان سے ایک نظم لکھی تھی۔ جو اسی میگزین میں شائع ہوئی۔ یہ غالباً ۱۹۳۹ء کی بات ہے۔ جہاں تک شاعری میں اصلاح کا معاملہ سرور نے کسی کی شاگردی اختیار نہیں کی۔ ابتداء میں چند ایک غزلیں انہو ں نے بدایوں کے ایک بزرگ اور جید عالم مولوی یعقوب بخش راغبؔ بدایونی کو دکھائی تھیں۔ یہ علی گڈھ میں دینیات کے استاد تھے۔ اور شاعری کے فن پر عبور رکھتے تھے۔ سرور نے مولانا محمد علی کے انتقال پر ایک مرثیہ لکھا تھا جسے انہوں نے مولانا ضیاء احمد صاحب بدایونی کو دکھایا تھا۔ لکھنو کے زمانہ قیام میں اثر صاحب سے بھی استفادہ حاصل کیا۔ سرور بزرگوں سے کبھی کبھی مشورے لیا کرتے تھے۔ لیکن شاعری کے لئے مسلسل کسی استاد سے انہوں نے اصلاح نہیں لی۔ سرور کو بچپن میں افسر میرٹھی کی شاعری بھی بے حد پسند تھی۔

''سلسبیل''، مجموعہ کی شاعت :-

ایم۔اے سال اوّل کے امتحانات کے بعد سرور اپنے دوستوں کے ہمراہ کشمیر کی سیر و سیاحت کو گئے تھے۔ وہاں کے قدرتی مناظر سے متاثر ہو کر اُنہوں نے کئی نظمیں لکھیں۔ یہ نظمیں اور اُن کا دیگر کلام اُن کے پہلے شعری مجموعہ ''سلسبیل''، میں شامل ہے۔ ۱۱۲ صفحات پر مشتمل یہ مجموعہ ۱۹۳۵ء میں انجمن اردوئے معلیٰ مسلم یونیورسٹی علی گڑھ سے شائع ہوا سلسبیل کی اشاعت کے وقت آل احمد سرور کی عمر بائیں سا ل تھی۔ اس مجموعہ میں اُن کی نوجوانی کی شاعری شامل ہے۔ جس میں رنگینی اور کیف کے عناصر کی فراوانی ہے۔ سنجیدگی اور بلند خیالی کی کمی ضرور محسوس ہوتی ہے۔ تاہم سرور کی ابتدائی دور کی شاعری میں بھی اُن کے طرز ادا کی شگفتگی قاری کو متاثر کرتی ہے۔ ''سلسبیل''، میں کہیں کہیں پختگی کے آثار اور ندرت خیال کے علاوہ فن کے احترام کا احساس بھی موجود ہے۔ اردو کے مشہور نقاد سید احتشام حسین ''سلسبیل'' کے حوالے سے سرور کی شاعری پر تبصرہ کرتے ہوئے لکھتے ہیں:

> ''سلسبیل'' کی شاعری کو ایک موج تاثر کہہ سکتے ہیں۔ جس میں اونچی لہریں اور طوفان نہیں ہیں۔ لیکن تفکر اور رکھ رکھاؤ کے بعض اشارے جو بعد کی شاعر

ی میں اہمیت اختیار کر گئے یہاں بھی نظر آجاتے ہیں۔ بیس بائیس سال کی عمر کی شاعری میں رنگینی کیف اور تحیر کے عناصر تو ہو سکتے ہیں۔ لیکن سنجیدگی، بلند خیالی اور فنی پختگی کی محض جھلک ہی دیکھی جا سکتی ہے۔ یہ جھلک ہلکی سہی لیکن موجود تھی۔۔۔۔ سلسبیل'' میں ایک شاعرانہ مزاج ملتا ہے۔ مشاہدہ کی صلاحیت نظر آتی ہے۔ تازگی کی کوشش دکھائی دیتی ہے''[۴]

سرور کی ابتدائی دور کی شاعری سیدھی سادھی اظہار جذبات کی شاعری ہے، اس دور کی شاعری میں تاثراتی رنگ غالب ہے۔ اپنے دورۂ کشمیر کے موقع پر انہوں نے اپنے چچازاد بھائی ننھے میاں کی سالگرہ پر نظم کہی جس کے چند اشعار اس طرح ہیں۔

کشمیر میں بھی قلب و نظر جگمگا گئی
ننھے میاں کی سالگرہ یاد آ گئی

جلوؤں کا اک جہاں نگاہوں میں ہے میری
میرٹھ کی ایک شام نگاہوں میں ہے میری

گھر میں ہر ایک فرد خوشی سے نہال تھا
لہریں سی اُٹھ رہی تھیں دلوں کا یہ حال تھا[۵]

اسی طرح اپنی بیٹی مہ جبیں کے لئے ایک نظم لکھی تھی جسے وہ بچپن میں بہت گاتی تھی۔

میری بیٹی جب بڑی ہو جائے گی
سارے گھر میں روشنی پھیلائے گی
ماں کی نظروں میں جوانی آئے گی
باپ کے دل کی کلی کھل جائے گی
میری بیٹی جب بڑی ہو جائے گی
حورِ جنت خود نچھاور لائے گی
سادگی معصومیت بن جائے گی[۶]

کشمیر کے مناظر قدرت سے متاثر ہو کر سرور اپنی ایک نظم میں اپنے جذبات کا اظہار اس طرح کرتے ہیں۔

مرے حسین مرے سر بلند کہسا رو
تمہا ری گو د میں آسو د گی ملی مجھ کو
میں جب بھی گر دش شا م وسحر سے گھبرایا
تمہا رے دم سے نئ تا زگی ملی مجھ کو
تمہا رے پیڑ کے سا ئے میں سبز پتوں میں
ہو ا کے رقص کی اک را گنی ملی مجھ کو
تمہا ری گا وں کی گو ری کے روئے روشن پر
اد ائیں لا کھ لئے سا دگی ملی مجھ کو[۷]

سرورؔ کے مجموعہ سلسبیل کی نظموں میں جمالیاتی سرشاری پائی جاتی ہے۔سرور اُس وقت جوانی کی منزلیں طے کرر ہے تھے۔دل میں امنگ تھی اور کشمیر کی پر کیف فضاؤں میں اُن کے جذبات کو جلاء ملی۔ چنانچہ زندگی کے مسائل اورغموں سے دور سرورؔ نے فطرت کی عکاسی بھر پور طریقہ سے کی۔اُن کی نظموں میں برسات کی شفق، کھتیوں کی ہریالی گل بوٹے، پیڑ پودے، سنگ وخشت، دریا کی روانی، چڑیوں کی چہچہاہٹ، سبزہ زارولالہ زار، اجنتا وایلورہ کے غار، تاج محل کی خوبصورتی کی جیتی جاگتی تصویریں ملتی ہیں۔سرور کے ابتدائی دور کے کلام میں جمالیاتی احساس اپنے پاکیزہ جذبے کے ساتھ پایا جاتا ہے۔اس خیال سے اتفاق کرتے ہوئے اخلاق احمد لکھتے ہیں:

''سرور صاحب کی شاعری کے اندر مناظر فطرت کی فریفتگی دلربائی، اور حسن نسوانی کی کشش اورتڑپ پائی جاتی ہے۔ان کا خیال طرب خود بہ خود جمالیات کے چشمۂ سیمیں سے تخلیقی توانائی حاصل کرتا ہے جراءت انداز میں رومانی سرشاری ضرور پائی جاتی ہے لیکن پاکیزگی کا دامن بھی نہیں چھوٹتا ہے۔اپنے جذبات کوفن کے حصار میں اسیر کر لیتے ہیں ایک ہلچل اورارتعاش کو برداشت کرتے ہیں پھر تخلیقی صلاحیتوں میں بالیدگی پیدا ہوتی ہے اُن کے اچھوتے کا رناموں کو جمالیات کی صناعی لازوال بنا دیتی ہے''۔[۸]

''سلسبیل'' کے دور میں سرور نے غزلیں بھی لکھی تھیں۔تاہم ان غزلوں میں اچھے اشعار کے ساتھ معمولی اشعار بھی جگہ پا گئے تھے۔جس کا سرور کو احساس تھا۔یہ ابتدائی مشق کا زمانہ تھا۔اس لئے وہ غزل گوئی میں کمال پیدا نہیں کر سکے۔مجموعی طور پر ''سلسبیل'' کی نظموں اورغزلوں سے سرور ایک جذباتی

شاعر بن کر اُبھرے۔

ذوق جنوں

آل احمد سرور کا دوسرا شعری مجموعہ ''ذوق جنوں'' کے عنوان سے ۱۹۵۵ء میں شائع ہوا۔ ۲۵۰ صفحات پر مشتمل اس شعری مجموعے کو ادارۂ فروغ اردو لکھنو نے شائع کیا۔ پہلے مجموعہ ''سلسبیل'' کی اشاعت کے تقریباً ۲۰ سال بعد سرور کا دوسرا مجموعہ منظر عام پر آیا۔ اس دوران سرور نے اپنی ساری توجہ تنقید ی مضامین لکھنے میں صرف کردی تھی۔ کبھی کبھی شعر بھی کہہ لیا کرتے تھے۔ لیکن اُن کی تنقیدی بصیرت اور گہرے مطالعہ کا اثر اُن کے دوسرے شعری مجموعے میں شامل کلام میں واضح طور پر دکھائی دیتا ہے۔ غالباً ۱۹۴۶ء کے بعد سرور نے شاعری کی طرف دوبارہ اپنا رجحان دکھانا شروع کیا۔ ''ذوق جنوں'' میں سرور کا ۱۹۴۱ء تا ۱۹۵۵ء تک کلام موجود ہے۔ اس شعری مجموعے میں زیادہ تر نظمیں ہیں اور چند غزلیں بھی شامل ہیں۔ ہر نظم کا عنوان دیا گیا ہے۔ اور نظم کے عنوان سے اُس کی معنویت کا پتہ چلتا ہے۔۔ سرور نے زندگی کے مختلف پہلوؤں تہذیب، معاشرت، سیاست، ثقافت اور مذہب کو اپنی نظموں میں پیش کیا۔ ''ذوق جنو ں'' میں شامل چند اہم نظموں کے عنوانات ''بیزاری' آج کل' اندھیرا اجالا' عزم کوہکنی' دو قدریں' شمع' وغیرہ ہیں۔ تقریباً ایک دہائی تک شاعری سے دور رہ کر شعر گوئی کے آغاز کا محرکہ بیان کرتے ہوئے سرور کہتے ہیں:

تھپک تھپک کے سلایا جو تو نے ذوق سخن
سرور اُ س کو کسی کی نظر جگا ہی گئی
تیری نگاہو ں کا تصرف تھا کہ ہم نے
رعنا ئی افکا ر کے اعجا ز دکھا ئے

اکثر لوگوں کا خیال ہوتا ہے کہ نقاد خشک مزاج ہوتے ہیں اُن میں شاعروں کی طرح لطیف جذبا ت نہیں ہوتے اس لئے وہ شاعری نہیں کر سکتے۔ سرور کے بارے میں یہ خیال غلط ثابت ہوا۔ سرور نے اعلی پائے کی تنقید کے ساتھ معیاری شاعری کی۔ اس طرح اُنہوں نے یہ خیال غلط ثابت کیا کہ نقاد شاعر نہیں ہوسکتا۔ سرور کی شاعری میں رومانیت کا عنصر غالب ہے۔ سرور نے انگریزی ادب کے مطالعہ اور سیر و سیاحت سے رومانیت کے جذبے کو پروان چڑھایا۔ اس ضمن میں وہ لکھتے ہیں:

''مجھے پہاڑوں، دریاؤں سے ہمیشہ دلچسپی رہی۔ یونیورسٹی میں چھٹیاں ہوتیں

تو کسی پہاڑ کی سیر کو چلا جاتا۔ ۱۹۳۳ء میں پہلی دفعہ کشمیر گیا تھا۔ اس کے بعد
نینی تال، مسوری شملہ، رانی کھیت، الموڑہ، اوٹا کمنتد بھی جانے کا اتفاق ہوا۔
پہاڑوں پر پھرنے اور دریا کے کنارے اکثر کشمیر کی وادی میں انگریزی کے
رومانی شعراء کے کلام پڑھتا یا شعر کہتا تھا۔ میری فطرت میں جو رومانیت ہے
اُسے پہاڑوں نے ہوا دی۔ اور اُس کو آسودہ کیا''۔[9]

سرور دور جدید کے وہ شاعر ہیں جنہیں تمام تحریکات سے واقفیت تھی۔ لیکن اُنہوں نے اپنے لئے کلاسیکی طرز کو پسند کیا۔ وہ قدیم شاعری کی اچھی روایات کو اختیار کرنے سے گریز نہیں کرتے۔

سرور نے اپنی شاعری کے ذریعہ موجودہ دور کے نوجوانوں کے مسائل کی عکاسی بھی کی ہے۔ جبکہ زندگی مسائل سے دوچار رہے۔ نظم ''اندھیرا اور اُجالا'' میں سرور کہتے ہیں۔

آج پھر موت کی راہوں سے گزرتی ہے حیات
پھر مرا ''کوہ ندا'' آج بلاتا ہے مجھے
کتنے خوابوں کا میں کتنے خیالوں کا نقیب
یوں تو انسان اکیلا نظر آتا ہے مجھے
کرنیں پامال بھی ہو جائیں تو برباد نہیں
نقش مٹ مٹ کے سنورتا نظر آتا ہے مجھے

سرور کی شاعری تہذیبی اور سماجی شعور کی ترجمان ہے۔ اپنے عہد کے سیاسی ثقافتی اور تہذیبی رجحانات اُن کے اشعار میں جاری وساری نظر آتے ہیں۔ ہندوستانی جس آزادی کے منتظر تھے۔ وہ اُن کے مرضی کے مطابق نہیں رہی۔ آزادی کی بہار میں بھی شاعر کو خزاں کے پوشیدہ ہونے کا گماں ہوتا ہے۔

لہک لہک کے چلی باد صبح آزادی
خزاں کا راج مگر پھر بھی اس چمن میں رہا
سیاہی ایک گئی اور دوسری آئی
کوئی نہ کوئی اندھیرا ہی انجمن میں رہا
دھواں دھواں ہوئیں شمعیں جلے تو داغ جلے
خزاں کا رقص بہاروں کی انجمن میں رہا

ان اشعار میں نام نہاد آزادی کا ماتم ملتا ہے۔ سرور کی ایک نظم ''کل اور آج'' ہے۔ اس نظم میں

اُنہوں نے اس خیال کو ظاہر کیا کہ انسان نے ہزار ہا سال کی جدو جہد کے بعد تہذیب کے محل کھڑے کئے ۔کل کے مقابلے میں آج اس لئے درخشاں نظر آتا ہے کہ اس میں انسانی مساعی اور اس کا خون جگر شامل ہے۔سرور کہتے ہیں:

صبح ہوتی ہے لئے شام کے افسردہ کنول
آج کرنوں میں اُجالے کا کہیں نام نہیں
رات کے ساتھ سوار ہوتی ہے دن کی تکلیف
بزم انجم میں بھی اپنے لئے ایک جام نہیں
سفر آسان تھا منزل بھی بڑی روشن تھی
آج کس درجہ پر اسرار ہیں راہیں اپنی
کتنی پر چھائیاں آتی ہیں تجلی بن کر
کتنے جلوؤں سے الجھتی ہیں نگاہیں اپنی

سرور کو انسانی عظمت کا یقین ہے۔وہ اندھیرے میں اُجالے کی جھلک دیکھتے ہیں۔اور آنے والے مستقبل سے مایوس نہیں۔ان کی شاعری دکھ درد میں ڈوبے انسان کے لئے امید کی کرن ثابت ہوتی ہے:

کرنیں پامال بھی ہو جائیں تو برباد نہیں
نقش مٹ مٹ کے سنورتا ہے نظر آتا ہے مجھے
آج ویراں ہیں کتنے ہی گلستان پھر بھی
دشت میں پھول کھلانا بھی تو آتا ہے مجھے
جانتا ہوں کہ بڑا سخت گنہگار ہوں میں
اس اندھیرے میں اُجالے کا پرستار ہوں میں

سرور نہ صرف زندگی کا حوصلہ بڑھاتے ہیں بلکہ نوجوانوں کو مایوسی سے بچنے اور حرکت وعمل کی تلقین کرتے ہیں۔اُن کی شاعری سے انقلاب جھلکتا ہے:

روشنی عام کرو فکر ونظر پاک کرو
یہ جنوں اور بھی سرکش و بےباک کرو
پستیاں ہمسر افلاک بھی ہو سکتی ہیں
حوصلوں کو تو ذرا ہمسر افلاک کرو

نغمے برساؤ کچھ ایسے کہ خزاں چیخ اُٹھے
اب ہمیشہ کے لئے شب کی قبا چاک کرو
وہ اُجا وہ اُجالا ہو میری محفل میں
روز روشن کا ہیرا ہو سبھی کے دل میں

سرور نے اپنی شاعری کا مواد زندگی کے مثبت اور روشن پہلوؤں سے لیا ہے۔ وہ اس خیال کی عملی تصویر رہے کہ ہر رات کے بعد صبح ہوگی۔ ہر نشیب کے بعد فراز ہوگا اور ہر غم کے بعد خوشی ہوگی۔ اپنی شاعری کے ماخذات کا تذکرہ کرتے ہوئے سرور لکھتے ہیں:

"میں حسن کے ہر رنگ سے متاثر ہوا ہوں۔ سر بفلک پہاڑوں کے جلال سے دریاؤں کی مترنم روانی سے' سبزے کی کیفیت سے چاندنی کے لطیف ریشمی غبار سے' عورت کے شباب سے شباب کی ہزار شیوہ اداؤں سے' زلفوں کے بادل سے' لب ورخسار کے جادو سے' بچوں کے بے ساختہ تبسم سے' اُن کی دلآویز باتوں سے' دوستی کے فن لطیف سے رفاقت' خدمت' ایثار' حق وصداقت کے مظاہروں سے' بجلی کی روشنی سے' کارخانوں کے ہنگاموں سے' مشینوں کی باقاعدہ اور منظّم رفتار سے' بڑے مقاصد کی خاطر قربانی سے' دنیا کے مایہ ناز مصنفین کی فطرت انسانی کے متعلق نظریات سے"۔[10]

سرور کی ایک طنزیہ نظم "برابری بھی نہ ہو اور برابری بھی رہے" ہے۔ اس نظم کا عنوان ہی معنی خیز ہے۔ اس نظم کے دو شعر آج کی حقیقت بیان کرتے ہیں:

یہ جان و دل سے ہو جمہوریت کی شیدائی
اقلیت میں کچھ احساس کمتری بھی رہے
شریک بزم ہوں سب جام چند تک پہنچے
برابری بھی نہ ہو اور برابری بھی رہے

ایک نظم "دیوالی" ہے۔ جس میں منظر نگاری اور پیغام دونوں شامل ہیں سرور کہتے ہیں:

غضب ہے لیلیٰ شب کا سنگھار آج کی رات
نکھر رہی ہے عروس بہار آج کی رات
ان آندھیوں میں بشر مسکرا تو سکتے ہیں

سیاہ رات میں شمعیں جلا تو سکتے ہیں

نظم ''عزم کوہکنی'' میں سرور نے اردو کی زبوں حالی اور حکومت کی لاپرواہی کو بیان کیا ہے۔

مورخ اپنے ہی زریں ورق کو بھول گئے
معلم آج کے کل کے سبق کو بھول گئے
جو اس کے نام کی مالا جپا ہی کرتے تھے
حکومت آئی تو اردو کے حق کو بھول گئے

سرور نے کشمیر کے نظاروں اور کشمیر کی فضاؤں سے اپنی شاعری کی بساط سجائی ہے۔لیکن کشمیراور کشمیریوں کے مسائل کونہیں بھلایا۔مسئلہ کشمیر کی طرف اشارہ کرتے ہوئے وہ کہتے ہیں:

نہ جانے کتنے صحراؤں کی قسمت جاگ اُٹھے اس سے
سنبھال اس کو بڑی دولت ہے ترا اشک عنابی
کتنے میخانوں کے در میرے لئے بھی وا ہیں
تشنگی میری وفضیلت ہے مقدر تو نہیں
کاغذی پھولوں کی جنت سے مجھے کیا لینا
میرے افکار کی جنت کے برابر تو نہیں

عزم وحوصلے کا اظہار، مشکلات پر قابو پانا اور زندگی سے جدوجہد کرنا سرور کی نظموں کے پسندیدموضوعات ہیں۔ان نظموں میں ایک لے ہے۔جس طرح مزدوروں کا سردار وزن دار چیز کواُٹھانے یا آگے بڑھانے کے لئے گیت گاتے ہوئے مزدوروں کی حوصلہ افزائی کرتا ہے کچھ اسی طرح سرور بھی یاس وناامیدی میں ڈوبے لوگوں کی حوصلہ افزائی کرتے ہیں اورانہیں جینے کا سبق پڑھاتے ہیں۔

روشنی عام کرو فکر ونظر پاک کرو
یہ جنوں اور ابھی سرکش و بیباک کرو
پستیاں ہمسر افلاک بھی ہوسکتی ہیں
ہمتوں کو تو ذرا ہمسر افلاک کرو
نغمے برساؤ کچھ ایسے کہ خزاں چیخ اُٹھے
اب ہمیشہ کے لئے شب کی ردا چاک کرو

ایک اور نظم میں قنوطیت چھوڑنے کا سبق یوں دیتے ہیں ہجوم غم سے ہراساں ہے کس کے لئے اے دوست

ہر اک رات کی آخر سحر بھی ہوتی ہے
جہاں سیاہ گھٹاؤں نے دام ڈالے ہیں
وہیں نمائش برق و شرر بھی ہوتی ہے
مہیب سرد چٹانوں کے سخت سینے سے
کبھی تراوش لعل و گہر بھی ہوتی ہے
جہاں خزاں نے اُجاڑے ہیں رنگ و بو کے دیار
وہیں بہار بہشت نظر بھی ہوتی ہے
بڑھے جو رنج اسیری تو قید ہے کیا چیز
قفس میں تربیت بال و پر بھی ہوتی ہے
حدیث غم کا تری سلسلہ دراز سہی
یہ داستاں کبھی مختصر بھی ہوتی ہے

سروؔر کی کئی نظموں میں جذبہ اعتراف پایا جاتا ہے ان نظموں میں شاعر نے خاکساری کا اظہار کیا ہے پڑھنے والے چاہے شاعر کے ہم خیال ہوں کہ نہ ہوں لیکن اُس کی جراءت اظہار سے ضرور متاثر ہوتے ہیں۔ سروؔر کی کئی دلکش نظمیں اسی زمرے میں آتی ہیں ''میری کہانی'' 'یہ آرزو تھی' 'یہ شمع' 'پاکستان بننے پر' 'معذرت' 'ڈھاکے کے ایک دوست کو' 'آداب سخن' وغیرہ۔

سرور کے دوسرے شعری مجموعہ ''ذوق جنوں'' میں زیادہ تر نظمیں ہی ہیں۔ لیکن اس مجموعہ میں کچھ اچھی غزلیں بھی شامل ہیں جن سے نکھار پیدا ہونے لگا تھا۔ چنانچہ بعد کے دور کی غزلوں میں موضوع اور ہئیت کی پختگی دکھائی دیتی ہے۔ سرور نے اپنے مضامین میں متعدد مقامات پر اپنی غزلوں کے بارے میں لکھا ہے۔ سرور کی غزلوں میں تغزل اور کیف ونشاط پایا جاتا ہے سروؔر کی غزلیں پڑھ کر کبھی کبھی یہ اندازہ ہوتا ہے کہ وہ کسی خاص زمین یا کسی خاص قافیہ کے جادو سے متاثر ہو کر لکھ رہے ہیں۔ ورنہ عام طور سے اُن کی غزلیں شگفتہ' شاداب اور معنوی حسن سے آراستہ ہوتی ہیں اُن کی غزلوں میں اپنے عہد کی تصویر جھلکتی ہے۔ سیاسی' سماجی اور تہذیبی مسائل کو اُنھوں نے پیش کیا ہے سرور کی غزلوں کے چند اشعار اس طرح ہیں:

مطالبے تو بہت سخت تھے زمانے کے

مگر حقوق محبت کی یاد آہی گئی

ہے آج اور ہی کچھ زلف آبدار میں خم

بھٹکنے والے کو منزل کا راستہ تو ملا

روشن ہوئے جس سے غم دنیا کے بھی سائے

ایسے دیے تیرے تصور نے جلائے

زلفوں کو دیا ہے رخ روشن نے عجب رنگ

جلوؤں سے ترے اور بھی روشن ہوئے سائے

جب زمانے میں کہیں چشم مروت نہ ملی

غم دنیا کے ستائے ترے غم تک پہنچے

آل احمد سرور غزل کے حسن کے قائل ہیں۔ اُن کا کہنا ہے کہ غزل ہلکے پھلکے لطیف جذبات کو نہایت عمدہ طریقہ سے پیش کر سکتی ہے غزل لطیف اشاروں کا آرٹ ہے۔ اس لئے شاعر کوئی بات کھل کر نہیں کہہ سکتا۔ غزل صدیوں سے ہمارے رگ وپے میں رچی ہوئی ہے۔ یہی وجہ ہے کہ غزل باوجود اپنی بے ربطی اور انتشار کے اپنے ہر شعر میں ایک بھر پور نقش رکھتی ہے۔

سرور نے اقبال سے فکر وآگہی حاصل کی تھی۔ اقبال کی طرح وہ بھی ''جنوں'' کی علامت کو جدو جہد اور حوصلے کی علامت کے طور پر استعمال کرتے ہیں۔ ایک غزل میں ''جنوں ہوتا ہے'' ردیف استعمال کرتے ہوئے انہوں نے اپنے خیالات کی ترجمانی کچھ اس انداز میں کی:

کبھی ایسا بھی محبت میں جنوں ہوتا ہے

نگہ لطف سے درد اور فزوں ہوتا ہے

کیجئے کچھ ایسے گرفتار محبت کا علاج

نہ سکوں ہوتا ہے جسکو نہ جنوں ہوتا ہے

رنگ بن کر رخ زیبا پہ بکھر جاتا ہے

دل ہمارا جو غم عشق میں خوں ہوتا ہے

ایک ہلکا سا تبسم تھا اُچٹتی سی نظر

درد رہ رہ کے مرے دل میں یہ کیوں ہوتا ہے

شعری مجموعہ ''ذوق جنوں'' میں سرور کی چند آزاد نظمیں بھی شامل ہیں۔ ترقی پسند تحریک کے زیر

اثر اردو شاعری میں ہیئت کے جو نئے تجربے ہوئے تھے اُن میں آزاد نظم بھی شامل ہے۔

۱۹۳۰ء کے بعد اردو میں ن۔م۔ راشد۔ میراں جی، فیض احمد فیض وغیرہ نے آزاد نظم نگاری شروع کی۔ آزاد نظم میں وزن تو ہوتا ہے لیکن قافیہ ردیف کی پابندی نہیں ہوتی۔ اس کمی کو پورا کرنے کے لئے شاعر ترکیب الفاظ اور ترنم کا سہارا لیتا ہے سرور کی ایک آزاد نظم ''کسی کی آپ بیتی'' ہے۔ وہ کہتے ہیں۔

اس نے چاہا بہت کچھ

اس نے فطرت کے سربستہ رازوں سے پردہ اُٹھانے کی امید میں
کتنے مصروف دن، کتنی بے خواب راتیں گذاریں
چند کرنوں سے سینوں کو آباد کرنے کی خاطر
اُس نے افکار کے ہر صنم خانے میں سر جھکایا
اُس نے پھولوں، بہاروں، ستاروں کو پوجا
روشنی، رنگ، خوشبو پہ آنکھیں بچھائیں

پھول کھلتے ہیں کیوں، دل مچلتے ہیں کیوں، شمع جلتی ہے کیوں کچھ لکیروں میں، سانسوں کی لہروں میں، لفظوں کے آہنگ میں کونسا کھیل ہے۔

ترقی پسند شاعروں میں سرور نے سردار جعفری کا اثر قبول کیا۔ اس کے بعد اُن کے ذہن اور فکر پر اقبال چھا گئے۔ انہوں نے اقبال کی طرح بعض علامتوں کا کامیابی سے استعمال کیا۔ ''ذوق جنوں'' میں سرور نے جمالیاتی اسلوب اختیار کیا ہے وہ صحت زبان کا بہت خیال رکھتے تھے۔ اُن کا انداز بیان واضح، شگفتہ اور دل آویز ہے۔ انہوں نے فارسی الفاظ اور تراکیب بھی استعمال کیں۔ انہوں نے کہیں کہیں ہندی الفاظ بھی استعمال کئے جیسے:

چشم پر نم لئے ہر سو نگراں ہے جنتا
یہ وزیروں کی سواگت میں سجائے ہیں قطار

مجموعی طور پر سرور کا شعری مجموعہ ''ذوق جنوں'' قدیم و جدید موضوعات پر مشتمل نظموں اور غزلوں کا حسین امتزاج ہے۔ سرور کی شاعری پر تبصرہ کرتے ہوئے عابد النساء لکھتی ہیں:

''اُن کی نظموں اور غزلوں کا لب ولہجہ چونکا دینے والا ہے۔ ان میں ندرت خیال اور تازگی موجودگی ہے۔ تخیل کے اعتبار سے یہ نظمیں اردو شاعری کے سرمائے میں ایک قابل قدر اضافہ ہیں۔ سرور صاحب نے اپنی نظموں میں

خدا' انسان' کائنات اور زندگی کے ان گنت مسائل کو شعر کے سانچے میں ڈھا
ل دیا ہے۔ ان شعری تخلیقات سے اُن کی فنی بصیرت اور فکری عظمت کا
احساس ہوتا ہے اُن کے مجموعہ کلام سے پتہ چلتا ہے کہ اُن میں اعلیٰ شاعر بننے
کی ساری صلاحیتیں موجود ہیں''۔ [11]

سرؔور نے ''ذوق جنوں'' کے بعد بھی اپنی شاعری کا سلسلہ جاری رکھا لیکن اُن کی رفتار میں کمی واقع ہوگئی۔ تنقید اور صحافت کی میدان میں وہ آگے نکل گئے تھے۔

خواب اور خلش

آل احمد سرور کی شاعری کا تیسرا مجموعہ ''خواب اور خلش'' کے نام سے اکتوبر ۱۹۹۱ء میں شائع ہوا۔ یہ مجموعہ ۱۶۸ صفحات پر مشتمل ہے۔ اور مکتبہ جامعہ دہلی سے شائع ہوا۔ سرور نے اس مجموعے کو اپنے بیٹے جاوید احمد صدیقی کے نام کیا ہے۔ ابتداء میں سرور نے ''کچھ اپنی شاعری کے بارے میں'' عنوان سے اظہار خیال کیا ہے اور عمومی طور سے شاعری کے منصب اور شعری رویوں میں ہونے والی تبدیلیوں کا ذکر کیا ہے شاعری کے بارے میں فلسفیانہ خیالات پیش کرتے ہوئے سرور لکھتے ہیں:

''شاعری ذات سے کائنات تک کا سفر ہے۔ یہ خوابوں کے ذریعہ حقائق کی توسیع کا نام ہے۔ یہ لفظ پر فتح کا' اسے نیا غسل دے کر تازہ کاری اور لالہ کاری کرنے کا دوسرا نام ہے۔ انجیل مقدس میں آیا ہے کہ ''پہلے لفظ تھا اور لفظ خدا کے ساتھ تھا اور لفظ خدا تھا''۔ میں لفظ کی حفاظت' اس کی اشاعت اور اُس کی رسالت پر اس لئے زور دے رہا ہوں کہ اس کے بغیر زندگی میں روشنی ہوگی نہ گرمی۔ نئی منزلوں کی تڑپ ہوگی نہ پرانے سفر کے تجربات کا سرمایہ' نہ صداقت ہوگی نہ حسن نہ خیر۔۔۔ کاش ہمارا شاعر سستے نشے اور سستی مقبولیت سے بلند ہو کر لفظ کے ذریعہ سے ذہن کو اور ذہن کے ذریعہ سے زندگی کو اُس پٹری پر واپس لا سکے جس سے وہ اُتر گئی ہے''۔ [12]

''خواب اور خلش'' میں ابتداء میں نظمیں شامل کی گئی ہیں۔ ہر نظم کا عنوان دیا گیا ہے۔ نظموں کے عنوانات اس طرح ہیں۔ اپنی سالگرہ پر' ایک دیوانی نظم' جنگ کے زمانے میں' تم کیسے شاعر ہو؟ انا کا شیشہ' پہلگام' بہت دنوں میں حقیقت یہ آشکار ہوئی' آج کا انسان' باپ اور بچہ عید آتی ہے گزر جاتی

ہے' شعلہ حسن میں کچھ اور لپک بھی ہوگی' مرے چراغ سلامت' بتاؤ کہ تم مجھ سے کیا چاہتے ہو؟ مرے حسین مرے بلند کہسارو' ہوا کی چیخیں' بہت دیر کردی' لڑائی پر نظم کی فرمائش پر' کوئی واقعہ شاعری کی بدولت ہوا ہے نہ ہوگا' شملے کی شفق' جمالیاتی فاصلہ' ہم سب جنم جنم کے قیدی' مگر خوابوں میں اب بھی دیے تو جلتے ہیں' ماضی اور حال' دل میں چاندنی بھی رہے' آئینہ خانہ بنے گا جلوۂ صد رنگ کا' بزم ظفر' لینن گراڈ' قدسیہ بھابی کی یاد میں' غالب' فن کار نغمہ' ابھی تو رسم جنوں اور عام کرنا ہے نئی نویلی دلہن' یہ پھول بہاروں نے جسے ناز سے پالا' یوم جمہوریت ''خواب اور خلش'' میں شامل یہ بیشتر نظمیں مختلف مواقع پر تاثراتی انداز میں لکھی گئی ہیں۔ان نظموں کے عنوانات طویل ہیں۔اور اکثر عنوانات میں فلسفیانہ رنگ غالب ہے۔''خواب اور خلش'' شعری مجموعے کا آغاز نظم ''اپنی سالگرہ پر'' سے ہوتا ہے۔اس نظم میں سرور نے اپنی ذات کو محور بنایا ہے۔اور اپنی زندگی کے سفر کے ساتھ زمانے کا کرب بیان کیا اور اس امید کا اظہار کیا کہ غم کے بادل چھٹیں گے۔اور زندگی خوشیوں سے سیراب ہوگی۔نظم کا آخری بند اہم ہے سرور کہتے ہیں:

اُجالوں کا سفر جاری رہے گا مری کرنوں سے
ستارے ماند ہوتے ہیں تو سورج بھی تو اُگتے ہیں
یہ سائے مرا کیا لیں گے قبا ہی تو چرا لیں گے
سوادِ شام میں گھل کر' کسی تارے سے مل جل کر
لکیریں روشنی کی' کچھ نئے جادو جگائیں گی
نئے خوابوں نئی سعی' جنوں کو جگمگائیں گی (خواب اور خلش ۱۳)

سرور کی ایک اہم نظم ''تم کیسے شاعر ہو'' ہے۔اس نظم کے ابتدائی میں سرور نے اپنی قابلیت اور دانشوری کا تعارف کرایا۔پھر خود احتسابی کا ثبوت دیتے ہوئے اپنی مصلحت پسندی پر سوالیہ نشان لگایا ہے۔ یہ نظم اُن تمام تخلیق کاروں کے لئے ایک سوال ہے جو مصلحت کا شکار ہو کر حقائق سے پردہ پوشی کرتے ہیں۔ اور وقت کے دریا میں بہے چلے جاتے ہیں۔سرور اپنے آپ سے سوال کرتے ہوئے کہتے ہیں:

بتاؤ تم کیسے شاعر ہو
کیسے ادیب کیسے دانشور ہو
تم تو اب صرف ہاں کہتے ہو
نہیں کہنے کی ہمت کہاں گئی
شاعر تو ہاں بھی کہتا ہے نہیں بھی

جب ہاں کا شور بڑھ جائے
تو کوئی نہیں تو کہے
اور جب نہیں کا زور ہو
تو کسی کا ہاں بھی نکلے
شاعر بوتل کے لیبل سے مست نہیں ہوتا
اُس کی مستی تلخئی کام و دہن سے ہے(خواب اورخلش۔۱۸)

سرور کا اپنے آپ سے خطاب کا سلسلہ جاری ہے۔ نظم ''انا کا شیشہ'' میں ایک مرتبہ پھر وہ اپنی ذات کی خوبیوں کا احاطہ کرتے ہیں اور آخر میں وہ اس بات کا اعتراف کرتے ہیں کہ وہ انا کے شیشے میں بند تھے جو کسی اشارے پر چور چور ہو گیا۔ سرور کہتے ہیں۔

نظر جو آتا ہے شائستگی کا یہ انداز
خودی کے نشے کا اس میں سرور کتنا ہے
یہ کائنات کے نغمے کے ساتھ لپٹا ہوا
خود اپنے ساز کا شور نشور کتنا ہے
کتاب شوق ہو یا داستانِ دانش ہو
فسانہ اپنا ہی بین السطور کتنا ہے
سُنا یہ طعنہ تو اک آہ بھر کے میں نے کہا
انا کا شیشہ جو ہے چور چور کتنا ہے(خواب اورخلش۔۱۹)

سرور کے تیسرے شعری مجموعے ''خواب اور خلش'' میں بھی مناظر فطرت پر مبنی نظمیں شامل ہیں۔ ان نظموں میں پہلگام' مرے حسین مرے سربلند کہسار' شملے کی شفق' یہ پھول بہاروں نے جسے ناز سے پالا وغیرہ شامل ہیں۔ ان نظموں کے مطالعہ سے اندازہ ہوتا ہے کہ سرور کی فطرت پر گہری نگاہ تھی۔ اور اُس کے مناظر میں ڈوب کر وہ پرسکون محسوس کرتے تھے۔ نظم ''مرے حسین مرے مرے سربلند کہسار'' میں بلند پہاڑوں سے خطاب کرتے ہوئے سرور کام کی بات کہہ جاتے ہیں:

مرے حسین مرے سربلند کہسار
تمہاری گود میں آسودگی ملی مجھ کو
میں جب بھی گردش شام وسحر سے گھبرایا

تمہارے دم سے نئی تازگی ملی مجھ کو
تمہارے پیڑوں کے سائے میں سبز پتوں میں
ہوا کے رقص کی اک راگنی ملی مجھ کو
تمہاری گانو کی گوری کے روئے روشن پر
ادائیں لاکھ لئے سادگی ملی مجھ کو
میں اپنے سلسلہ روز و شب کا قیدی تھا
تمہیں سے وقت کی کچھ آگہی ملی مجھ کو (خواب اور خلش ۔۳۴)

سرور نے شخصیات کو موضوع بنا کر نظمیں لکھیں ان میں' بزم ظفر' غالب مرے چراغ سلامت (بیٹے صدیق کی یاد میں) نظمیں شامل ہیں۔

''دل میں چاندنی بھی رہے'' ایک جذباتی نظم ہے۔ جس میں سرور نے اشرف المخلوقات انسان کے عزائم' حرکت و عمل کی وسعت بیان کی ہے۔ نظم مسدس کی ہیئت میں لکھی گئی ہے۔ آخری بند میں سرور کہتے ہیں:

نہ علم کی کوئی حد ہے نہ عزم پر کوئی بند
مقام شوق ہے اب ماہتاب سے بھی بلند
نگاہ گرچہ ستاروں پہ ڈالتی ہے کمند
دل اب بھی یاروں کے حرص و ہوا کے ہیں پابند
فضا کی سیر بھی ہو امن و آشتی بھی رہے
قدم ہو چاند پر بھی دل میں روشنی بھی رہے (خواب اور خلش ۵۱۔۵۲)

''خواب اور خلش'' شعری مجموعے میں شامل نظموں کے مطالعے سے اندازہ ہوتا ہے کہ سرور نے زندگی کے مشاہدات' حوادث سے متاثر ہو کر یہ نظمیں کہی ہیں۔ ایک عام انسان اور ایک تخلیق کار میں بہت بڑا فرق ہوتا ہے۔ عام انسان کسی واقعہ کو دیکھ کر کچھ تاثر لیتا ہے اور آگے بڑھ جاتا ہے۔ جبکہ ایک تخلیق کار کسی واقعہ سے تاثر لیتا ہے۔ اس کے اسباب پر غور کرتا ہے۔ اور اپنے تاثر کو دوسروں کو پہونچانے کی غرض سے اس واقعہ پر اپنی تخلیق پیش کرتا ہے۔ سرور کی نظمیں بھی زندگی کے حوادث کا پتہ دیتی ہیں۔ ایک نظم '' باپ اور بچہ'' میں اُنہوں نے زندگی کے تضادات بیان کئے ہیں۔ بچپن میں بچہ باپ کے سہارے جیتا ہے۔ اور بچہ جوان ہو جاتا ہے تو خود مختار ہو جاتا ہے۔ اُس وقت اُس کے بوڑھے باپ کا دوسرا بچپن شروع ہوتا ہے اُسے اپنے بچے کے سہارے کی ضرورت ہوتی ہے جو اُس کے نزدیک موجود نہیں رہتا۔

سرور کی یہ نظمیں ہلکے پھلکے موضوعات' سادہ زبان میں شاعر کے جذبات کی عکاسی کرتی ہیں۔ان نظموں میں ایسی کوئی نظم نہیں ہے جو شاہکار کا درجہ رکھتی ہو۔سرور کے پسندیدہ شاعر اقبال تھے۔لیکن فنی اعتبار سے سرور اقبال سے کافی دور ہیں۔ اقبال نے جو فکر و فلسفہ اپنی شاعری کے ذریعہ دنیا کو دیا تھا وہ سرور کے ہاں دور دور تک دکھائی نہیں دیتا۔انسانیت کے دکھ درد پر کہی گئی بعض نظمیں ایک نرم دل شاعر کے تاثرات لگتی ہیں۔اس طرح ''خواب اور خلش'' کی نظمیں سرور کی سادہ مزاجی کی عکاسی کرتی ہیں۔

''خواب اور خلش'' میں سرور کی تقریباً ۸۵ غزلیں بھی شامل ہیں۔غالب کی طرح سرور نے بھی غزل کا دامن تنگ ہونے کی شکایت کی تھی۔اس شکائت میں غزل بیزاری کا احساس ہوتا ہے۔ورنہ اردو کے کئی شعراء نے دو مصرعوں والے ایک شعر میں وہ سب کچھ کہہ دیا جو ایک دیوان میں کہا جاتا ہے۔سرور نے اپنی شاعری میں قدیم اور جدید روایات کو جگہ دی تھی۔اس لئے اُن کی غزلوں میں بھی غزل کے روایتی موضوعات پائے جاتے ہیں۔فطرت سے اپنی پسند کا اظہار سرور کی غزلوں میں بھی پایا جاتا ہے۔سرور کہتے ہیں:

جب بوندوں کی لڑی بارش میں موتی کی صورت رہتی ہے
گرد فضا کی بھی دھلتی ہے' گرد دلوں کی بھی دھلتی ہے
بادل کی آمد آمد سے' مے خانے کروٹ لیتے ہیں
جھونکوں سے سرشار ہوا کے کھڑکی سی دل میں کھلتی ہے (خواب اور خلش ۵۷)

سرور نے غزل میں بعض خیالات کو من وعن دیگر شعرا کے خیالات کے طرز پر پیش کیا ہے۔اقبال نے کہا تھا۔

ہاتھ رکھے ہاتھ پر بیٹھے ہو کیا بے خبر
چلنے کو ہے کارواں کچھ تو کیا چاہیئے

اسی خیال کو سرور نے کچھ اس انداز میں پیش کیا ہے۔

ہاتھ پہ ہاتھ دھرے بیٹھے ہو قسمت کا رونا روئے ہو
منزل چلنے سے ملتی ہے گتھی کھولے سے کھلتی ہے (۵۷۔خواب اور خلش)

کلاسیکی انداز لئے سرور کی غزل کے چند اشعار اس طرح ہیں:

تمہارے ذکر سے مستی بھی آگہی بھی ملی
تمہاری یاد میں اک نشہ بھی نجات بھی ہے
سروں پہ سب کے لٹکتی ہے وقت کی تلوار

قرار عشق کو اور حسن کو ثبات بھی ہے
غبار رہ ہے کہیں چاندنی کا نام نہیں
تمہاری بات میں سب کچھ ہے دل کی بات بھی ہے (۹۹ خواب اور خلش)

سرور نے ''خواب اور خلش'' کے تعارف میں اس بات کا اعتراف کیا کہ اُن کے کلام میں وہ شیریں دیوانگی، وہ والہانہ پن، وہ سپردگی نہ ملے گی جو پہلی نظر میں کچھ شعرا کے ہاں نظر آتی ہے۔ اپنے شعری مزاج کی تعمیر میں حصّہ لینے والے عوامل کا ذکر کرتے ہوئے سرور لکھتے ہیں:

''حُسن کی طرح شاعری بھی ہزار شیوہ ہوتی ہے۔ فطرت نے مجھے رجائی بنایا تھا۔ شائد اس میں کچھ میری رومانیت کو بھی دخل تھا۔ مگر حالات کے مطالعۂ زندگی کے تجربات اور کچھ تلخ حقائق کے احساس نے ایک حزن وملال بھی عطا کر دیا۔ اپنے دور کے مسائل پر تبصرے میں میرے یہاں تلخی نہیں طنز ملے گا۔۔۔۔ میرے نزدیک ایک فن کار کے یہاں ایک تہذیبی تصور، ایک جمالیاتی احساس، ایک سیاسی شعور، ایک اخلاقی نظر ضروری ہے فن کار مبلغ نہیں ہوتا۔ ذہنی رہنما ہوتا ہے''۔[۱۳]

آل احمد سرور نے ترقی پسند تحریک، حلقہ ارباب ذوق اور جدیدیت تینوں ادبی زمانوں کو دیکھا اور پرکھا۔ اُن کا اثر قبول کیا۔ لیکن وہ کسی ایک ازم یا تحریک کے پابند نہیں رہے۔ شاعری میں اُنہوں نے مشرقی کلاسکیت کو فوقیت دی۔ انہوں نے مغربی ادب کا بھی مطالعہ کیا۔ لیکن وہ میرؔ، غالبؔ اور اقبالؔ کو رد نہیں کر سکے۔ شعر وادب کے کئی ادوار سے گذرنے کے باوجود سرور کی شاعری ہر زمانے کی شاعری رہی اُس پر قدیم اور جدید کا ٹھپہ نہیں لگا۔ اور ہر نسل کے لوگوں کے لئے انہوں نے شعر کہے۔ سرور کی شاعری اپنے عہد کے مسائل کو اُجاگر کرتی رہی۔ سرور کی شاعری میں تیزی اور نشتریت نہیں ہے۔ بلکہ ایک قسم کا دھیما پن ہے۔ ان کی شاعری کے اس پہلو کو اُجاگر کرتے ہوئے علی گڈھ مسلم یونیورسٹی، شعبۂ فارسی کے ریڈر آصف نعیم لکھے ہیں:

''سرور صاحب کی شاعری آہستہ روی اور نرم گفتاری کی شاعری ہے۔ یہ نرم گفتاری اور آہستہ روی اُن کی میانہ روی اور سلامت روی کی زائیدہ ہے۔ اُن کی سلامت روی اگرچہ تنقید میں بڑی حد تک مضر بھی ثابت ہوئی ہے لیکن یہی سلامت روی اُن کی شاعری میں انہیں نرم گفتاری اور آہستہ روی کا بردان

دے گئی ہے۔اس ہنر کی وجہ سے اُن کا لہجہ اور اُن کے Passions
بکھرنے نہیں پاتے''۔[۱۴]

آل احمد سرور کا شعری اسلوب:

آل احمد سرور کی شاعری سادگی کی حامل ہے۔وہ خیالات کو روانی کے ساتھ پیش کرتے جاتے ہیں۔وہ اچھی شاعری کو نثر سے تعمیر کرتے ہیں یعنی وہ خیالات کی روانی اور تسلسل کے حامی ہیں۔شاعری میں ابہام اور علامت نگاری کی موجودگی پر اظہار خیال کرتے ہوئے سرور لکھتے ہیں:

''شاعری میں ابہام اور علامت نگاری دونوں کی اہمیت ہے۔کلاسیکی شاعری نثر کی ترتیب اور اُس کی برہنہ گوئی سے زیادہ قریب تھی۔جدید شاعری ابہام اور علامت پر زور دیتی ہے۔میرے نزدیک اچھی شاعری میں ابہام ضرور ہوتا ہے۔۔۔۔شاعری کا بیان نثر کے بیان سے مختلف صرف الفاظ کی ترکیب کی وجہ سے نہیں ہوتا۔الفاظ کو تخلیقی طور پر برتنے اور اُنہیں گنجینۂ معنی کا طلسم بتانے سے ہوتا ہے۔مگر اچھی شاعری نثر سے مخالف سمت میں نہیں جاتی متوازی ہوتی ہے''۔[۱۵]

جہاں تک سرور کی شاعری میں لفظیات کے برتاؤ کا امتزاج ہے اُن کے ہاں قدیم اور جدید دونوں طرح کے الفاظ اور تراکیب ہیں سرور نے بڑی اور چھوٹی بحروں میں نظمیں اور غزلیں کہی ہیں۔کہیں کہیں عربی اور فارسی کے ساتھ ہندی الفاظ استعمال کئے۔جدید تشبیہات اور تراکیب استعمال کیں۔تاہم وہ اپنے اسلوب کے ذریعہ شعروادب میں علیحدہ شناخت نہیں رکھتے۔اُنہوں نے خواب' جنوں جیسے الفاظ زیادہ استعمال کئے ہیں۔لیکن اُن کا کوئی شعر یا کوئی نظم آفاقی شہرت حاصل نہیں کرسکا۔وہ تنقید کے میدان میں جتنے مشہور ہوئے۔شاعری میں نہیں ہوسکے۔لیکن اُن کی شاعری ایک جذباتی دل کی شاعری ہے۔اُن کی شاعری کی ایک اہم خصوصیت زندگی سے ہمکنار رہنا۔مسائل کا حل پیش کرنا۔اور مایوسی سے بچنا ہے۔وہ اپنی شاعری کے ذریعہ زندگی کا پیغام دیتے ہیں۔سرور کی شاعری کا اجمالی جائزہ لیتے ہوئے آصف نعیم لکھتے ہیں:

''سرور صاحب کی شاعری اگرچہ رعایت لفظی کے اہتمام'' پیکروں کی تخلیق' مضمون آفرینی اور معنی آفرینی کے التزام سے عاری ہے اور بڑی شاعری کے

زمرے میں نہیں آتی پھر بھی اُن کے شعری سرمائے کو قابل استفادہ اور پر وقار ضرور قرار دیا جا سکتا ہے''۔[16]

سرور کی شاعری کا تجزیہ کرتے ہوئے احتشام حسین اس بات پر زور دیتے ہیں کہ اُن کی شاعری اور شعری رویے کو سمجھنے کے لئے سرور کی تنقیدات سے بھی واقفیت ضروری ہے۔ احتشام حسین سرور کی شاعری پر تبصرہ کرتے ہوئے لکھتے ہیں:

''سرور دور جدید کے اُن شعراء میں سے ہیں جو شاعری کی تمام فنی تحریکات سے واقف ہونے کے باوجود فنی حیثیت سے اپنے لئے کلاسیکی طرز کو پسند کرتے ہیں۔۔۔ وہ قدیم شاعری اور فن شعر کی ان خصوصیات کو اپنانے سے گریز نہیں کرتے۔ جو اثر و لطف میں اضافہ کرتی ہیں۔ جو اظہار خیال میں مد دیتی ہیں۔ یہ حقیقت پسندانہ نقطۂ نظر تنقید ہی میں نہیں شاعری میں بھی اُن کی رہنمائی کرتا رہا ہے۔۔۔ سرور کی شاعری شخصیتوں، تحریکوں اور تجربوں کا جائزہ لینے میں تخیل سے کام لیتی ہے۔ اور کسی شخصیت، تحریک یا تجربے کے مرکزی نقطے کے گرد تخیل کے جال بنتی ہے۔۔۔ سرور کا رچا ہوا ذوق، اُن کا تنقیدی شعور، اسالیب سخن کی گہری واقفیت قومی درد، شائستگی جذبات اور خوب سے خوب تر کی خواہش یہ سبھی باتیں اُن کی شاعری پر اثر انداز ہوتی ہیں۔۔۔۔ سرور کی شاعری کا مطالعہ اُن کے تنقیدی تصورات کی روشنی میں کرنا چاہیئے۔ یوں کیف حاصل کرنے کے لئے اُن کی نظمیں اور غزلیں پڑھی جا سکتی ہیں اور سنجیدہ فکر و نظر کے طالب کو وہاں بہت کچھ ملے گا''۔[17]

ذیل میں سرور کی غزلوں سے چند منتخب اشعار پیش کئے جا رہے ہیں جن سے اُن کی شاعری مختلف جہات کا اندازہ لگایا جا سکتا ہے۔

شنا سا سینکڑوں ہیں آشنا کوئی نہیں ملتا
بھری محفل میں میرے دل کی ویرانی نہیں جاتی
نہ جانے فطرت انسان میں کیسی ہے کجی باقی
حقیقت آج بھی سیدھی طرح مانی نہیں جاتی
اندھیری رات کے خوگر کو دھوپ راس نہ آئی

اسیر چھٹ کے بھی اپنے قفس سے دور نہیں
صبا بھی ہو گئی گلشن پرست کیا آخر
کبھی تو میرے خرابے میں آ نکلتی تھی

دیا کئے ہیں زمانے کو مدتوں الزام
کیا جو غور تو اپنی خطا نکلتی تھی
نہ یہ عالی جناب اُٹھے نہ وہ عالی مقام

جب آئی آنچ صحرا پر تو دیوانے ہی کام آئے
جنوں میرا اسلامت لے گیا ہر ایک منزل سے
رہ کرب و بلا میں گو کئی مشکل مقام آئے

زندگی کا ہنگامہ آدمی کے دم سے ہے
آدمی میں یہ جو ہر عشق کے کرم سے ہے

ترے سامنے سب کی اوقات دیکھی
نہ کوئی مقدس نہ کوئی گرامی
یہ سب کھیل ہے ایک رقص شرر کا
نہ شہرت دوامی نہ راحت دوامی

زیست کے زخموں کا رونا تو سبھی روتے ہیں
آؤ ان زخموں سے کچھ پھول کھلاتے ہیں
اپنے باطن میں بہت جھانک چکے ہیں یارو
اپنے ماحول کو آئینہ دکھاتے بھی چلیں

نہ مئے نئی ہے نہ ساقی نیا نہ رند نئے
کہاں سے آئے گا اس گھر میں انقلاب کوئی

ایک عالم سے کب آسودہ ہوا ہے انسان
وہ تو جنت میں بھی دوزخ کی کمی پائے گا

سوال کتنے ہیں ملتا نہیں جواب کوئی
وہ الجھنیں ہیں کہ جن کا نہیں حساب کوئی

شہر یاروں کی پذیرائی میں سب کام آگئے
اب نہیں ملتے گلوں کے ہار اُن کے شہر میں
تو پیمبر سہی یہ معجزہ کافی تو نہیں
شاعری زیست کے زخموں کی تلافی تو نہیں
سایہء زیست میں کچھ دیر کو دم لینا
سایہ دار سے وعدہ خلافی تو نہیں (بحوالہ خواب اور خلش ۱۶۲ تا ۱۶۸)

لفظ

آل احمد سرور کا چوتھا شعری مجموعہ ''لفظ'' کے عنوان سے ۲۰۰۶ء میں شائع ہوا۔ سرور کے انتقال کے بعد اُن کے اہل خانہ بیوی اور بیٹی نے اُن کا غیر مطبوعہ کلام جمع کیا۔ اسے ''لفظ'' عنوان کے ساتھ شائع کیا۔ اس مجموعے کے ناشر قومی کونسل برائے فروغ اردو زبان دہلی ہیں۔ ۹۵ صفحات پر مشتمل شعری مجموعہ لفظ کی قیمت ۶۴ روپئے رکھی گئی ہے اس مجموعہ کے آغاز میں سرور کی ۱۳ پابند اور آزاد نظمیں ہیں۔ یہ نظمیں ۱۹۴۹ء تا ۲۰۰۰ء کے درمیان کہی گئی تھیں۔ ان میں وہ نظمیں بھی شامل ہیں جو سرور کے تیسرے شعری مجموعے ''خواب اور خلش'' میں شامل نہیں کی گئی تھیں۔ شعری مجموعہ ''لفظ'' میں شامل سرور کی نظموں کے عنوانات یہ ہیں۔ لفظ' نظم اور غزل' میں بھی زندہ ہوں۔ اپنی نظر تو ہوگی' قطعہ' آنند نرائن ملا' اپنے علی گڈھ کی یاد میں ڈاکٹر عبدالسلام کی نذر۔ ہمیں سکھایا گیا تھا۔ لمحے کے اسیر' دانشوروں کا زوال' نئے سال کی آمد پر' میرا شعر اور ذاکر صاحب کی واپسی۔

ان نظموں میں سرور نے اپنے مشاہدات و جذبات کو لفظوں کا خوبصورت جامعہ پہنایا ہے۔ اپنی نظم ''نظم اور غزل'' میں انہوں نے دونوں اصناف کے امتیاز کو پیش کیا۔ علی گڈھ کی یاد میں سرور جذباتی اندازمیں کہتے ہیں:

آئے جب ماجد تو یادوں کا دریچہ کھل گیا
کیسے کیسے ہم سفیران چمن یاد آگئے
کیا نشاط زیست تھا کیا کیف کیا جنوں
کتنے منظر انجمن در انجمن یاد آگئے (علی گڈھ کی یاد میں)

سرور کی دیگر نظمیں ''ڈاکٹر عبدالسلام کی نذر'' اور'' ذاکر صاحب کی واپسی بھی جذبات نگاری کی

بہترین مثالیں ہیں۔

نظموں کے علاوہ شعری مجموعہ ''لفظ'' میں چند غزلیں بھی ہیں۔ یہ غزلیں سرور نے ۱۹۷۲ء تا ۲۰۰۰ء کے درمیان کہی تھیں۔ بعض غزلیں صرف تین یا چار اشعار پر مشتمل ہیں۔ متفرقات میں ۱۳۷ اشعار درج ہیں۔ سرور کی ان غزلوں سے چند منتخب اشعار پیش ہیں۔

زمانہ ہے کہ کروٹ لے رہا ہے
سرور اک آپ ہی کے مسئلے کیا
اب نہ باغوں کی مہک ہے اور نہ کھیتوں کی بہار
کارخانے کے دھوئیں کے زخم سہلاتے ہیں لوگ

وقت کی بات ہے یا شومئی قسمت یارو
دیو زادوں پہ ہے بونوں کی قسمت یارو
سرور اک خلش تھی جو عمر بھر نہ گئی
اس خلش نے تراشیں حکایتیں بھی بہت
نئے منظر بھی اب کتنے پرانے ہوتے جاتے ہیں
حقائق چند لمحوں میں فسانے ہوتے جاتے ہیں

شعری مجموعہ ''لفظ'' میں شامل غزلوں پر تبصرہ کرتے ہوئے رئیس احمد شعبۂ اردو موہن لال سوکھاڑ یونیورسٹی اودے پور راجستھان لکھتے ہیں:

''جذبات نگاری اُن کی غزل گوئی کا بھی حصہ ہے۔ لیکن اس کے ساتھ ساتھ اُن کے یہاں عصری آگہی، انقلاب زمانہ جدید سائنسی ترقیات اور اُن کے مثبت پہلوؤں کا اظہار بھی ہوا ہے۔ سرور صاحب کے کلام میں تخیل کی بلند پروازی کے علاوہ ارضیت بھی ہے۔ جو اُن کے کلام کو حقیقی زندگی کا ترجمان بناتی ہے وقت اور اُس کے پیدا کردہ مسائل اُن کے ذوق شعر کو مہمیز کرتے ہیں''۔ [۱۸]

سرور کا شعری مجموعہ ''لفظ'' اُن کے شعری مزاج کا نقیب ہے۔ سرور چونکہ بنیادی طور پر نقاد ہیں۔ اس لئے تنقید کا روکھا سوکھا پن اُن کی شعری جمالیات پر غالب رہا۔ اُن کی شاعری میں جمالیاتی حسن کی کمی

دکھائی دیتی ہے۔ وہ اپنے جذبات اور کیفیات کو تجربات کے انداز میں شاعری میں بیان کرتے ہیں فنی اعتبار سے بھی اُن کے کلام میں کمی پائی جاتی ہے۔ تاہم ایک نقاد کے لئے فن شاعری پر بھی دسترس رکھنا یہ سرور کا کمال ہے۔ اُنہیں اعلی پائے کا شاعر تو نہیں کہا جاسکتا۔ لیکن وہ ایک اوسط درجہ کے معتبر شاعر تھے۔ اُن کی شاعری کے مطالعے سے اُن کی شخصیت کا اندازہ لگایا جاسکتا ہے۔ اُن کی شاعری اردو شعر و ادب میں ایک اہم اضافہ سمجھی جائے گی۔

☆☆☆☆☆

حوالے

۱۔ صالحہ عابد حسین	یادگار حالی	دہلی	۱۹۸۶ء	ص ۱۳۱
۲۔ الطاف حسین حالی	مقدمہ شعر و شاعری	لکھنوء	۱۹۸۸ء	ص ۷۰
۳۔ عابد حسین مضامین عابد۔	مشمولہ یادگار حالی			ص ۱۳۰
۴۔ سید احتشام حسین۔	مشمولہ آل احمد سرور شخصیت اور فن مرتبہ امتیاز احمد			ص ۶۸
۵۔ آل احمد سرور۔	مشمولہ فکر و نظر سرور نمبر۔			ص ۲۹۳
۶۔ آل احمد سرور۔	مشمولہ فکر و نظر			ص ۲۹۲
۷۔ آل احمد سرور۔	مشمولہ آل احمد سرور شخصیت اور فن مرتبہ			ص ۹۰
۸۔ اخلاق احمد۔	مشمولہ آل احمد سرور شخصیت اور فن			ص ۸۹
۹۔ آل احمد سرور بحوالہ۔	پروفیسر آل احمد سرور حیات اور ادبی خدمات از عابد انساء			ص ۹۰
۱۰۔ آل احمد سرور بحوالہ۔	پروفیسر آل احمد سرور حیات اور ادبی خدمات۔			ص ۱۰۴
۱۱۔ عابد انساء۔	پروفیسر آل احمد سرور حیات اور ادبی خدمات			ص ۱۰۹
۱۲۔ آل احمد سرور۔	خواب اور خلش	دہلی	۱۹۹۱ء	ص ۹ ص ۱۰
۱۳۔ آل احمد سرور۔	خواب اور خلش			ص ۶ ص ۷

۱۴۔ آصف نعیم مشمولہ۔فکر ونظر سرور نمبر۔ ص ۲۸۵

۱۵۔ آل احمد سرور۔ خواب اور خلش ص ۸

۱۶۔ آصف نعیم۔ فکر ونظر سرور نمبر۔ ص ۲۸۸

۱۷۔ احتشام حسین۔ مشمولہ۔آل احمد سرور شخصیت اور فن مرتبہ ص ۶۹ تا ص ۷۷

۱۸۔ رئیس احمد۔ رسالہ اردو دنیا اگست ۲۰۰۷ء ص ۱۷

آٹھواں باب

آل احمد سرور بہ حیثیت دانشور

آل احمد سرور اُردو کے ایک قد آور نقاد' ادیب شاعر اور اعلیٰ پائے کے دانشور تھے۔انہوں نے اپنی تحریروں کے ذریعہ اُردو میں دانشوری کی روایت کو آگے بڑھایا۔اُن سے قبل ہندوستان میں سر سید احمد خان' ڈاکٹر ذاکر حسین' مولانا ابوالکلام آزاد جیسی قد آور اور ہمہ پہلو شخصیات نے دانشوری کی عظیم روایات چھوڑی تھیں۔جبکہ مغرب کے دانشوروں میں البیر کامیو' برٹنڈ رسل' برنارڈ شا' ٹی ایس ایلیٹ اور ولفریڈ اسمتھ کے نام لئے جاتے رہے۔

دانشور روز روز پیدا نہیں ہوتے۔ یہ نابغہ روزگار شخصیات ہوتے ہیں۔اور اپنی فکر وفلسفہ سے انسانیت کو راہ دکھاتے ہیں۔دانشور' اپنے علم' عقل' سمجھ بوجھ فہم' فراست کی مدد سے دانائی حکمت وعقلمندی کی بات کہتا ہے۔انسان کو ایک عام آدمی سے دانشور کے مرتبہ تک پہنچنے کے لئے کئی مراحل طئے کرنا پڑتا ہے۔اپنی ذات اور کائنات کا عرفان' انسانی مسائل اور اُن کے حل کی فکر' مثبت انداز فکر' طرح طرح کے علوم اور زندگی کے تجربات انسان کو ایک عمر طئے کرنے کے بعد دانش ور بناتے ہیں۔دانشور دنیا کا حصہ ہوتا ہے۔وہ دنیا سے الگ نہیں ہوتا۔جبکہ درویش صفت بزرگ دنیا سے رشتہ توڑ کر روحانی مراتب حاصل کرنے کی کوشش کرتے ہیں دانشور اور درویش کے فرق کو واضح کرتے ہوئے عابد رضا بیدار لکھتے ہیں۔

''دانشوری کے ڈانڈے اقدار کی چاکری سے ہوتے ہوئے درویشی تک جا ملتے ہیں۔ دانشور درویش نہیں ہوتا۔ ہو بھی نہیں سکتا۔ دونوں دو الگ الگ دنیاؤں کے باسی ہوتے ہیں درویش اپنے میں ڈوب کر ابھرتا ہے دانشور دنیا میں ڈوب کر اُبھرتا ہے درویش کی فکر میں یزدانیت ہوتی ہے دانشور لازماً اپنی فکر میں صرف یزدانیت سے روشنی لے یہ ضروری نہیں اس کے یہاں تو ہر من یزداں دونوں آنکھ مچولی کرتے ہوتے ہیں۔ دانشورانہ عمل سے گزرنے کے لئے دور تک ہرمنیت کے ساتھ سوچنا ہوتا ہے لیکن بالآخر اس کے پھندے سے نکلنا اس کے ساتھ چھوڑنا تو ہوتا ہے''[1]

آل احمد سرور کی دانشوری کا سفر' اپنے زمانہ طالب علمی سے ہی شروع ہوتا ہے جبکہ علی گڑھ میں تعلیم کے دوران مختلف مباحثات میں حصّہ لیتے ہوئے' میگزین کی ادارت کرتے ہوئے اور تقریری و تحریری مقابلوں میں انعامات حاصل کرتے ہوتے انہوں نے اپنے اساتذہ کے سامنے یہ تاثر پیش کر دیا تھا۔ کہ اُن میں مستقبل کے باصلاحیت تخلیق کار اور مثبت سوچ وفکر رکھنے والے انسان بننے کی صلاحیت موجود ہے۔ ایک طالب علم کو اُس کا ماحول بھی بہت کچھ بناتا ہے۔ سرور کو علی گڑھ کی علمی فضاؤں نے بہت کچھ دیا۔ ذاکر حسین اور ان کے احباب محمد مجیب اور خواجہ غلام السیدین جیسے ماہرین علم و ادب سے انہیں استفادہ کا موقع ملا۔ جن کی صحبت اختیار کرتے ہوئے آل احمد سرور نے اپنی فکر کے سوتے جگائے۔ اور اپنی دانشوری کی راہ ہموار کی۔ سرور کا زمانہ طالب علمی ہندوستان میں جد وجہد آزادی کے عروج کا زمانہ تھا۔ اور جب وہ ایک طالب علم سے ترقی پا کر استاد اردو ہو گئے تب اُن کے سامنے جواہر لال نہرو جیسے وسیع النظر قومی رہنما تھے۔ جن کے زیر قیادت آزاد ہندوستان ترقی کی راہ پر گامزن ہو رہا تھا۔ نہرو کی شخصیت سے بھی بہت تاثر لیا۔ ذاکر حُسین' عابد حُسین' محمد مجیب' خواجہ غلام السیدین سے زیادہ آل احمد سرور نے جس شخصیت سے زیادہ تاثر لیا اور اُس کی تعلیمات کو اپنی فکر کی تعمیر میں استعمال کیا وہ شاعر علامہ اقبال تھے۔ آل احمد سرور نے جب ہوش سنبھالا تو اقبال اس جہاں سے کوچ کر گئے تھے۔ لیکن اُن کی فکر و فلسفہ پر مبنی شاعری اس حد تک مشہور و مقبول ہو چکی تھی کہ سرور نے ابتدائی عمر سے ہی اقبال کی فکر کو اپنا لیا۔ اور سرور نے اوپر بیان کردہ جن شخصیات سے فیض و اکتساب کیا وہ سب اقبال کے چاہنے والے تھے۔ سرور چاہتے تھے کہ سرسید کی تفسیر' اقبال کی الہیات اسلامیہ کی تشکیل اور ابوالکلام آزاد کی سورۃ فاتحہ کی تفسیر تینوں طلباء کے درس کی بنیاد بنیں۔ آل احمد سرور نے اپنی دانشورانہ فکر کا آغاز سرسید احمد خان اور اُن کے افکار کی

تائید سے کیا۔ اور کشمیر میں شیخ عبداللہ کی مشترکہ دلچسپی سے اقبال انسٹی ٹیوٹ کا قیام اُن کی دانشوری کا عروج تھا۔ جبکہ ''انڈین مسلم'' پر اُن کا خطبہ سرور کی دانشوری کا آخری کام تھا۔

آل احمد سرور اپنے تنقیدی مضامین کے ذریعہ ادب کی توسیع وتشریح کے کام میں لگے ہوئے تھے۔ اور بہ حیثیت استاد اردو اور قوم کے ایک پڑھے لکھے شخص کی ذمہ داری نبھاتے ہوئے وہ اپنے علم اور فکر سے لوگوں کی ذہن سازی کے کام میں لگے رہے۔ چنانچہ انہوں نے اپنے مضامین کے ذریعہ سرسید اور اُن کے مشن کو واضح کرنا شروع کیا۔ ۱۹۴۲ء میں انہوں نے اپنے شاگرد عادی نقشبندی کے پرچے ''بیداری'' میں سرسید کی فکر پر ایک مضمون لکھا۔ پھر ۱۹۵۶ء میں سرسید کی زندگی کے اہم پہلوؤں کو ایک ایک لفظ کے ذریعہ سمیٹنے کی کوشش کی سرور لکھتے ہیں:

> ''سرسید اس ادارے کے بانی ہی نہیں ہندوستان کی ان عظیم شخصیتوں میں سے ہیں۔ جنہوں نے ہماری تاریخ پر ایک غیر فانی نقش چھوڑا ہے سرسید نے زندگی کے ہر شعبے پر اثر ڈالا۔ انہوں نے خواب دیکھے اور دکھائے اور پھر ان خوابوں کو حقیقت بنانے میں لگے رہے انہوں نے مذہب سیاست تعلیم معاشرت ادب صحافت سب میں بڑے بڑے انقلابی کارنامے انجام دئے۔ وہ بہت بڑے مصلح، مجدد معلم اور مجاہد تھے۔ انہوں نے اپنی ذہنی اور عملی قیادت سے قوم کا رُخ مایوسی سے امید کی طرف، سُستی اور بے عملی سے سعی اور جستجو کی طرف ماضی کے نشے سے حال کی ترشی کی طرف ذاتی فلاح سے قومی بہبود کی طرف رسم پرستی اور اندھی تقلید سے حریت فکر اور عقلیت کی طرف اور قدیم اسالیب فکر سے جدید عالمی معیاروں کی طرف پھیر دیا۔ اپنی پرسوز اور پرخلوص شخصیت کی وجہ سے انہوں نے علم وادب کے کتنے ہی آفتاب و ماہتاب اپنے گرد جمع کر لئے۔ اور مخلص ہوشمند اور باعمل نوجوانوں کی ایک پوری نسل تیار کر دی۔ یقین محکم اور عمل پیہم کی وہ زندہ تصویر تھے''[۲]

اس اقتباس میں سرور نے ایک ایک لفظ کے ذریعہ سرسید کی ذات اور اُن کے کارناموں کی طرف اشارہ کیا ہے۔ اور سرسید کے مشن کو سامنے رکھ کر بہ حیثیت دانشور انہوں نے بھی ہندوستانی مسلمانوں اور اُردو زبان وادب کے مسائل کے بارے میں سوچنا شروع کر دیا تھا۔ اور اپنے مشاہدات وتجربات کو پرزور انداز میں اپنی تحریروں میں پیش کرنے لگے تھے۔ آل احمد سرور ایک تعلیم یافتہ مسلمان تھے اور اُن کے

سامنے اس طرح کی مثالیں موجود تھیں کہ لوگ انگریزی تعلیم حاصل کرنے کے بعد مذہب اسلام سے دور ہونے لگے تھے۔ مسلمانوں کے مذہب اسلام کے تئیں اس رویے کے حل کی طرف بڑھتے ہوئے سرور نے وضاحت کی تھی کہ مذہب اسلام کے تین پہلو عقائد' عبادات اور معاملات ہیں۔ اور سرور کو اس بات کی شکایت تھی کہ مذہب اسلام کے مبصرین اور شارحین نے عقائد اور عبادات پر تو بہت زور دیا لیکن معاملات کو اہمیت نہیں دی جبکہ اللہ کے رسول ﷺ کے زمانے میں اسلام کے تیزی سے پھیلنے کی ایک اہم وجہ مسلمانوں کے بہتر معاملات بھی تھے۔ چنانچہ سرور نے اپنی تحریروں میں اس بات پر زور دیا کہ عقائد و عبادات کے ساتھ مسلمان معاملات کو درست رکھنے پر بھی توجہ دیں۔

سر سید احمد خان نے مسلمانوں کی تعلیمی ترقی اور سماجی اصلاح کا جو بیڑا اُٹھایا تھا۔ اس میں انہیں کافی مشکلات کا سامنا کرنا پڑا اور اُن کی زندگی میں سر سید تحریک ابتداء میں ناکام ہوتی دکھائی دی۔ آل احمد سرور علی گڑھ کے طالب علم اور بعد میں علی گڑھ کے استاد رہے۔ علی گڑھ سے اُنہیں فطری لگاؤ تھا۔ چنانچہ وہ سر سید تحریک کی راہ میں آنے والی رکاوٹوں کا دانشورانہ انداز میں تجزیہ کرتے ہوئے لکھتے ہیں۔

> ''سر سید کی عظیم الشان ذہنی بیداری کی مہم کا بنیادی کام مسلمانوں کی ذہنی تربیت تھی۔ جس کے لئے رواجی مذہب پر انہیں کاری ضرب لگانی پڑی۔ لیکن وہ ایم۔اے۔او کالج کے قصر بلند کی زینت بن کر رہ گئی۔ کالج مسلمانوں کی ذہنی قیادت اس لئے نہ کر سکا کہ سر سید نے اس کی خاطر پہلے تو ''تہذیب الاخلاق'' میں اختلافی مسائل پر مضامین بند کرنے کا وعدہ کیا۔ اور پھر کالج کی مذہبی تعلیم اس طبقے کے حوالے کر دی جس کی مخالفت وہ زور و شور سے اپنی تحریروں میں کر چکے تھے۔ سر سید کا بنیادی کام پورا نہ ہو سکا۔ یہ بنیادی کام ہندوستانی مسلمانوں کو ازمنۂ وسطیٰ کے ذہن سے نکال کر روشن خیالی کے دور میں لانے کا تھا۔ سر سید نے کالج کا جو ابتدائی خاکہ بنایا تھا۔ اس میں یہ بھی گنجائش تھی کہ حالات حاضرہ سے باخبر علماء پیدا کئے جا سکیں۔ مگر اس خاکے کے صرف پہلے حصّے پر عمل ہو سکا۔ دوسرے اور تیسرے حصے پر عمل کی نوبت ہی نہیں آئی۔ وہ خاکہ یہ تھا۔ پہلا مدرسہ انگریزی ہو.........دوسرا اُردو مدرسہ اس میں تمام علوم و فنون بہ زبان اُردو پڑھائے جائیں گے۔ تیسرا عربی فارسی مدرسہ اس میں انگریزی اور اُردو مدرسوں کے فارغ التحصیل طلبہ کو

جنھوں نے علوم وفنون پڑھ لینے کے بعد عربی یا فارسی لٹریچر وعلوم میں کمال حاصل کرنے کا ارادہ کیا ہوتو ان کی پڑھائی فارسی عربی میں اعلیٰ درجے کی ہوتی ہمیں معلوم ہے کہ نہ اُردو مدرسہ قائم ہوا نہ فارسی عربی کا''[۳]

آل احمد سرور کی ابتدائی دانشوری کا محور سرسید احمد خان تھے۔ چنانچہ انہوں نے سرسید تحریک کو سمجھنے اور سمجھانے اور اُس کی کامیابی اور ناکامی کا تجزیہ کرنے اور اُسے مستقبل میں جاری رکھنے کے امکانات پر اپنی توجہ مرکوز کیئے رہے۔ چنانچہ انہوں نے سرسید پر ایک اور معرکہ آرا تحریر ۱۹۷۲ء میں ''سرسید کا تہذیبی تصور اور موجودہ دور میں اُس کی معنویت'' کے عنوان سے لکھی۔ دراصل یہ تحریر سرسید پر اُن کی سابقہ تحریر کا انجام تھی۔ پہلی تحریر میں سرسید کی مذہبی فکر کا تجزیہ کیا گیا تھا۔ اس تحریر میں سرسید کے تہذیبی افکار سے بحث کی۔ سرسید سے سرور کے گہرے لگاؤ پر تبصرہ کرتے ہوئے عابد رضا بیدار لکھتے ہیں۔

''سرسید پر لکھتے وقت لگتا تھا جیسے اُن (سرور صاحب) پر ایک نشہ کا عالم ہو۔ ایک کیفیت طاری ہو۔ مگر پوری ہوشمندی کے ساتھ اور اسی عالم سرشاری میں وہ سرسید سے زیادہ سرور دانشور کو ایکسپوز کرتے جاتے تھے''[۴]

عابد رضا نے بالکل صحیح اندازہ لگایا کہ سرسید کو سمجھاتے ہوئے سرور خود نمایاں ہوجاتے ہیں اور علم و فراست پر مبنی اپنے خیالات کے ذریعہ وہ ایک دانشور دکھائی دیتے ہیں کہتے ہیں کہ عمر گذرنے کے ساتھ انسانی مشاہدات اور تجربات بھی وسیع ہوجاتے ہیں۔ اور اُن ہی کی روشنی میں انسان کی فکر اور سوچ کے دائرے بھی پھیلتے جاتے ہیں۔ چنانچہ سرور اپنی سوچ فکر اور دانشوری کا دائرہ وسیع کرتے ہیں۔ سرور کی نظر قومی مسائل پر بھی پڑنے لگی تھی۔ اور وہ ہندوستان کی سیاست پر اپنے فکر انگیز خیالات پیش کرنے لگے۔ چنانچہ (۱۹۸۳۔۱۹۸۲) میں انہوں نے ''ہندوستان کدھر'' کے عنوان سے سید ین خطبہ دیا۔ یہ خطبہ اُن کی دانشوری کے سفر میں اہم سنگ میل رکھتا ہے۔ ہندوستان میں کسی اُردو دانشور کے قلم سے یہ ایک غیر معمولی تحریر تھی۔ اس خطبہ میں آل احمد سرور نے سرسید احمد خان کی قومی فکر کا نچوڑ پیش کر دیا۔ یہ خطبہ ۴۸ صفحات پر مشتمل ہے۔ اس میں آل احمد سرور نے جن قومی وملکی موضوعات ومسائل کا احاطہ کیا اُن میں گاندھی جی، جواہر لال نہرو، لبرل ازم، سیکولرازم، جے پرکاش نرائن، رادھا کرشنن، انتخابات، جمہوریت، ذات پات، فرقہ پرستی، مغربیت، جدید کاری، تعلیم کا مسئلہ، تربیت کا مسئلہ، وغیرہ شامل ہیں۔ موضوعات کے تنوع سے اندازہ ہوتا ہے کہ ادب کو اپنا اوڑھنا بچھونا بنانے والے آل احمد سرور کی قومی سیاست اور اُس سے جڑے مسائل پر کس قدر گہری نظر تھی۔ موضوعات کا یہ تنوع سرور کی دانشوری کی وسعت کا بھی پتہ دیتا

ہے۔اس مضمون میں ہندوستان کی آزادی اور غلامی سے نجات پر سرور نے اپنے مشاہدات پیش کئے۔ یوم آزادی کی رات کے مشاہدات بیان کرتے ہوئے سرور لکھتے ہیں۔

''۱۵/اگست ۱۹۴۷ء کی رات کو جب میں لکھنو کی سڑکوں پر آزادی کا جشن دیکھ رہا تھا۔ میرے کانوں میں دو علحٰدہ نعرے گونج رہے تھے۔ ایک جواہر لال نہرو کا کہ ہم دو سو سال کی غلامی کے بعد آزاد ہوئے ہیں دوسرا پنڈت گووند بلبھ پنت کا کہ ہم ایک ہزار سال کی غلامی کے بعد آزاد ہوئے ہیں حکومت جواہر لال کی تھی مگر بات پنت کی مقبول تھی۔[۵]

ایک ہزار سال کی غلامی سے آزادی والے پہلو کی سرور حمائت کرتے ہوئے اپنی اس ذہنی سوچ کو ظاہر کرتے ہیں کہ ایک مسلمان ہونے سے پہلے وہ ایک ہندوستانی ہیں۔ اور ہندوستانی ہر باہر والے کی حکومت کو اپنے لئے غلامی سمجھتا ہے۔ یہ اور بات ہے کہ مسلمانوں کا ہندوستان میں دور حکومت ایک سنہری دور تھا۔ اور اس عرصہ میں محکوم قوم نے کبھی اس تاثر کا اظہار نہیں کیا کہ وہ مسلمانوں کی غلامی میں ہیں۔ کیوں کہ مسلمانوں کے زیر نگین ہونے کے باوجود انہیں اپنی مرضی کے مطابق شایان شان زندگی گذارنے کے بھر پور مواقع حاصل ہوئے تھے۔ بلبھ پنت کے خیال کو پیش کرتے ہوئے شائد سرور نے آزادی کے بعد ہندوستان میں سر اُٹھانے والی ان فرقہ پرست طاقتوں کی طرف اشارہ کیا جو ہندوستان کی سرزمین پر مسلمانوں کی رقم کردہ شاندار تہذیبی وثقافتی تاریخ کو کسی حال برداشت نہیں کرنا چاہتے تھے۔ اور شائد یہی وہ طاقتیں تھیں جنہیں آزادی اور تقسیم ہند کے بارے میں گاندھی جی کے نظریات سے اختلاف تھا۔ اور یہ اختلاف آگے چل کر بابائے قوم مہاتما گاندھی کے وحشیانہ قتل کی شکل میں سامنے آیا۔ یہ آزاد ہندوستان کی ابتدائی تاریخ کا ایک بدترین سیاہ داغ تھا۔ جس کی جانب دبے لفظوں میں سرور نے اشارہ کردیا۔

''ہندوستان کدھر'' خطبہ کے اختتام میں سرور فلسفیانہ انداز میں کہتے ہیں:

''ہمیں آزادی تو حاصل ہوگئی مگر وہ عشق جنوں پیشہ کھو گیا جو ویرانوں میں پھول کھلاتا ہے قانون باغبانی صحرا لکھتا ہے۔ اور سورج کی شعاعوں کو گرفتار کرنے کے ساتھ زندگی کی شب تاریک کو سحر کرنے کی صلاحیت رکھتا ہے''[۶]

اسی خطبے میں سرور نے یہ سوال بھی اُٹھایا تھا کہ دانشوری کا ایک پہلو تنقید بھی ہے۔ گاندھی جی نے جدوجہد آزادی کی قیادت کی۔ ملک کو آزاد کرایا اور بابائے قوم کہلاتے۔ لیکن جب ملک آزاد ہوا تو ایک سچے دانشور کی طرح وہ حکومت کا حصّہ نہیں بنے۔ بلکہ اپنے خیالات کے آزادانہ اظہار کا حق رکھنے کے لئے

حکومت سے دور ہی رہے۔ گاندھی جی کی حکومت سے اس دوری کو پسند کرتے ہوئے آل احمد سرور نے ذاکرحسین، مولانا آزاد اور ہمایوں کبیر کے سامنے یہ سوال رکھا کہ آپ لوگ حکومت میں کیوں شریک ہو۔ حکومت میں آنے کے بعد ایک دانشور تنقید کا حق کھودیتا ہے۔ سرور کہتے ہیں کہ دانشوروں کا اصلی کام ذہنوں کی تعمیر، شخصیتوں کی تشکیل، افکار کی تخم ریزی ہوتا ہے۔ جو حکومت کے اعلیٰ عہدوں پر فائز رہتے ہوئے ممکن نہیں تاہم ذاکرحسین، مولانا آزاد اور ہمایوں کبیر جیسے دانشوروں کے حکومت میں حصہ لینے کے جواز کو یہ کہہ کر درست قرار دیا گیا کہ دانشور طبقہ کو ملک کی سیاست میں ضرور حصہ لینا چاہیے ورنہ ملک کا اقتدار ایسے لوگوں کے ہاتھ میں چلا جائے گا جو آزادی کی قدر نہیں کرتے اور اپنے منفی کردار کے ذریعہ ملک وقوم کو ترقی کی راہ پر لگانے کے بجائے اسے زوال پذیر کردیتے اور یہ لوگ دانشوروں کو باہر رہ کر بھی اپنی زبان کھولنے کا موقع نہیں دیتے اور انہیں جیل کی سلاخوں کے پیچھے بند کردیتے ہیں۔ اگر ملک کے مٹھی بھر چند دانشور اپنی تحریر وتقریر کے معاملے میں پابند کردئے جائیں تو ملکی سوچ وفکر کے سوتے خشک ہوسکتے ہیں۔ اس لئے سرور کے خیال کے برخلاف ہندوستان کی حکومت میں حصہ دار دانشوروں کا عمل درست قرار پاتا ہے۔ لیکن سرور نے تنقید والا جو معاملہ اُٹھایا ہے۔ اُس کی اہمیت سے انکار نہیں کیا جاسکتا۔ آل احمد سرور کے دانشوری سے بھرپور خیالات کو پڑھنے کے بعد اُن کی ستائش کرتے ہوئے خلیق انجم لکھتے ہیں:

> ''وہ ہمارے زمانے کے وہ دانشور تھے جن کی تحریر اور تقریر، دید و دانش، ذہانت، علمی بصیرت، اور تنقیدی شعور کی چنگاریاں آتش بازی کے انار کی طرح اُٹھتیں اور فضاء میں رنگ برنگی روشنیاں بکھیرتی نظر آتیں۔ کون ہے جو اُن کی گل افشانی گفتار کا قائل نہیں''[7]

آل احمد سرور کی دانشوری کو اجاگر کرتی اُن کی ایک اور تحریر ۱۹۸۹ء میں پیش کردہ اُن کا ''مجیب خطبہ'' ہے۔ جس میں اُنہوں نے مجیب صاحب کی کتاب ''انڈین مسلمز'' پر تبصرہ کیا ہے۔ اس خطبہ میں بھی سرور نے عالمی سطح پر اور ہندوستان میں مسلمانوں کی صورتحال پر اپنے فکر انگیز خیالات پیش کئے۔ ایک مرتبہ پھر مسلمانوں کو اپنے معاملات بہتر بنانے پر زور دیتے ہوئے سرور لکھتے ہیں:

> ''ہم نے اسلام جیسے جامع اور ہر شعبۂ حیات کے لئے مشعل راہ مذہب کو صرف عقائد اور عبادات میں محصور کردیا ہے۔ معاملات کی ہمیں کوئی پرواہ نہیں ہے حالانکہ معاملات کے ذریعہ سے ہی ہم سماجی زندگی میں صالح قدروں کو عام کرسکتے ہیں'' [8]

سرور اپنی تحریروں میں کس طرح اپنے آپ کو ظاہر کر دیتے ہیں۔اس کا تذکرہ کرتے ہوئے عابد رضا بیدار لکھتے ہیں:

''موضوع سخن سرسید ہو، مجیب ہو، نہرو ہو یا اُن کا ''ہندوستان کدھر'' یا خود سرور صاحب کا اپنا ہندوستان کدھر، ہندوستانی مسلمان ہو یا عالم اسلام دانشور اپنے خصوصی تھیم کے ساتھ در آتا ہے وہ ہر موقع کو موڑ دے کر اپنی بات اپنا تھیم، اپنا مرکزی خیال پیش کیئے بنا نہیں رہ سکتا۔'' [9]

آل احمد سرور کی دانشوری کی روایت کو بیان کرتے ہوئے مشہور نقاد شمس الرحمٰن فاروقی لکھتے ہیں:

''آل احمد سرور کی یہ میانہ روی دراصل لبرل دانشوری کی اس روایت کا عملی اظہار ہے۔جس نے ذاکر حسین، محمد مجیب، عابد حسین اور محمد حبیب کو جنم دیا۔ اس روایت کی تعمیر میں اقبال اور سید سلیمان کا بھی حصہ ہے۔اور گاندھی مارکس اور فرائڈ کا بھی۔اسطرح وہ تنقیدی بصیرت جو آل احمد سرور کی تحریروں میں جلوہ گر ہے۔اسکے پیچھے گہرا تاریخی اور فلسفیانہ شعور ہے۔'' [10]

آل احمد سرور دانشور ہونے کے باوجود میانہ رو بھی تھے۔ وہ اپنی تحریروں اور فکر میں جوش جذباتیت اور نعرے بازی سے احتراز کرتے ہیں۔اُن کی شخصیت اور دانشوری کی اس خوبی کو اُجاگر کرتے ہوئے ڈاکٹر کمال احمد صدیقی یوں رقم طراز ہیں:

''آل احمد سرور کا سب سے بڑا وصف یہ ہے کہ وہ کبھی صلاحیت سے زیادہ تیز دوڑ کر نہیں چلے۔اسلیئے کبھی ٹھوکر کھا کر گرے بھی نہیں۔اُن کا دوسرا بڑا وصف یہ ہے کہ انھوں نے تحریکوں میں شرکت کے بجائے اُن سے رواداری برتی حالانکہ اس رواداری پر اکثر شرکت کا گمان ہوا۔اُن کا سب سے بڑا ثبوت یہ ہے کہ ہر تحریک کے عروج کے زمانے میں بھی اُنھوں نے جو کچھ لکھا وہ بعد میں زائد المیعاد نہیں ہوا۔وجہ اُس کی یہ ہے کہ سلامت روی کے ساتھ وہ اپنی ہی ڈگر پر گامزن رہے۔ وہ اردو میں اپنی پیڑھی کے FABIAN ہیں۔'' [11]

آل احمد سرور کی دانشوری کا ایک بڑا پہلو مطالعہ اقبال پر مشتمل ہے۔اقبال سرور کے پسندیدہ شاعر تھے۔اور ابتدائی زمانے سے ہی وہ اقبال کے بارے میں لکھنے لگے تھے۔اور جب ملک آزاد ہوا اور

پاکستان وجود میں آیا تب ہندوستان میں اردو شعرا اور ادیب اقبال کا نام لینے سے ڈرتے تھے۔ سرور کے اقبال سے لگاؤ اور دیگر لوگوں کی چشم پوشی پر تبصرہ کرتے ہوئے شمس الرحمٰن فاروقی لکھتے ہیں:

''۱۹۴۷ء کے فوراً بعد کے شب و روز وہ تھے جب ہندوستانی کیلئے عموماً اور مسلمان کیلئے خصوصاً پاکستان کا نام لینا کفر اور اقبال کا نام لینا گناہ کبیرہ تھا۔ ترقی پسند لوگ تو سستے میں چھوٹ گئے تھے کہ آزادی کے پہلے کمیونسٹ پارٹی نے قیام پاکستان کی حمایت کی۔ لیکن بعد میں وہ اقبال کی مخالف ہوگئی تھی۔ آل احمد سرور کا معاملہ یہ تھا کہ وہ پاکستان کے حامی نہ تھے۔ لیکن اقبال کے پرستار تھے۔ اور انہوں نے اقبال سے اپنی عقیدت اور محبت کا لگاؤ عملی اور تنقیدی سطح پر متعدد مضامین میں کیا۔ اور ایسے زمانے میں کیا جب لوگ اقبال کا نام لیتے ڈتے تھے۔''[۱۲]

اس اقتباس سے اندازہ ہوتا ہے کہ آل احمد سرور ایک سچے ہندوستانی کی طرح اقبال سے انسیت پاکستانی نقطۂ نظر سے نہیں بلکہ اقبال کی شاعری اور اُن کی فکر و فلسفہ کی وجہ سے آل احمد سرور نے کشمیر یونیورسٹی میں اقبال انسٹی ٹیوٹ قائم کیا تھا۔ اور اقبالیات پر کئی کتابیں جاری کیں۔ جس میں اقبال اور اردو نظم اقبال اور تصوف' اقبال اور مغرب' جدیدیت اور اقبال' دانشور اقبال' عرفان اقبال وغیرہ شامل ہیں۔

آل احمد سرور اپنے ایک مضمون اقبال کی معنویت میں لکھتے ہیں کہ:

''میرے نزدیک اقبال کی معنویت سب سے پہلے اس وجہ سے ہے کہ انہوں نے اپنے فلسفے اور فن کے ذریعہ ہمارے نو آبادیاتی دور کی مغرب پرستی' مذہب سے بیگانگی' اور مغرب سے مرعوبیت کے خلاف جہاد کیا۔ اگرچہ انہیں کسی طرح قدامت پرست نہیں کہا جاسکتا۔ اُن کی نگاہ کوفہ و بغداد کی طرف نہیں تھی۔ وہ تازہ بستیاں آباد کرنا چاہتے تھے لیکن وہ جدید کاری کا معنی مغربیت نہیں سمجھتے تھے۔ وہ جانتے تھے کہ کسی دوسرے علاقے کے ادارے بجنسہ ہمارے یہاں نہیں نافذ کئے جاسکتے۔ ان کے فروغ کیلئے ہمارے دھرتی' ہمارے ماحول' ہماری فضاء ہمارے سورج' ہمارے مزاج کا لحاظ بہت ضروری ہے اسلئے وہ اپنی فطرت کے تجلی زار میں آباد ہونے کو ضروری سمجھتے تھے۔''[۱۳]

اقبال پر سرور کا ایک اہم مضمون اُن کی کتاب تنقیدی اشارے میں شامل ہے جس کا نام ''اقبال کی فکر و فلسفہ'' ہے۔ اس مضمون میں اجمالی طور پر سرور نے اقبال کی شاعری اور اُن کی فکر و فلسفہ کے اہم پہلوؤں کو پیش کیا۔ اقبال کے فلسفہ خودی کی تشریح کی۔ اور مرد مومن کی وضاحت کی۔ اقبال پر آل احمد سرور کی تحریریں اُن کی دانشورانہ عظمت کا پتہ دیتی ہیں۔ دانشوری کے اپنے پسندیدہ موضوع کو جاری رکھتے ہوئے سرور نے اردو اخبارات میں ہندوستان کے کئی دانشورں پر معلوماتی مضامین لکھے۔ سرور کے یہ مضامین ہندوستان کے مفکروں پر اہم تحریریں ہیں۔ مجموعی طور پر آل احمد سرور ہندوستان کے نامور دانشوروں میں شمار کیئے جاتے ہیں۔ انہوں نے اپنی دانشوری سے ایک طرف اردو تنقید کے سرمائے کو وسیع کیا تو دوسری طرف ہندوستان میں مسلمانوں کے قومی وملی مسائل پر اپنی فکر انگیز تحریروں سے دانشوری کے ان مٹ نقوش چھوڑے۔ انہوں نے ذاکر حسین مولانا آزادؔ اقبال اور غالبؔ کے ذہن سے فیض اُٹھاتے ہوئے اپنے خیالات تعمیر کیئے۔ بلاشبہ سرور کے چلے جانے سے اردو میں دانشوری کا ایک اہم باب ختم ہوگیا۔

☆☆☆☆☆

حوالے

۱۔ عابد رضا بیدار۔ فکر ونظر سرور نمبر ۱۳۷

۲۔ آل احمد سرور ۔ مشمولہ فکر ونظر سرور نمبر ۱۳۹

۳۔ آل احمد سرور ۔ مشمولہ فکر ونظر ۱۴۰۔۱۴۱

۴۔ عابد رضا بیدار ۔ فکر ونظر سرور نمبر ۱۴۱

۵۔ آل احمد سرور ۔ مشمولہ فکر ونظر ۱۴۱

۶۔ آل احمد سرور ۔ مشمولہ فکر ونظر ۱۴۱

۷۔ خلیق انجم ۔ فکر ونظر سرور نمبر ۱۰۲

۸۔ آل احمد سرور ۔ مشمولہ فکر ونظر نمبر ۱۴۳

۹۔ عابد رضا بیدار ۔ فکر ونظر سرور نمبر

۱۰۔ شمس الرحمٰن فاروقی ۔ مشمولہ آل احمد سرور۔ دانشور نقاد شاعر۔ مرتبہ شاہد ماہلی دہلی ۱۹۹۷

۱۱۔ ڈاکٹر کمال احمد صدیقی۔ مشمولہ آل احمد سرور۔ از شاہد ماہلی

۱۲۔ شمس الرحمٰن فاروقی۔ فکر ونظر ۲۱۴

۱۳۔ آل احمد سرور۔ اقبال کی معنویت مضمون۔ فکر ونظر سرور نمبر ۲۱۴

☆☆☆☆☆

نواں باب

آل احمد سرور کا اسلوب

آل احمد سرور نے اپنی تحریروں سے اردو تنقید کو نیا ذہن، نئی فکری جہت اور نیا اسلوب عطا کیا ہے۔ وہ صاحب طرز ادیب تھے اُن کا اسلوب اپنی سادگی، شگفتگی، لطافت اور بیان کی رنگینی کے سبب اردو نقادوں میں انہیں ایک منفرد اسلوب کی حامل شخصیت بنا تا ہے۔ اور وہ ذاکر حسین رشید احمد صدیقی جیسے صاحب طرز ادیبوں کے فہرست میں شامل ہوتے ہیں۔ آل احمد سرور کے اسلوب کی گوناگوں خصوصیات سے قبل یہ دیکھا جائے کہ اسلوب کی تعریف کیا ہے۔ اسلوب کسطرح تخلیق کو مقبول عام بنا تا ہے اور ایک تخلیق اور تخلیق کار کو منفرد بنانے میں اسلوب کس حد تک معاون ثابت ہوتا ہے۔

اسلوب کسی ادیب کے طرز تحریر کو کہتے ہیں۔ تاہم اسلوب کی تعریف جس قدر آسان ہے اُسی قدر مشکل بھی ہے۔ اردو کے ممتاز ادیب اور شاعر اپنی تخلیقات کے علاوہ اپنے اسلوب کے سبب بھی اپنی شناخت رکھتے ہیں۔ اردو میں پریم چند اپنے افسانوں میں دیہاتی عناصر کی پیشکشی کے سبب رشید احمد صدیقی علی گڈھ سے اپنی بے پناہ محبت کے اظہار کے سبب، سرسید احمد خان اپنے اصلاحی نظریات کے سبب، مولانا آزاد اپنی نثر میں عالمانہ رویئے کے سبب، اقبال حرکت وعمل، خودی، شاہین مرد مومن جیسے اشاروں کے استعمال کے سبب، میرؔ غم و یاس اور دل و دلی کی بربادی کے تذکروں کے سبب، غالبؔ اپنی شگفتگی اور

ندرت بیان کے سبب' پروین شاکر اپنی شاعری میں لفظ خوشبو کی تکرار کے سبب' حیدرآبادی شاعر سعید شہیدی اپنے کلام میں بجلی ونشیمن کے اصطلاحوں کے استعمال کے سبب آسانی سے پہچانے جاتے ہیں۔

اردو کا ایک عام قاری اگر میرؔ کے یہ اشعار سنے:

دل کی ویرانی کا کیا مذکور ہے
یہ نگر سو مرتبہ لوٹا گیا

......

دلی میں آج بھیک بھی ملتی نہیں انہیں
تھا کل تلک دماغ جنہیں تخت و تاج کا

......

مرے آگے ترا جب کسو نے نام لیا
دل ستم زدہ کو ہم نے تھام تھام لیا

تو قاری شاعر کا نام معلوم نہ ہونے کے باوجود اگر اُس کی اردو کے شعروادب پر تھوڑی بہت نظر رہی ہو تو وہ بے اختیار کہے گا یہ تو میرؔ کے اشعار لگ رہے ہیں۔ اسلوب کے بارے میں اردو کے دیگر نامور شعرا' ادیبوں' انشائیہ نگاروں اور نقادوں کا یہی حال ہے۔ جو اپنے مخصوص اسلوب سے پہچانے جاتے ہیں۔ چنانچہ کسی لکھنے والے کے طرز تحریر کی منفرد خصوصیات اور اس کے لکھنے کے انداز کو اسلوب کہا جاسکتا ہے۔ ماہرین لسان وادب نے اسلوب کی کئی تعریفیں کی ہیں۔

اسلوب کی تعریف:

اسلوب کو انگریزی میں (STYLE) اردو میں اسلوب' عربی وفارسی میں ''سبنک'' کہتے ہیں۔ انگریزی لفظ STYLE ایک یونانی لفظ STITUS سے نکلا ہے جو ہاتھی دانت' لکڑی یا کسی دھات سے بنا ہوا ایک نوکیلا اوزار ہوتا ہے۔ جس سے موم کی تختیوں پر حروف' الفاظ اور طرح طرح کے نقوش کندہ کیئے جاتے تھے۔ اسلوب میں بھی چونکہ لفظوں کا انتخاب' کانٹ چھانٹ اور تحریر ہوتی ہے اسلئے شائد اسے اسٹائل کہا گیا ہو۔ عربی میں لفظ ''سبنک'' کے لغوی معنی دھات کو پگھلانے اور سانچے میں ڈھالنے کے ہیں۔ ادبی تحریر میں چونکہ لفظ ڈھالے جاتے ہیں اسلئے اسے سبنک کہا گیا۔ آکسفورڈ کی انگریزی ڈکشنری میں اسلوب کے بطور اسم ۲۸ معنیٰ اور بطور فعل ۶ معنی دیئے گئے ہیں۔

مرزا خلیل بیگ نے اپنی تصنیف ''زبان اسلوب اور اسلوبیات'' میں مغربی نقادان فن کی پیش کردہ اسلوب کی مختلف تعریفیں پیش کی ہیں جس میں لکھا ہے:

> ''مشہور فرانسیسی مصنف اور نیچری (Naturalist) بفون (۱۷۰۷ء۔ ۱۷۸۸ء) کا کہنا ہے کہ ''اسلوب ہی خود انسان ہے'' بفون کی اس بات کی وضاحت کرتے ہوئے انگریزی نثر نگار اور مورخ گبن (۱۷۳۷ء۔۱۷۹۴ء) نے کہا ہے کہ ''اسلوب کردار یا شخصیت کا عکس ہے'' انگریزی کے معروف ادیب اور ہجو نگار سوئفت (۱۶۶۷ء۔ ۱۷۴۵ء) کے نزدیک ''مناسب الفاظ کا مناسب جگہوں پر استعمال ہی اسلوب کی سچی تعریف ہے۔ امریکی انشا پرداز اور شاعر ایمرسن (۱۸۰۳ء۔ ۱۸۸۶ء) کے مطابق ''انسان کا اسلوب اُس کی ذہنی آواز ہے'' مشہور جرمن فلسفی شوپنہار (۱۷۸۸ء۔۱۸۶۰ء) کا قول ہے کہ ''اسٹائل خیال کا سایہ ہے''۔ اطالوی فلسفی اور مدبر کروچے (۱۸۶۶ء۔۱۹۵۲ء) کا کہنا ہے کہ ''جب اظہار وجدان کی برابری کرے تو اسٹائل وجود میں آتا ہے۔''[۱]

کلاسیکی لاطینی ادب میں اسلوب ابتدا میں طرز تحریر کے معنوں میں استعمال ہوتا رہا۔ بعد میں تحریر وتقریر میں اپنے آپ کو ظاہر کرنے کا نام اسلوب قرار دیا گیا۔ فرانسیسی ادب میں اسلوب شخصیت کے موزوں اظہار کے مفہوم میں رائج ہے۔ افلاطون کے خیال میں اسلوب میں ذہن اور روح کی کارفرمائی ضروری ہے۔ ارسطو نے طریقہ ادائیگی کو اسلوب قرار دیا۔ ٹینی سن نے اس بات پر زور دیا کہ قابل توجہ بات یہ نہیں ہے کہ ہم کیا کہہ رہے ہیں بلکہ یہ ہے کہ کس طرح کہہ رہے ہیں۔ ہربرٹ اِیڈ کا کہنا ہے کہ ''ایک اچھا مصنف الفاظ کا انتخاب محض اسلئے نہیں کرتا کہ وہ کسی مخصوص آہنگ سے تعلق رکھتا ہے۔ بلکہ الفاظ کو اُس کی وضاحت و بلاغت کے پیش نظر استعمال کیا جاتا ہے۔ تاکہ ایک مخصوص نقطہ سے وہ اپنے مافی الضمیر کو کما حقہ ادا کر سکے۔'' ڈاکٹر سید محی الدین قادری زور اپنی تصنیف ''اردو کے اسالیب بیان'' میں لکھتے ہیں کہ ''اسلوب مصنف کی تمام زندگی کا عکس ہوتا ہے''۔

اسلوب کی اقسام:

کسی شاعر یا ادیب کا اسلوب یا تو نثر کے ذریعہ واضح ہوگا یا نظم کے ذریعہ۔ اسلئے اسلوب کی

بنیادی طور پر دو قسمیں ہوتی ہیں۔

1) نثری اسلوب 2) شعری اسلوب

نثری اسلوب:

نثری اسلوب نثر سے ظاہر ہوتا ہے اور اس میں خیالات کے اظہار پر زور دیا جاتا ہے۔ ادائے خیال سے مراد یہ ہے کہ مصنف کے ذہنی تجربات بلا کم و کاست راست طور پر قاری کے ذہن تک منتقل ہو جائیں۔ اور ترسیل کا عمل بغیر کسی رکاوٹ کے مکمل ہو جائے۔ اس کو ابلاغ خیال بھی کہتے ہیں اس کے لحاظ سے ادیب کو وہی اسلوب اختیار کرنا پڑتا ہے جو واضح اور قطعی ہو۔ اس میں کسی قسم کی شعریت' جذباتیت اور مبالغہ آرائی یا استعاروں اور اشاروں کا استعمال نہ ہو۔ نثر کی مختلف اصناف نثری اسلوب کی مثالیں ہیں۔ نظم کے مقابلے میں نثر میں اپنے اسلوب کی شناخت بنانا ذرا مشکل کام ہے۔ تاہم رشید احمد صدیقی' ذاکر حسین' آل احمد سرور غیرہ نے اظہار بیان کے مختلف انفرادی طریقے اختیار کرتے ہوئے نثری اسلوب میں اپنی منفرد شناخت بنائی ہے۔

شعری اسلوب :

شعری اسلوب شاعری میں اظہار جذبات کے ساتھ مخصوص ہے۔ اس میں بلیغ ابہام ہوتا ہے۔ لطیف نغمگی ہوتی ہے۔ اور ایک ایسی ماورائی کیفیت ہوتی ہے جو قاری کیلئے وجدان کا تاثر پیدا کرتی ہے۔ اگر شاعری میں لطیف اور مترنم اسلوب اختیار نہ کیا گیا تو شاعر کو کامیابی حاصل ہونے کے امکانات کم ہوتے ہیں۔

اسلوب کی تشکیل کے عناصر:

اسلوب نثری ہو یا شعری اس کی تشکیل کے عام طور سے تین عناصر ہوتے ہیں۔ ایک مصنف کی انفرادی خصوصیت' دوسرے عام انسانی رویہ تیسرے خیال اور زبان کی خصوصیات۔

اسلوب کی پہلی خصوصیت مصنف کی انفرادیت ہے۔ یعنی ہر مصنف کا زبان و بیان کے استعمال کے سلسلے میں مخصوص انداز اور رویہ ہوتا ہے۔ جو اُسے دوسرے مصنفین سے ممتاز رکھتا ہے۔ یہی وجہ ہے کہ مخصوص طرز کے اسلوب کی نقالی مشکل ہے۔ سعادت حسن منٹو نے اپنے افسانوں میں جو اسلوب اختیا

رکیا ہے وہ مشکل سے ہی کوئی دوسرا افسانہ نگار نقل کر سکتا ہے۔ مزاح نگاری میں مشتاق احمد یوسفی، کرنل محمد خان، پطرس بخاری، یوسف ناظم، رشید احمد صدیقی وغیرہ سب اپنے اسلوب کے مالک ہیں۔ ان مزاح نگاروں نے اظہار خیال اور زبان و بیان کے استعمال کا جو طریقہ اختیار کیا ہے اُس کی نقل کرنا دوسروں کے لئے ممکن نہیں۔

اسلوب کی دوسری قسم میں مصنف کا رویہ کارفرما ہوتا ہے۔ مصنف جس ماحول میں اٹھتا بیٹھتا ہے وہ ماحول اس کی بول چال، رہن سہن، وضع قطع، عادات و اطوار کو ایک شکل دیتا ہے۔ اور یہ عوامل کسی نہ کسی طرح اسلوب پر بھی اثر انداز ہوتے ہیں۔ اردو میں شمالی ہند کے مصنفین اور جنوبی ہند کے مصنفین کے اسلوب میں ماحول کے اثرات پائے جاتے ہیں۔

اسلوب کی تیسری قسم میں خیال اور زبان کی خصوصیات شامل ہوتی ہیں۔ کوئی مصنف یا شاعر زبان و بیان کے مخصوص الفاظ، تشبیہات، استعارے اور تراکیب کو مخصوص انداز میں یا اکثر استعمال کرتے ہوئے اپنے منفرد اسلوب کی صورت گری کرتا ہے۔

کسی تخلیق کی تنقید کی طرح اسلوب کی پرکھ کی بھی کچھ اصطلاحیں مروج ہیں۔ اور جدا جدا اسلوب کیلئے سادہ بے تکلف، موزوں، خوش آہنگ، شگفتہ، خوبصورت اور مرصع اسلوب کے نام دیئے جاتے ہیں۔

کسی مصنف کے اسلوب کی تشکیل میں اُس کی شخصیت کی خارجیت اور داخلیت کا گہرا تعلق ہوتا ہے۔ بعض ناقدین نے اسلوب کو مصنف کی شخصیت کا مظہر کہا ہے۔ شخصیت کے ہمیشہ دو پہلو ہوتے ہیں۔ ایک خارجی دوسرا داخلی۔ خارجی پہلو میں خدوخال، رنگ وروپ، وضع قطع، چال ڈھال وغیرہ ہوتے ہیں۔ جبکہ داخلی پہلو میں اس کے احساسات، خیالات، نظریات، مشاہدات پر ردعمل وغیرہ ہوتے ہیں۔ خارجی پہلو بہ ظاہر آسانی سے نظر آجاتا ہے۔ جبکہ داخلی پہلو جاننے کیلئے مصنف سے تبادلہ خیال کرنا اور اس کی تحریروں کا مطالعہ کرنا ضروری ہوتا ہے۔ ہر شخص کے سوچنے اور محسوس کرنے کا ایک مخصوص انداز ہوتا ہے۔ اور وہ اپنی تعلیم و تربیت کی بنا اپنے خیالات کو منفرد انداز میں اظہار کے سانچے میں ڈھالتا ہے۔ یہی منفرد انداز اظہار کسی مصنف یا انشاء پرداز کا اسلوب ہوتا ہے۔ اسطرح اسلوب کی مدد سے صاحب اسلوب سے واقفیت حاصل کی جاسکتی ہے۔ اگر انشا پرداز کے خیالات میں الجھن ہو تو اس کا اسلوب بھی واضح نہیں ہوگا۔ اس پہلو کو اُجاگر کرتے ہوئے عابد النساء لکھتی ہیں:

> ''اسلوب کی ماہیت کو سمجھنے کیلئے مصنف کی شخصیت کے علاوہ اسلوب اور خیال کے باہمی تعلق کو بھی پیش نظر رکھنا ضروری ہے۔ اسلوب احساسات اور

اظہار خیالات کا بنیادی وسیلہ ہے۔ اگر مصنف اپنے خیالات واحساسات قاری تک پہونچانے میں ناکام رہا ہے تو یہ اس کے اسلوب کا نقص سمجھا جائے گا۔ اسلوب خیالات کا عکس ہوتا ہے۔ اگر خیالات میں الجھن ہوتو اسلوب میں خود بہ خود الجھاؤ پیدا ہوجائے گا۔ مصنف کے ذہن کا یہ الجھاؤ کبھی مشکل اور نا مانوس الفاظ کا سہارا لیتا ہے تو کبھی دور از کار تشبیہات اور استعارات کی راہیں تلاش کرتا ہے۔[2]

اسلوب کی تعریف اُس کی اقسام اوراس کی تشکیل کے مختلف پہلوؤں پر نظر ڈالنے کے بعد آیئے دیکھیں کہ پروفیسر آل احمد سرور کا اسلوب اپنی کن خصوصیات کی وجہ سے اردو ادب میں نمایاں ہوسکا۔

پروفیسر آل احمد سرور کا اسلوب اُن کی نثری تصانیف سوانح حیات 'خواب باقی ہیں' تنقیدی کتابیں ادب اور نظریہ' اقبال اور اُن کا فلسفہ' اقبال نظریہ اور شاعری' اقبال کے مطالعہ کے تناظرات' انتخاب پروفیسر آل احمد سرور' تنقید کیا ہے۔ تنقیدی اشارے' سرسید ایک تعارف' عرفان اقبال' مسرت سے بصیرت تک' نئے اور پرانے چراغ' نظر اور نظریے' ہندوستان کدھر' ان کی تنقیدی مضامین تبصروں' اداریوں اور اُن کے شعری مجموعوں سلسبیل' ذوق جنوں' خواب اور خلش اور لفظ سے جھلکتا ہے۔ اسطرح سرور نثری اور شعری دونوں طرح کے اسالیب سے جانے جاتے ہیں۔ دراصل بیسویں صدی میں اردو میں کئی صاحب طرز ادیب پیدا ہوئے تھے۔ ان میں نیاز فتحپوری' مہدی افادی سجاد انصاری' قاضی عبدالغفار' خواجہ حسن نظامی' ابو الکلام آزاد' پروفیسر احتشام حسین' پروفیسر خواجہ احمد فاروقی' ڈاکٹر مسعود حسین خان' ڈاکٹر ذاکر حسین' رشید احمد صدیقی وغیرہ ایسے ادیب ہیں۔ جن کا اسلوب خود اُن کا تعارف پیش کرتا ہے۔ لیکن ان سب میں آل احمد سرور کی نثر اپنی شگفتگی' ذہانت' علمیت اور ادبیت کے اعتبار سے علٰحدہ شناخت رکھتی ہے۔ ذاکر حسین عابد حسین پروفیسر مجیب اور یوسف حسین خان کی تحریروں سے علمیت جھلکتی ہے۔ اُن کی تحریریں دل کو چھو لینے کے بجائے دماغ کو متاثر کرتی ہیں۔ ان لوگوں کے اسلوب میں مقصدیت اور افادیت کا پہلو غالب دکھائی دیتا ہے۔ سجاد انصاری' مہدی اور نیاز فتحپوری رومانیت کے نقیب ہیں۔ قاضی عبدالغفار اور ابوالکلام آزاد کی نثر پر صحافت کا رنگ چھایا ہوا ہے۔ ان تمام ادیبوں میں خواجہ حسن نظامی اپنے اسلوب کے موجد ہیں۔ اور کوئی اُن کے اسلوب کی پیروی نہیں کرسکا۔ وہ ایک طرح سے اپنے طرز کے موجد بھی ہیں۔ اور خاتم بھی۔ احتشام حسین' خواجہ احمد فاروقی اور مسعود حسین خان کے اسلوب میں چند ایک انفرادی خوبیاں ہیں۔ جبکہ خواجہ حسن نظامی کے بعد آل احمد سرور نے شگفتہ اسلوب سے تنقید جیسی خشک اور سنگلاخ

وادی میں گل کھلائے ہیں۔ اور اُن کی تحریریں قاری کو ایک فرحت بخش احساس بخشتی ہیں۔ ڈاکٹر رفیعہ سلطانہ آل احمد سرور کے اسلوب کی خوبیاں واضح کرتے ہوئے لکھتی ہیں:

''پروفیسر سرور کا اسلوب ایک جوئے نرم اور سلسبیل کی مانند ہے جو بنجر زمینوں میں پھول کھلاتا اور شاداب وادیوں میں پھل اُگاتا ہے۔ اس کا یہ مطلب نہیں ہے کہ سرور صاحب کی نثر میں خیال کی اہمیت اور فکر کی صلاحیت نہیں بلکہ یہ خیال اور فکر کو جذبے کی کٹھالی میں اسطرح آمیز کر دیتا ہے کہ حاصل بصیرت رہ جاتی ہے۔ یہ خیال آفرین اور خیال افروز نثر کی بین مثال ہے۔ سرور کی تقلید آسان نہیں وہ فلسفہ اور فکر کو خودی پر طاری کر لیتے ہیں۔ اس کے بعد نہایت ہی دلکش انداز میں سپرد قلم کر دیتے ہیں سرور کی نثر مجھے جارج سنیتانا کے مماثل نظر آتی ہے۔ جو فن میں فعل کو اس خوبصورتی سے آمیز کر دیتا ہے کہ تعقل فن اور فن تعقل بن جاتا ہے''۔[۳]

آل احمد سرور کو پروفیسر گیان چند جین نے صاحب اسلوب نثار کہا ہے۔ اور اُن کی تحریروں کو ادب لطیف قرار دیا ہے۔ اُن کے اسلوب میں پائی جانے والی شگفتگی کے پہلو کو اُجاگر کرتے ہوئے پروفیسر گیان چند جین لکھتے ہیں:

''پروفیسر سرور صاحب اسلوب نثار ہیں۔ تقریر ہو کہ تحریر اس میں جب خوشنما فقرے اور رنگین ترکیبیں منڈھانا شروع کرتے ہیں تو ادب لطیف والوں کی یاد آجاتی ہے۔ سوانح نگاری بیانیہ صنف ہوتی ہے اس میں ہر جگہ انشائیت ممکن نہیں۔ لیکن انہوں نے اسے کہیں بھی ادبیت سے معرا نہیں ہونے دیا۔ اس کے علاوہ کئی جگہ جملے کے جملے پیراگراف کے پیراگراف، صفحے کے صفحے اپنے مخصوص شگفتہ اسلوب میں لکھے ہیں۔ اس رنگ کے شاہکار پہاڑی مناظر کے بیان میں ملتے ہیں جہاں اپنی شخصیت کا تجزیہ کیا ہے وہاں بھی اُن کی تحریر کی جاذبیت قابل دید و شنید ہے۔''[۴]

آل احمد سرور کی خودنوشت سوانح ''خواب باقی ہیں'' میں اُن کے شگفتہ اسلوب کی مثالیں جا بجا ملتی ہیں۔ پہلگام کے مناظر بیان کرتے ہوئے سرو اپنے ساتھ قاری کو بھی وہاں کے حسین مناظر میں شامل کر لیتے ہیں سرور لکھتے ہیں:

''پہلگام میں سب سے خوبصورت منظر پیلٹو سے نظر آتا ہے۔ بائیں طرف
سے شیش ناگ آتا ہے دائیں طرف سے اڑونالہ۔ دونوں نالے چھوٹی چھوٹی
ندیوں میں بٹ جاتے ہیں اور دونوں کے بڑے دھارے کچھ آگے جا کر مل
جاتے ہیں۔ پیلٹو سے دیکھیئے تو لگتا ہے کہ سیال چاندی کی لکریں ایک
دوسرے کو کاٹ رہی ہیں۔ اور دو چاندی کے لمبے چوڑے تکڑے ایک
دوسرے سے گلے مل رہے ہیں۔ آڑونالے کا پانی سبزی مائل ہے شیش ناگ
نالے کا سفیدی مائل۔ میں کبھی شیش ناگ نالے کے اس پل پر کھڑا ہو جاتا تھا
جو پیلٹو پہنچنے کیلئے عبور کرنا پڑتا ہے لہروں کی تیزی اور ندی گھنٹوں دیکھتا رہتا
تھا۔ کبھی کبھار جی چاہتا تھا کہ اس میں کود پڑوں پل سے آگے ایک گاؤں تھا
جہاں میلے کچیلے مگر چاند سے بچے سلام صاحب پونسہ سلام صاحب پونسہ کہہ کر
دوڑتے۔''[۵]

سرور کو مناظر فطرت خاص طور سے پہاڑوں کی سیر وتفریح بہت پسند تھی۔ اور اس کے مناظر اور پہاڑوں کے سفر کی یادیں بیان کرتے ہوئے اپنے اسلوب کے ذریعہ کیف وسرور کا ماحول فراہم کرتے ہیں سرور کا یہ اقتباس شگفتگی وشادابی کا بھرپور احساس دلاتا ہے:

''پہاڑوں سے مجھے شروع سے عشق رہا ہے میل ویل تو انسان کے لئے
سمندر کی کشش کا بڑے مزے سے ذکر کرتا ہے میرے لئے پہاڑوں میں
زیادہ کشش ہے مجھے اُن کی آغوش میں سکون ملتا ہے۔ طبعیت کو ایک شادابی
حاصل ہوتی ہے برف پوش چوٹیوں کا نظارہ روح کو پرواز پر مائل کرتا ہے
چٹانوں میں سے ہو کر تیز اور پر شور موجوں کا سکڑ نا سمٹنا' پھیلنا اور آگے بڑھنا
وجد میں لاتا ہے اگر ندی پُر شور نہیں ہے بلکہ ایک شیریں نغمے کے ساتھ ترل
ترل بہہ رہی ہے تو ورڈز ورتھ کا یہ مصرعہ یاد آتا ہے۔ Beauty born
of murmering sound دیودار کے جھنڈ کے جھنڈ کہہ رہے ہیں
کہ ہماری طرح تم بھی آسمان سے باتیں کرو۔ دریا کے کنارے
دور دور تک خود رو پھول' رنگ اور خوشبو پھیلاتے ہیں۔ یہ نظارے دیکھ کر
محسوس ہوتا ہے کہ جسم اور روح دونوں نے غسل کیا ہے ذہن سے سارا زنگ

دور ہو جاتا ہے فطرت کا یہ حسن زندگی کا ایک نیا عرفان عطا کرتا ہے۔ فطرت کی آغوش میں دم لے کر پھر آگے بڑھ سکتے ہیں۔'' [6]

سرور نے نہ صرف اپنی سوانح بلکہ تنقیدی مضامین میں بھی اپنے طرزِ تحریر کی شگفتگی اور دلکشی برقرار رکھی ہے تنقید کرتے وقت سرور الفاظ سے بڑا اچھا کام لیتے ہیں۔ الفاظ کے مناسب استعمال سے اُن کی تحریروں میں ہر جملہ ایک مضمون کا عنوان معلوم ہوتا ہے اپنے تنقیدی مضامین کے مجموعے ''پہچان اور پرکھ'' کے پیش لفظ میں سرور ادب کے بارے میں اپنے خیالات انتہائی لطیف پیرائے میں پیش کرتے ہیں:

''ادب کی تنقید ادب سے ہمدردی اور محبت کے بغیر نہیں ہو سکتی۔ یہ محبت ایک عرفان عطا کرتی ہے یہ صرف جذباتی نہیں ہوتی۔ یہ محبوب کے روئے روشن کو ہی نہیں دیکھتی چاند کے دھبے بھی دیکھتی ہے تنقید گلستان میں کانٹوں کی تلاش نہیں ہے۔ یہ صرف پھولوں کی مدح سرائی بھی نہیں ہے۔ یہ پھولوں کے اپنے اپنے حسن کو پہچانتی ہے۔ اور سبزۂ بیگانہ اور کانٹوں کو بھی نظر انداز کرتی ہے۔ یہ تخلیق کے تجربے میں قاری کو شریک کر کے فن کار کے روحانی سفر میں ساتھی بن کر، پھر اس سفر کی اہمیت اور اس کی سمت کو واضح کرتی ہے ...... مجھے ادب سے محبت ہے اور میں اس محبت پر شرمندہ نہیں۔ ادب عمر بھر میرا اوڑھنا بچھونا رہا ہے۔ اسی کے ذریعہ سے زندگی اور انسانیت کو سمجھنے اور برتنے میں مجھے مدد ملی ہے'' [7]

سرور کے تنقیدی خیالات ہوں یا کسی موضوع یا تخلیق پر اُن کی تنقید دھیمے لہجے میں وہ تخلیق کی توضیح اور تشریح کرتے چلے جاتے ہیں۔ اور تنقیدی تحریر ہونے کے باوجود اُن کے سادہ سلیس اور شگفتہ اسلوب کی وجہ سے قاری کو عدم دلچسپی کا احساس نہیں ہوتا۔ اس طرح سرور کے اسلوب کی بدولت قاری اُن کی تنقید کو اور تنقید کے ذریعہ ایک تخلیق مطالعہ کرنے کے لئے آمادہ ہو جاتا ہے۔ اقبال کی پہلے دور کی شاعری پر تبصرہ کرتے ہوئے سرور تنقید میں شاعری کرنے لگتے ہیں۔ چنانچہ وہ لکھتے ہیں:

''اُن کے پہلے دور کی شاعری میں موتیوں کی طرح بکھری ہوئی نظموں سے جو مالا بنتی ہے وہ رومانیت کے دھاگے کی ہے۔ اس رومانیت کو فلسفے نے محض ایک شیریں دیوانگی ہونے سے بچالیا۔ اسے وہ اعلیٰ سنجیدگی سکھائی جو شروع سے نثر میں مرتب و منظّم اظہارِ خیال اور استدلال پر قادر ہے۔ اور جو فکر میں

ایک گہرائی اور سمت پیدا کرتی ہے۔ مذہبی اساس نے ایک یقین کی دولت دی تھی۔ تصوف نے انسان دوستی' خدمت خلق اور حب جاہ و مال سے بے نیازی یا ایک درویش منشی عطا کی تھی۔ مغربی ادب کے مطالعے نے رومانی نظر دی اور یہ رومانیت فطرت کے حُسن کے ساتھ انسان کی زبوں حالی کا بھی احسا س رکھتی ہے۔ اور وطن کے ماضی اور حال کا بھی۔'' [۸]

آل احمد سرور اپنی تنقید اور صحافتی تحریروں میں جامع الفاظ کے استعمال سے وسیع تر مفاہیم کے امکانات تلاش کر لیتے تھے۔ یہ بھی اُن کے اسلوب کی ایک خوبی ہے سرسید سے انہوں نے دانشوری سیکھی تھی۔ سرسید کی ذات مجموعہ صفات تھی۔ سرسید احمد خان کی شخصیت اور اُنکے کارناموں کو سرور نے اس اقتباس میں اپنے دلچسپ اور عالمانہ اسلوب نگارش کے ذریعہ سمیٹنے کی کوشش کی ہے سرور لکھتے ہیں:

'' سرسید ہندوستان کی ان عظیم شخصیتوں میں سے ہیں جنہوں نے ہماری تاریخ پر ایک غیر فانی نقش چھوڑا ہے۔ سرسید نے زندگی کے ہر شعبہ پر اثر ڈالا۔ انہوں نے خواب دیکھے اور دکھائے۔ اور پھر ان خوابوں کو حقیقت بنانے میں لگے رہے۔ انہوں نے مذہب' سیاست' تعلیم' معاشرت' ادب صحافت سب میں بڑے بڑے انقلابی کارنامے انجام دئے۔ وہ بہت بڑے مصلح' مجدد' معلم اور مجاہد تھے۔ انہوں نے اپنی ذہنی اور عملی قیادت سے قوم کا رُخ مایوسی سے امید کی طرف سُستی اور بے عملی سے سعی اور جستجو کی طرف ماضی کے نشے سے حال کی ترشی کی طرف ذاتی فلاح سے قومی بہبود کی طرف رسم پرستی اور اندھی تقلید سے حریت فکر اور عقلیت کی طرف اور قدیم اسالیب فکر سے جدید عالمی معیاروں کی طرف پھیر دیا۔ اپنی پر سوز اور پُر خلوص شخصیت کی وجہ سے انہوں نے علم و ادب کے کتنے ہی آفتاب و ماہتاب اپنے گرد جمع کر لئے۔ اور مخلص ہوشمند اور با عمل نوجوانوں کی ایک پوری نسل تیار کر دی''۔ [۹]

سرور نے اس اقتباس میں الفاظ کے استعمال کی جو رنگارنگی دکھائی ہے۔ اس سے اُن کے ذخیرہ الفاظ کی وسعت کا اندازہ ہوتا ہے۔ اور اُن کے صاحب طرز ادیب ہونے کی دلالت کرتا ہے۔ آل احمد سرور کی تنقیدی تحریروں میں ذہنی توازن فکری بصیرت اور رمز شناسی دکھائی دیتی ہے۔ اُن کا اسلوب ادبی

آن بان رکھتا ہے۔ یہی وجہ ہے کہ اُن کی تنقیدی تحریریں اورادبی مضامین تخلیقی ادب کا حصہ بن جاتی ہیں میرؔ کی شاعری پر تبصرہ کرتے ہوئے سرور لکھتے ہیں:

> ''میرؔ کے سامنے تو ایک لٹتی ہوئی جنت ایک لٹتی ہوئی بساط اور ایک جاتے ہوئے کارواں کا ماتم ہے اور اس ماتم کے پیچھے انسانیت کی چند ایسی قدریں ہیں۔ جو نہ صرف اس دور کو بصیرت عطا کرسکتی ہیں بلکہ آج ہمارے ذہن کا اُجالا ہوسکتی ہیں'' [10]

سروراور نشاط اورادبی بصیرت کی فضاء آل احمد سرور کی تحریروں میں جا بجا دکھائی دیتی ہے اسلوب شخصیت کا ترجمان ہوتا ہے اور آل احمد سرور کی شخصیت کی سادگی اور شگفتگی اُن کی تحریروں سے جھلکتی ہے۔

آل احمد سرور نے اپنے تنقیدی رویے کی طرح اپنے اسلوب میں بھی اعتدال اور توازن قائم رکھا اور قدیم وجدید کے امتزاج سے اپنے اسلوب کی ایک الگ راہ نکالی۔

آل احمد سرور نے اپنی تنقیدی تحریروں میں حالیؔ کی پیروی کی کوشش کی۔ حالیؔ سادگی اور مقصدیت کے علمبردار تھے۔ حالیؔ کے علاوہ سرور کے ہاں شبلی کی قائم کی ہوئی رنگینی کی روایات بھی دکھائی دیتی ہے۔ سرور کی تحریروں میں تاثراتی رنگ دکھائی دیتا ہے تاہم اُن کے مزاج کے توازن اور اعتدال نے اُن کے اسلوب کو تاثراتی ہونے سے بچائے رکھا۔

حالیؔ اور شبلی کے علاوہ سرور اپنے دور کے چند ہم عصر ادیبوں عبدالحق، وحیدالدین سلیم، نیاز فتحپوری، رشید احمد صدیقی اور ذاکر حسین کی تحریروں سے بھی متاثر رہے۔ سرور کے یہ تمام پیشرو مشرقی روایات اور طرز فکر کے پاسدار تھے۔ سرورؔ نے ان سے مشرقی طرز ادا کے ساتھ جدید اسالیب کو بھی اپنے اسلوب کا حصہ بنانا سیکھا۔

شبلی نے اپنے اسلوب میں جس لطافت کی ابتداء کی تھی۔ بعد کے ادیبوں میں مجنوں گورکھپوری اور سرور نے اس روایت کو آگے بڑھایا۔ تاہم سرور نے مجنوں کی رومانیت، وقار عظیم کی سادگی، کلیم الدین احمد کی سنجیدگی اور احتشام حسین کی متانت سے ہٹ کر اپنے اسلوب کو سبک، سجل، رواں شائستہ اور نکھرا ہوا بنایا۔

رشید احمد صدیقی کے اسلوب کے بارے میں کہا جاتا ہے کہ اس میں شوخی، بذلہ سنجی، بانکپن، اور فطری آمد ہے سرور ایک نقاد تھے۔ لیکن انہوں نے اپنی تحریروں میں رشید احمد صدیقی کی سی بذلہ سنجی لانے کی غیر شعوری کوشش کی ہے بذلہ سنجی کی چند مثالیں پیش ہیں جو سرور کو رشید احمد صدیقی کے اسلوب کی خوبیوں کے قریب کرتی ہیں۔

''اچھے اور ممتاز طالب علموں کے لئے ڈپٹی کلکٹر کا عہدہ موجود تھا۔ حکومت بھی مہربان تھی۔ اور قوم بھی فدائی۔

''کُتوں کے متعلق کہا جاتا ہے کہ وہ پٹنا پسند کرتے ہیں مگر یہ گوارانہیں کرتے کہ کوئی اُن پر ہنسے۔ یہی حال انسانوں کا ہے۔ انہیں ضرب شدید پسند ہے چاہے اس کا نتیجہ جنت ہو یا حوالات۔ مگر مضحکہ خیز ہنسنا پسند نہیں کرتے۔'' [11]

سرور رشید احمد صدیقی کے اسلوب کی پیروی کرتے ہوئے خود رشید احمد صدیقی کے بارے میں لکھتے ہیں:

''پطرس بخاری اور رشید احمد صدیقی صاحب کی شخصیت میں وہی فرق ہے۔ جو اُن کے فن میں ہے۔ بخاری ایک شوخ اور زندہ دل انسان ہیں۔ رشید صاحب ایک ناکام عاشق کی زندہ تصویر ہیں۔ بخاری کی شخصیت ایک پھلجھڑی کی طرح تھوڑی دیر کے لئے فضائے رنگ ونور سے معمور ہو جاتی ہے اور پھر وہی اندھیرا رشید صاحب کی لو اتنی مدھم ہے کہ اس سے اول اول اندھیرے کا احساس کچھ بڑھ جاتا ہے۔ مگر رفتہ رفتہ ہم اندھیرے سے آنکھیں چار کر سکتے ہیں۔'' [12]

سرور اپنے تنقیدی مضمون میں کسی ادیب یا فن پارے پر تنقید بھی کرتے ہیں۔ اور دوران تنقید اپنے پر لطف اسلوب کی چاشنی سے نثر کو دلچسپ بناتے ہیں۔ اُن کی کتاب تنقیدی اشارے میں شامل مضمون ''ہندوستانی ادب میں حاؔلی کا درجہ'' میں حاؔلی کی تصانیف کا تعارف اور اُن پر تنقید دلچسپ انداز میں کچھ اس طرح پیش کرتے ہیں:

''وہ غزل کے خلاف ہیں۔ لیکن اُن کی بہت سی غزلیں اُردو شاعری کے ہر انتخاب میں جگہ پاسکتی ہیں۔ ان غزلوں میں ہجر اور وصل بھی ہیں۔ اور زاہد سے چھیڑ چھاڑ بھی۔ مگر صرف یہی نہیں اس کے علاوہ بھی بہت کچھ ہے۔ ان کی نظموں میں اسلامی تعلیم اور اصلاحی پیغام ہے۔ مگر تاثیر اور شیرینی بھی کم نہیں۔ وہ واعظ بھی ہیں۔ اور مصلح بھی۔ ناصح بھی ہیں اور حکیم بھی مگر دراصل وہ شاعر ہیں....... نثر میں اُن کے کارنامے کچھ کم روشن بھی نہیں۔ وہ تین بلند پایہ کتابوں کے مصنف ہیں جو اُردو ادب میں کلاسیکل حیثیت اختیار کر چکی

ہیں۔[۱۳]

سرور نے اپنے اسلوب کو دلچسپ بنانے کے لئے واقعاتی رنگ بھی استعمال کیا ہے۔ اپنی سوانح خواب باقی ہیں میں وہ ایک قصہ گو کی طرح واقعات بیان کرتے جاتے ہیں یہ واقعات قاری کو باندھے رکھتے ہیں اور وہ ایک سوانح کو بھی دلچسپی سے پڑھنے لگتا ہے سرور نے اپنے بچپن کے واقعات بیان کرتے ہوئے خواب باقی ہیں میں ایک ناول کا سا سماں باندھا ہے۔ اپنے بچپن کی معصوم محبت کا واقعہ بیان کرتے ہوئے سرور لکھتے ہیں:

''پڑوس میں ایک مسلمان گھرانہ بھی تھا۔ جس میں ایک لڑکی مجھ سے دو تین سال بڑی تھی۔ اس کا نام غالباً عائشہ رہا ہوگا۔ مگر ہم لوگ اسے آشا کہتے۔ یہ لڑکی اکثر دلہن بنتی۔ اور مجھے دولہا بناتی۔ اپنا دوپٹہ ہم دونوں پر ڈال لیتی۔ یہ سب باتیں بہت عجیب اور پراسرار معلوم ہوتی تھیں۔ ان میں ایک بے نام سی لذت تھی،،[۱۴]

آل احمد سرور کی اس طرح کی تحریروں کو پڑھنے سے ایک قسم کی شیرینی کا احساس ہوتا ہے ان کی زبان دلکش اور خاصی رنگین ہے۔ انہوں نے تشبیہات واستعارات سے بھی اپنی تحریر کو سنوارنے کا کام لیا۔ اور حسین تراکیب اور جملوں کے ذریعہ اسلوب میں رنگینی لانے کا کام کیا۔

آل احمد سرور نے ابتداء سے جو شگفتہ اسلوب اختیار کیا تھا وہ آخر تک رہا اور اس میں کسی قسم کی تبدیلی پیدا نہیں ہوتی۔ ایسا محسوس ہوتا ہے کہ وہ دوران تحریر الفاظ کے رکھ رکھاؤ کی طرف توجہ نہیں دیتے بلکہ خیالات کے بہاؤ کے تحت الفاظ اور جملے لکھتے چلے جاتے ہیں۔ اس لئے اُن کے اسلوب میں تصنع یا بناوٹی انداز دکھائی نہیں دیتا۔ سرور کے اسلوب میں تخیل کی ایسی گل کاریاں ملتی ہیں کہ اُن کی تحریریں حسین اور جاذب نظر ہو جاتی ہیں۔ اُن کی تحریر میں جملے چھوٹے اور جامع ہوتے ہیں۔ اور ہر جملہ مکمل دکھائی دیتا ہے یہی وجہ ہے کہ اُن کے اسلوب بیان میں بے ساختگی' روانی اور عالمانہ شان پائی جاتی ہے۔ چھوٹے جملوں پر مشتمل سرور کی ایک تحریر کا اقتباس اسطرح ہے جس میں انہوں نے اکبر الہ آبادی کی طنزیہ شاعری کا جائزہ پیش کیا ہے۔ سرور لکھتے ہیں:

''اکبر کے یہاں طنز وظرافت کا ایک حیرت انگیز امتزاج ملتا ہے۔ وہ بہت بڑے ہنسوڑ ہیں۔ انہیں ہر واقعہ کا مضحک پہلو بہت جلد نظر آ جاتا ہے۔،،[۱۵]

نثر کے علاوہ سرور کے شعری سرمائے سے بھی اُن کا اسلوب جھلکتا ہے۔ سرور کی شاعری تاثرات

کی شاعری ہے۔ وہ کسی کیفیت اور واقعہ یا حادثہ سے متاثر ہو کر اُسے قالب شعر میں ڈھالنے کی کوشش کرتے ہیں۔ اس طرح اُن کے اندر کا نقاد اور شار اُنہیں شاعری میں بھی مخصوص روش اور طرز ادا پر لے چلتا ہے۔ سرور کے شعری اسلوب کے بارے میں سید احتشام حسین لکھتے ہیں:

> ''سلسبیل میں ایک شاعرانہ مزاج ملتا ہے مشاہدہ کی صلاحیت نظر آتی ہے۔ تازگی کی کوشش دکھائی دیتی ہے۔ جس درمیانی دور میں سرور تنقیدی مضامین لکھتے رہے وہ بھی اُن کے شاعرانہ مزاج کی تعمیر اور فنی شعور کے ارتقاء کا دور تھا۔ اچھی تخلیق کے لئے اچھے مطالعہ کی ضرورت ہوتی ہے۔ اور سرور نے مطالعہ کو ہی اپنا اوڑھنا بچھونا بنالیا۔ مغربی ادبیات کے وسیع اور گہرے مطالعہ نے انہیں اردو شاعری کی روایات سے بدظن نہیں کیا۔ اس کا پتہ ''سلسبیل'' کے بعد مختلف اسالیب اور نظریات فن کے مطالعہ نے اُن کے اسلوب میں پختگی اور انداز بیان میں قادرالکلامی کی شان پیدا کر دی ہے۔'' [16]

سرور نے چھوٹی بحروں میں مترنم شاعری کی ہے اور ان کی بعض نظمیں لئے اور ترنم کی حامل ہیں۔ اپنی ایک نظم میں سرور نے اپنے شعری اسلوب کا بھرپور اظہار کیا ہے۔

ہجوم غم سے ہر انساں ہے کس کیلئے اے دوست — ہر ایک رات کی آخر سحر بھی ہوتی ہے
جہاں سیاہ گھٹاؤں نے دام ڈالے ہیں — وہیں نمائش برق و شرر بھی ہوتی ہے
مہیب سرد چٹانوں کے سخت سینے سے — کبھی تراوش لعل و گہر بھی ہوتی ہے
جہاں خزاں نے اُجاڑے ہیں رنگ و بو کے دیار — وہیں بہار بہشت نظر بھی ہوتی ہے
بڑھے جو رنج اسیری تو قید ہے کیا چیز — قفس میں تربیت بال و پر بھی ہوتی ہے
حدیث غم کا تری سلسلہ دراز سہی — یہ داستان کبھی مختصر بھی ہوتی ہے

(سرورؔ)

سرور کو مناظر فطرت سے بہت پیار تھا۔ نثر کے علاوہ شاعری میں بھی انہوں نے فطرت کے حسین نظاروں کو پیش کرتے ہوئے اپنے شعری اسلوب کو فرحت اور تازگی سے ہمکنار کیا ہے۔ سرور کہتے ہیں:

مرے حسن مرے سر بلند کہسارو
تمہاری گود میں آسودگی ملی مجھ کو
میں جب بھی گردش شام و سحر سے گھبرایا

تمہارے دم سے نئی تازگی ملی مجھ کو
تمہارے پیڑ کے سائے میں سبز پتوں میں
ہوا کے رقص کے اک آگہی ملی مجھ کو
تمہاری گاؤں کی گوری کے روئے روشن پر
ادائیں لاکھ لئے سادگی ملی مجھ کو
سرورؔ

سرور کی شاعری اور اُن کے شعری اسلوب میں ایک قسم کا فرحت بخش احساس اور احساس جمال پایا جاتا ہے۔سرور کے ہاں پائی جانے والی اس تازگی کی کیفیت کو بیان کرتے ہوئے اخلاق احمد لکھتے ہیں:

''زندگی اگر آرام کا صحرا بن جائے تو قدرتی حسن و جمال سے زندگی وادیٔ رنگین بن سکتی ہے۔ انسان کی تھکی ہوئی روح کو پناہ مل جاتی ہے۔ قدرتی مناظر کے اندر خاموشی کا طوفان دھوم مچاتا ہے۔ سرور صاحب کے یہاں جمالیاتی سرشاری پائی جاتی ہے۔ لیکن محدود ہو کر نہیں بلکہ کشادگی کے ساتھ نظر آتی ہے۔ برسات کی شفق میں کھیتوں کی ہریالی میں گل بوٹے میں، سنگ و خشت میں، موسیقی میں مصوری میں قدرتی مناظر میں، دریا کی روانی میں، چڑیوں کی چہچہاہٹ میں، ہجر و وصل میں، سوز و ساز میں، فن خطاطی میں، اجنتا اور ایلورا کے غاروں میں تاج محل میں، سبزہ زار اور لالہ زار میں، اچھی صورت اور لب و رخسار میں ہر جگہ یکساں نظر آتی ہے۔ سرور صاحب کے یہاں جمالیاتی لگاؤ ایک سچائی ہے۔''[12]

آل احمد سرور کے اسلوب کی شادابی، تازگی، بانکپن، نشاط سحر انگیزی اور رعنائی کے سبھی ناقدین معترف ہیں۔سرور کے اسلوب کے بارے میں عبدالمغنی لکھتے ہیں:

''سرور کی نثر بلاشبہ اچھی اور دلکش اور شگفتہ ہے۔ مگر ساتھ ہی ساتھ یہ کچھ شاعرانہ اور رنگین بھی ہے۔...سرور کے اسلوب کا ارتقائی مطالعہ کرنے سے واضح ہوتا ہے کہ پہلے سے آخری مجموعے تک سرور کے طرز میں کوئی قابل ذکر تبدیلی نہیں ہوئی۔...موصوف کے ذہن کی شادابی جو روز اول ظاہر ہوتی تھی اس میں آخر تک فرق نہیں آیا۔ اس سے یہ بھی معلوم ہوتا ہے کہ شروع ہی سے

سرور نے بہت سوچ سمجھ کر اور کافی ذہنی تربیت کے بعد لکھنا شروع کیا۔اس لئے وقت گزرنے کے ساتھ اُن کے طرز کو کیچلیاں بدلنے کی ضرورت نہیں لاحق ہوئی۔....سرور کا اسلوب فی الواقع اُن کے ذہن وفکر کا اشاریہ ہے۔ اُن کے ذہن کی شگفتگی اُن کے ہر مضمون سے مترشح ہے۔...سرور کا اسلوب اُن کی فکر کی طرح مشرق ومغرب کا ایک متوازن مرکب ہے اردو کے صاحب طرز ناقدوں میں سرور سب سے زیادہ مقبول ہیں۔'' [۱۸]

سرور کے شگفتہ اسلوب کو بعض ناقدوں نے منفی نظروں سے دیکھا ہے اور وہ چاہتے تھے کہ ایک نقاد کو ادب کی جراحی کے لئے کیل کانٹوں سے لیس ہونا چاہیے۔جبکہ سرور اپنی تنقیدوں میں توضیح وتشریح کے ساتھ شگفتہ اسلوب کے ذریعہ پھول بکھیرتے نظر آتے ہیں۔وارث علوی سرور کے شگفتہ اسلوب پر تنقید کرتے ہوئے لکھتے ہیں:

''سرور کی سب سے بڑی کمزوری ان کا دلچسپ شاعرانہ رنگین اور شوخ اسلوب ہے اس اسلوب میں بڑی تنقید ممکن نہیں۔کیونکہ تنقید تجزیہ اور تحلیل' تحقیق اور تدقیق تفحص اور انکشاف چھان پھٹک اور پرکھ کا معاملہ ہے نقاد کے پاس اگر مناسب اسلوب نہیں کاریگر کے پاس اگر مناسب اوزار نہیں تو جو کام وہ کرنے چلا ہے۔وہ نہیں کر پائے گا......سرور نے اس روایت کو چھوڑا جو حالی' عبدالحق اور کلیم الدین احمد کی روایت ہے اس کا نتیجہ یہ ہوا کہ اُردو تنقید ایک بہت ہی ذہین اور طباع نقاد سے ان عظیم تنقیدی کارناموں کو وصول نہ کر سکی جن کی جائز توقعات وہ سرور سے وابستہ کئے ہوئے تھے'' [۱۹]

وارث علوی نے اپنی رائے کی تائید میں جن نقادوں کے نام گنوائے ہیں اُن میں کلیم الدین احمد اپنے جارحانہ رویے اور اُردو تنقید کو مغربی تنقید کی نگاہوں کے سبب مشہور اور ایک حد تک معترض بھی رہے ہیں۔حالؔی اُردو کے پہلے نقاد تھے۔حالی ادب برائے زندگی کے حامی تھے۔اور اُن کی شخصیت میں لطافت' شگفتگی اور رومانیت کا شائبہ تک نہیں تھا۔مولوی عبدالحق تنقید میں کوئی بڑا کارنامہ نہیں رکھتے۔جبکہ آل احمد سرور نے اپنی تحریروں میں واضح کر دیا کہ وہ تنقیدی رویے میں ہر تخلیق کو اُس کے معیار پر پرکھتے ہیں اور اُس سے تاثر لیتے ہوئے اُس کی توضیح وتشریح کرنے کی کوشش کرتے ہیں۔اس کام کے لئے اُنہوں نے جو شگفتہ اسلوب اختیار کیا ہے وہ اُردو تنقید کے روکھے پھیکے اسلوب کے حامل نقادوں میں انفرادیت کا

حامل ہے۔ سرور نے واضح کر دیا کہ وہ تنقید کے کسی مخصوص دبستان سے وابستہ نہیں ہیں۔ اس لئے اُن کے تنقیدی اسلوب میں کسی قسم کے اوزار تلاش کرنا خام خیالی ہوگا۔ سرور کے اسلوب کے چاہنے والے کئی ہیں۔ ان میں وارث علوی نے سرور کے اسلوب کے منفی پہلو تلاش کرتے ہوئے اپنی پہچان بنانے کی کوشش کی ہے۔ سید احتشام احمد ندوی سرور کے اسلوب کے تشکیلی عناصر بیان کرتے ہوئے لکھتے ہیں:

''سرور صاحب کی زبان بڑی دلکش اور مرصع ہوتی ہے اس میں رنگینی زیادہ ہوتی ہے وہ ادبی حسن اور مسرت کا خاص لحاظ رکھتے ہیں وہ تشبیہہ اور استعارہ سے بھی موقع بہ موقع کام لیتے ہیں حسین ترکیبوں اور جملوں کے ذریعہ وہ اسلوب میں ادبی لطافت کو بڑھاتے ہیں پروفیسر رشید احمد صدیقی کی طرح وہ ایسے حسین و دلکش جملے لکھے جاتے ہیں جو دل کو اپیل کرتے ہیں۔''[۲۰]

مولوی عبدالحق سرور کے تنقیدی مضامین کے مجموعہ ''تنقیدی اشارے'' کے تعارف میں سرور کے اسلوب کی خوبیاں بیان کرتے ہوئے یوں رقمطراز ہیں:

''سرور صاحب کا طرز تحریر پختہ، شگفتہ اور جاندار ہے۔ زبان پر قدرت ہے الفاظ کا صحیح استعمال کرتے ہیں بیان میں کہیں الجھن نہیں۔ جملوں کی ترکیب بے ساختہ اور رواں ہے مبالغہ کا عارضہ نہیں۔ جدید اور قدیم دونوں اسلوبوں اور دونوں کی خوبیوں اور خامیوں سے واقف ہیں۔[۲۱]

پروفیسر شمس الرحمٰن فاروقی آل احمد سرور کے اسلوب اور تنقیدی رویے کے بارے میں لکھتے ہیں:

''ہماری تہذیب میں اقبال پہلے شخص ہیں جو مغرب سے مرعوب نہیں تھے۔ اور اس کے اندھے نکتہ چین بھی نہ تھے۔ تنقید کی حد تک یہ کام آل احمد سرور نے انجام دیا۔ سرور صاحب نے تنقید کے افق کو نہ صرف وسیع کیا۔ بلکہ اُردو تنقید اور اُردو ادب کو خود اعتمادی بھی سکھائی۔ اگر اقبال نے اپنے کلام کے ذریعہ دنیا پر ثابت کیا کہ اُردو ایسے اسالیب پر قادر ہے جو فکر، تاثر اور تنظیم کے لحاظ سے جدید قدیم کا سنگم ہوں لیکن خود اُردو کا مشرقی مزاج برقرار رہے تو آل احمد سرور نے ایسی تنقید لکھی جس میں بے مثال انشا پردازانہ مشرقی حسنِ اسلوب کے ساتھ ایسی باتیں تھیں جن کی فضاء بین الاقوامی اور جن کی بنیاد مغربی اور مشرقی شعر و ادب پر تھی۔''[۲۲]

ڈاکٹر کمال احمد صدیقی سرور کے اسلوب کی ایک خوبی چھوٹے جملوں کا استعمال قرار دیتے ہیں۔ چنانچہ وہ لکھتے ہیں۔

''اُردو نثر میں آل احمد سرور اس اعتبار سے منفرد ہیں کہ ایک طرف سر سید اور حالی کی سادہ نثر ہے۔ دوسری طرف شبلی' ابوالکلام آزاد اور نیاز فتحپوری کی پر تکلف نثر ہے آل احمد سرور سادہ اور چھوٹے جملے لکھتے ہیں۔ بول چال کے مطابق ہوتے ہوتے بھی سادہ ہوتے ہوتے بھی انشائیے کا اسلوب رکھتے ہیں اور رمز و کنایہ کی تہ داری بھی۔ اس اسلوب سے لطف اندوز تو ہوا جا سکتا ہے۔لیکن شعر میں سہل ممتنع کی طرح اس کو اپنانا بہت مشکل ہے۔''[۲۳]

پروفیسر سلیمان اطہر جاوید آل احمد سرور کے اسلوب میں لفظوں کے استعمال کو سرور کا ہنر قرار دیتے ہوئے لکھتے ہیں:

''سرور صاحب کی تنقید میں جو تخلیقی رنگ اور اسلوب کی چاشنی ملتی ہے وہ اُن کی شاعری کی دین ہے۔ الفاظ کا سحر انگیز استعمال' خوشگوار انداز' سرشاری کی کیفیت' بلکہ شعریت اُن کی تنقید کو نکھار دیتے ہیں ....سرور صاحب کا طرز تحریر اُن کا اپنا طرز تحریر ہے ویسے سرور صاحب کا اسلوب بڑی آب و تاب کا ہے۔ اپنی شان رکھتا ہے پڑھتے ہوئے قاری مواد ہی سے متاثر نہیں ہوتا۔ اسلوب کے سحر میں بھی کھو جاتا ہے سرور صاحب اپنے موضوعات اور مواد کی وجہ ہی سے نہیں اپنے اسلوب کی وجہ سے بھی یاد رکھے جائیں گے۔''[۲۴]

مولانا رضوان القاسمی حیدر آباد کے ادبی افق پر مضمون نگار کے طور پر اُبھرے انہوں نے ادبی موضوعات پر کئی معلوماتی مضامین لکھے ہیں۔ آل احمد سرور کی وفات پر لکھے گئے تعزیتی مضمون میں وہ سرور کے اسلوب کی تعریف کرتے ہوئے لکھتے ہیں:

''آل احمد سرور کی تحریروں کا جن لوگوں نے مطالعہ کیا ہے وہ جانتے ہیں کہ سرور کی تحریریں دل کو مسرور اور دماغ کو مسحور کرتی ہیں۔ اُن کی تحریروں کو پڑھنے والا مسرت سے بصیرت تک کا سفر کرتا ہے۔ سرور صاحب کے جملے نہایت خوبصورت اور ترشائے ہوتے ہیں اُن کے قلم کو موزوں الفاظ کے انتخاب کا فن آتا ہے اس لئے اُن کے مضامین کی عبارت نہایت چُست' رواں

'شستہ اور شگفتہ ہوتی ہے۔''[۲۵]

سرور کے اسلوب پر متوازن انداز میں تنقید کرتے ہوئے خلیل الرحمٰن اعظمی لکھتے ہیں:

''سرور کا یہ اسلوب اُن کی قوت بھی ہے اور اُن کی کمزوری بھی۔ قوت اُن معنوں میں کے اُن کے تنقیدی مضامین اپنی تازگی اور حُسن برقرار رکھنے میں اور اُن کی انشا پردازی بھی اُن کی نظر میں ایک تخلیقی شان پیدا کر دیتی ہے مگر یہ اسلوب اُن کے تجزیاتی مطالعہ کی راہ میں حائل ہوتا ہے وہ ادبی مسائل پر لکھ رہے ہوں یا کسی ادبی شخصیت پر ان کی نظر میں اس مسئلہ یا اس شخصیت کا حل ہوتا ہے وہ اس کی قدر و قیمت پہچانتے ہیں اس کی طرف بلیغ اشارے کرتے جاتے ہیں۔ لیکن وہ اس کی تہوں کو الگ الگ کھول کر ترتیب وار اُن کا تجزیہ نہیں کرتے''[۲۶]

آل احمد سرور کے اسلوب نگارش پر مختلف ناقدین اور ماہرین ادب کی رائے کے اجمالی تجزیے سے اندازہ ہوتا ہے کہ سرور ایک شگفتہ، دلنشین، سادہ اور رواں اسلوب کے مالک تھے۔ چھوٹے جملوں اور الفاظ کی مناسب نشست و برخاست سے انہوں نے اپنی تنقیدی تحریروں میں تخلیقی شان پیدا کر دی۔ انہوں نے ذاکر حسین، رشید احمد صدیقی اور دیگر صاحب طرز ادیبوں سے اکتساب کیا۔ لیکن اُردو تنقید میں شگفتہ اسلوب اختیار کرتے ہوئے وہ صاحب طرز ''نقاد'' قرار پائے۔ سرور صاحب کو شہرت جاوداں عطا کرنے میں اُن کے فن کے ساتھ اُن کا پر لطف اسلوب بھی اپنا کردار ادا کرتا ہے۔

☆☆☆☆☆☆

حوالے

۱۔ بحوالہ ''زبان اسلوب اور اسلوبیات'' از مرزا خلیل بیگ۔ علی گڑھ ۱۹۸۳ء ص ۱۵۸

۲۔ عابد النساء۔ پروفیسر آل احمد سرور حیات اور ادبی خدمات۔ ص ۱۲۹

۳۔ ڈاکٹر رفیعہ سلطانہ۔ مشمولہ۔ پروفیسر آل احمد سرور۔ کتاب نما۔ ص ۵۲

۴۔ ڈاکٹر گیان چند جین۔ مشمولہ۔ پروفیسر آل احمد سرور۔ کتاب نما۔ ص ۲۱

۵۔ آل احمد سرور۔ خواب باقی ہیں۔ ص ۵۵

۶۔ آل احمد سرور۔ خواب باقی ہیں۔ ص ۲۹۷

۷۔ آل احمد سرور۔ پہچان اور پرکھ۔ دہلی۔ ۱۹۹۰ء۔ ص ۵۔۶۔

۸۔ آل احمد سرور۔ بحوالہ فکر و نظر۔ ص ۱۹۸۔

۹۔ آل احمد سرور۔ بحوالہ فکر و نظر۔ ص ۱۳۹۔

۱۰۔ آل احمد سرور۔ مضمون میرؔ کے مطالعہ کی اہمیت۔ بحوالہ پروفیسر آل احمد سرور حیات اور ادبی خدمات ص ۱۳۳

۱۱۔ آل احمد سرور۔ بحوالہ پروفیسر آل احمد سرور حیات اور ادبی خدمات ص ۱۳۸۔۱۳۹

۱۲۔ آل احمد سرور بحوالہ پروفیسر آل احمد سرور حیات اور ادبی خدمات ص۔ ۱۳۹

۱۳۔ آل احمد سرور۔ تنقیدی اشارے۔ ص ۷۷

۱۴۔ آل احمد سرور۔ خواب باقی ہیں۔ ص ۱۷

۱۵ آل احمد سرور۔تنقیدی اشارے۔ص ۹۲

۱۶ احتشام حسین۔بحوالہ آل احمد سرور شخصیت اور فن۔مرتبہ۔امتیاز احمد۔۱۹۹۷ء۔ص ۶۹

☆☆☆☆☆

دسواں باب

آل احمد سرور مشاہیر کی نظر میں

آل احمد سرور ایک قد آور نقاد، شاعر، ادیب، صحافی اور دانشور گذرے ہیں۔انہوں نے تقریباً چھ دہائیوں تک اپنی ہمہ جہت شخصیت اور علمی وادبی وتنقیدی کارناموں سے اردو ادب کے دامن کو وسیع کیا۔اُن کے مداحوں اور چاہنے والوں کا حلقہ کافی وسیع تھا۔برصغیر کے نامور شعراء، ادیبوں، نقادوں اور دانشوروں نے سرور کی حیات اور اُن کے کارناموں پر اظہار خیال کیا ہے۔اس اظہار خیال سے سرور کی حیات کے مختلف پہلو اُجاگر ہوتے ہیں۔ذیل میں مشاہیر ادب کی آراء کے اقتباسات پیش کیے جارہے ہیں۔

پروفیسر گوپی چند نارنگ

آل احمد سرور کی بات صرف اتنی نہیں کہ وہ اردو کے مقتدر ترین نقاد ہیں یا انہوں نے کئی نسلوں کو متاثر کیا۔بلکہ اُنہوں نے غالبؔ کی طرف داری میں وقت نہیں گذارا۔سخن فہمی کے تقاضوں کا حق ادا کیا ہے۔اور ادبی اقدار کے عرفان کو عام کرنے میں بیش از بیش حصہ لیا ہے اُن کے بارے میں یہ بھی کہا جاسکتا ہے کہ وہ ان لوگوں میں ہیں جنہوں نے ہمارے عہد میں ڈاکٹر ذاکر حسین، ڈاکٹر سید عابد حسین، پرو

فیسر محمد مجیب اور پروفیسر محمد حبیب کے ساتھ دانشوری کی روایت کو آگے بڑھایا ہے اور اُس کے افق کو مزید وسیع کیا ہے۔ سرور صاحب کثیر الجہات شخصیت کے مالک تھے۔ اردو ادیبوں میں بہت کم ایسے ہوں گے جو غالبؔ کی زبان میں کہہ سکیں ''دبیرم شاعرم رندم ندیم شیوہ ہا وارم' مختصر سے وقت میں سرور صاحب کے شیوہ ہائے ادبی کا شمار آسان نہیں۔ اتنا معلوم ہے کہ پچھلے پچاس ساٹھ برسوں میں اردو کی ادبی فکر کا شائد ہی کوئی گوشہ ہو جس کے بارے میں سرور صاحب نے اظہار خیال نہ کیا ہو۔ اسے متاثر نہ کیا ہو۔ زندگی میں صرف طول ہی نہیں عرض بھی ہے۔ اور میں سمجھتا ہوں کہ عرض کی بڑی اہمیت ہے۔ ورنہ حاصل ضرب کا سوال ہی پیدا نہیں ہوتا۔ حالیؔ کے بعد آنے والی نسل میں سرور صاحب سب سے ممتا زنقاد سمجھے جاتے رہے ہیں۔

اقبال کا یہ شعر جیسا سرور پر صادق آتا ہے کسی پر نہیں:

ہجوم کیوں ہے زیادہ شراب خانے میں
فقط یہ بات کہ پیر مغاں ہے مرد خلیق

اگر مرد خلیق کو وسیع معنی میں لیں یعنی علمی روایت سے آگہی، مشرقی روایت کا عرفان، بین الاقوامی سرمائے پر نظر علم ودانش کے جدید رجحانات سے باخبری، اعلی درجہ کا ادبی ذوق، غیر مشروط کشادہ ذہن، فن کی اہمیت وعظمت کا احساس، ادبی اقدار کی پاسداری، جانبداری سے گریز، شگفتہ، شستہ اور شعریت کا حامل طرز اسلوب شائستگی اظہار، بردباری، متانت، میانہ روی ان سب باتوں کو نظر میں رکھیں اور اسے وقت سے ضرب دیں کیونکہ

یہ نصف صدی کا قصہ ہے دو چار برس کی بات نہیں تو شائد اس شخصیت کی کچھ جھلک سامنے آئے جس کا نام آل احمد سرور ہے۔ اسے اردو کی خوش نصیبی کہنا چاہئے کہ سرور صاحب جیسے بالغ نظر ادیب، دانشور اور نقاد ہماری زبان میں موجود رہے۔ میں اُن کا ادنیٰ سا نیاز مند تھا۔

۱۹۵۲ء تا ۱۹۵۴ء کا ذکر ہے۔ میں دہلی کالج میں تھا۔ خواجہ احمد فاروقی وہیں ہوسٹل کے ایک کمرے میں رہتے تھے۔ بابائے اردو بہت پہلے جا چکے تھے۔ عبادت بریلوی اسی زمانے میں دہلی سے رخصت ہوئے تھے۔ دریا گنج میں جہاں انجمن ترقی اردو (ہند) کا دفتر ہوا کرتا تھا وہاں گلاب رائے اینڈ سنس کی کتابوں کی دکان تھی۔ اردو کا جلسہ کبھی کبھار دلی کالج میں ہو جاتا تھا یا پھر آل انڈیا ریڈیو کے ساہتیہ سماروہ تھے۔ جہاں کچھ لوگ جمع ہو جاتے تھے۔ ساہتیہ اکیڈمی نئی نئی تھیٹر کمیونیکشن بلڈنگ کے دو کمروں میں قائم ہوئی تھی۔ گویا اردو کے نام پر کہیں چراغ جل رہا تھا۔ ایسی ہی محفلوں میں سرور صاحب کو پہلے پہل سننے اور اُن سے

ملنے کی سعادت حاصل ہوئی۔ جیسے جیسے اُن سے اور اُن کی تحریروں سے شناسائی بڑھنے لگی میرؔ کی اس رباعی کی زندہ تفسیر سامنے آنے لگی:

ملیے اُس شخص سے جو آدم ہووے
ناز اُس کو کمال پر بہت کم ہووے
ہو گرم سخن تو گرد آوے ایک خلق
خاموش رہے تو ایک عالم ہوئے

ڈاکٹر گیان چند جین نے لکھا ہے کہ سرور صاحب کو دشمن بنانے میں کمال حاصل ہے۔ میرا خیال ہے کہ ہر سطح کے اور ہر عمر کے لوگوں میں سرور صاحب کی عزت اور احترام کرنے والے کثرت سے نکلیں گے۔ سرور صاحب کے بارے میں اکثر یہ بھی کہا جاتا رہا ہے کہ اُنھوں نے کوئی مستقل کتاب نہیں لکھی۔ بعض اوقات لوگ رفع وقتی کے لئے دو چار سو صفحے کالے کرنے کو مستقل کتاب سمجھتے ہیں۔ خواہ اس میں فکر انگیز بات ایک بھی نہ ہو۔ کتاب کتاب میں اور تحریر تحریر میں فرق ہوتا ہے۔ کتابیں تو ہر روز شائع ہوتی ہیں ضخیم سے ضخیم اور بھاری سے بھاری۔ لیکن کیا ہر کتاب کتاب ہوتی ہے۔ زیادہ تر کتابیں مطبع کی روشنائی خشک ہونے سے پہلے ہی خود سوکھ جاتی ہیں۔ آخر میرؔ کو کیوں کہنا پڑا تھا۔

کس کا ہے قماش ایسا گودڑ بھرے ہیں سارے
دیکھو نہ جو لوگوں کے دیوان نکلتے ہیں

سرور صاحب نے بھلے ہی ایسی کتابیں نہ لکھی ہوں۔ لیکن اُن کی تحریریں فکر کی روشن اور جگمگاتی ہوئی شاہراہ کی مانند ہیں۔ سرور صاحب کی اہمیت کسی موضوع پر لکھنے یا نہ لکھنے میں نہیں بلکہ ذہنوں کی آبیاری کرنے فکر کو انگیز کرنے اور ادب کے عرفان کو عام کرنے میں ہے۔ اور یہ معمولی کارنامہ نہیں۔ اقبالؔ نے کہا تھا کہ عشق بغیر آہ و فغاں کے بھی ممکن ہے۔ لیکن کبھی کبھی بیدار کرنے کے لئے نالہ کھینچنا پڑتا ہے۔ سرور صاحب نے اگر کچھ کیا ہے تو یہی کیا ہے خواہ وہ لکھنو میں رہے ہوں علی گڈھ میں شملہ میں یا کشمیر میں۔ میں نے اُن میں ہمیشہ ایک سچے ادیب کی شان دیکھی وہ اس پایے کے مفکر اور عاشق صادق ہیں کہ :

برسوں لگی رہے ہیں ان مہر و مہ کی آنکھیں
تب کوئی ہم سا صاحب صاحب نظر بنے ہے

شمس الرحمٰن فاروقی

آل احمد سرور اردو کے بڑے نقاد اور دانش ور تھے۔ایک لحاظ سے دیکھئے تو آل احمد سرور کا جدید اردو تنقید سے وہی رشتہ ہے جو اقبال کا جدید اردو شاعری سے ہے دونوں نے مغربی افکار، تصورات اور خیالات براہ راست حاصل کئے۔دونوں نے مغربی تہذیب اور افکار کی میراث سے براہ راست استفادہ کیا۔دونوں اس بات کے قائل رہے کہ

مشرق سے ہو بیزار نہ مغرب سے حذر کر
فطرت کا اشارہ ہے کہ ہر شب کو سحر کر

مغرب کے استفادے کے باوجود دونوں کی آنکھ مغربی تہذیب اور فکر کی چمک دمک کے سامنے جھپکی نہیں۔ہماری تہذیب میں اقبال پہلے شخص ہیں جو مغرب سے مرعوب نہیں تھے۔اور اُس کے اندھے نکتہ چیں بھی نہ تھے۔تنقید کی حد تک یہ کام آل احمد سرور نے انجام دیا۔سرور صاحب نے تنقید کے افق کو نہ صرف وسیع کیا بلکہ اردو تنقید اور اس طرح اردو ادب کو خود اعتمادی بھی سکھائی۔اگر اقبال نے اپنے کلام کے ذریعہ دنیا پر ثابت کیا کہ اردو ایسے اسالیب پر قادر ہے جو فکر تاثر اور تنظیم کے لحاظ سے جدید و قدیم کا سنگم ہوں لیکن خود اردو کا مشرقی مزاج برقرار رہے تو آل احمد سرور نے ایسی تنقید لکھی جس میں بے مثال انشا پر دازانہ مشرقی حسن اسلوب کے ساتھ ایسی باتیں تھیں جن کی فضاء بین الاقوامی اور جن کی بنیاد مغربی اور مشر قی تصورات شعر و ادب پر تھی۔آل احمد سرور کی میانہ روی دراصل لبرل دانش وری کی اس روایت کا عملی اظہا ر ہے جس نے ذاکر حسین، محمد مجیب، عابد حسین اور محمد حبیب کو جنم دیا۔اس روایت کی تعمیر میں اقبال اور سید سلیمان کا بھی حصہ ہے۔اور گاندھی مارکس اور فرائڈ کا بھی اس طرح وہ تنقیدی بصیرت جو آل احمد سرور کی تحریروں میں جلوہ گر ہے اس کے پیچھے گہرا تاریخی اور فلسفیانہ شعور ہے۔بعض لوگوں نے آل احمد سرور کے بارے میں یہ رائے ظاہر کی ہے کہ وہ حتمی فیصلہ نہیں دیتے یہ رائے کئی وجہ سے غلط ہے دوٹوک فیصلہ بسا او قات کم علمی یا کم سے کم جلد بازی کا نتیجہ ہوتا ہے۔آل احمد سرور نے ''ترجمانی'' کو تنقید کا اولین منصب قرار دیا ہے۔وہ کہتے ہیں کہ نقاد کا پہلا کام ترجمانی ہے پھر انصاف وہ ہر شاعر اور افسانہ نگار کے آگے بھی رہے گا اور ساتھ بھی۔اس مسلک کی بناء اُن کی تنقید ایک ادبی اور سماجی عمل بن جاتی ہے۔وہ فن کار کی ہم سفر بھی ہو تی ہے۔اور رہنما بھی۔وہ خود کو فنکار سے نہ برتر سمجھتی ہے نہ خود تر۔بلکہ ادبی کارگزاری میں اس کی حصہ دار اور معاون ہوتی ہے۔

آل احمد سرور کے بارے میں کہا جاتا ہے کہ انہوں نے کوئی مستقل کتاب نہیں لکھی۔لیکن ٹی ایس ایلیٹ اور اس کے پہلے میتھو آرنلڈ نے بھی ادب کے موضوع پر کوئی مستقل کتاب نہیں لکھی۔بعض لوگوں

کے ایک ایک مضمون پر کئی کئی کتابوں کی بناء استوار ہو سکتی ہے۔سرور صاحب نے خود کتاب لکھنے کے بجائے دوسروں کی ذہنی تربیت اور ترقی کے لئے اپنے مضامین میں ایسے نکتے، ایسے اشارے اور ایسے مربوط بیانات پیش کئے۔جن سے کئی نسلوں نے ادب فہمی کا فن حاصل کیا۔ ہماری زبان کے اداریوں اور میراصفحہ کے اوراق پر نظر ڈالئے تو موضوعات اور میلانات پر اظہار خیال کا ایک دریا نظر آتا ہے۔جو آل احمد سرور کے قلم سے رواں ہوا ہے۔اور جس کے سوتے اب بھی خشک نہیں ہوتے ہوئے ہیں۔ بعد کے زمانے میں آل احمد سرور کی توجہ خالص ادبی مسائل کے علاوہ سماجی اور تہذیبی مسائل پر مرکوز ہوئی۔تو ہم انہیں دانش وری کی روایت جدید ہندوستانی تہذیب اور سماجی مسائل، اردو اور ہندوستانی تہذیب' تہذیب میں جدید کاری کے مسائل جیسے موضوعات پر اظہار خیال کرتے ہوئے دیکھا۔اسی کے ساتھ ساتھ وہ جدید ادب کے ان مسائل و مظاہر کو بھی انگیز کرتے ہوئے دکھائی دئے جن سے اُن کے معاصرین خوف کھاتے تھے۔

سرور صاحب سے معاملات کے کوئی پچیس برس کے تجربے کی بنا پر میں کہہ سکتا ہوں کہ اُنہوں نے وہیں دیر کی جہاں دیر کی ضرورت تھی۔یا جہاں دیر میں فائدہ ہوتا۔اگر کسی کا پی ایچ ڈی کا مقالہ سرور صاحب کے یہاں رکا پڑا ہے تو اس وجہ سے نہیں کہ وہ کاہل تھے۔بلکہ اس وجہ سے کہ مقالہ کمزور رہا ہو گا۔(اور پی ایچ ڈی کا مقالہ عام طور سے کمزور ہی ہوتا ہے) اور سرور صاحب کی مروت آگیں اس فکر میں رہی ہوگی کہ مقالے پر ایسی رائے لکھنے کی راہ نکل آئے جس میں دیانت کا زیاں نہ ہو۔اور مقالہ نگار کا بھی بھرم رہ جائے۔انجمن ترقی اردو کے جنرل سکریٹری کی حیثیت سے انہوں نے کوئی مخطوطہ دریافت یا شائع نہ کیا۔یا بعض کتابوں کی اشاعت میں تعویق ہوئی تو کیا ہوا۔اُن کے زمانے میں انجمن سے جو کچھ شائع ہوا وہ سب اعلیٰ پائے کا تھا۔کہا گیا کہ سرور صاحب نے دشمن بہت بنائے۔دشمن بنانا تو بزرگوں کا شیوہ رہا ہے۔جو شخص ادب اور تہذیب کی دنیا میں اتنے عرصے سے اس قدر فعال ہو۔اس کے مخالف ضرور ہوں گے۔ جس دن مخالف نہ ہوں اس دن سے وہ شخص زندہ انسانوں کے زمرے سے خارج ہو جائے۔

پروفیسر گیان چند جین

کچھ ایسے بزرگ جن کا نہ صرف میں گہرا احترام کرتا ہوں بلکہ اردو کے معاملات میں ان کی رہبری بھی قبول کرتا ہوں ان میں جناب مالک رام، اور پنڈت آنند نرائن ملا کے ساتھ ساتھ آل احمد سرور بھی شامل ہیں۔ادب کے نظریے کا معاملہ ہو کہ فن کا۔اردو تعلیم کی بات ہو کہ اردو سیاست کی۔میں آنکھ موند کر سرور صاحب کی قیادت پر بھروسا کر سکتا ہوں۔ان میں کمال کی خوبی یہ رہی کہ وہ کسی ایک میدان میں بند

نہیں تھے۔ ہر باب میں سرخ رو ہوئے۔ کلاس میں پڑھاتے تو طلبہ کو کیا کیا نکتے، خبر اور نظر کی کیا کیا دولت دیتے رہے۔ تحریر میں ان کا خاص میدان تنقید رہا۔ جو اپنے حسن انشاء کے سبب تخلیق کی طرف فرار کرنے کو بے چین رہی۔ ان کی تنقید میں تجزیہ اور تفہیم کا بھرپور سرمایہ ہوتا ہے۔ اور تنقید کے ساتھ ساتھ اُن کی تخلیق کے سوتے بھی بند نہیں ہوتے۔ وہ قابل ذکر شاعر تھے۔ اُن کا ایک مصرعہ میرے ذہن پر نقش ہو گیا۔ ع۔ چاند چھو لینے کا قصہ پھول پی جانے کی بات۔ اُن کا تیسرا میدان ادبی محفلیں تھیں۔ ڈائس پر سرور صاحب کا رنگ کچھ عجیب ہوتا۔ وہ اپنی تقریروں میں قرمزی ترکیبیں اور شعریت بیز فقرے لڑھکانے شروع کرتے تو نثر شعر معلوم ہوتی۔ اور مشاعروں کی سی داد دینے کو جی چاہتا تھا۔ سرور صاحب کا چوتھا وصف یہ رہا کہ وہ کمیٹیوں کے لئے بہترین رکن رہے۔ کسی قسم کی کمیٹی ہو سرور صاحب اُس کے ارکان میں نمایاں مقام حاصل کر لیتے تھے۔ اُن کے مشاہدات توجہ سے سنے جاتے تھے۔ اور وہ اپنے خیالات کو اس ڈھنگ سے ادا کرتے تھے کہ اپنی بیشتر باتیں منوا لیتے تھے۔ سرور صاحب ٹال مٹولیات کے بادشاہ نہیں شہنشاہ تھے۔ اگر کسی کا پی ایچ ڈی کا مقالہ سرور صاحب کے پاس پہونچ گیا تو وہ نصف صدی کے لئے ضبط ہو جاتا تھا۔ یعنی کب سرور صاحب کو فرصت ہوگی اور کب وہ رپورٹ بھیجیں گے۔

کتنے ادارے ہیں جن کے بارے میں سرور صاحب کے نام کے بغیر سوچا بھی نہیں جا سکتا۔ عرصہ دراز تک وہ انجمن ترقی اردو ہند کے جنرل سکریٹری رہے ہماری زبان کو انہوں نے ایک زندہ پرچہ بنایا وہ عبدالحق کی تحقیقی روایت کو برقرار نہ رکھ سکے۔ کوئی تذکرہ وغیرہ شائع نہیں کیا اردو ادب کو بھی تحقیق سے ہٹا کر تخلیق کی ڈگر پر لے جانا چاہا۔ لیکن اپنے مزاج کے مطابق کچھ تو کیا۔

زیرکوں نے ارشاد کیا ہے کہ کام کرنے میں سو عیب ہیں نہ کرنے میں ایک عیب۔ سرور صاحب دنیا بھر کے اداروں سے وابستہ رہے۔ ڈھیر سے لوگوں کو ناآسودہ کیا دشمنوں کے پرے کے پرے کھڑے کر لینے کہتے ہیں کہ ہر شخص اپنے دوستوں سے پہچانا جاتا ہے تو کیسا رہے؟ سرور صاحب کے دشمنوں کی صف پر نظر ڈالئے وعظما کا نگار خانہ ہے۔ اردو کے کیسے کیسے جغادری شاعر، نقاد، محقق خادم اردو دکھائی دیتے ہیں۔ اس شخص میں کوئی تو بات ہے کہ مخالفوں میں اتنے بڑے عمائد ادب ہیں۔ کیفیت اور کمیت دونو ں میں سرور صاحب کے معاندوں کا معیار و مقدار دیکھ کر رشک ہوتا ہے۔

شگفتہ تنقید لکھنے، اور چہکتے بولتے سمینار کرانے کے ساتھ ساتھ سرور صاحب دشمن بنانے کے فن میں بھی طاق دکھائی دیتے ہیں۔ وہ اپنے دیوان خانے کے گلدستوں کو زخموں کے گلابوں سے سنوارتے رہے۔ میں سرور صاحب کا معترف اور معتقد ہوں۔ مجھے اُن کی نگارش، اُن کی انشاء، اُن کا تجزیہ اور تقریر،

اُن کی گفتار اور کردار پسند رہے۔ اگر اُن میں کچھ خامیاں رہیں تو مجھے اُن کی شخصیت اُن خامیوں کے ساتھ عزیز رہی۔ کیونکہ اوصاف کی بانی میں وہ خامیاں ماند پڑ کر منہ چھپاتی پھرتی ہیں۔ پروفیسری میں وہ میرے آدرش رہے۔ ایسا آدرش کے اس جنم میں تو میں ایسا بن نہیں سکتا۔

خلیق انجم

پروفیسر آل احمد سرور ہمارے عہد کے ایک ایسے نقاد تھے جو اپنی بیش بہا اور بصیرت افروز تنقیدی تحریروں کی وجہہ سے ہمیشہ زندہ رہیں گے۔ سرور صاحب نے اپنی تنقیدی تحریروں میں بڑی سلامت روی سے کام لیا ہے۔ خدا نے سرور صاحب کو غیر معمولی صلاحیتوں سے نوازا تھا۔ وہ ہمارے زمانے کے ایسے دانشور تھے جن کی تحریر اور تقریر، دیدو دانش، ذہانت علمی بصیرت، اور تنقیدی شعور کی چنگاریاں آتش بازی کے انار کی طرح اٹھتیں اور فضاء میں رنگ برنگی روشنیاں بکھیرتی نظر آتیں۔ کون ہے جو اُن کی گل افشانی گفتار کا قائل نہیں۔ اور کون ہے جو اُن کے دل نشین انداز تحریر پر رشک نہیں کرتا۔ سرور صاحب اردو تنقید ہی کی نہیں بلکہ پورے اردو ادب کی آبرو تھے۔ تحصیل علم کے معاملے میں وہ کبھی لکیر کے فقیر نہیں رہے۔ انھوں نے سائنس کی تعلیم بھی حاصل کی۔ مشرقی اور مغربی علوم کا بھی گہرا مطالعہ کیا۔ وہ ادب اور زندگی کے بارے میں یقیناً ایک سائنٹفک رویہ رکھتے تھے۔ یہ رویہ کسی بھی طرح کی میکانیکیت کے بجائے ذوق جمال کے رنگ اور خوشبو میں بسا ہوا تھا۔ اس لئے اُن کی تحریریں شگفتہ اور دل نشین ہوتی تھیں۔ انھوں نے جن لوگوں پر لکھا ان کی خوبیوں اور خرابیوں دونوں پر متوازن انداز میں لکھا۔ اُن کی تحریروں کی سب سے بڑی خوبی یہ تھی کہ وہ ایک سخت گیر محاسب کی حیثیت سے تخلیقات کا تنقیدی جائزہ نہیں لیتے تھے۔ ان کا لب ولہجہ درست نہیں تھا۔ وہ بہت ہی شگفتہ اور دلچسپ انداز میں اپنی بات کہا کرتے تھے۔ اگر چہ انھوں نے باقاعدہ تنقیدی کتاب نہیں لکھی لیکن ان کے تنقیدی مضامین کے مجموعے ''تنقیدی اشارے'' ''نظر اور نظریے'' ''ادب اور نظریہ'' نئے اور پرانے چراغ' پہچان اور پرکھ' ''مسرت سے بصیرت تک'' وغیرہ کا شمار اردو تنقید کے اعلیٰ نمونوں میں ہوتا ہے۔

سرور صاحب کی ایک بڑی خوبی یہ تھی کہ وہ نئے لکھنے والوں کی بہت حوصلہ افزائی کرتے تھے۔

سرور صاحب اردو تنقید کی آبرو تھے اور ہمارے عہد کے سب سے قابل احترام ادیب اور شاعر بھی۔ اُن کی ساری زندگی علم حاصل کرنے اور دوسروں کے علم کی پیاس بجھانے میں گزری ہے۔ انھوں نے ادیبوں اور نقادوں کی دو تین نسلوں کی ذہنی تربیت کی ہے۔ سرور صاحب نے صرف کتابوں ہی سے علم

حاصل نہیں کیا بلکہ مشاہدوں تجربوں اور احساس کی آنکھوں سے بھی زندگی کو دیکھا اور پرکھا ہے۔سرور صاحب اُن نقادوں میں تھے جن کی تحریروں میں مغز کے ساتھ انشاء پردازی کا حسن بھی ہوتا ہے۔اُنہوں نے اپنی انشاء پردازی کی صلاحیت کو بڑے توازن کے ساتھ تنقیدوں میں استعمال کیا ہے۔یہ ہماری خو ش بختی ہے کہ وہ لگ بھگ ایک صدی ہمارے ساتھ رہے۔اس لئے ہم سے بچھڑ جانے کا اتنا ہی بھاری رنج بھی وہ ہمیں دے گئے ہیں۔

تنقید کے موضوع پر سرور صاحب نے کئی ایسے مضامین لکھے جو پچھلے تقریباً چالیس پچاس برسوں سے اردو ادب کے طالب علموں کی رہنمائی کررہے ہیں۔۔۔سرور صاحب کا مطالعہ وسیع تھا۔ادبی مسائل پرغور کرنے اوران کا تجزیہ کرکے مثبت نتائج تک پہونچنے کی خدا نے انہیں بھرپو صلاحیت دی تھی۔انہوں نے اپنے عہد کے ادبی مسائل پر بھی خاصی تعداد میں مضامین لکھے ہیں۔سرور صاحب نے بہت سے موضو عات پر لکھا ہے۔لیکن اقبال اور پھر غالبؔ پر انہیں غیر معمولی مہارت حاصل ہے اردو کے ان عظیم شاعروں پر بہت کم لوگوں کی اتنی گہری نظر تھی۔جتنی سرور صاحب کی تھی۔دراصل مختلف النوع موضوعات کی بھیڑ میں سرور صاحب کی یہ خصوصیت اور یہ غیر معمولی مہارت' دب کررہ گئی ہے۔ان کے مضامین اور کتابیں غا لبیات اوراقبالیات میں اہم اضافے کی حیثیت رکھتی ہیں۔اگران دونوں میدانوں میں سرور صاحب کے کا م کا جائزہ لیا جائے تو وہ غالب کے اعلی درجے کے نقاد اور صف اول کے ماہر اقبال قرار پائیں گے۔

پروفیسر نثار احمد فاروقی

پروفیسر آل احمد سرور اردو زبان وادب' میں شاعری اور تنقید نگاری میں بہت بڑا نام تھا۔وہ اردو کی آبرو تھے ۔اور اصطلاحی مفہوم میں ایک دانشور بھی تھے۔ان کی تحریروں سے اردو کی تین نسلوں نے استفادہ کیا اور ذہنی تربیت کی۔سرور صاحب کو شہرت اردو کے ایک صاحب طرز انشا پرداز' ناقد اور دانشور کی حیثیت سے ملی۔مگر بنیادی طور پر وہ شاعر بھی تھے۔اُن کی پہلی کتاب سلسبیل ۱۹۳۵ء میں شائع ہوئی جو اُن کا مجموعہ کلام تھا۔پھر کئی سال بعد دوسرا مجموعہ ''ذوق جنوں'' شائع ہوا۔اُن کے تنقیدی مضامین کے کئی مجموعے سامنے آئے جن سے اساتذہ اور طلباء دونوں کی تین نسلوں نے استفادہ کیا۔ان میں ''تنقیدی اشارے'' در اصل ریڈیائی تقریروں کا مجموعہ ہے۔مگران اشاروں میں بھی انہوں نے بڑی کام کی باتیں کہہ دی ہیں جن کو پھیلا کر بعد میں دوسرے لوگوں نے کتابیں بنالیں اس کے بعد ''تنقید کیا ہے''۔نئے اور پرانے چراغ ''۔ادب اور نظریہ''۔مسرت سے بصیرت تک ''تنقیدی مضامین کی ایسی کتابیں ہیں۔جن سے اردو کے طا

لب علموں کو ہمیشہ روشنی ملتی رہے گی۔ پروفیسر آل احمد سرور کا اختتامی مطالعہ اقبال پر تھا۔ اور وہ ان دانشوروں میں سے ایک تھے۔ جنہوں نے اس وقت بھی اقبال شناسی کی قندیل روشن رکھی۔ جب ۱۹۴۷ء کے بعد تقریباً ۱۹۷۰ء تک اقبال یہاں شجر ممنوعہ بنا ہوا تھا۔ اقبالیات میں اُن کی کتابیں عرفان اقبال' اقبال اور اُن کا فلسفہ' اقبال نظریہ اور شاعری بہت مقبول ہوئیں ان کی مرتب کردہ دو کتابیں کشمیر سے چھپ کر آئی ہیں اقبال اور تصوف' اور اقبال اور مغرب۔ یہ ان محاصرات کے مجموعے ہیں جو سری نگر میں مختلف اہل علم نے پیش کئے۔ سرور صاحب نے دو کتابیں ''جدید دنیا میں اسلام'' اور ''اردو میں دانشوری کی روایت بھی لکھیں۔ یہ آخر الذکر کتاب دراصل ڈاکٹر عابد حسین میموریل لکچر ہے جو ہم نے ہی اُن سے لکھوایا تھا۔ انہوں نے شیخ محمد عبداللہ کی خودنوشت آتش چنار کی نوک پلک بھی سنواری تھی۔ پھر اپنی سوانح عمری ''خواب باقی ہیں''، لکھی ۱۹۹۱ء میں اُس کا دوسرا حصہ بھی لکھوانا چاہتے تھے۔ مگر وہ اُن کے باقی خوابوں میں شامل ہو کر رہ گیا۔ انگریزی ادب سے واقفیت' فارسی شعر و ادب سے شغف' اور اردو کی کلاسیکی روایت کے ساتھ جدید میلانات اور تحریکوں سے ہمدردانہ تعلق نے انہیں ادبی عصبیت سے ہمیشہ دور رکھا۔ وہ ادب کا مطالعہ کسی سیاسی نظریے کی عینک لگا کر نہیں کرتے تھے۔ مگر ادب کے سبھی حلقوں میں مقبول رہے اور اُن کی تنقیدوں کی اہمیت کو ہمیشہ محسوس کیا گیا۔ ان کا اسلوب نثر بہت خوبصورت اور دلاویز تھا۔ اس میں کہیں پیچیدگی یا ابہام نہ تھا۔ اسی طرح اُن کی شاعری بھی لطیف خیالات کا آئینہ تھی۔ جس میں کیف واثر تھا۔ سرور صاحب کے جانے سے اردو کی محفل سونی ہوگئی ہے۔ اب اگر کوئی اُن کی جگہ پُر کرنے والا آیا بھی تو اسے اپنی صلاحیتوں کو نکھارنے' سنوارنے' میں ایک چوتھائی صدی درکار ہوگی۔۔۔۔ ایک عالم کی موت دراصل ہمارا ایک وسیلہ حصول علم سے محروم ہو جانا ہے۔ سرور صاحب ایسے عالم تھے۔ جن کی علمی وادبی خدمات کو تاریخ ادب اردو میں ہمیشہ یاد رکھا جائے گا۔

پروفیسر جگن ناتھ آزاد: (سرور کی حیات میں لکھی گئی تحریر)

موجودہ دور کے اردو ادب میں پروفیسر آل احمد سرور کا نام ایک بہت ہی معتبر نام ہے سرور صاحب ایک خوش فکر شاعر ہیں اور نقاد اُن کی نثر اپنے اندر ایک ایسی دلکشی رکھتی ہے جو محمد حسین آزاد کے بعد کسی اور نثر نگار کو نصیب نہیں ہوئی۔ سرور صاحب کی تنقید ایک شگفتہ انداز کی تحریر ہے۔ اُن کے افکار اور خیالات کے لئے انداز بیان کا شگفتہ ہونا ضروری ہے اور انداز بیان سرور صاحب نے اردو زبان کو دیا ہے ۔ آل احمد سرور کی شاعری قدر اوّل کی شاعری ہے۔ لیکن یہ بھی ایک حقیقت ہے اور سرور صاحب نے خود

بھی اس کا ذکر کیا ہے کہ اُن کی شاعری کی وہ قدر نہیں ہوئی جو ہونا چاہیے تھی۔ دراصل یہ ہم اردو والوں کی تنگ دلی اور کوتاہ نظری ہے کہ ہم بالعموم کسی بھی پرانے اہل قلم کی ایک سے زیادہ حیثیت تسلیم کرنے کے لئے تیار نہیں ہوتے۔ یہی بات سرور صاحب کی قابل قدر شاعری کے ساتھ بھی ہوتی ہے۔لیکن وقت آئے گا جب اہل نظر اُن کی شاعری کا صحیح مرتبہ پہچانیں گے۔اور اُنہیں اردو کا ایک اہم شاعر تسلیم کریں گے۔

رشید احمد صدیقی

سرور صاحب نے ایف۔ایس۔سی آگرہ سے پاس کیا۔خالص سائنس میں فزکس، کیمسٹری، بیالوجی، زولوجی باٹنی۔علی گڈھ آئے تو ایم۔اے میں انگریزی لے لی۔ یہاں تک تو آگرہ کا اثر تھا۔علی گڈھ کا فیضان ملاحظہ ہو۔انگریزی پڑھتے پڑھتے فرسٹ کلاس آئے۔ انگریزی بولتے بولتے یونین کے پریسڈنٹ منتخب ہو گئے۔اور اردو لکھتے لکھتے علی گڈھ میگزین کے اڈیٹر بن بیٹھے۔۔۔۔سرور صاحب کو انگریزی شعروادب پر عبور ہے۔اردو سے شغف۔طبعاً مشرقی واقع ہوئے ہیں اور پیشے کے اعتبار سے علیگ۔ ملک وملت اردو شعروادب کی بہت سی امیدیں اُن سے وابستہ رہیں۔

شعروشاعری کی راہ میں سرور صاحب نہ واماندہ راہ ہیں نہ گم کردۂ راہ۔انہوں نے اپنے پیش رووٗں کو رہبر ضرور بنایا ہے۔لیکن صرف اس حد تک جہاں تک کہ اُن کو رہبر کی ضرورت تھی یا رہبران کی رہبری کرسکتا تھا۔ وہ منازل جہاں یہ اور رہبر دونوں اجنبی تھے۔انہوں نے رہبر کی رہبری کے بجائے اپنی صدق نیت اور حسن عمل پر زیادہ بھروسہ کیا ہے اور یہی اُن کا امتیاز خصوصی ہے۔

پروفیسر سیدہ جعفر

پروفیسر آل احمد سرور اُردو کے ایک قدآور نقاد اور صاحب طرز مصنف تھے۔اُن کا ایک مخصوص ادبی مزاج تھا۔جس کی جھلک اُن کی تنقید، شاعری اور تمام تخلیقات میں نظر آتی ہے۔یہ صحیح ہے کہ ہر باشعور فنکار کی طرح اُن کے ادبی تصورات اور اُن کا طرز فکر بھی تغیر پذیر رجحانات کی زد میں رہا۔لیکن کسی دور میں بھی انہوں نے نعرہ بازی سے ادبیت کا سودا نہیں کیا ہے۔اُن کے ادب پاروں میں اس علمی وقار، توازن اور گیرائی کا احساس ملتا ہے۔ جو ہمارے عہد کی کم ادبی شخصیتوں کی شناخت بن سکا۔سرور صاحب کی بالغ نظری علمیت، ہم عصر مغربی ادب کے وسیع مطالعے اور اُن کے اسلوب کی تابناکی اور سحر طرازی نے اُن کی تصانیف کو ایک منفرد حیثیت عطا کی ہے۔خیال اور اسلوب دونوں اعتبارات سے اُن کی تحریروں میں صوری اور

معنوی خوبیاں ایک مخصوص توازن کے ساتھ ہم آمیز ہوئی ہیں۔ اُنہوں نے ’’آبگینے‘‘ کو کہیں تندئی صہبا سے پگھلنے نہیں دیا۔ اور گرمی اندیشہ سے اپنے اسلوب کی جاذبیت پر آنچ نہیں آنے دی۔ سرور صاحب کی نثر نگاری اور شاعری میں اُن کی شخصیت کی مہک موجود ہے اور اُن کی منفرد نغمے کی گونج سنائی دیتی ہے۔

ڈاکٹر عبدالمغنی

جناب آل احمد سرور کے متعلق کہا جاتا ہے کہ انہوں نے کسی خاص تنقیدی موضوع پر مستقل تصنیف نہیں پیش کی ہے۔ لہذا وہ ایک ناقص ناقد ہیں یہ ایک غلط بات ہے۔ اس لئے کہ تنقید کا کوئی معیار اس شرط پر زور نہیں دیتا کہ نقاد کو مختلف مضامین سے آگے بڑھ کر مستقل کتابوں کا مصنف بھی ہونا چاہیے۔ سرور نے انگریزی کے ٹی ایس ایلیٹ کی طرح اپنے مضامین و مقالات ہی سے وہ کام کر ڈالا ہے جو دوسرے لوگ کتابیں اور تصنیفیں مرتب کر کے نہیں کر پائے۔ کسی بھی کام میں اصل اہمیت مقدار کی نہیں معیار کی ہے۔ جو سرور نے نہ صرف اپنی تنقید میں پیش کیا ہے بلکہ اردو ادب میں قائم کیا ہے۔

آل احمد سرور کے کمال تنقید پر دوسرا سنگین اعتراض یہ کیا جاتا ہے کہ اُن کی تحریروں میں تضاد کی حد تک لچک داری ہے۔ اور کسی معاملے میں وہ کوئی قطعی فیصلہ نہیں کر پاتے۔ جس کی وجہ سے اُن کا تنقیدی موقف واضح نہیں ہوتا۔ اور اُن کے بیانات کی روشنی میں قاری کے لئے کسی موضوع پر کوئی حتمی رائے قائم کرنا مشکل ہے۔ جبکہ واقعہ یہ ہے کہ سرور صاحب اس نقطۂ نظر کے قائل نہیں جو فن پارے کو نقاد کے سامنے آپریشن ٹیبل پر رکھی ہوئی بے جان لاش سمجھتا ہے بلکہ وہ اس کو ایک زندہ جسم مان کر اُس سے ذہنی یگانگت پیدا کرنے کے قائل ہیں تا کہ اُس کی روح کے سرچشموں کا سراغ لگا سکیں۔ آل احمد سرور ادبی تنقید میں فتوے اور فیصلے کو صحیح نہیں سمجھتے۔ وہ سختی سے ڈانٹنا نہیں چاہتے۔ لطیف طریقے سے سمجھا دینا کافی خیال کرتے ہیں۔ اصلاح مذاق اور پرورش ذوق کا یہ بھی ایک طریقہ ہے۔ سرور صاحب ایک ناقد کامل تھے۔ ناقد کامل وہی ہوسکتا ہے جو اپنا جوہر تخلیقی ادب میں بھی دکھا سکے۔ سرور صاحب کے کمال تنقید کے متعلق کوئی شبہ باقی نہیں رہے گا کیوں کہ وہ ایک بہت بڑے نقاد ہونے کے ساتھ ساتھ یقیناً بہت اچھے شاعر بھی ہیں جو بہ یک وقت نظم وغزل دونوں اصناف شاعری پر یکساں قدرت رکھتے ہیں۔ سرور صاحب کے وقیع کارناموں نے اُن کی تخلیقی کاوشوں پر ایک طرح کا پردہ ڈال رکھا ہے۔ لیکن حقیقت اپنی جگہ ہے کہ موصوف کی تنقیدی صلاحیت کے ساتھ ہی اُن کی شاعرانہ استعداد کا بھی بین ثبوت اُن کے ادبی کارناموں میں موجود ہے۔ اس لحاظ سے آل احمد سرور کا موازنہ اردو ادب کی تاریخ و تنقید میں اگر کسی سے ہوسکتا ہے تو وہ حالیؔ

اور شبلیؔ جیسے قدما ہیں۔

آل احمد سرور کا کمال تنقید اپنی جگہ ہے اور اُسکے جتنے کارنامے سامنے آچکے ہیں وہ انہیں اردو کا بہترین نقاد ثابت کرنے کے لئے کافی ہیں۔ اُنہوں نے دوسرے سب اردو ناقدوں سے بڑھ کر ایک تو ازن کے ساتھ' ایک معیار کے تحت' تہذیبی اور ادبی قدروں کو فروغ دیا ہے۔ چنانچہ اردو ادب کے مطالعات میں اُن کی تنقیدی رایوں کا وزن سب سے زیادہ محسوس کیا جاتا ہے۔ جب وہ کوئی بات کہتے ہیں تو اس پر اہل نظر غور کرتے ہیں۔ اور باذوق ادبا و شعراء اس سے فائدہ اُٹھاتے ہیں۔ وہ بالعموم اپنی رائیں ایسی دلیلوں کے ساتھ پیش کرتے ہیں کہ اُن کے اسلوب نگارش کی شائستگی اور چاشنی پر لطف ہوتی ہے ادب کے عام قارئین کے درمیان اُن کے تنقیدی افکار و خیالات کو اسی لئے کافی مقبولیت حاصل ہوتی ہے۔ ایک ناقد کامل کی حیثیت سے دنیائے ادب میں اُن کا بلند مقام محفوظ ہے۔

نذیر احمد نائب صدر غالب انسٹی ٹیوٹ دہلی

آل احمد سرور کی شخصیت علم و ادب کی دنیا میں کسی تعارف کی محتاج نہیں۔ یہ اردو کے اُن ممتاز تر ین نقادوں اور ان جلیل القدر شخصیتوں میں شمار کئے جاتے ہیں جن کے کثیر الجہات کارنامے بین الاقوامی شہرت حاصل کر چکے ہیں۔ سرور صاحب اُن لوگوں میں تھے جنہوں نے آزادی کے بعد کے دور ابتداء میں اردو کی کشتی کو منجدھار سے نکالا تھا۔ سرور صاحب ۱۹۵۸ء تا ۱۹۷۳ء انجمن ترقی اردو کے سکریٹری رہے۔ اس طویل مدت میں اردو زبان و ادب کی ترویج و اشاعت میں انہوں نے قابل یادگار کارنامے انجام دئے۔ سرور صاحب کا شمار اُن مجاہدوں میں ہوتا ہے جن کی کوششوں سے اردو زبان کے جمہوری حقوق کے مطالبے نے ایک تحریک کی شکل اختیار کر لی اور اس سے اردو کو جو فائدے حاصل ہوئے اُن سے لوگ بخوبی واقف ہیں۔

آل احمد سرور کی سکریٹری شپ کے دوران انجمن ترقی اردو (ہند) کے شعبۂ نشر و اشاعت نے نما یاں پیشرفت کی۔ ادبیات کے علاوہ سماجی اور دوسرے متعلقہ علوم کی کتابوں کی اشاعت انجمن کے پرو گرام میں شامل ہوئیں۔ ان سے اردو ادب کے دامن میں نمایاں وسعت پیدا ہوئی۔ یہ قابل قدر رجحان اُن کی خصوصی توجہ کا ممنون احسان ہے۔

سرور صاحب کی توجہ سے شعبہ کے علمی وادبی وقار میں نمایاں اضافہ ہوا۔علی گڑھ اردو دنیا کے نقشے میں نمایاں حیثیت کی شکل میں ابھرا۔اردو فکشن' جدیدیت' غالب اور اقبال پر جو سمینار اردو شعبے کی طرف سے منعقد ہوئے تھے۔انہوں نے شعروادب کے نئے رجحان کے تعین میں اہم رول ادا کیا۔سری نگر میں اقبال انسٹی ٹیوٹ کے زیراہتمام اقبال پر کئی سمینار رہوئے۔ان سے اقبال شناسی میں قابل قدر اضافے ہوئے۔سرور صاحب کی توجہ سے اقبال پر جو کتابیں شائع ہوئیں اُن کی عالمی اہمیت سے انکار نہیں کیا جاسکتا۔غالب پر اُن کے مطالعات خصوصی توجہ کے مستحق ہیں۔سرور صاحب کی کتاب عرفان غالبؔ اس موضوع پر قابل توجہ اضافہ ہے۔

سرور صاحب ادب کے صحیح رمز شناس تھے۔فن نقد ادبی میں اُن کی وسیع المشربی قابل ستائش ہے۔اُن کی تحریروں سے مشرق ومغرب کے علمی سرچشموں سے فیض یاب ہونے کا سبق ملتا ہے۔اُن کے یہاں مغربی تہذیب کی جب خوبیاں بیان ہوتی ہیں تو اپنی تہذیب سے اُن کا رشتہ ٹوٹنے نہیں پاتا۔انہوں نے اپنے آپ کو اپنی زبان' اپنے ادب اور اپنی تہذیب وتاریخ سے جوڑے رکھا۔

آل احمد سرور کی زبان وبیان میں جو حسن ودلکشی اور نرمی ولطافت ہے وہ کم ادیبوں کے حصے میں آئی ہے۔اُن کے مزاج میں سختی نہیں۔اپنے مخالف کے بارے میں اُن کا رویہ کبھی بھی سخت نہیں رہا۔یہ عجیب صفت قدرت نے انہیں عطا کی تھی۔وہ اپنے شاگردوں سے بڑی شفقت رکھتے تھے۔انہوں نے آنے والی نسلوں کا ایک ایسا قافلہ تیار کیا جو مستقل کا ادب شناس اور علمی روایت کا امانت دار ہوگا۔

سرور صاحب کی فعال علمی زندگی زائد از نصف صدی پر محیط رہی۔اس عرصہ میں اپنی تحریروں اور تقریروں کے ذریعہ دانشوری کی جو روایت سرور صاحب نے آگے بڑھائی ہے وہ قابل یادگار ہے اور خوشی کی بات ہے کہ اہل علم نے اُن کے کارناموں کو عزت سے دیکھا۔اور اُن کی قدر افزائی کی۔اُن کے علمی و ادبی کارنامے عالمی شہرت رکھتے ہیں۔اور بڑی قدر کی نگاہوں سے دیکھے جاتے ہیں۔ہند اور بیرون ہند میں اُن کی جتنی پذیرائی ہوئی وہ کم لوگوں کے حصے میں آئی ہوگی۔علی گڈھ مسلم یونیورسٹی نے انہیں پروفیسر امریٹس بنا کر اُن کی علمی وادبی خدمات کا اعتراف کیا۔متعدد ملکی اور عالمی اداروں نے انہیں مختلف اعزازات سے نوازا۔غالب انسٹی ٹیوٹ نے اُن کی خدمت میں ۱۹۸۱ء میں فخرالدین علی احمد غالب ایوارڈ پیش کیا۔اور حکومت ہند نے انہیں پدم بھوشن کے اعلیٰ خطاب سے سرفراز کیا۔کئی اداروں نے سرور صاحب پر سمینار کروائے' اُن پر تحقیقی کام ہو رہا ہے۔ان سب باتوں سے بڑھ کر یہ کہ سرور صاحب نے دانشوری کی ایسی شاندار روایت قائم کی ہے کہ اُن کے ہم عصروں میں کوئی اُن کا مدمقابل نظر نہیں آتا۔

ڈاکٹر قمر رئیس

پروفیسر آل احمد سرور نے اپنی دانش وبصیرت اور تخلیقی محویت سے اردو زبان وادب کی بے مثل خدمات انجام دی ہیں۔ اُن کی کئی حیثیتیں رہی ہیں۔ وہ ایک ایسے سلجھے ہوئے باشعور اور محبوب استاد رہے۔ جن کی تربیت اور رہنمائی سے روشنی اور فیض پانے والے بے شمار ادیب اور اہل علم آج ہند و پاک کے تعلیمی اور تہذیبی اداروں میں نمایاں خدمات انجام دے رہے ہیں۔ انجمن ترقی اردو (ہند) اور اردو تحریک کے سربراہ کی حیثیت سے بھی اُن کی خدمات اردو زبان کی تاریخ میں یادگار رہیں گی۔ اس کے علاوہ اور اس سے بڑھ کر وہ ایک دیدہ ور نقاد اور صاحب طرز شاعر تھے۔ اُنہوں نے بعض دوسرے شاعر ناقدین کی طرح تنقید کو اپنی شاعری کے جواز اور اشتہار کا ذریعہ نہیں بنایا۔ ٹی ایس ایلیٹ کی طرح ادبی تنقید کو ہمیشہ ایک آزاد اور برگذیدہ علم وفن کی حیثیت سے برتنے کی کوشش کی۔ اسی کا نتیجہ ہے کہ اُن کی تنقیدی نگارشات' آج اردو میں انتقاد عالیہ کا درجہ رکھتی ہیں۔ جو اپنے افکار تازہ کی بنا پر ہر فکر وخیال اور ہر حلقے کے قارئین میں ذوق وشوق سے پڑھی جاتی ہیں۔ اُن کی روشنئ طبع بیسویں صدی کی عقلی اور سائنسی حیثیت کا متحرک عطیہ ہے۔ وہ مشرق اور مغرب دونوں کے ادبی اور تہذیبی سرمایے پر گہری نظر رکھتے تھے۔ دونوں کی زندہ اور مشترک فنی اقدار کو میزان بنا کر اُنہوں نے حسب ضرورت ادبی تنقید کے اُصول اخذ کئے۔ نظریاتی اور اُصولی مباحث میں بھی اُن کا طرز فکر بڑی حد تک علمی ضبط وتوازن کا حامل رہا ہے۔ پروفیسر سرور نہ ہر روایت کے پابند رہے نہ ہر بغاوت کے پاسدار اپنے شعور حیات اور شعور فن کے وسیع تناظر میں وہ سنجیدگی اور ہمدردی کے ساتھ ہر تخلیق' ہر تجربہ اور ہر رجحان کا مطالعہ کرتے رہے۔ اور اپنے نتائج فکر دیانت داری سے پیش کرتے رہے۔ وہ ادب میں نظر اور نظریہ' مسرت اور بصیرت' ہر دو کی اہمیت کے عارف اور معترف رہے۔ فن وادب کے بارے میں افراط وتفریط سے پاک یہی وہ رویہ ہے جس کے امکانات اور جہتوں کی تلاش وتعبیر وہ اپنے شگفتہ' خیال انگیز اور دلنشین اسلوب تحریر میں پیش کرتے رہے۔ نقد و نظر کے میدان میں وہ کسی بھی شخصیت سے خواہ اُن کا محبوب شاعر اقبال ہی کیوں نہ ہو کبھی مرعوب نہیں ہوئے۔ اور اپنے خیالات کا اظہار وہ ہر دور میں نہائت جراءت' بے باکی اور آزادی سے کرتے رہے۔

پروفیسر سلیمان اطہر جاوید

عصر حاضر میں اردو شعر وادب کی اعلی اقدار کی پیکر' شستہ وشائستہ' معتبر وموقر اور رکھ رکھاؤ کی حا

مل شخصیات کا جب بھی تذکرہ ہوتا ہے۔ سرور صاحب کے نام کی شمولیت کے بغیر مکمل نہیں ہوسکتا۔ آل احمد سرور اردو دنیا کی اُن قد آور شخصیات میں تھے جنہوں نے شعر و ادب پر گہرے اثرات مرتسم کیئے۔ اور بلا شبہ ایک نسل کو متاثر کیا۔ ترقی پسند تحریک سے وہ متاثر ہوئے اور بہت زیادہ۔ وہ لکھنوء میں ترقی پسند مصنفین کے جلسوں میں پابندی سے حصہ لینے والوں میں تھے۔ انہوں نے ترقی پسند تحریک کے حق میں آواز بلند کی ۔اُن کی تحریریں اس کی آئینہ دار ہیں اپنے تنقیدی مضامین کے مجموعوں تنقید کیا ہے۔ نئے اور پرانے چراغ' ادب اور نظریہ اور تنقیدی اشارے وغیرہ میں اُنہوں نے ترقی پسند تحریک کے نظریات پر کاربند ہوتے ہوئے شعر و ادب کا جائزہ لیا۔ اعتدال پسندی' متوازن مزاجی سے انہوں نے ہمیشہ کام لیا۔ یہی وجہہ ہے کہ ان کی تحریریں ہنگامی نوعیت کی نہیں رہیں۔ اُن سے آج بھی استفادہ کیا جاتا ہے۔ عصری مسائل اور موضوعات سے وہ ہم آہنگ ہوتی ہیں ۱۹۶۰ء کے لگ بھگ اردو ادب میں جب جدیدیت کی باتیں ہو نے لگیں اور دھیرے دھیرے جدیدیت کا رجحان فروغ پانے لگا تو سرور صاحب نے ایسا تو نہیں کیا کہ تر قی پسندی سے اپنا رشتہ توڑ لیا۔ البتہ وہ جدیدیت کے ہمدرد اور ہمنوا ضرور ہو گئے۔ جدیدیت پر سمینار کر وایا۔ لیکن وہاں بھی انہوں نے جدیدیت کی شدت اور انتہا پسندی سے خود کو دور رکھا اور ادب اور معاشرہ کے عصری تقاضوں پر نظر رکھی۔ سرور صاحب کے نزدیک دراصل اہمیت ادب اور معاشرہ کی زیادہ تھی۔ انہو ں نے ادب کو ادب رکھنے پر زور دیا۔ ہنگامہ آرائی' نعرہ بازی اور وقتی گھن گرج سے انہوں نے خود کو بچائے رکھا۔ انہوں نے نظر پر زور دیا اور ایک صاحب نظر کی طرح اپنی نظر ہی کو نظریہ بنا دیا۔ سرور صاحب کے بار ے میں کہنے والے وہ جو کہتے ہیں کہ انہوں نے کوئی مربوط اور مضبوط کام نہیں کیا محض مضامین لکھے اور بس ۔انہیں اس زاویے سے بھی غور کرنا چاہیے۔ ویسے سرور صاحب کے نزدیک کئی مضبوط کام تھے۔ اور بعض غالباً انہوں نے شروع بھی کر دئے تھے۔ اردو ادب پر انگریزی ادب کے اثرات وغیرہ۔

سرور صاحب نے غالبؔ اور اقبال پر جو لکھا وہ غالبیات اور اقبالیات میں بجا طور پر اضافہ ہے۔ اور غالبؔ فہمی اور اقبال فہمی میں اپنی مثال آپ۔ سرور صاحب ادب کے روز و شب کے معاملات سے بھی بے خبر نہیں تھے۔ ''سیاست'' میں شائع ہونے والے ان کے کالم ''باتیں ہماریاں'' میں انہوں نے روزمرہ کے عام ادبی مسائل پر خوشگوار اور سلجھے ہوئے پیرایے میں لکھا۔ قارئین سیاست اس کالم کی کمی محسوس کریں گے۔

سرور صاحب کی تنقید میں جو تخلیقی رنگ اور اسلوب کی چاشنی ملتی ہے وہ ان کی شاعری کی دین ہے ۔الفاظ کا سحر انگیز استعمال' خوشگوار انداز' سرشاری کی کیفیت بلکہ شعریت ان کی تنقید کو نکھار دیتے ہیں۔ کہنے والے تو یہ بھی کہتے ہیں کہ سرور صاحب کے اسلوب پر ڈاکٹر ذاکر حسین اور رشید احمد صدیقی کے اسالیب کا

اثر ہے۔اور یہ بات کسی حد تک درست بھی ہے۔

سرور صاحب کی خدمات کا اُن کی زندگی میں خاصا اعتراف کیا گیا۔شعبۂ اردو علی گڈھ مسلم یو نیورسٹی سے سبکدوشی کے بعد اقبال انسٹی ٹیوٹ کشمیر یونیورسٹی نے ڈائرکٹر کی حیثیت سے اُن کی خدمات حا صل کیں ۔حکومت ہند نے انہیں پدم شری کے اعزاز سے نوازا۔انہیں ساہیتہ اکیڈمی ایوارڈ ملا۔اتر پر دیش اردو اکیڈمی سے اعزاز اور دہلی اردو اکیڈمی سے بہادر شاہ ظفر ایوارڈ ہمارے پڑوسی ملک نے انہیں صدر پاکستان طلائی تمغہ دیا۔ ۱۹۹۰ء سے وہ مسلم یونیورسٹی کے شعبۂ اردو میں پروفیسر ایمریٹس کے منصب پر فائز تھے۔اس کے علاوہ اور بھی کئی کاموں کے لئے سرور صاحب یاد رکھے جائیں گے۔اپنی کتا بوں سے اپنی تحریروں سے‘اپنی فکر کے ان نقوش سے جوانہوں نے نئی نسل کے ذہنوں پر مرتسم کئے ہیں۔ کیونکہ ان ہی کا نام آل احمد سرور ہے۔

مضطر مجاز

کوئی پون صدی تک علم و ادب کے مطلع پر چھائے رہنے کے بعد آخر کار وہ وقت آ ہی گیا جسے فر اق نے ان الفاظ میں بیان کیا ہے۔

آ گئی لو فراق کی بھی خیر
کھل گیا در دِ بے دوا نہیں آپ

سرور صاحب کا سب سے بڑا وصف یہ تھا کہ انہوں نے ایک سچے دانشور کی طرح کبھی اپنا ذہن بند نہیں رکھا۔ہر تازہ ہوا پر انہوں نے اپنا سینہ کھلا رکھا۔لیکن اپنے دماغ کہن کی بھی حفاظت کی۔کچھ کم نظر اُن کی فکر اور اپروچ میں یہ کہہ کر کیڑے نکالتے رہے کہ سرور صاحب موسم کے ساتھ بدل جاتے تھے ۔جبکہ سچی بات بس اتنی سی ہے کہ وہ ہر موسم کا کڑوا اور میٹھا پھل چکھتے اور میٹھے کو میٹھا کہتے۔یہ بھی تو زندگی کی ایک بنیادی حقیقت ہے کہ ہر شر میں کچھ نہ کچھ خیر کا پہلو ہوتا ہے۔ترقی پسندی نے زندگی کی جن کڑوی حقیقتوں کو اپنا موضوع سخن بنایا تھا۔اس سے صرف نظر کرنا سرور صاحب ہی کیا کسی متوازن فکر و نظر رکھنے والے انسان سے بھی ممکن نہیں۔جبکہ سرور صاحب انتہائی کثیر المطالعہ نابغۂ روزگار تھے۔پھر جدیدیت کے محاسن بھی اُن کی نظر سے پوشیدہ نہ تھے۔زندگی کی بوقلمونی اور مطالعے کی وسعت نے اُن کی نظر میں ایک نمایاں بلندی پیدا کر دی تھی۔جیسا کہ اصغر نے کہا ہے۔

کیا دردِ ہجر اور یہ کیا لذت وصال
اس سے بھی کچھ بلند ملی ہے نظر مجھے

اگر ہم یہ کہیں تو مبالغہ نہیں ہوگا کہ اتنا بلند نظر نقاد ہمارے ادب نے شائد ابھی تک پیدا نہیں کیا۔ سرور صاحب میں ایک نہائت اعلی درجے کا توازن تھا۔ جو نایاب نہ سہی کم یاب ضرور ہے۔ انہوں نے مغرب زدہ نقادوں کی طرح مغرب کے مانگے ہوئے پیمانوں میں اپنے شعروادب کو ڈھالنے کی کوشش نہیں کی۔ وہی داغ کہن کی نگہ داری اُن کا شیوہ عمر کی ہر منزل میں رہا۔ با ایں ہمہ وہ مغرب بیزار بھی نہیں تھے۔ مغربی نقدوادب کا مطالعہ بھی اُن کا نہائت وسیع تھا۔ اُن کی تحریر کے ہر پیرا گراف میں کسی مغربی مفکر یا نقاد کا حوالہ چٹکی بجاتے آجاتا تھا۔ اُن کی تحریر کی ایک خوبی یہ بھی تھی کہ وہ کبھی گنجلک نہیں ہو پاتی تھی۔ اُن کی تحریر ایک طرح سے سہل ممتنع ہوا کرتی تھی۔ لیکن ایسا سہل ممتنع جس کی نقل کوئی کرے تو خون تھوک دے یہ حسن اُن کی تحریر میں یونہی پیدا نہیں ہو گیا تھا۔ اس کے پیچھے اُن کے وسیع مطالعے اور اس سے کہیں زیادہ اُن کے فکروتدبر کا دخل تھا۔

سرور صاحب نے اپنی فکر کو محض شعروادب میں محدود نہی رکھا۔ اُن کو قومی اور ملی مسائل سے بھی یکساں دلچسپی تھی۔ خصوصاً مسلمانوں اور اردو کلچر اور تہذیب کے مسائل۔ اپنی تقریباً ۷۵ سالہ ذہنی زندگی میں وہ کبھی نچلے نہیں بیٹھے۔ آخر وقت تک بھی اُن کا لکھنے پڑھنے اور غوروتدبر کا مشغلہ جاری رہا۔ اُن کی آخری تصانیف ''فکر روشن'' اور ''اردو تحریک'' اُن کے انتقال سے صرف چند مہینے پہلے شائع ہوئیں۔

آل احمد سرور ایسے نابغاؤں میں تھے جن کی دل آسا تحریریں ایک عرصے تک یاد رکھی جائیں گی۔ میؔر کا یہ شعر یوں تو ہرا یرے غیرے کے لئے استعمال ہونے لگا ہے۔ لیکن سرور صاحب جیسے فرد فرید کے لئے یہ بہت حسب حال ہے۔

مت سہل ہمیں جانو پھرتا ہے فلک برسوں
تب خاک کے پردے سے انسان نکلتے ہیں

سید حامد

آل احمد سرور صاحب سے مجھے نیاز حاصل ہوئے نصف صدی سے زیادہ ہو گیا۔ میں نے اکثر امور میں خود کو اُن کا ہمنوا پایا۔ سرور صاحب بہت پڑھے لکھے باخبر اور بالغ انسان تھے۔ انہوں نے ادب کو کبھی آیوری ٹاور نہیں سمجھا۔ انگریزی زبان اور ادب کے ذریعہ انہوں نے خود کو ذہنی طور پر دنیا کے قدم بہ قدم رکھا۔ انہیں اس کا اندازہ بھی برابر رہا ہے کہ عالمی ادب نے کیا کروٹیں بدلی ہیں اور ہندوستانی زبانوں میں کیا ادبی کام ہوتے رہتے ہیں اردو کے اہل قلم میں کم لوگ ایسے ہیں جن کا ذہن اس قدر کشادہ اور

جن کی معلومات اتنی وسیع ہوں سرورصاحب کی گفتگو میں اُن کے اسلوب تحریر کی شگفتگی ہے۔ دونوں میں وضاحت بھی ہے اور زیبائی اور رعنائی بھی۔ وہ جو کچھ لکھتے ہیں دلکش ہوتا ہے۔ اور پڑھنے کے لائق۔

پروفیسر شمیم حنفی

سرور صاحب کو میں نے جب بھی دیکھا۔ ذہنی طور پر مصروف دیکھا اور یہ مصروفیت بھی ہر لمحہ اس دائرے کی پابند جو دانش وری اور دنیا داری کو ایک دوسرے سے الگ کرتا ہے بہت دن ہوئے سرور صاحب نے ایک شعر کہا تھا۔

آج جب ہر بات پر ہاں کہنے والے ہیں بہت
یہ مری انکار کی کافر روش بھی کم نہیں

سرور صاحب کے بارے میں عام تاثر یہ رہا کہ کیا زندگی اور کیا ادب دوٹوک باتوں سے گریز اُن کا مزاج ہے۔ علم وادب نظریات اور اُصولوں کی بحث میں اپنے بعض ایقانات پر اصرار کے باوجود سرور صاحب کا لہجہ اور ذہنی رویہ یہی تاثر دیتا ہے کہ اُن کے ملال کی نوعیت فکری اور اخلاقی ہے بے تکلف گفتگو میں بھی وہ افراد یا اشخاص پر تبصرے سے گریز کرتے تھے۔ مزاج کی رواداری نے سرور صاحب کی تحریر وتقریر میں زندگی اور ادب دونوں کے تئیں ایک ہمہ گیر تناظر کی تشکیل کی ہے۔ سرور صاحب نے کسی موقع پر کہا تھا سوچی سمجھی بے اطمینانی بغیر سوچے سمجھے یقین سے بہتر ہے۔ سچ پوچھئے تو یہی بے اطمینانی سرور صاحب کے مضامین میں اپنے زمانے کی بدلتی ہوئی جمالیاتی اور تہذیبی قدروں کے ادراک کا واسطہ بھی بنی۔

پروفیسر اسلوب احمد انصاری

بزرگ استاد اور نامور شاعر اور نقاد جناب آل احمد سرور گذشتہ کم وبیش ستر برس سے گیسوئے اردو کی مشاطگی میں کوشاں اور مصروف رہے گو اُنہوں نے کسی مستقل موضوع پر کوئی کتاب نہیں لکھی۔ لیکن اُن کے تنقیدی مضامین کے بہت سے مجموعے منظر عام پر آچکے ہیں اور کئی شعری مجموعے بھی۔ اور یہ سب اُن کے مداحوں سے خراج تحسین وصول کر چکے ہیں۔ سرور صاحب بہ حیثیت نقاد زیادہ مصروف رہے۔ گو اُن کے شعری کمالات بھی کچھ کم درخورِ اعتنا نہیں۔ سرور صاحب کے تنقیدی طریق کار کو commonsesical Aproach کا نام دینا روا نہ ہوگا۔ اُن کے انداز بیان میں بڑی شگفتگی، روانی

'شیرینی' اور دلنشینی پائی جاتی ہے۔ برسوں شعبۂ اردو مسلم یونیورسٹی کے سربراہ کی حیثیت سے اور انجمن ترقی اردو کے ناظم امور کے عہدے پر فائز رہنے کے دوران انہوں نے اردو کی درس وتدریس اور ترویج واشا عت کے ضمن میں بڑی قابل قدر خدمات انجام دیں۔

پروفیسر امیر عارفی

اقبال بیسویں صدی کے اہم شاعر تھے۔ سرور صاحب نے اقبال کی فکری اور شاعرانہ سرچشموں کی نئی دریافت کی ہے۔ سرور صاحب نے اپنی پچاس سالہ ادبی زندگی میں ہمیشہ صحت مند نظریہ۔ ادب کی تخلیقی جہتوں کی تلاش وجستجو کی۔ اور اس میں وہ کامیاب رہے۔ انہوں نے جس معروضی انداز میں اقبال کی شاعری کو تنقید کی کسوٹی پر پرکھا ہے وہ سرور صاحب کی ناقدانہ بصیرت کا ثبوت ہے۔

مجتبیٰ حسین

سرور صاحب اردو ادب کی ان عظیم ہستیوں میں سے تھے۔ جن کا اس دنیا سے اُٹھ جانا اردو زبان وادب کا ایک ناقابل تلافی نقصان ہے۔ انہوں نے نوے برس کی بھر پور سرگرم تخلیقی زندگی جی۔ اور اپنی زندگی کے ایک ایک لمحے کو اردو زبان وادب کے فروغ کے لئے وقف کر دیا۔ بیسویں صدی کے ہر اہم واقعہ اور تبدیلی کے وہ نہ صرف عینی شاہد رہے بلکہ ان تبدیلیوں کو شدت سے محسوس کرنے کے علاوہ اُن میں حتی المقدور شامل بھی رہے۔ انہوں نے سینکڑوں ہی نہیں بلکہ ہزاروں نوجوانوں کی ذہنی تربیت کی۔ نہ صرف اپنے طالب علموں کو راستہ دکھایا بلکہ اردو ادب کی راہوں کو متعین کرنے میں بھی بھر پور حصہ ادا کیا وہ ایک عہد ساز شخصیت تھے۔ اسے میں اپنی خوش بختی ہی کہوں گا کہ پروفیسر آل احمد سرور نے مجھے ہمیشہ عزیز رکھا۔ اور اپنی شفقتوں سے مجھے مالا مال کرتے رہے۔ سرور اپنی شخصیت کے نقوش مجھ پر چھوڑتے گئے۔ سرور صاحب کے مزاج میں جو استغنا جو بے نیازی جو نرمی اور ملامت جو اعتدال اور توازن تھا وہ اُن ہی کا حصہ تھا۔ سرور صاحب ایک طرح سے صوفی اور قلندر تھے۔ جن کا مسلک لوگوں میں علم اور آگہی کی دولت دونوں ہاتھوں سے لٹانا رہا ہے۔ سرور صاحب نے اپنے افکار وخیالات کے ذریعہ کئی نسلوں کی ذہنی تربیت کی ہے۔ اپنی تنقیدی بصیرت کے ذریعہ لاکھوں ذہنوں کو جلا بخشی ہے۔ سرور صاحب اپنی وضع کے آخری اردو پروفیسر اور دانشور تھے۔ اگر چہ بزرگوں کی خامیوں کی طرف اشارہ کرنا خود ایک خامی ہے۔ مگر میں سرور صاحب کی ایک خامی کی طرف اشارہ کرنا چاہوں گا کہ وہ اردو کے پروفیسر ہونے کے باوجود اردو کی پروفیسر نہیں لگتے تھے۔ ان میں وہ بات ہی نہیں تھی جو اردو کے بہت سے رائج الوقت پروفیسروں میں

پائی جاتی ہے۔اُن میں نہ چھل تھا نہ کپٹ' سازش تھی نہ ہیر پھیر' کینہ' بغض' غیبت' منافقت' اقتدار کی ہوس' صاحبان اقتدار کی قربت جیسی خرابیوں سے وہ دور تھے۔سرور صاحب نام ونموداور شہرت کی طلب سے بے نیاز اپنے جہاں علم و دانش میں مگن رہے۔انہوں نے ہمیشہ گروہ بندیوں سے اپنے آپ کو الگ رکھا۔انہوں نے اپنے لئے غیر جانبداری' میانہ روی اور اعتدال پسندی کی وہ مشکل روش اختیار کی جس پر چل کر سرخ رو ہونا کوئی مذاق نہ تھا۔سرور صاحب نے اردوادب میں غیر جانبداری کی روایت کو برقرار رکھا۔انعامات اور اعزازات سرور صاحب کے پیچھے بھاگتے ہوں تو یہ الگ بات ہے مگر سرور صاحب نے کبھی انعامات اور اعزازات کے پیچھے بھاگ کر اپنے آپ کو ہلکا نہیں کیا۔

ہم اس اعتبار سے خوش قسمت ہیں کہ ہم نے اپنی آنکھوں سے سرور صاحب کو نہ صرف دیکھا اپنے کانوں سے انہیں سنا اپنے دل سے انہیں محسوس کیا اپنے دماغ سے انہیں سوچا ہم نے انہیں نہ صرف پرکھا اور برتا ہے بلکہ اُن کے سامان کی حفاظت بھی کی ہے۔اور آگے بھی ان کے اقدار کی حفاظت کرتے رہیں گے۔

پروفیسر ابوالکلام قاسمی

ادب اور تنقید سے پروفیسر سرور کا ایسا جامع سروکار ہے جس میں علم و دانش اور شعور و آگہی کے سارے پہلو اور سارے رنگ نمایاں ہیں۔وہ مختلف اور متنوع اسالیب میں ادبی اور تخلیقی توانائی کی شناخت کرنے پر قادر اور مختلف ادبی تحریکات اور رجحانات کے مثبت پہلوؤں کے رمز شناس رہے ہیں۔شائد یہی سبب ہے کہ انہوں نے اپنے آپ کو کسی مخصوص ادبی نظر یا رجحان سے کبھی وابستہ نہیں ہونے دیا۔بعض لوگوں نے سرور صاحب کے اس رویے کو سراہنے کے بجائے تنقید کا نشانہ بنایا ہے۔جب کے حقیقیت یہ ہے کہ سرور صاحب کی اسی وسیع المشربی نے اُن کو ہر زمانے میں بامعنی بنائے رکھا ہے سرور صاحب نے ادب کی پرکھ کے اصول مختلف ادبی اور تنقیدی دبستانوں سے اخذ کئے ہیں۔اسی لئے وہ فکر وفن اور مواد و ہیت میں سے کسی ایک کو ادب کی پرکھ کا واحد وسیلہ نہیں قرار دیتے۔تاہم مواد اور موضوع کی ساری اہمیت کا اعتراف کرنے کے باوجود اُن کی ترجیحات ڈکشن اور فنی اظہار میں مضمر ہیں۔سرور صاحب کا ایک بڑا امتیاز یہ بھی ہے کہ انہوں نے اردو تنقید کو مغربی تنقید کے بہت سے اسرار ورموز سکھلائے ہیں۔اس میں کوئی شک نہیں کہ اس عمل میں اُن کے ساتھ اُن کے بعض اور معاصر نقاد بھی شامل ہیں۔سرور صاحب کی دانشورانہ خدمات اتنی وقیع اور ہمہ گیر ہیں کہ کسی بھی ادب اور کسی بھی معاشرے کے لئے اُن کو باعث فخر قرار دیا جاسکتا ہے۔

مظہر امام

میں آل احمد سرور کو اردو ادب کا ضمیر سمجھتا ہوں۔ وہ ایک بلند پایہ نقاد، ایک بڑے مفکر اور دانش ور تھے۔ اردو ادب اور شاعری کی پرکھ اور تفہیم کے لئے جس شعور، معروضیت اور مذاق سلیم کی ضرورت ہے وہ موجودہ دور میں آل احمد سرور سے زیادہ کسی اور کو میسر نہیں ہوئی۔ وہ کسی بھی نوجوان لکھنے والے کے لئے قابل رشک رہے۔ انسانیات (Humanities) یعنی عمرانیات، نفسیات، فلسفہ، تاریخ، فنون لطیفہ وغیرہ کی بابت اُن کا مطالعہ وسیع تھا۔ وہ کسی نئی ادبی تحریک اور رجحان سے اغماض نہیں برتتے۔ وہ اسے صحیح تناظر میں دیکھنے اور پرکھنے کی کوشش کرتے ہیں۔ تخلیق کار کی حیثیت سے بھی اُنہوں نے اپنے ہم عصر ناقدوں کے مقابلے میں بہتر شاعری کی ہے۔

پروفیسر مختار الدین احمد

اردو ادب میں پروفیسر آل احمد سرور کئی حیثیتوں کے مالک ہیں۔ دانشور، عالم، شاعر نثر نگار اور نقاد کے طور پر ملک کے اندر اور باہر اُنہیں جانا پہچانا جاتا رہا۔ لیکن تعلیم اور تنقید نگاری کو اُن کی زندگی میں مرکزی حیثیت حاصل رہی۔ موضوع کی اہمیت اور انداز بیان کی دلکشی نے اُن کے تنقیدی مضامین میں حُسن، رچاؤ اور جاذبیت پیدا کر دی ہے۔ اسی لئے اردو تنقید بلکہ کہنا چاہئے کہ اردو نثر پر سرور صاحب کی حکمرانی رہی۔ سرور صاحب کی تحریروں کو جس چیز نے بطور خاص وزن و وقار عطا کیا ہے وہ اُن کے مطالعے کی وسعت اور نظر کی گہرائی ہے۔

مغربی ادب اور بالخصوص مغربی تنقید کا سرور صاحب نے گہری نظر سے مطالعہ کیا۔ ٹی ایس ایلیٹ سے وہ بہت متاثر رہے۔ اور اُن کی اس رائے کے قائل ہیں کہ ادب کو پہلے ادب ہونا چاہیے۔ اور بعد کو کچھ اور۔ گویا ادب کی جمالیاتی قدریں انہیں سب سے زیادہ عزیز تھیں۔ اور تنقید کے دوران اُن کی نظریں ادب کی اسی بنیادی صفت پر مرکوز رہیں۔

ایم حبیب خان

سرور صاحب کے بارے میں ایک بات یہ کہی جاتی ہے کہ وہ غالبؔ اور اقبال کے قدرشناس ہوتے ہوئے اُنہوں نے کوئی مستقل کتاب تصنیف نہیں کی۔ لیکن یہ بات بھی قابل توجہ ہے کہ غالبؔ اور اقبال پر اُن کے طویل مقالے بھی ایک مستقل تصنیف کی حیثیت رکھتے ہیں۔ ”نئے اور پرانے چراغ“

تنقید کیا ہے ''مسرت سے بصیرت تک'' پہچان اور پرکھ' وغیرہ۔تنقیدی مجموعوں میں غالبؔ اور اقبال پر طویل مقالے شامل ہیں۔کشمیر کے دوران قیام میں سرور صاحب نے اقبال اور تصوف' اقبال اور مغرب اقبال اور اردو نظم' تشخص کا مسئلہ اور اقبال وغیرہ اہم کتابیں مرتب کیں۔جنہیں اقبال انسٹی ٹیوٹ سری نگر نے شائع کیا۔اسی طرح غالب اور اقبال پر اُن کے خطبات ان کی علمی بصیرت کی بہترین مثالیں ہیں۔''خواب باقی ہیں'' سرور صاحب کی خودنوشت سوانح عمری ہے۔اس میں انہوں نے اپنی پیدائش سے لے کر اپنی طویل زندگی کے تجربات کو اس طرح پیش کیا ہے کہ اس سے نئی نسلیں عرفان حاصل کر سکتی ہیں سرور صاحب لکھنو رام پور اور علی گڈھ میں درس وتدریس کے سلسلے میں عرصہ دراز تک مقیم رہے انہوں نے وہاں کی علمی اور ادبی زندگی کے واقعات تفصیل سے تحریر کئے ہیں۔اس میں جتنی تفصیلات لکھنو کے شعبۂ اردو اور فارسی کے اساتذہ اور وہاں کی ادبی سرگرمیوں کی ہے۔اس سے کسی قدر کم علی گڈھ اور رامپور کا ذکر کیا ہے۔سرور صاحب کی خودنوشت کی ایک خوبی لوگ یہ بھی بتاتے ہیں کہ اس میں زیادہ تر بڑے لوگوں کا ذکر کیا گیا ہے۔

پروفیسر کبیر احمد جائسی

سرور صاحب کے جو نمایاں اوصاف تھے اُن میں سے ایک یہ ہے کہ وہ خوشی خوشی جینے اور بھرپور زندگی گزارنے کے گر سے نہ صرف آگاہ تھے بلکہ اس کے عارف بھی وہ نہ تو کبھی مخالفت سے گھبراتے نہ عیش میں آ کر کف درروہان ہوتے۔وہ اپنے مخالفوں کے منہ نہیں لگتے تھے اور نہ کبھی اُن کے بارے میں نا ملائم کلمات کہتے۔اُن کا قول تھا کہ میں حاسد نہیں محسود ہونا پسند کرتا ہوں۔وہ شدائد ومصائب سے گھبراتے نہیں تھے۔اُن کا خاموشی اور یکسوئی سے مقابلہ کرتے اور جب اُن کا خاتمہ ہو جاتا تو گزرے ہوئے اوصاف شکن حالات سے لطف اندوز ہونے کا فن بھی جانتے تھے۔

سرور صاحب نے بڑی فعال متحرک اور سرگرم زندگی گذاری۔اُنہوں نے اس کارگاہ ہستی میں بقول مجاز تیغیں بھی کھینچی ہوں گی اور ساغر بھی توڑے ہوں گے' نیزے بھی پھینکے ہوں گے اور خنجر بھی چومے ہوں گے۔گر کر تڑپے بھی ہوں گے اور مستی میں جھومے بھی ہوں گے۔کبھی آگ لگائی ہوگی تو کبھی آگ بجھائی بھی ہوگی۔اس عمل میں وہ مجروح بھی ہوئے ہوں گے۔اور دوسروں کو مجروح بھی کیا ہوگا۔انہوں نے اگر ایک طرف دوسروں کے ساغر توڑے ہوں گے تو دوسری طرف اُن کا ساغر لذت شکست وریخت سے آشنا بھی ہوا ہوگا۔اگر ایک طرف اُن کے نیزے سے کوئی زخمی ہوا ہوگا تو دوسری طرف اُن کا جسم بھی نیزے کے زخموں سے محفوظ نہ رہا ہوگا۔اگر ایک طرف ان کی وجہ سے کوئی گر کر تڑپا ہوگا تو دوسری طرف

وہ بھی کبھی نہ کبھی کہیں نہ کہیں اس مرحلے سے ضرور گذرے ہوں گے۔ یہ سب کوئی غیر معمولی بات نہیں لا زمہ زندگی ہے۔ اوران باتوں کے بغیر زندگی اجاڑ۔ سپاٹ اورادھوری ہے اگر میں سرورصاحب کا معاصر ہوتا۔ کسی میدان میں اُن کا مدمقابل ہوتا' اُن کے وجود سے میرے وجود کی بقاء کو کوئی خطرہ لاحق ہوتا تو شائد میں اُن کی شخصیت کے طلسم خانے سے واقف ہوتا۔ اوراُس کی طرف کچھ اشارے کرسکتا لیکن میرا اورسرورصاحب کا رشتہ عمر کے لحاظ سے باپ اور بیٹے کا ہے۔ اور جیسا کے پہلے لکھ چکا ہوں میں اُن کا شاگر دٗ ماتحت اور رفیق کار بھی رہا ہوں۔ اس لئے اس تحریر میں سرورصاحب کی کسی کمی' کوتاہی یا کجی کا ذکر نہیں ہے۔ شاگرد کے لئے تو استاد کی شخصیت ایک آئیڈیل ہوتی ہے۔ اور آئیڈیل تو وہی ہوتا ہے جو حسن ہی حسن خیر ہی خیر ہو۔

ڈاکٹر محمد انصار اللہ

میں اپنے بڑوں سے سرورصاحب کے خلاف طرح طرح کی باتیں سنتا آیا تھا لیکن ان سے رابطہ کی صورت اُس وقت ہوئی جب میں ایم۔اے فائنل کا طالب علم تھا۔ ممتحن سرورصاحب تھے۔ میں نے سلام کیا تو جواب نہیں دیا۔ آگے بڑھ گئے میرے دوسرے ساتھی کی طرف متوجہ ہوگئے مجھے نہائت رنج ہوا۔ اسی وقت خیال ہوا کہ مجھے بھی کوشش کرنی چاہئیے کہ آئیندہ سال جو بھی ممتحن آئے وہ مجھے جانتا ہو۔ میں نے محنت کر کے ایک تحقیقی مضمون لکھا اور ''ہماری زبان'' میں چھپنے کے لئے بھیج دیا۔ وہ مضمون شائع ہو گیا۔ بعد میں معلوم ہوا کہ فائنل کے زبانی امتحان کے ممتحن سرورصاحب ہی ہیں۔ ایم اے کے بعد سرور صاحب کی ایماء پر مجھے مسلم یونیورسٹی کے شعبۂ اردو میں ریسرچ اسسٹنٹ کی ملازمت ملی۔ پہلے مہینے کی تنخواہ ملنے میں دیر ہوئی تو سرورصاحب نے خرچ کے لئے ایک رقم مجھے اپنی جیب سے عنایت کی تھی۔ میں نے اپنی اس ملازمت کی اطلاع والد صاحب کو دی تو انہوں نے لکھا کہ سرورصاحب تمہارے دنیاوی محسن ہیں اس بات کا ہمیشہ خیال رکھنا۔ ایک دن میں سرورصاحب کی خدمت میں حاضر ہوا۔ سرورصاحب نے سوال کیا آپ مسلمان ہیں؟ میں اس پر حیران ہو رہا تھا کہ دوسرا سوال سامنے آیا۔ ''جانتے ہیں مسلمان کا عمل کیا ہوتا ہے''؟ میں خاموش رہا تو فرمایا کہ ''یادرکھئے مسلمان وہ ہے جو ایمان تو سب پر رکھتا ہے لیکن عمل ایک ہی کے بتائے ہوئے احکام پر کرتا ہے''۔ سرورصاحب کی اس بات کا مطلب طرح طرح سے نکالا جا سکتا ہے۔ لیکن ایمان کی بات یہ ہے کہ اُسی دن مجھ پر یہ حقیقت پوری طرح روشن ہوتی کہ بلاشبہ ہمارا مذہب ہر زمانے اور ہر قسم کے حالات میں ہمیں کامیابی کے حصول کی بہترین راہیں دکھاتا ہے ایک دن

سرورصاحب نے فرمایا کہ ''انصاراللہ صاحب علی گڈھ کے درودیوارآپ سے محبت اور ہمدردی کا اظہار کریں گے۔لیکن یادرکھیئے کہ دوست وہی ہے جو کچھ کر کے دکھائے''۔سرورصاحب کے کرم بے حساب نے مجھے گستاخ بنادیا تھا۔ایک دن میں نے پوچھا کہ ہرشخص آپ کی برائی کیوں کرتا ہے''فرمایا''ایک جگہ کے لئے دس امیدوار ہوتے ہیں۔نو کے لئے سفارش کرنے والے بھی ہوتے ہیں ہم دسویں کا انتخاب کر تے ہیں وہ اپنی اہلیت کوانتخاب کا سبب قرار دیتا ہےاور ہمارااحسان مندنہیں ہوتا۔اس کے برخلاف نوجمع نواٹھارہ لوگ ناراض ہوکر ہماری برائی کرنے لگتے ہیں۔

پروفیسر حامدی کاشمیری

میری سرورصاحب سے پہلی ملاقات ۱۹۵۸ء میں ہوئی۔اس وقت پروفیسر آل احمد سرور کی اردو دنیامیں ایک جلیل القدرنقاداور پروفیسرکی حیثیت سے شہرت مسلم تھی۔اور میں ادب کی دنیامیں نووارد تھا۔ میں اُن کی دوتنقیدی کتابوں''تنقید کیا ہے''اور''نئے اور پرانے چراغ''کا مطالع کر چکا تھا۔اور میرے دل میں اُن کی غیر معمولی ناقدانہ حیثیت کی دھاک بیٹھ چکی تھی۔شوق ملاقات کے جذبے کے ساتھ جب پہلی مرتبہ میں ان کی خدمت میں حاضرہوااور جونہی کمال احمد صدیقی نے میراتعارف کرایاتو سرورصاحب انتہائی بشاشت اور بے تکلفی سے خندہ پیشانی ہوکر مجھ سےمخاطب ہوئے''آیئے حامدی کاشمیری ارے میں تو آپ کو بزرگ سمجھتا تھا۔آپ تو پورے نوجواں نکلے اب بات سمجھ میں آئی کہ آپ ایسے رومانی افسانے کیوں کر لکھتے ہیں۔میں کچھ بھی نہ کہہ سکا۔اُن کے طرزتخاطب سے یہ محسوس کئے بغیر نہ رہا کہ سرور صاحب ایک ملنسار،خوش کلام اورہنس مکھ انسان ہیں۔اُن کے طرزکلام اورروییے میں وہ تکلف نام کو نہ تھا جس کا مجھے خدشہ تھا۔اورجس کا مظاہرہ ایسے مواقع پرلوگ عموماً کرتے ہیں۔

کشمیرمیں قیام کے دوران میں انہوں نے کئی سمینارکروائے۔سمینارکے ایام کے دوران میں اُن کی بشاشت اورطمانیت اُن کے بشرے سے ٹپکتی ہے اور جس حسن انتظام وانصرام کے ساتھ وہ سمینار کنڈکٹ کرتے ہیں وہ اُن کا ہی حصہ ہے۔سمینارکے دوران متنازعہ فیہ نکات ومسائل کے بارے میں وہ جس بصیرت افروزانداز میں اورموثر لب ولہجہ میں توضیحات پیش کرتے ہیں۔اس سے سمینار کی فضاء خوشگو اررہتی ہے۔بحث وتمحیص میں سرورصاحب اختلاف رائے کا احترام کرتے ہیں۔اورادب کی ترقی وتوسیع کے لئے جمہوری قدروں اورآزادی رائے کواہمیت دیتے ہیں۔یہی وجہ ہے کہ ترقی پسندی کے دورعروج میں بھی وہ نظریاتی حدبندیوں کے شکارنہیں ہوئے۔اور جدیدیت کےفروغ کے دوراوّل ہی میں جدید

یت کی مثبت اور آزادی پسند قدروں کے مبلغ بن گئے۔ اُن کے بارے میں کہا جاتا ہے کہ وہ تمام عمر سمینار ہی کرواتے رہے اور انہوں نے کوئی ایک موضوعی کتاب نہیں لکھی۔ یہ خیال کچھ سچائی ضرور رکھتا ہے لیکن جس تہذیب وشائستگی، علمی وقار ذاتی لگن اور دانشورانہ آگہی سے وہ سمیناروں کا انعقاد کرتے رہے وہ اُن کا ہی حصہ ہے۔ اردو ادب کو جمہوری اقدار سے ہمکنار کرانے میں ان کے رول کو نظر انداز نہیں کیا جاسکتا۔

سرور صاحب نے کشمیر میں رہ کر اقبال انسٹی ٹیوٹ کو ملک اور بیرون ملک میں اقبالیات سے متعلق تحقیق وتنقید کے ایک اہم مرکز کی حیثیت سے متعارف کروا کے جامعہ کشمیر کی اہمیت اور وقار میں اضافہ کیا ہے ان کی مساعی جمیلہ سے انسٹی ٹیوٹ میں ایک باثروت لائبریری قائم ہوئی۔ یہ اُن کی شخصیت کا ہی کرشمہ ہے کہ انسٹی ٹیوٹ کے لئے رقوم کی منظوری میں کوئی دفتری طوالت حارج نہ ہوئی۔ اور وہ پوری آزادی اور شان خسروی سے کام کرتے رہے۔

سرور صاحب سادہ مزاج اور منکسرانہ طبیعت تو رکھتے تھے۔ پر اپنی غیر معمولی اہمیت کا احساس بھی رکھتے تھے۔ وہ ہر کام توازن تہذیب اور استدالال سے انجام دینے کے حق میں تھے۔ سرور صاحب حد درجہ خودنگر اور خودمست آدمی تھے۔ انہیں اپنی شخصیت کی ہمہ گیری اور قوت کا احساس تھا۔ وہ اپنی شخصیت کی قوت کے مخرج ومنبع کو اپنی ذات قرار دیتے تھے۔ اسی لئے اُن کے لئے کوئی شخص یا ادارہ اپنی شخصیت کے سامنے اعتنا نہیں رکھتا تھا۔ اس کا یہ مطلب نہیں کہ وہ خودسر تھے۔ وہ خودنگری میں منکسر المزاجی کا انداز رکھتے تھے۔ سرور صاحب ایک Selfmade انسان تھے وہ دوسروں سے بھی خود اعتمادی اور خودگری کے آداب کا مظاہرہ کرنے کی توقع رکھتے تھے۔

پروفیسر ظہیر احمد صدیقی

اس دور کے ممتاز نقادوں کا جب نام آتا ہے تو آل احمد سرور صاحب کا نام نمایاں نظر آتا ہے۔ انہوں نے ایک عرصہ دراز تک استاد کی حیثیت سے اپنے طلباء کی تربیت کی ہے۔ وہ نقاد کے علاوہ ایک صاحب طرز ادیب بھی ہیں۔ البتہ خواہش یہ تھی کہ وہ ایک ایسی مکمل تصنیف اہل ادب کے لئے پیش کردیتے جو موجودہ تنقید کے لئے مشعل راہ ہوتی۔ مضامین اپنی تمام جہتوں کے باوجود وہ مرتبہ کبھی حاصل نہیں کرپائے جو ایک مستقل تصنیف کو حاصل ہوتی ہے۔ اس میں شک نہیں کہ مشرقی اور مغربی تنقید پر اُن کی جو نظر ہے وہ کم اہل علم کو میسر ہے۔ مگر اُن کا قاری اس کو ایک مسبوط کتاب کی صورت میں پڑھنے کا متمنی رہا۔

ڈاکٹر کمال احمد صدیقی

نمک کی کان میں جو چیز بھی جاتی ہے۔نمک ہو جاتی ہے۔علم کی کان میں جانے والا ہر انسان عالم نہیں ہو جاتا۔ یہ سعادت صرف چند کے حصّے میں آتی ہے اردو میں ایسے معدودے چند لوگوں میں پروفیسر آل احمد سرور ہیں۔تغیرِ وقت کا خاصہ ہے۔انقلاب اور ارتقاء اُس کا نتیجہ۔سرور کی نثر اور نظم پہلے پڑھ چکا تھا۔لیکن دیکھا اور برتا ۱۹۴۵ء اور ۱۹۴۶ء سے جب وہ لکھنو یونیورسٹی میں اردو کے ریڈر ہو کر آئے۔ سرور صاحب اپنی ذات میں انجمن تھے اور لکھنو میں تو انجمن ترقی پسند مصنفین بھی ہو گئے۔کیوں کہ اُن کے گھر پر انجمن کے جلسے با قاعدگی سے ہونے لگے تھے۔انجمن کے روحِ رواں ڈاکٹر، علیم، احتشام صاحب اور ڈاکٹر رشید جہاں تھے۔لیکن جسم آل احمد سرور تھے۔یہ بڑا طوفانی دور تھا۔کمیونسٹ پارٹی کا بھی اور انجمن ترقی پسند مصنفین کا بھی۔دونوں لازم وملزوم نہیں تھے۔اول الذکر لازم تھی۔آل احمد سرور جاگیر دارانہ تہذیب کا شوکیس میں رکھا جانے والا شائستہ نمونہ تھے۔لیکن یہ حقیقت ہے کہ کمیونسٹ پارٹی اور انجمن ترقی پسند مصنفین جن انسانی قدروں کی علمبر دار تھیں آل احمد سرور ذہنی طور پر اُن سے ہم آہنگ تھے۔

آل احمد سرور کا سب سے بڑا وصف یہ ہے کہ وہ کبھی صلاحیت سے زیادہ تیز دوڑ کر نہیں چلے اس لئے کبھی ٹھوکر کھا کر گرے بھی نہیں۔اُن کا دوسرا بڑا وصف یہ ہے کہ انہوں نے تحریکوں میں شرکت کے بجائے اُن سے رواداری برتی۔حالانکہ اس رواداری پر اکثر شرکت کا گمان ہوا۔اس کا سب سے بڑا ثبوت یہ ہے کہ ہر تحریک کے عروج کے زمانے میں بھی انہوں نے جو کچھ لکھا وہ بعد میں زائد المیعاد نہیں ہوا۔وجہ اُس کی یہ ہے کہ سلامت روی کے ساتھ وہ اپنی ڈگر پر گامزن رہے۔اُن کی تحریروں میں ناہمواری‘ ذہنی ناہمواری یا پٹری بدل جانے کا کوئی احساس نہیں ہوتا۔وہ اردو میں اپنی پیڑھی کے FABIAN ہیں۔ غالبؔ اور اقبالؔ دونوں پر سرور صاحب کی بہت گہری نظر ہے۔اقبالؔ اور مکمل اقبالؔ کو میری ناقص رائے میں صرف دو نے سمجھا۔عزیز احمد نے اور آل احمد سرور نے۔

اردو نثر میں آل احمد اس اعتبار سے منفرد ہیں کہ ایک طرف سرسید اور حالیؔ کی سادہ نثر ہے دوسری طرف شبلیؔ، ابوالکلام آزادؔ اور نیاز فتحپوری کی پر تکلف نثر ہے۔آل احمد سرور سادہ اور چھوٹے جملے لکھتے ہیں۔بول چال کے مطابق سادہ ہوتے ہوئے بھی انشائیے کا اسلوب رکھتے ہیں اور رمز و کنایہ کی تہہ داری بھی۔اس اسلوب سے لطف اندوز تو ہوا جا سکتا ہے۔لیکن شعر میں سہل ممتنع کی طرح اس کو اپنانا بہت مشکل ہے۔

شہاب الدین دسنوی

پروفیسر آل احمد سرور اردو کے اُن چند صاحب طرز ادیبوں میں ہیں جن کی تحریر خود ان کی پہچان ہو تی ہے۔اُن کا سائنسی فکری انداز بیان اپنی معنویت کے ساتھ ایسی سادگی اور پر کاری کا حامل ہوتا ہے کہ خشک مضامین میں شگفتگی پیدا ہو جاتی ہے اقبال کی شاعری پر انہوں نے فرمایا:

''یہ بات وجہہ طلب ہے کہ بانگ درا کی نظموں میں شاعری میں حکمت' بال جبریل میں حکمت میں شاعری اور ضرب کلیم میں نکتہ سنجی میں شاعری ملتی ہے۔ اقبال کے مرثیے خواہ داغ کے ہوں۔ والدہ مرحومہ کے یا راس مسعود کے۔ مغربی شعراء کے بعض مراثی کی طرح صحیفہ غم میں نہیں' حیات و کائنات کے متعلق ذہن کو روشنی عطا کرتے ہیں۔ بانگ درا کے غنائی لہجے اور خطیبانہ شکوہ نے بال جبریل میں ڈرامائیت اور علامت کی طرف واضح میلان ہے ۔تشبیہہ سے استعارے اور استعارے سے علامت کا یہ سفر بہت کچھ کہتا ہے۔(سرور)

قاضی افضال حسین

پروفیسر آل احمد سرور کی رحلت پوری اردو دنیا کے لئے گہرے رنج وغم کا سبب ہے۔ وہ اپنے معاشرے سے اتنی مختلف سطحوں پر مربوط تھے کہ اب اُن کے نہ ہونے سے ایک شدید خلاء کا احساس ہو تا ہے۔جس کی تادیر پر ہونے کی کوئی امید نہیں۔

سرور صاحب اردو شعروادب کے انتہائی مستند نقاد ہونے کے علاوہ نہائت اچھے شاعر'اردو تحریک کے معتبر راہ نما' فعال صحافی مشترکہ ہندوستانی تہذیب کی روشن مثال اور غیر معمولی دانش ور تھے۔غیر معمولی اس لئے کہ ان کی دانشوری صرف اُن کی تحریروں تک محدود نہ تھی بلکہ اُن کی فکر اُن کی روزانہ زندگی کے معمو لات میں بھی اپنی جزئیات تک ظاہر ہوتی تھی۔ وہ ایک عام دانشور کی طرح صرف سوچتے یا لکھتے نہ تھے بلکہ اپنی فکر کی آزادی کو اپنی زندگی میں برتتے تھے۔افکار کے علاوہ سرور صاحب میں اشیاء وافراد کو قبول کر نے کی عجیب وغریب صلاحیت تھی۔ان سے ملنے والوں میں معاشرے کے اعلی ترین لوگوں سے لے کر ایم۔اے کے طلباء تک شامل تھے۔سرور صاحب ان سب سے اُن کی عمر اور سمجھ کے مطابق گفتگو کرتے۔

پروفیسر آل احمد سرور کی ذات گرامی سے اردو شعروادب سے تعلق رکھنے والوں کی چار نسلیں بہ

یک وقت مستفیض ہو رہی تھیں ۔اب وہ ہمارے درمیان نہیں ہیں تو سمجھ میں نہیں آتا کہ خود کہاں جا سکیں اور اپنے طلبہ کو کس کے پاس بھیجیں۔

مولانا رضوان القاسمی

ہم سے جو ہو سکا وہ کر گذرے
اب ترا امتحان ہے پیارے

اردو شعر و ادب کی جو محفل جمی جمائی اور سجی سجائی تھی ۔ پروفیسر آل احمد سرور کے چلے جانے سے اس محفل کی رونق پھیکی پڑ گئی ۔ بلاشبہ اُن کی حیثیت صدر محفل کی تھی ۔اُن کی موجودگی سے محفل میں جان تھی بہار تھی ۔ وقار تھا اعتبار تھا۔ اگر چہ وہ ہندوستان میں رہے لیکن اپنے قلم اور قدم سے ہر اس جگہ پہونچے جہاں ''اردو'' ہے اس لحاظ سے اُن کی شہرت ''ہندگیر'' نہیں بلکہ ''اردوگیر'' رہی ۔آل احمد سرور کی تحریروں کا جن لوگوں نے مطالعہ کیا ہے۔ وہ جانتے ہیں کہ سرور کی تحریریں دل کو مسرور اور دماغ کو مسحور کرتی ہیں ۔اُن کی تحریروں کو پڑھنے والا ''مسرت سے بصیرت'' تک کا سفر کرتا ہے ۔سرور صاحب کے جملے نہائت خوبصورت اور ترشے ترشائے ہوتے ہیں ۔اُن کے قلم کو موزوں الفاظ کے انتخاب کا فن آتا تھا۔اس لئے اُن کے مضامین کی عبارت شستہ اور شگفتہ ہوتی تھی ۔ بات صرف الفاظ کی حد تک نہیں ہے بلکہ یہ الفاظ اپنے دامن میں معانی کی ایک دنیا سمیٹے ہوئے ۔ یہ اس لئے کہ اُن کے تخیل میں ندرت تھی ۔اور فکر میں بلندی و تازگی ۔ وہ اپنے محبوب شاعر اقبالؔ کا یہ شعر اکثر استعمال کرتے رہے۔

جہان تازہ کی افکار تازہ سے نمود
کہ سنگ وخشت سے ہوتے نہیں جہاں پیدا

راقم الحروف نے آل احمد سرور کی کتابوں کے مطالعہ کے دوران میں اس ضرورت کو شدت سے محسوس کیا ہے کہ ان کے وہ افکار و خیالات جن میں جدت وندرت ہے اور عصر حاضر کے پس منظر میں گہری معنویت ہے ان سے علم و تحقیق سے دلچسپی رکھنے والی نئی نسل کو آگاہ کیا جائے اور اُن سے قریبی تعلق رکھنے والا کوئی مستعد ٗ باصلاحیت اور ذی فہم صاحب قلم ایک خاص ترتیب کے ساتھ اُن کے افکار و خیالات کو جمع کردے ۔اس سے عمومی استفادے کی شکل نکل آئے گی ۔ اور علمی و ادبی جواہر پارے جو بکھرے ہوئے ہیں وہ یکجا ہو کر اپنی معنویت کو دوچند کرسکیں گے ۔اس موقع پر آل احمد سرور جگر کا یہ شعر مستعار لے کر کہنے میں حق بجانب ہیں کہ:

ہم سے جو ہو سکا وہ کر گذرے
اب ترا امتحان ہے پیارے

ابوالفیض سحر

پروفیسر آل احمد سرور صاحب کا اسم گرامی اساتذہ اردو کی صف اوّل میں ایک نمایاں حیثیت کا حامل رہا۔ وہ اردو کے ایک مشفق اور مقتدر استاد اور صاحب طرز انشا پرداز اور نقاد تھے۔ اور زبان کے نباض بھی۔ انہوں نے اردو تنقید کو مغربی نظریات کے عملی پہلو سے روشناس کرانے میں گرانقدر خدمات انجام دیں۔ اُن کی کوئی مستقل تصنیف نہیں مگر مختلف موضوعات پر مشتمل اُن کے مضامین مقالات اور ریڈیائی تحریریں اپنے وزن وقار کے باعث مستقل تصانیف سے کم نہیں۔ اُن کی تحریریں راہ روان ادب کے لئے ہمیشہ مشعل راہ کا کام کرتی رہیں گی۔

انجمن ترقی اردو (ہند) کے جنرل سکریٹری کی حیثیت سے پروفیسر آل احمد سرور نے اس دور کے ناگزیر حالات میں اردو زبان کی جو خدمات کیں وہ ناقابل فراموش ہیں۔

پروفیسر نورالحسن نقوی

سرور صاحب اردو تنقید کے قافلے کے سالار تھے۔ اردو کے قدیم وجدید ادبی سرمائے کا انہوں نے ژرف نگاہی سے مطالعہ کیا تھا۔ اور اس کی قدر و قیمت متعین کی تھی۔ انہوں نے ادب کی جمالیاتی قدروں اور صالح اقدار پر ہمیشہ زور دیا۔ اور ہمیں اپنے کلاسیکی سرمائے کا احترام کرنا بھی سکھایا۔ اور جدید ادب اور نئے تقاضوں سے آشنا ہونے کا ہنر بھی دیا۔ تنقیدی اشارے‘ نئے اور پرانے چراغ‘ تنقید کیا ہے۔ ادب اور نظریہ‘ مسرت سے بصیرت تک یہ سب ان کے ایسے تنقیدی مضامین کے مجموعے ہیں جو تادیر سرمئہ اہل نظر بنے رہیں گے۔ سرور صاحب کے شاعرانہ مرتبے کا ایک زمانہ معترف رہا ہے۔ غزل اور نظم دونوں میں انہوں نے اپنی جولانی طبع کے جوہر دکھائے۔ سلسبیل‘ ذوق جنوں‘ خواب و خلش‘ اور ''لفظ'' تک اُن کا شعری سفر کئی واضح نشانات رکھتا ہے۔ سرور صاحب کا بنیادی حوالہ ادب تھا۔ وہ ادبیات کے سچے عالم تھے۔ مختلف زبانوں کے ادب پر ان کی گہری نظر تھی۔ یہی وجہ تھی کہ ان کا قلم اردو ادب کے مسائل اور موضوعات تک محدود نہ تھا۔ بلکہ انہوں نے تہذیب‘ تاریخ اور معاشرے کے ہر پہلو پر ذمہ دارانہ نظر ڈالی اور ہر دائرے میں مصلحت اور مفاد سے بے نیاز ہو کر اپنی رائے کا اظہار کیا۔ انہوں نے اپنی دل آسا شخصیت

میں ان تمام قدروں کو سمو دیا تھا۔ جو ہماری تہذیبی زندگی میں ایک اساس اور ایک بنیاد کی حیثیت رکھتی ہیں۔ بہ حیثیت معلم کے انہوں نے کئی نسلوں کی تربیت کی۔ان کا رشتہ علی گڈھ سے سات دہائیوں پر پھیلا ہوا رہا ۔وہ اس ادارے کے سچے بہی خواہ رہے اور واقعہ یہ ہے کہ علی گڈھ ان کے نام سے جانا جاتا رہا۔

موت ہوا کی طرح آتی ہے اور چلی جاتی ہے۔اسی لئے موت کا صدمہ بھی عارضی ہوتا ہے۔لیکن قوم کا ایسا معتبر دانشور جو اپنے عہد کے مقصود کو لفظوں میں ڈھالتا ہو۔اور جس کی تحریر روح عصر کی عکاس ہو ۔جو نکتہ داں بھی ہو نکتہ سنج بھی ہو نکتہ شناس بھی۔اور جس کی شخصیت قومی فکر و تہذیب کا افشردہ اور عصارا بھی ہو اس کی موت کا صدمہ قومی صدمہ ہوتا ہے۔اور آج ہم جس فرد فرید کی وفات پر آنسو بہا رہے ہیں وہ ایسی ہی شخصیت تھی۔ ہماری دعا ہے کہ اللہ تعالی سرور صاحب کو اپنے جوار رحمت میں جگہ دے اور اُن کی تربت کو عنبریں کرے۔

شہر یار :-

قصیدہ در مدح پروفیسر آل احمد سرور

پیاریوں تو تمام فطرت سے
عشق بس ایک آدمیت سے

ساری دنیا میں نام گرچہ رہا
عمر بھر بے نیاز شہرت سے

ماورا اپنی ذات کو رکھا
مصلحت کشی سیاست سے

ہو نہ اہل و عیال کو مشکل
واسطہ رکھا اتنا دولت سے

جدتوں کو سراہا منوایا
تھی محبت بہت روایت سے

پچھلی قدروں کا احترام تو تھا
کوئی رشتہ نہ تھا قدامت سے

اہل بینش نے کسب نور کیا
جس کی آگاہی اور بصیرت سے

شعر کا سحر کا اسیر مگر
آشنا نثر کی ضرورت سے

جس کا جو حق تھا اس کو دلوایا
ادب و شعر کی عدالت سے

کیسی ہی بزم ہو نہیں چاہا
آگے جانا حد متانت سے

جاگ کر کم کئے بہت ہی کم
خواب کے فاصلے حقیقت سے

کوئی دیوانہ حسن صورت کا — کوئی مرعوب حسن سیرت سے
اب میں سورج کو کیا چراغ دکھاؤں — سب ہی واقف ہیں اس کی عظمت سے
کوئی پوچھے کہ کون ہے ایسا — نام لوں گا ترا عقیدت سے

سراج اجملی۔۔

قطعہ تاریخ وفات پروفیسر آل احمد سرور

بتاؤ علم کی پیاس اب بھلا کہاں سے بجھے
وہ چشمہ خشک ہوا جس پہ جا کے پیتے تھے
یہ حال جاکے وہاں اس جہاں میں کون کہے
نہ قاصدے نہ صبائے نہ مرغ نامہ برے
جدھر نگاہ اُٹھاؤ سکوت خاموشی
کہاں سے اب وہ انا البحر کی صدا آئے
وہ آل احمد خوش خو سرور دانشور
سوئے جناب خدا جب مراجعت کر گے
ملا ہے مصرعِ تاریخ اسم ذات کے ساتھ

سرور علم سے سرشار آل احمد تھے

☆☆☆☆☆

اختتامیہ

''پروفیسر آل احمد سرور فکروفن'' تحقیقی مقالے کے گذشتہ ابواب میں اردو کے نامور نقاد'صحافی' دانشور'سوانح نگار'ماہر اقبالیات' شاعر اور ادیب پروفیسر آل احمد سرور (۱۹۱۱ـ۲۰۰۲ء) کی شخصیت اور کارناموں کا احاطہ کیا گیا ہے۔آل احمد سرور نے ۹۰ سال سے زائد عمر پائی تھی۔انہوں نے جدوجہد آزادی کا زمانہ دیکھا۔اور آزادی کے چالیس سال سے زائد زندگی کے عملی میدان میں اپنی ذات میں انجمن جیسی شخصیت سے اپنی فکروفن کی روشنی بکھیرتے رہے۔آل احمد سرور نے بہ حیثیت ایک فرد زمانہء طالب علمی میں نمایاں مقام حاصل کیا۔انہوں نے سائنس کی تعلیم حاصل کی۔انہیں انگریزی پر غیر معمولی عبور حاصل تھا۔اردو سے ایم۔اے کرنے کے بعد انہوں نے تنقید نگاری کو اپنا میدان بنایا۔اور سماج میں اچھی اور بری قدروں سے لوگوں کو واقف کرانے کی ذمہ داری سرور نے اپنے سر لے لی۔آل احمد سرور نے کئی تنقیدی مضامین لکھے۔اور اردو ادب کی بدلتی تحریکوں کے ساتھ اپنے آپ کو ہم آہنگ کرتے رہے۔انہوں نے مغربی افکار کا مطالعہ کیا۔رچرڈس اور ایلیٹ کے افکار کو اردو میں پیش کیا۔سرور مشرقی روایات کے پاسدار رہے۔اور ادب میں مغرب سے آنے والی تازہ ہواؤں کا خیر مقدم بھی کرتے رہے۔انہوں نے اقبال کی تفہیم کو خاص اہمیت دی۔اقبال نے جہاں اپنی شاعری کے ذریعہ لوگوں کو حرکت و

عمل کا پیغام دیا۔ وہیں سرور نے اقبال کی شاعری اوران کی فکر وفلسفہ کی تفہیم کرتے ہوئے اقبال کی عظمت کو آنے والے زمانے تک محفوظ کر دیا۔ آزادی کے فوری بعد ہندوستان میں اقبال کا نام لینا گناہ سمجھا جاتا تھا۔ تاہم سرور نے ایسے نازک اور مشکل موقع پر عزم وحوصلہ سے کام لیتے ہوئے ہندوستان میں اقبال کے پیغام کو عام کرنے کا سلسلہ جاری رکھا۔ جس کے بعد دوسرے لوگ اقبال کی طرف متوجہ ہوئے۔ کشمیر میں اقبال چیئر کے قیام کے بعد سرور نے دوسروں کو بھی اقبالیات پر کام کرنے کے لئے راغب کیا۔

آل احمد سرور ایک اصول پسند اور کھلا ذہن رکھنے والے انسان تھے۔ زندگی میں انہوں نے لوگوں کی مخالفتوں کا سامنا کیا۔ لیکن حق بات کہنے سے پیچھے نہیں ہٹے۔ رشید احمد صدیقی کے بعد علی گڑھ کا نام روشن کرنے والے اہم فرد آل احمد سرور تھے۔ آل احمد سرور اردو کے ایک مستند اور منفرد نقاد تھے۔ انہوں نے اپنے تنقیدی مضامین کے ذریعہ ادب کی تعمیر مین نمایاں رول ادا کیا۔ ان کی ناقدانہ مساعی نے تنقیدی افق کو وسیع کیا۔ اور اردو کو نئے مغربی تصورات سے متعارف کرایا۔ انہوں نے اپنے تنقیدی شعور سے ادب کی نئی راہیں متعین کیں۔ سرور کی تنقید میں آزادیء رائے‘ صداقت اور بے باکی پائی جاتی ہے۔ ان کی تنقید نگاری کا خاص وصف ان کا بے لاگ انداز تنقید ہے۔ انہوں نے اردو نقادوں کو سچ بولنے اور دوٹوک رائے دینے کا درس دیا۔ سرور اشاروں اشاروں میں تنقیدی افکار پیش کرتے ہیں۔ وہ مکمل تصویر پیش کرنے کے قائل نہیں ہیں۔ وہ قاری کو راستہ دکھاتے ہیں۔ جس پر چل کر وہ اپنی منزل تک پہونچ جاتا ہے۔

آل احمد سرور نے اپنے تنقیدی سفر میں اپنے آپ کو کسی مخصوص تنقیدی نظریے کا پابند نہیں بنایا۔ ان کے خیال میں ایسا کرنے سے نقاد ایک مخصوص دائرے میں قید ہو جاتا ہے۔ وہ کسی بھی ادبی فن پارے میں پہلے ادبیت دیکھتے ہیں۔ اور بعد میں سب کچھ دیکھنے پر زور دیتے ہیں۔ انہوں نے ادبی رویوں کی کثرت میں وحدت تلاش کرنے کی کوشش کی۔ اس طرح سرور اپنے تنقیدی افکار کے ذریعے اردو تنقید کے معماروں میں شمار کئے جاتے ہیں۔ انہوں نے اردو تنقید کو سمت اور رفتار عطا کی۔ اور ہر دور میں اس کی رہبری کی۔ ان کی تنقیدوں میں پائے جانے والے توازن‘ بالغ نظری‘ ادبی بصیرت اور فکر کی گہرائی نے انہیں اردو ادب کا منفرد نقاد بنا دیا۔ آل احمد سرور نے تنقیدی مضامین کے علاوہ کتابوں پر تبصرے لکھے۔ اور اخبارات ورسائل میں مضامین اور سلسلہ وار کالم لکھے۔ اس طرح انہوں نے ادبی ترجمانی کا کام کیا۔

آل احمد سرور ایک اچھ صحافی بھی تھے۔ انہوں نے ایک عرصے تک انجمن ترقی اردو کے رسالہ ''ہماری زبان'' کی ادارت کی۔ اور اداریے لکھتے ہوئے اردو تحریک کو فروغ دیا۔ ان کے تحریر کردہ رسالے آج بھی اردو زبان کے فروغ میں معاون ہو سکتے ہیں۔ آل احمد سرور ایک اچھے سوانح نگار بھی تھے۔ انہوں

نے اپنی خودنوشت سوانح عمری ’’خواب باقی ہیں‘‘ کے عنوان سے لکھی۔جس میں انہوں نے اپنی زندگی کے کم وبیش ۸۰ سال کا احاطہ کیا۔خودسوانح میں سوانح نگار کی ذات زیادہ جھلکتی ہے۔اور پیش کردہ واقعات پر سوانح نگار کے نقطہ نظر پر اکتفا کرنا پڑتا ہے۔لیکن ایک غیر جانبدار نقاد کی طرح سرور نے اس سوانح میں بھی اپنی ذات کا غیر جانبداری سے احاطہ کیا ہے۔اور اپنی شخصیت کی کمزوریوں پر سے بھی پردہ اٹھایا ہے۔ان کی سوانح عمری علی گڑھ یونیورسٹی کی ایک طویل تاریخ ہے۔جس میں سرور نے یونیورسٹی میں اپنے زمانہ قیام کے حالات مفصل بیان کئے ہیں۔اس سوانح میں سرور نے کئی سرکردہ شخصیات کے احوال بھی محفوظ کردیے ہیں جن سے سرور کے روابط رہے تھے۔سرور کی سوانح ایک فرد کی سوانح نہیں بلکہ ہندوستان کی تہذیبی تاریخ ہے۔یہ سوانح ایک اچھا سفرنامہ بھی ہے۔اس میں سرور کے اندرون و بیرون ملک اسفار کے دلچسپ احوال ملتے ہیں۔اس طرح سرور نے سوانح لکھتے ہوئے اردو کے شعراءاور ادیبوں کو اس بات کی ترغیب دی ہے کہ وہ بھی اپنی سوانح لکھیں۔اور اپنے احوال کے ساتھ اپنے زمانے کے حالات کو بھی اس سوانح میں محفوظ کردیں۔

عام طور پر نقادوں کے بارے میں کہا جاتا ہے کہ وہ اپنی شخصیت اور تحریروں کے اعتبار سے روکھے پھیکے اور خشک مزاج ہوتے ہیں۔اور ان میں کسی قسم کی زندہ دلی نہیں ہوتی۔تاہم سرور کے معاملے میں یہ خیال غلط ثابت ہوتا ہے۔وہ ایک زندہ دل انسان تھے۔ان کا حلقہ احباب کافی وسیع تھا۔اور سب سے اہم بات یہ ہے کے وہ ایک دلچسپ اور شگفتہ اسلوب کے مالک تھے۔انہوں نے اپنے تنقیدی افکار کو اپنے تازہ ’فرحت بخش اور دلچسپ اسلوب کے ذریعے مقبولیت عطا کی اور ان کی تنقیدیں تخلیق کا درجہ حاصل کرگئیں۔سرور کے تنقیدی مضامین آج بھی جامعات میں اردو کے نصاب کا حصہ ہیں۔اور یہ مضامین اردو کے نو آمیز طلباء کی رہنمائی کررہے ہیں۔سرور نے اس حقیقت کو بھی غلط ثابت کردیا کہ ایک نقاد شاعر نہیں ہوسکتا۔آل احمد سرور کو بچپن سے شاعری کا شوق تھا۔وہ زمانہ طالب علمی سے ہی شعر کہنے لگے تھے۔ان کا پہلا شعری مجموعہ ’’سلسبیل‘‘ بہت کم عمری میں شائع ہوگیا تھا۔بعد میں دیگر تین شعری مجموعے ’’ذوق جنوں‘ خواب اور خلش اور لفظ‘‘ شائع ہوئے۔آل احمد سرور کو فطری مناظر سے بہت پیار تھا۔جس کا اظہار جا بجا انہوں نے اپنی نظموں میں کیا۔سرور کی شاعری جذبات اور احساسات کی شاعری ہے۔انہوں نے نظمیں بھی کہی ہیں اور غزلیں بھی۔سرور نے کئی موضوعاتی نظمیں کہیں۔تاہم اپنی تنقید نگاری کی طرح وہ شاعری میں کمال نہیں پیدا کرسکے۔سرور کے اشعار میں داخلیت کا احساس پایا جاتا ہے۔سرور کہتے ہیں۔

میں جب بھی گردش شام و سحر سے گھبرایا

تمہارے دم سے نئی تازگی ملی مجھ کو
میں اپنے سلسلہ روز و شب کا قیدی تھا
تمہیں سے وقت کی کچھ آگہی ملی مجھ کو
اپنے باطن میں بہت جھانک چکے ہیں یارو
اپنے ماحول کو آئینہ دکھاتے بھی چلیں

سرور کی شاعری جذباتی شاعری ہے۔ اور اس کے مطالعے سے ایک فرحت کا احساس ہوتا ہے۔آل احمد سرور ایک دانشور بھی تھے۔انہوں نے اپنے افکار وخیالات کے ذریعہ اردو زبان وادب اور اہل ہند کی رہبری و رہنمائی کی۔ وہ سرسید احمد خان، ذاکر حسین، رشید احمد صدیقی، ابوالکلام آزاد، محمد مجیب وغیرہ سے بہت متاثر تھے۔اپنی کتاب ''فکر روشن'' میں انہوں نے ہندوستان کے کئی دانشوروں کے احوال پیش کیئے۔ ''اردو میں دانشوری کی روایت'' کے عنوان سے ان کے سلسلہ وار مضامین شائع ہوئے۔جس میں انہوں نے محمد علی جوہر، ابوالاعلیٰ مودودی کے بشمول مندرجہ بالا دانشوروں کی دانشوری کے اہم نکات پیش کیئے۔اس طرح خود سرور نے اپنے آپ کو ایک دانشور اور مفکر کے طور پر پیش کیا ہے۔آل احمد سرور کے فکر وفن پر اردو کے ممتاز ادیبوں، شعراء، نقادوں اور مشاہیر ادب نے رائے پیش کی ہے۔اور انہیں ایک قد آور نقاد قرار دیا ہے۔

اردو ادب میں پروفیسر آل احمد سرور کا مقام

پروفیسر آل احمد سرور اپنے تنقیدی افکار اور تنقیدی مضامین کے سبب اردو ادب اور اردو تنقید میں ایک نمایاں مقام پر فائز ہیں۔انہوں نے اپنی تحریروں سے اردو تنقید میں صحت مند روایات قائم کیں۔جن پر چلتے ہوئے اردو ادب اور اردو تنقید رواں دواں ہیں۔سرور کا دلچسپ وشگفتہ اسلوب ہر زمانے میں ان کی تحریروں کو تازگی بخشتا رہے گا۔ان کی سوانح ایک محبّ اردو اور مجاہد اردو کی یاد دلاتی ہے۔ان کی شاعری دلچسپی سے خالی نہیں۔آل احمد سرور کی علمی وادبی خدمات، ان کی فکر وفلسفہ آنے والے زمانے میں اردو کے طالب علموں کی رہبری ورہنمائی کرتی رہیں گی۔آل احمد سرور اپنی ذات میں ایک انجمن ہی نہیں بلکہ وہ اردو کی کئی انجمنوں کے روح رواں تھے۔ان کی وفات اردو کے ایک دور کا خاتمہ ہے۔آج سرور ہم میں نہیں۔لیکن وہ اپنی تحریروں اور افکار کے ذریعے ہمارے درمیان موجود ہیں۔اور اپنی موجودگی کا احساس دلاتے رہیں گے۔ بلا شبہ آل احمد سرور اردو تنقید کے ایک اہم ستون ہیں۔ان کے تذکرے کے بغیر اردو

تنقید اور اردو ادب کی کوئی بھی تاریخ ادھوری رہے گی۔ سرور جیسی شخصیات کے لئے شاعر نے کہا ہے

جانے والے کبھی نہیں آتے
جانے والوں کی یاد آتی ہے

سرور نے اپنی شاعری کے ذریعے یہ دعویٰ کیا کہ

لکیریں روشنی کی کچھ نئے جادو جگائیں گی
نئے خوابوں نئی سعیء جنوں کو جگائیں گی
کاغذی پھولوں کی جنت سے مجھے کیا لینا
میرے افکار کی جنت کے برابر تو نہیں سرورؔ

☆☆☆☆☆

کتابیات

سلسلہ	مصنف	تصنیف	مقام اشاعت	سنہ اشاعت
۱۔	آل احمد سرور	تنقیدی اشارے	لکھنؤ	۱۹۶۴ء
۲۔	آل احمد سرور	ادب اور نظریہ	لکھنؤ	۱۹۵۴ء
۳۔	آل احمد سرور	پہچان اور پرکھ	دہلی	۱۹۹۰ء
۴۔	آل احمد سرور	تنقید کیا ہے؟	دہلی	۱۹۴۷ء
۵۔	آل احمد سرور	تنقید کے بنیادی مسائل	علی گڑھ	۱۹۶۷ء
۶۔	آل احمد سرور	فکر روشن	علی گڑھ	۱۹۹۵ء
۷۔	آل احمد سرور	کچھ خطبے کچھ مقالے	علی گڑھ	۱۹۹۶ء
۸۔	آل احمد سرور	مجموعۂ تنقیدات	لاہور	۱۹۹۶ء
۹۔	آل احمد سرور	مسرت سے بصیرت تک	دہلی	۱۹۷۴ء
۱۰۔	آل احمد سرور	نظر اور نظریے	دہلی	۱۹۷۲ء

۱۱۔	آل احمد سرور	نئے اور پرانے چراغ	لکھنؤ	۱۹۴۶ء
۱۲۔	آل احمد سرور	اقبال کا نظریہ شعری	دہلی	۱۹۹۹ء
۱۳۔	آل احمد سرور	اقبال کے مطالعے کے تناظرات	سری نگر	۱۹۷۸ء
۱۴۔	آل احمد سرور	ہندوستانی مسلمان اور مجیب صاحب ایک تنقیدی جائزہ	دہلی	۱۹۸۹ء
۱۵۔	آل احمد سرور	رشید احمد صدیقی کے خطوط	علی گڑھ	۱۹۹۶ء
۱۶۔	آل احمد سرور	سلسبیل	علی گڑھ	۱۹۳۵ء
۱۷۔	آل احمد سرور	ذوق جنوں	لکھنؤ	۱۹۵۵ء
۱۸۔	آل احمد سرور	خواب اور خلش	دہلی	۱۹۹۱ء
۱۹۔	آل احمد سرور	لفظ	دہلی	۲۰۰۶ء
۲۰۔	آل احمد سرور	عرفان غالبؔ	علی گڑھ	۱۹۷۳ء
۲۱۔	آل احمد سرور	اردو شعریات (مرتبہ)	سری نگر	۱۹۸۷ء
۲۲۔	آل احمد سرور	اردو فکشن (مرتبہ)	علی گڑھ	۱۹۷۳ء
۲۳۔	آل احمد سرور	انتخاب مضامین سرسید (مرتبہ)	علی گڑھ	۱۹۹۰ء
۲۴۔	آل احمد سرور	جدید دنیا میں اسلام مسائل اور امکانات (مرتبہ)	سری نگر	۱۹۸۳ء
۲۵۔	آل احمد سرور	جدیدیت اور ادب (مرتبہ)	علی گڑھ	۱۹۶۹ء
۲۶۔	آل احمد سرور	شعرائے عصر کا انتخاب جدید (مرتبہ)	دہلی	۱۹۴۲ء
۲۷۔	آل احمد سرور	ہندوستان میں تصوف (مرتبہ)	سری نگر	۱۹۸۷ء
۲۸۔	احتشام حسین سید	تنقیدی نظریات	لکھنؤ	۱۹۷۴ء
۲۹۔	احتشام حسین سید	ادب اور سماج	-	-
۳۰۔	احتشام حسین سید	اعتبار نظر	-	-
۳۱۔	احتشام حسین سید	تنقید و عملی تنقید	-	-
۳۲۔	احتشام حسین سید	تنقیدی جائزے	لکھنؤ	۱۹۷۸ء
۳۳۔	احتشام حسین سید	ذوق ادب اور شعور	لکھنؤ	۱۹۷۸ء

۳۴۔ ابومحمد سحر	تنقید وتجزیہ	الہ آباد	۱۹۶۱ء
۳۵۔ اختر اورینوی	تحقیق وتنقید	پٹنہ	-
۳۶۔ اطہر پرویز	ادب کا مطالعہ	علی گڑھ	۱۹۶۴ء
۳۷۔ اعجاز حسین ڈاکٹر	ادب اور ادیب	لکھنؤ	۱۹۷۹ء
۳۸۔ اعجاز حسین ڈاکٹر	مختصر تاریخ ادب اردو	الہ آباد	۱۹۸۴ء
۳۹۔ اکبر علی بیگ پروفیسر	خوش نفساں	حیدرآباد	۱۹۸۳ء
۴۰۔ امتیاز احمد	آل احمد سرور شخصیت اور فن (مرتبہ)	دہلی	۱۹۹۷ء
۴۱۔ الطاف حسین حالی	مقدمہ شعر وشاعری	لکھنؤ	۱۹۸۸ء
۴۲۔ جمیل جالبی	ارسطو سے ایلیٹ تک	دہلی	۱۹۸۲ء
۴۳۔ حامدی کاشمیری	اردو تنقید (مرتبہ)	دہلی	۱۹۹۷ء
۴۴۔ خلیق انجم	پروفیسر آل احمد سرور شخصیت اور ادبی خدمات، کتاب نما کا خصوصی شمارہ (مرتبہ)	دہلی	۱۹۹۲ء
۴۵۔ خلیل الرحمٰن اعظمی	اردو میں ترقی پسند ادبی تحریک	علی گڑھ	۱۹۷۹ء
۴۶۔ سلیمان اطہر جاوید	تنقیدی افکار	دہلی	۱۹۹۲ء
۴۷۔ سلیمان اطہر جاوید	غالب کے چند نقاد	دہلی	۱۹۹۵ء
۴۸۔ سلام سندیلوی	ادب کا تنقیدی مطالعہ	دہلی	۱۹۶۱ء
۴۹۔ سردار جعفری	ترقی پسند ادب	علی گڑھ	۱۹۵۱ء
۵۰۔ سنبل نگار	اردو نثر کا تنقیدی مطالعہ	دہلی	۲۰۰۳ء
۵۱۔ سید صفی مرتضیٰ	ہمارے نثر نگار	دہلی	۱۹۹۲ء
۵۲۔ سید محمد نواب کریم	اردو تنقید حالی سے کلیم تک	دہلی	۱۹۹۳ء
۵۳۔ سید عبداللہ	اشارات تنقید	دہلی	۱۹۹۰ء
۵۴۔ سیدہ جعفر پروفیسر	تاریخ ادب اردو عہد میر سے ترقی پسند تحریک تک	حیدرآباد	۲۰۰۲ء
۵۵۔ سیدہ جعفر پروفیسر	مہک ومحک	حیدرآباد	۱۹۹۵ء
۵۶۔ شارب ردولوی	جدید اردو تنقید اصول ونظریات	لکھنؤ	۱۹۹۴ء

۵۷۔ شارب ردولوی	آزادی کے بعد دہلی میں اردو تنقید	دہلی	۱۹۹۱ء
۵۸۔ شارب ردولوی	تنقیدی مطالعے	لکھنؤ	۱۹۷۲ء
۵۹۔ شارب ردولوی	جدید تنقیدی نظریات	دہلی	۱۹۹۶ء
۶۰۔ شارب ردولوی	معاصر اردو تنقید مسائل اور میلانات	دہلی	۱۹۹۴ء
۶۱۔ شاہد ماہلی	آل احمد سرور دانشور نقاد و شاعر	دہلی	۱۹۹۷ء
۶۲۔ شمس الرحمن فاروقی	تحفۃ السرور (مرتبہ)	دہلی	۱۹۸۵ء
۶۳۔ شمس الرحمن فاروقی	تنقیدی افکار	دہلی	۔
۶۴۔ شمس الرحمن فاروقی	شعر، غیر شعر اور نثر	الہ آباد	۱۹۷۳ء
۶۵۔ شمس الرحمن فاروقی	لفظ و معنی	دہلی	۔
۶۶۔ صابرہ سعید	اردو میں خاکہ نگاری	حیدرآباد	۔
۶۷۔ عابد النساء	پروفیسر آل احمد سرور حیات اور ادبی خدمات	حیدرآباد	۱۹۸۰ء
۶۸۔ عاصمہ وقار	مجموعہ تنقیدات (مرتبہ)	لاہور	۱۹۹۶ء
۶۹۔ عبادت بریلوی	اردو تنقید نگاری	دہلی	۔
۷۰۔ عبادت بریلوی	اردو تنقید کا ارتقاء	علی گڑھ	۱۹۹۶ء
۷۱۔ عبادت بریلوی	تنقیدی تجزیے	۔	۔
۷۲۔ عبادت بریلوی	تنقیدی زاویے	۔	۔
۷۳۔ عرشیہ جبین ڈاکٹر	شارب ردولوی شخصیت اور تنقید نگاری	حیدرآباد	۲۰۰۵ء
۷۴۔ عزیز احمد (مترجم)	بوطیقا از ارسطو	۔	۔
۷۵۔ عزیز احمد	ترقی پسند ادب	دہلی	۔
۷۶۔ قمر رئیس، سید عاشور کاظمی (مرتبہ)	ترقی پسند ادب پچاس سالہ سفر	دہلی	۱۹۸۷ء
۷۷۔ کلیم الدین احمد	اردو تنقید پر ایک نظر	پٹنہ	۱۹۸۳ء
۷۸۔ گوپی چند نارنگ	ادبی تنقید اور اسلوبیات	علی گڑھ	۱۹۸۹ء
۷۹۔ گیان چند جین	تحقیق کا فن	لکھنؤ	۱۹۹۰ء
۸۰۔ گیان چند جین	پرکھ اور پہچان	دہلی	۔

۸۱۔ محمد احسن فاروقی ڈاکٹر	اردو میں تنقید	۔	۔
۸۲۔ محمد ضیاالدین انصاری	آل احمد سرور کے تبصرے (مرتبہ)	پٹنہ	۲۰۰۳ء
۸۳۔ محمد حسن ڈاکٹر	ادبی تنقید	لکھنؤ	۱۹۵۴ء
۸۴۔ مجنوں گورکھپوری	ادب اور زندگی	۔	۔
۸۵۔ مجنوں گورکھپوری	تنقیدی حاشیے	۔	۔
۸۶۔ محی الدین قادری زور	روح تنقید	۔	۔
۸۷۔ مغنی تبسم مدیر	ادبی تنقید کتاب برائے ایم اے اردو عثمانیہ یونیورسٹی	حیدرآباد	۔
۸۸۔ نورالحسن نقوی	فن تنقید اور تنقید نگاری	علی گڑھ	۱۹۸۱ء
۸۹۔ نورالحسن نقوی	تاریخ ادب اردو مرتبہ	علی گڑھ	۲۰۰۳ء
۹۰۔ وزیر آغا	نئے تناظر	الہ آباد	۱۹۷۹ء
۹۱۔ وقار عظیم	فن اور فنکار	۔	۔
۹۲۔ وقار عظیم	داستان سے افسانے تک		

اردو ادبی رسائل

۱۔ آج کل		مارچ	۲۰۰۵ء
۲۔ ادیب ماہنامہ	علی گڑھ	اگست ستمبر	۱۹۶۳ء
۳۔ اردو ادب		جولائی	۱۹۵۰ء
۴۔ اردو ادب سہ ماہی مدیر اسلم پرویز	نئی دہلی	جنوری۔ مارچ	۲۰۰۲ء
۵۔ اردو تحریک			۱۹۹۹ء
۶۔ اردو تحریک			۲۰۰۰ء
۷۔ اردو دنیا		فروری مارچ	۲۰۰۴ء
۸۔ الفاظ	سہ ماہی علی گڑھ	جولائی۔ ستمبر	۲۰۰۱ء

۹۔ الفاظ	علی گڑھ	جنوری۔ مارچ	۲۰۰۲ء
۱۰۔ تبصرے	۔	۔	۱۹۳۶ء
۱۱۔ تبصرے	۔	۔	۱۹۳۸ء
۱۲۔ تبصرے	۔	اکتوبر	۱۹۴۲ء
۱۳۔ جامعہ	دہلی	جون	۱۹۳۴ء
۱۴۔ سب رس	حیدرآباد	فروری	۲۰۰۲ء
۱۵۔ سب رس	حیدرآباد	نومبر	۲۰۰۳ء
۱۶۔ سوغات	مدیر محمود وایاز	۔	۔
۱۷۔ سہیل	علی گڑھ	جنوری	۱۹۳۶ء
۱۸۔ شاعر	بمبئی	مئی	۱۹۹۷ء
۱۹۔ شاعر		اپریل	۲۰۰۳ء
۲۰۔ شاعر		مارچ	۲۰۰۴ء
۲۱۔ شب خون		مئی	۱۹۷۴ء
۲۲۔ شب خون		دسمبر	۱۹۷۸ء
۲۳۔ علی گڑھ میگزین			۷۶
مدیر ابوالکلام قاسمی			۱۹۷۵ء
۲۴۔ فکر ونظر سرور نمبر	علی گڑھ	نومبر	۲۰۰۳ء
۲۵۔ قومی زبان		اگست	۲۰۰۵ء
۲۶۔ مشرب	کراچی	جولائی	۱۹۵۵ء
۲۷۔ مشرق ماہنامہ	کراچی	جنوری	۱۹۵۹ء
۲۸۔ مشیر	کراچی		۱۹۵۵ء
۲۹۔ نگار نیاز فتحپوری		مارچ	۱۹۴۴ء
۳۰۔ نیادور	لکھنؤ	دسمبر	۲۰۰۲ء
۳۱۔ ہماری زبان		فروری	۱۹۶۲ء
۳۲۔ ہماری زبان		اپریل	۱۹۶۲ء

۱۳ـ منصف	حیدرآباد	۸ـنومبر	۱۹۹۸ء
۱۴ـ منصف	حیدرآباد	۱۵ـنومبر	۱۹۹۸ء
۱۵ـ منصف	حیدرآباد	۲۲ـنومبر	۱۹۹۸ء
۱۶ـ منصف	حیدرآباد	۲۳ـدسمبر	۲۰۰۱ء
۱۷ـ منصف	حیدرآباد	۳۰ـدسمبر	۲۰۰۱ء
۱۸ـ منصف	حیدرآباد	۶ـجنوری	۲۰۰۲ء
۱۹ـ منصف	حیدرآباد	۱۳ـجنوری	۲۰۰۲ء
۲۰ـ منصف	حیدرآباد	۱۷ـفروری	۲۰۰۲ء
۲۱ـ منصف	حیدرآباد	۱۷ـمارچ	۲۰۰۲ء
۲۲ـ منصف	حیدرآباد	۲۸ـاپریل	۲۰۰۲ء
۲۳ـ منصف	حیدرآباد	۲ـاپریل	۲۰۰۴ء
۲۴ـ منصف	حیدرآباد	۱۱ـدسمبر	۲۰۰۴ء
۲۵ـ منصف	حیدرآباد	۶ـنومبر	۲۰۰۵ء
۲۶ـ منصف	حیدرآباد	۱۵ـدسمبر	۲۰۰۵ء
۲۷ـ اعتماد	حیدرآباد	۱۰ـاپریل	۲۰۰۶ء

☆☆☆☆☆☆

۳۳۔ ہماری زبان		مارچ	۱۹۶۵ء
۳۴۔ ہماری زبان		مارچ	۱۹۶۸ء
۳۵۔ ہماری زبان		مارچ	۱۹۹۱ء
۳۶۔ ہماری زبان		جون	۱۹۹۹ء
۳۷۔ ہماری زبان		مارچ	۲۰۰۱ء
۳۸۔ ہماری زبان		ستمبر	۲۰۰۳ء
۳۹۔ ہماری زبان		فروری	۲۰۰۴ء
۴۰۔ ہماری زبان		فروری	۲۰۰۷ء
۴۱۔ ہمایوں	لاہور	جنوری	۱۹۴۳ء
۴۲۔ ہمایوں	لاہور	مارچ	۱۹۴۵ء
۴۳۔ ہمایوں	لاہور		

اخبارات

۱۔ سیاست	حیدرآباد	۳۰۔جولائی	۱۹۸۶ء
۲۔ سیاست	حیدرآباد	۳۱۔مئی	۱۹۹۱ء
۳۔ سیاست	حیدرآباد	۱۳۔مئی	۱۹۹۹ء
۴۔ سیاست	حیدرآباد	۱۶۔اکٹوبر	۲۰۰۰ء
۵۔ سیاست	حیدرآباد	۱۹۔مارچ	۲۰۰۱ء
۶۔ سیاست	حیدرآباد	۱۸۔فروری	۲۰۰۲
۸۔ سیاست	حیدرآباد	۲۵۔فروری	۲۰۰۲ء
۹۔ سیاست	حیدرآباد	۱۱۔مارچ	۲۰۰۳ء
۱۰۔ سیاست	حیدرآباد	۱۶۔جون	۲۰۰۳ء
۱۱۔ سیاست	حیدرآباد	۱۴۔جون	۲۰۰۴ء
۱۲۔ منصف	حیدرآباد	۱۸۔اکٹوبر	۱۹۹۸ء